國際經濟學 (第三版)

主編 ◎ 任治君、吳曉東

目　錄

緒　論 ·· (1)

第一篇　國際貿易理論

第一章　國際貿易傳統理論 ·· (11)
　第一節　勞動生產率與貿易利益 ··· (11)
　　一、亞當·斯密的絕對利益學說 ·· (11)
　　二、李嘉圖的比較利益學說 ·· (15)
　　三、絕對利益學說和比較利益學說 ·· (21)
　第二節　貿易利益分配和相互需求方程 ··· (22)
　　一、約翰·穆勒的相互需求方程 ·· (22)
　　二、比較利益學說和相互需求方程 ·· (24)
　　三、貿易利益及其分配 ··· (25)
　第三節　單要素模型與相對價格 ··· (28)
　　一、幾個基本概念 ··· (28)
　　二、單要素經濟模型 ·· (29)
　　三、交換比例與貿易利益 ·· (31)
　第四節　擴展的國際貿易模型簡述 ·· (32)
　　一、理論和現實 ·· (32)
　　二、單要素多產品貿易模型 ·· (33)
　　三、特定要素貿易模型 ··· (34)

第二章　現代與當代國際貿易理論 ·· (42)
　第一節　資源稟賦與俄林原理 ·· (42)
　　一、資源與貿易 ·· (42)
　　二、兩要素經濟模型 ·· (45)
　　三、兩要素經濟與國際貿易 ·· (49)
　第二節　俄林原理的檢驗與現代國際貿易理論 ·· (51)
　　一、列昂剔夫之謎（Leontief Paradox） ·· (52)
　　二、國際貿易新要素理論 ·· (54)
　　三、產品生命週期理論 ··· (55)
　第三節　當代國際貿易理論 ·· (59)

一、產業內貿易理論 …………………………………………………（59）
　　　二、政策貿易理論 ……………………………………………………（63）
　第四節　標準貿易模型簡述 ……………………………………………（67）
　　　一、開放經濟的標準貿易模型 ………………………………………（67）
　　　二、經濟增長與相對供給 ……………………………………………（70）
　　　三、國際收入轉移與相對需求 ………………………………………（73）
　　　四、進口關稅和出口補貼對相對供給和相對需求的影響 …………（75）

第三章　國際貿易政策分析 …………………………………………………（80）
　第一節　貿易政策工具 …………………………………………………（80）
　　　一、貿易利益與國家利益 ……………………………………………（80）
　　　二、國際貿易的政策工具 ……………………………………………（83）
　第二節　保護貿易理論 …………………………………………………（91）
　　　一、國民財富與國際貿易 ……………………………………………（92）
　　　二、歷史學派與新歷史學派的保護貿易理論 ………………………（93）
　　　三、「辛-普-繆論證」 …………………………………………………（95）
　第三節　關稅分析 ………………………………………………………（97）
　　　一、關稅與福利 ………………………………………………………（97）
　　　二、關稅的局部均衡分析 ……………………………………………（98）
　　　三、進口關稅的一般均衡分析 ………………………………………（99）
　第四節　大國進口關稅及其他貿易政策工具的分析 …………………（100）
　　　一、大國關稅的局部均衡分析 ………………………………………（100）
　　　二、大國關稅的一般均衡分析 ………………………………………（102）
　　　三、其他政策工具的分析 ……………………………………………（103）

第二篇　匯率與國際收支

第四章　外匯市場與匯率 ……………………………………………………（109）
　第一節　貨幣與國際經濟 ………………………………………………（109）
　　　一、國際經濟中的價值流動 …………………………………………（109）
　　　二、國際經濟中的貨幣 ………………………………………………（110）
　第二節　外匯與匯率 ……………………………………………………（111）
　　　一、外匯的含義 ………………………………………………………（111）
　　　二、外匯匯率及其標價方法 …………………………………………（111）
　　　三、匯率的決定與變動 ………………………………………………（113）
　　　四、均衡匯率的形成及其模型 ………………………………………（118）
　　　五、匯率變動的經濟影響 ……………………………………………（119）

第三節　外匯市場及外匯市場風險……………………………………（120）
　　　一、外匯市場及其構成………………………………………………（121）
　　　二、外匯市場的功能…………………………………………………（121）
　　　三、外匯市場風險及其防範…………………………………………（123）
　　第四節　有關匯率的主要理論…………………………………………（126）
　　　一、國際借貸說（Theory of International Indebtedness）及其
　　　　　發展………………………………………………………………（126）
　　　二、購買力平價說（Theory of Purchasing Power Parity）………（127）
　　　三、利率平價理論（Theory of Interest Rate Parity）……………（129）
　　　四、匯兌心理說………………………………………………………（130）
　　　五、資產結構平衡說（Theory of Portfolio Balance）……………（130）

第五章　國際收支………………………………………………………………（134）
　　第一節　國際收支的概念………………………………………………（134）
　　　一、國際收支與國際收支平衡表……………………………………（134）
　　　二、國際收支平衡表的基本帳戶……………………………………（136）
　　第二節　國際收支的平衡與失衡………………………………………（141）
　　　一、國際收支平衡的含義……………………………………………（141）
　　　二、國際收支平衡的標準……………………………………………（141）
　　　三、國際收支失衡的原因……………………………………………（142）
　　　四、國際收支失衡對一國經濟的影響………………………………（144）
　　第三節　國際收支失衡的調節…………………………………………（145）
　　　一、國際收支失衡的自動調節………………………………………（146）
　　　二、國際收支調節的政策引導………………………………………（147）
　　　三、國際收支調節政策的國際協調…………………………………（152）
　　第四節　國際收支調節理論……………………………………………（153）
　　　一、國際收支調節的彈性分析性（彈性論）………………………（153）
　　　二、國際收支調節的吸收分析法……………………………………（157）
　　　三、國際收支的貨幣分析法…………………………………………（160）
　　　四、國際收支的結構分析法（結構論）……………………………（162）

第六章　國際貨幣體系與匯率製度……………………………………………（167）
　　第一節　國際貨幣體系及其歷史演變…………………………………（167）
　　　一、國際貨幣體系概述………………………………………………（167）
　　　二、國際金本位條件下的國際貨幣體系……………………………（168）
　　　三、布雷頓森林體系…………………………………………………（169）
　　第二節　當代國際貨幣體系……………………………………………（177）

一、當代國際貨幣體系的形成及主要特點 ………………………………（177）
　　二、當代國際貨幣體系面臨的主要問題 …………………………………（178）
　　三、當代國際貨幣金融體系的改革趨向 …………………………………（179）
　第三節　歐洲貨幣體系及歐元 ………………………………………………（184）
　　一、歐洲貨幣體系（EMS）的建立及主要內容 …………………………（184）
　　二、歐洲貨幣體系的發展及歐元的產生 …………………………………（185）
　第四節　經濟全球化趨勢下的國際貨幣匯率機制 …………………………（187）
　　一、固定匯率與浮動匯率兩種匯率製度的特點。…………………………（187）
　　二、固定匯率與浮動匯率兩類匯率製度優劣的爭論 ……………………（189）
　　三、當代匯率製度的安排 …………………………………………………（191）

第三篇　國際經濟關係

第七章　生產要素的國際流動 ……………………………………………（205）
　第一節　資本的國際流動 ……………………………………………………（206）
　　一、資本國際流動概述 ……………………………………………………（206）
　　二、資本國際流動的原因與意義 …………………………………………（210）
　　三、資本國際流動的一般理論 ……………………………………………（212）
　第二節　勞動力的國際流動 …………………………………………………（216）
　　一、勞動力國際流動概述 …………………………………………………（216）
　　二、勞動力國際流動的原因 ………………………………………………（218）
　　三、勞動力國際流動的經濟效應 …………………………………………（220）
　第三節　技術的國際轉移 ……………………………………………………（222）
　　一、技術國際轉移概述 ……………………………………………………（222）
　　二、技術國際轉移的原因 …………………………………………………（225）
　　三、國際技術轉移經濟分析 ………………………………………………（226）
　第四節　國際要素流動與引進外資 …………………………………………（229）
　　一、兩缺口模型 ……………………………………………………………（229）
　　二、引進外資的經濟分析 …………………………………………………（232）
　　三、拉美債務危機 …………………………………………………………（234）

第八章　宏觀經濟的內外均衡 ……………………………………………（239）
　第一節　國際傳導機制 ………………………………………………………（240）
　　一、國民收入模型的擴大 …………………………………………………（241）
　　二、國際經濟的非均衡傳導 ………………………………………………（242）
　第二節　貿易乘數理論 ………………………………………………………（245）
　　一、乘數理論 ………………………………………………………………（245）

二、貿易乘數 …………………………………………………（247）
　　三、貿易乘數的意義 ……………………………………………（249）
　第三節　宏觀經濟的對內對外均衡 ………………………………（250）
　　一、經濟的宏觀目標 ……………………………………………（251）
　　二、宏觀經濟內外均衡分析 ……………………………………（252）
　　三、宏觀經濟內外均衡的政策工具 ……………………………（255）
　第四節　國際經濟非均衡傳導案例分析 …………………………（260）
　　一、泰國金融危機概述 …………………………………………（260）
　　二、泰國金融危機的傳導與治理 ………………………………（262）

第九章　國際經濟一體化與國際經濟秩序 ……………………………（272）
　第一節　國際經濟一體化 …………………………………………（272）
　　一、國際經濟一體化概述（Economic Integration） …………（272）
　　二、關稅同盟與國際貿易 ………………………………………（279）
　　三、國際經濟一體化案例 ………………………………………（283）
　第二節　國際經濟組織 ……………………………………………（286）
　　一、世界貿易組織 ………………………………………………（286）
　　二、國際貨幣基金組織 …………………………………………（289）
　　三、世界銀行 ……………………………………………………（291）
　　四、亞洲基礎設施投資銀行 ……………………………………（292）
　第三節　國際經濟秩序 ……………………………………………（294）
　　一、世界經濟中的收入與財富 …………………………………（294）
　　二、國際經濟秩序概述 …………………………………………（295）
　　三、國際經濟新秩序 ……………………………………………（297）
　第四節　南北經濟關係 ……………………………………………（299）
　　一、國際經濟舊秩序 ……………………………………………（299）
　　二、國際經濟組織與南北經濟關係 ……………………………（301）
　　三、南北經濟關係的前景 ………………………………………（303）

參考資料 …………………………………………………………（312）

2017年第三版後記 ………………………………………………（315）

緒　論

　　我們又將生活在一次偉大的工業革命時期，有人說是第四次工業革命，有人說是工業4.0。第一次工業革命和蒸汽機的發明相聯繫，始於18世紀晚期英國紡織業的機械化。第二次工業革命帶來了大規模的生產——發力於19世紀晚期20世紀初期的美國，伴隨著大量的創新發明，包括電、內燃機、化學工業和一系列具有歷史意義的發明，如電報、電話、收音機、錄音機和照相機。第三次工業革命，可追溯到二戰結束，儘管其真正的加速發展是近幾十年的事。儘管這場革命比前兩次都更加具有多樣性，但我們還是可以找到和蒸汽機及汽車一樣標誌性的發明——計算機。當前，我們期待著新發現、新應用的累積會逐漸帶來一種質變的集合，從而引發第四次和更多次革命。沒人知道那時什麼東西會扮演蒸汽機、汽車和電腦這些曾經是主角的角色，但是生產和資本的國際化，日益明顯的貿易自由化趨勢，交通通信工具的驚人發展，國際經濟合作規模的迅速擴大，眾多國際經濟組織的建立，使得各國的經濟活動越來越緊密地連結在一起。國際經濟活動，以從來沒有過的規模與速度向前發展，國際經濟關係增添了許多新的內容，各國經濟互相聯繫、相互依賴的程度大為提高，閉關鎖國已難行其道，開放，再開放，是我們時代國際經濟關係發展的大趨勢，各國經濟在相互合作和競爭中共同發展，也只有這樣才能求得較為持續、較為順暢的發展。

　　一個國民經濟在這樣的國際經濟背景下運行，既需要對國內外政策進行必要的調整，更需要理論上的指導，國際經濟學因此受到日益普遍的重視。

國際經濟學的研究對象

　　一國經濟與其他國家的經濟緊密相聯，意味著一國經濟的發展有賴於他國經濟的發展，一國經濟的均衡有賴於他國經濟的均衡。但這並不是說一國自身的、內部的因素對其經濟的發展沒有重要意義，而是說，在改革開放和國際經濟一體化的今天，一國經濟的發展不再完全取決於內部因素，與內部因素相比，外部因素對於經濟的發展具有同等重要的意義。在一個開放的世界上，國民經濟的運行環境有了根本的變化，經濟運行機制也會發生相應的變化。我們在經濟學的學習和研究過程中，眼睛既要盯著國內，又要盯著國外，只有打開並擴展我們的視野，才能真正全面地認識、理解和把握一個開放經濟運行的內涵，並由此為經濟建設的實踐服務，這也是我們學習和研究國際經濟學的目的和意義。

　　國際經濟是指國際上產品、勞務的生產、交換、流通和分配的活動，以及在這種

活動中所產生的各種關係；因而，國際經濟學可以大致定義為一門研究國家與國家之間經濟活動和經濟關係的學科。之所以說是「大致」，是因為在今天，影響國際經濟活動和國際經濟關係的主體已不只是國家、那些經濟實力較強的企業和跨國公司，更不要說那些經濟實力已經達到甚至超過中等國家的大型企業和跨國公司。雖然這些大型企業和跨國公司不是國家，但它們對國際經濟活動和國際經濟關係的影響卻是不容忽視的。比如，東南亞金融危機不僅給東南亞國家的經濟而且給整個世界經濟帶來了極大的危害，對國際經濟關係造成極其嚴重的影響，但我們不能說，引發東南亞金融危機的國際資本是按照美國或其他西方國家的意旨行事的；更不能說，這些國際資本或其企業就是美國或其他西方國家。只是，當前的國際經濟活動和國際經濟關係主要還是取決於國家的態度，甚至大型企業和跨國公司的活動也在一定的程度上受到國家意志的約束。

國際經濟學是在微觀經濟學和宏觀經濟學基礎上發展起來的西方經濟學的一個分支學科，因此它與西方經濟學有著緊密的聯繫。它們所研究的都是經濟活動，都是產品和勞務的生產、交換、流通、分配等問題，都要研究生產過程和流通過程中經濟利益和行為主體之間的關係。但同時，我們也應該看到它們之間的區別。這種區別源自國內經濟（或國民經濟）和國際經濟的不同，國民經濟活動和國際經濟活動的範圍不同，它們的約束條件不同因而運行機制也不同；此外，由於國界的存在，生產要素和商品的流動在國際上遠不像國內那樣自由。因此，我們可以概略地說，經濟學或西方經濟學所研究的是一個封閉經濟中的問題，而國際經濟學所研究的是一個開放經濟中的問題。國際經濟學來自西方經濟學，但又是一個理論性和實踐性都很強的相對獨立的經濟學科。

國際經濟學的研究內容

國際貿易和國際金融是國際經濟活動和國際經濟關係的兩個主要方面，但決不能因此認為它們是國際經濟活動的全部，更不能認為是國際經濟關係的全部。由於國際經濟學的研究內容主要限於國際貿易領域和國際金融領域，因此，當我們說國際經濟學的研究對象是國際經濟活動和國際經濟關係的時候，其研究範圍實際上要小得多。國際經濟學所研究的具體內容主要涉及商品、勞務的交換，包括其他生產要素的國際流動、國際金融領域的活動，以及與此相關的一些國際經濟關係。

國際貿易和國際金融是國際經濟關係中的兩個既互相區別又互相聯繫的領域。國際貿易部分討論國際貿易理論和國際商品關係，各國在比較利益的驅動下參與商品的國際交換活動，表現為商品的國際流動，或國際間的商品流；在這裡，通常不涉及價格問題，因而是物物交換、易貨貿易，這一方面是研究方法的需要，另一方面也符合歷史的邏輯。國際金融部分探討有關金融理論和國際貨幣關係，後者是在抽象的層次上反應商品的國際交換活動，或者說是在貨幣出現以後商品標示價格的結果。國際貨

幣關係是國際商品關係的對立面，兩者的對立是商品和貨幣的對立、使用價值和價值的對立。

　　國際貿易和國際金融是國際經濟活動和國際經濟關係的兩個主要方面，它們所涉及的問題都出現在國際流通領域。在國際上，商品資本的循環具有比較完整的獨立性，貨幣資本的循環次之，因為循環中的貨幣資本的相當一部分還只是商品國際流動的附屬物，真正單獨運動的貨幣資本還是十分有限的。但根據馬克思資本循環的理論，無論是殘缺不全的貨幣資本的國際循環還是比較完整的商品資本的國際循環，都還不是本來意義上的資本循環。資本循環理論表明，商品資本、貨幣資本和生產資本三者的循環運動，在空間上具有一致性，在時間上具有繼起性和同時性；貨幣資本的循環運動最先開始，接著是生產資本的循環運動，最後是商品資本的循環運動。這三種循環運動互相制約、互相影響，但生產資本的循環運動畢竟是資本最基本的循環運動，貨幣資本的循環運動和商品資本的循環運動都是為生產資本的循環運動服務的，是生產資本循環運動順利進行的基本條件。商品資本的國際循環由於沒有相應的生產資本的國際循環運動為基礎因而具有了相對的獨立性，貨幣資本的國際循環運動同樣如此。它不具備堅實的國際依託——生產資本的國際循環運動，因而儘管它的國際循環運動一方面主要依附於商品資本的國際循環運動，另一方面也具有一定的獨立性。它只能同商品資本一樣，由於不具備與生產資本循環運動在空間上的一致性和時間上的繼起性與同時性，從而有別於一個國民經濟內部的貨幣資本的循環運動，更有別於生產資本國際循環運動存在條件下的、本來意義上的貨幣資本的國際循環運動。第二次世界大戰以來國際經濟生活中真正重大的變化，是生產資本的國際化以及在生產資本國際化基礎之上的資本國際化。戰後，隨著第三次科學技術革命的進行，生產力得到極大的發展，國際分工愈益超越國界在國際上深入普遍地展開，跨國公司的觸角伸展到了世界的各個角落，生產資本的國內循環運動也日益具有了國際性，向著國際循環運動的方向演變。生產資本的國際化即生產的國際化不僅是建立在科學技術革命和生產力發展的基礎上，而且也是以商品資本國際化和貨幣資本國際化為其前提的。當然，這與科學技術革命和生產力發展這樣一個基礎不同。也就是說，即使沒有商品資本國際化和貨幣資本國際化，只要有科學技術革命和生產力發展這樣一個基礎，生產的社會化程度也會不斷提高，也會超越國界，從而實現生產的國際化；即是說，在科學技術革命和生產力發展強有力的影響下，生產資本的國際化也會是不可避免的。我們只是想強調這樣一個事實，以歷史的觀點來看，商品資本的國際化和貨幣資本的國際化是在生產資本的國際化之前發生的，但這並不改變商品資本和貨幣資本國際循環運動的地位，它們與科學技術的發展和生產力的發展之間沒有那麼緊密的聯繫，只與生產的發展之間有著直接的、緊密的聯繫；科學技術的進步與生產力的發展當然也會引起流通過程的變革，但流通過程更主要地是通過生產過程而較為間接地同科學技術的進步和生產力的發展相聯繫；因此，只能是生產資本的循環運動是商品資本循環運動和貨幣資本循環運動的基礎，而不是相反，即使是在國際上也是如此。生產資本、商品資本以及貨幣資本的國際化，使得三種資本的循環範圍都擴展到了全世界，就如同它們

在一國之內的循環。這就是說，隨著商品資本、貨幣資本和生產資本的國際化，資本的總循環運動在國際範圍內形成了，也就是資本實現了國際化，即資本主義生產關係實現了國際化。資本的國際化得以真正實現，不僅加深了國際經濟一體化的進程，促進了經濟全球化的形成和發展，而且也使國際經濟活動和國際經濟關係的內含發生了重大的變化。資本國際化是以生產國際化為基礎的，這就意味著生產要素以及許多中間消費資料（包括各種原材料和零部件）跨越國界，在世界範圍內自由流動，國際貿易的內含變得更加豐富，國際貿易得以高於世界經濟增長的速度急遽增長，國際貨幣市場和資本市場的活動也因此變得日益頻繁、異常活躍，其交易量的增長甚至遠遠超過了國際貿易量的增長，交易量因而被迅速放大。

由於國際貿易和國際金融領域日益頻繁的活動，一個開放經濟的均衡問題擺到了我們的面前。在一個開放經濟中，影響封閉經濟均衡的那些因素仍然在發生作用，但不再僅僅是這些因素，影響開放經濟均衡的因素增多了，而且也更為複雜了。戰後西方發達國家的歷次經濟危機，近20年來世界各地所發生的金融危機特別是發展中國家所發生的金融危機，為什麼能夠在全球迅速波及開來？為什麼能夠對世界經濟產生如此嚴重的影響？非均衡的國際傳導機制究竟是什麼？這些也都構成了國際經濟學研究的重要內容。

國際經濟學的研究方法

任何一個經濟學科，要學習和研究它，都需要一定的方法，國際經濟學也不例外。這裡，我們首先要強調在國際經濟學的學習和研究過程中理論指導的重要性。如前所述，國際經濟學是在微觀經濟學和宏觀經濟學基礎上發展起來的西方經濟學的一個分支學科，因此，它與西方經濟學有相通之處，這個相通之處就是一般的經濟學理論，或者叫作基礎經濟理論。經濟理論從深度上來說應該有著不同的層次，我們可以粗略地將其分為基礎性經濟理論、應用性經濟理論和政策性經濟理論。基礎性經濟理論是高度抽象、高度概括的經濟理論，它與現實經濟生活的距離較遠，讓人覺得用處不大，但它適應的範圍廣、適用的時間長；應用性經濟理論的抽象性與概括性要低一些，但恰好由於它的現實針對性要強一些，因而與經濟現實的距離要貼近一些，也因為如此，它適應的範圍較窄、適用的時間較短，與基礎性經濟理論相比更具現實適應性，讓人覺得更為有用；政策性經濟理論相對來說抽象性與概括性更差，但現實針對性極強，與現實的經濟問題可以沒有距離，但它適用的範圍最窄、時效性最為明顯，因而也顯得特別有用。儘管不同層次的經濟理論適用的範圍或場合不同，但它們之間沒有重要與次要的區別，更不存在對立關係，因而，它們相互之間沒有也不可能有替代關係，更不能不加區別地將它們放在一起妄加評論，認為一個有用而另一個沒有用。基礎性經濟理論對政策性經濟理論特別是對應用性經濟理論具有指導意義，應用性經濟理論對政策性經濟理論有直接的指導作用，但反過來就不成立了。正是由於基

礎性經濟理論適用的範圍廣、適用的時間跨度長，不易被雖然是現實的卻是短暫的經濟現象所扭曲，因而是評判特定時點經濟現象和預測經濟現象長期走勢的最有力的理論工具，是應用性和政策性經濟理論得以發展的根基，其重要性是不言而喻的。因此，當我們談到學習和研究國際經濟學的時候，我們要特別強調一般經濟學理論即基礎性經濟理論的重要性和指導意義。

其次，要依據國際經濟學自身的特點正確處理歷史與邏輯的統一關係。國際經濟理論是以國際經濟實踐為基礎的，是與國際經濟共生共長的、共同發展的。但是，理論並不等於實踐，國際經濟學不能等同於國際經濟史，甚至也不能等同於國際經濟理論史。國際經濟有其本來的發展順序，而國際經濟學也有其自身的邏輯體系。國際經濟學作為一個相對獨立的經濟學分支學科，在長期的發展過程中，既重視國際經濟的過去，更看重其最新的發展現實，最終形成了自己的理論框架和自己特殊的內在邏輯。因此，在學習和研究國際經濟學的時候，我們應該特別重視它作為一個體系所具備的獨特性、系統性、完整性和邏輯性。

另外，國際經濟學雖然是兼有實證與規範特點的經濟學科，但應正確把握其實證性與規範性，既要避免數學遊戲，又要避免單純的規範分析；在客觀性問題上將更多地採用實證分析的方法，而在政策性問題上將更多地採用規範研究的方法。

最後，我們特別要強調指出，學習國際經濟學的最終目的是要為現實的經濟建設服務，而國際經濟學作為西方經濟學的一個分支學科，是建立在西方發達國家的經驗基礎之上的。這個經驗基礎，不僅包含了西方發展經濟的實踐，也包含了西方特有的文明背景。因此，若要通過國際經濟學的學習來掌握國際經濟理論並為中國的社會主義建設事業服務，那麼，我們不僅應該原原本本地學習和瞭解國際經濟學的理論知識，而且還應該置身於東方歷史文明的背景之中，正視我們國家還是一個發展中國家這一客觀現實，注意應用馬克思主義的經濟理論和研究方法，對其有所分析、有所繼承、有所揚棄、有所發展，推陳出新。

本書編寫原則

如前所述，國際經濟學是在微觀經濟學和宏觀經濟學基礎上發展起來的西方經濟學的一個分支學科，因此，如同西方經濟學植根於西方文明背景和經濟發展實踐之中一樣，國際經濟學的創立和發展主要也是以先進國家即西方國家的國際經濟活動和國際經濟關係的實踐為依據的。對我們來說，國際經濟學不僅是一門外來的學科，而且與發展中國家國際經濟活動、國際經濟關係的實踐也不完全相符。

原原本本地介紹和闡述國際經濟學的理論知識，當然是本書編寫的主要任務。不過，我們知道，19世紀還處於落後地位的美國和德國對李嘉圖的比較利益學說和英國的自由貿易政策不僅嗤之以鼻，而且還採取與之對立的貿易保護政策。雖然我們現在沒有必要抱著美國和德國當年的那種態度來對待國際經濟學，但在編寫本書時，我們

仍然注意到了國際經濟學與發展中國家國際經濟活動、國際經濟關係的實踐不完全相符這一事實。在拿來的同時，我們努力以馬克思主義的經濟理論作指導，有所分析，有所批判，力求讓國際經濟學在一定程度上能夠反應出國際經濟活動和國際經濟關係的本來面目及其最新實踐，使其更好地為中國的經濟改革和對外開放服務。

另外，作為一本本科教材，我們力求使之難易適中，有簡有繁，突出知識點，具備開放性。所謂難易適中，有簡有繁，就是既不能把教材寫成大眾化的簡易讀物，又不能將其拔高成為研究生教材。作為經濟類專業基礎課的國際經濟學教材，內容自然應是豐富的，但作為本科教材，我們有必要追求國際經濟學知識結構和國際經濟學理論框架的完整性，而不刻意追求其系統性和深層次的分析。在這一基礎上，凡是內容容易理解的部分，應盡量避免贅述；而難於理解的部分，則需多角度地加以說明。所謂突出知識點，就是根據國際經濟學知識結構和國際經濟學理論框架完整性的需要來佈局知識點，並將其置於突出的位置上。這是因為，雖然國際經濟學的內容豐富多彩，但它們的重要性及其現實意義並不完全相同，因而在編寫上要把更多的注意力放在重點內容的安排上。開放性，簡單地說，就是發人深省，特別是允許別人思考，這是培養學生創新能力的必要條件。為了適應教學改革的需要，國際經濟學教材既需要灌輸有關的必要知識，但又不能通篇灌輸，而應有啓發思考的部分；既要給任課教師留下講述的餘地，又要給學生留下思考的空間；既要有編著者自己的觀察角度，又要包容百家，以便引導學生多角度地分析問題。國際經濟學教材不應該也不可能把所有的問題都講清楚，同學們在學習時，既需要看教材，也需要去閱讀有關的著述。

編排結構說明

國際經濟學教材的編排結構有兩類。一類是以時間為軸線，將不同時代的國際貿易和國際金融等國際經濟活動以及國際經濟關係串起來，也就是較為嚴格地按照國際經濟活動和國際經濟關係交互發展的先後時間順序來編排，將國際貿易、國際金融以及在此基礎上形成的國際經濟關係混合在一起，比較真實地再現歷史的本來面目。儘管這種編排方法有其優點，但缺點也是顯而易見的：結構鬆散，較為雜亂，學習的難度也增加了。更何況，如前所述，國際經濟學雖然也要尊重歷史，但它畢竟是一個相對獨立和自成體系的經濟學分支學科，有其自身的分析框架和邏輯體系，因此，我們放棄了這種編排方法。

本書採用第二類方法，既注意歷史性，也注意系統性和邏輯性。本書共分為三篇九章，先講國際貿易方面的內容，再敘述國際金融方面的內容，而國際經濟關係則讓其單獨成篇，放在最後。

第一篇為國際貿易理論，含三章。國際貿易理論所要說明的是國際交換得以產生的原因。自重商主義以來，對國際交換原因的探討從未停止過，可以說是見解各異，眾說紛紜，國際貿易理論呈現出不斷發展的趨勢。我們可以大致將其劃分為傳統國際

貿易理論、現代國際貿易理論和當代國際貿易理論。絕對成本說、比較利益說、國際相互需求方程等都包含在傳統國際貿易理論之中，是為第一章。第二章則囊括了其後的所有國際貿易理論，如資源禀賦理論、列昂惕夫反論、新要素理論、產業內貿易理論、政策貿易理論，等等。國際貿易政策工具也放在國際貿易理論這一篇中來講述，作為第三章，含有關稅政策、出口補貼與進口配額政策、重商主義、保護貿易理論、「辛-普-繆論證」等。

第二篇為國際貨幣金融原理，含三章。在第一篇分析了國際商品交換的原因之後，這一篇主要討論與國際商品交換相對應的貨幣金融問題。假如我們可以將國際商品交換理解為商品的國際流動的話，那麼，由於價格是商品價值的貨幣符號，我們就可以將國際金融交易理解為價值的國際流動，只是，價值國際流動的方向正好與商品國際流動的方向相反。需要指出的是，嚴格說來，這種說法是不成立的。因為在等價交換過程中，能夠轉移的不是價值而只是使用價值，如果價值也發生了轉移，那只能是不等價交換。這一篇的第四、五、六章分別為外匯市場與匯率、國際收支與國際收支平衡表、國際貨幣體系與匯率製度；其中，第四章闡述外匯市場和匯率理論，第五章主要涉及國際收支平衡表和國際收支調節理論，第六章用於分析國際貨幣體系與匯率製度的歷史變遷和未來的發展趨勢。

第三篇為國際經濟關係，也有三章。其實，第一、二篇闡述的也是國際經濟關係，即各國之間的商品交換關係和貨幣關係，但這一篇與上兩篇不同，帶有綜合的性質，也更抽象一些。戰前商品資本的國際循環與貨幣資本的國際循環，加上戰後跨國公司所推動的生產資本的國際循環，促進了資本國際總循環運動的形成和發展，這是戰後國際經濟生活和國際經濟關係所出現的最為重大的變化。由於各國經濟相互聯繫、相互依賴，對於各國經濟來說，國際經濟一體化和經濟全球化帶來的，那就不僅僅是機遇而且還有挑戰，世界經濟發展顯得極不平衡，南北關係中充滿了矛盾。第七章闡述生產要素的國際流動，包括資本流動與對外直接投資的一般理論、勞動力國際流動及其政策含義、技術的國際轉移及其理論模型，要素國際流動與引進外資，等等。第八章為國際傳導機制，主要分析國際非均衡傳導的途徑與機制，宏觀經濟的內外失衡與治理，以及泰國金融危機的案例剖析。第九章為國際經濟一體化與國際經濟秩序，對國際經濟關係中的一些重大現象進行了闡述，這些現象包括國際經濟集團化、國際經濟組織、國際經濟秩序以及南北經濟關係等。

在書的最後部分，我們列了參考資料，這是我們在編寫本書時參考過的著述，但不是全部，而僅僅是我們參考過的一部分。列出這個書目，首先是為了表示我們對著作者的謝意，另一層意思，則是在學習國際經濟學時為同學們提供一個閱讀書目，要理解和把握好國際經濟學的基本理論和知識，讀一本教材是遠遠不夠的。

第一篇　國際貿易理論

15世紀末16世紀初，隨著資本主義生產關係的發展及地理大發現，對外貿易得以發展。西歐一些國家的學者也開始對這一經濟現象進行思考。產生於資本主義原始累積時期的重商主義開始研究對外貿易如何為一國帶來財富，孕育著國際貿易理論的萌芽。這以後的西方經濟學家進一步對國際貿易的原因、各國參與國際貿易的可能性和國際貿易利益的分配等問題進行深入細緻的分析，建立起國際貿易的理論體系。我們把資本主義生產方式的產生和發展時期建立的理論稱為國際貿易的傳統理論，其中大衛·李嘉圖的「比較利益學說」和穆勒的「相互需求方程」奠定了國際貿易理論的基礎，對當今國際貿易的研究仍具有很深遠的影響。

　　20世紀初瑞典經濟學家赫克歇爾和俄林開始使用不同於傳統學派的方法，按照生產要素稟賦來分析國際貿易產生的原因，標誌著國際貿易理論中「現代學派」的出現。第二次世界大戰後，在第三次科技革命的推動下，世界經濟狀況發生了很大的變化。生產、資本的日益國際化，使得國際貿易的發展規模和增長速度、商品結構以及貿易地理方向都發生了相應的變化。傳統的國際貿易理論已經越來越不能說明現實問題，在此情形下，出現了一些新的用於分析和解釋經濟現實的國際貿易理論，這些理論稱為當代國際貿易理論。

　　對外貿易政策是各國在一定時期內對進口貿易和出口貿易所實行的政策。為了達到國內經濟增長目標，保護國內幼稚工業等目的，幾乎所有的國家和地區都制定了各種進出口的管理措施，尤其是實施對進口進行限制的保護措施。國際貿易政策分析正是對這些貿易政策工具，保護貿易理論的發展及主要的保護手段——關稅的經濟學效應進行全面分析。

　　通過本篇的學習，學生將能對國際貿易理論有個全面的瞭解和掌握。

第一章　國際貿易傳統理論

　　世界各國為什麼要從事國際貿易，其國際貿易基礎是什麼？國際貿易的交換比例又是如何確定的？國際貿易利益如何分配？國際貿易利益究竟會帶來哪些利益？這些正是傳統國際貿易理論作出的所要回答的問題。本章將首先簡單介紹重商主義的觀點，並在此基礎上重點分析亞當·斯密的「絕對利益學說」和大衛·李嘉圖的「比較利益學說」及穆勒的「相互需求學說方程」。由於這些傳統貿易理論是建立在某些特定的假設基礎上，為了使理論更好地解釋現實問題，我們在第四節將進一步分析擴展的國際貿易理論模型。

第一節　勞動生產率與貿易利益

　　古典學派國際貿易理論是古典經濟學的一部分。古典經濟學形成於 17 世紀後期，到了 18 世紀下半葉分別由英國的亞當·斯密和法國的重農學派取得較為完善的形態，19 世紀初葉達到高峰，其傑出的代表人物為英國的李嘉圖。古典學派的國際貿易理論主要是由斯密的「絕對利益學說」和李嘉圖的「比較利益學說」構成。它們是西方國際貿易理論的基石，是研究國際貿易純粹理論的起點。

一、亞當·斯密的絕對利益學說

　　亞當·斯密（Adam Smith，1723—1790 年）是英國產業革命前夕工場手工業時期的經濟學家，是研究國際貿易產生原因的創始人。他在 1776 年發表的著名的《國民財富的性質與原因的研究》(Inquiry into the Nature and Causes of the Wealth of Nations，簡稱《國富論》) 一書中提出了國際貿易成因的絕對利益學說。

1. 絕對利益學說的基本概念與內容

　　從 16 世紀到 18 世紀中葉，在英國、西班牙、法國和荷蘭等國出現了許多關於國際貿易方面的著作，但未發展成為系統的理論，籠統稱之為重商主義。其主要觀點是認為一國的財富表現為金銀貨幣，金銀貨幣的積聚就是國家財富的增加，增加財富的辦法就是進行對外貿易，並保持順差；為了保持對外貿易的順差，國家就必須對經濟活動，特別是對國際貿易活動進行干預和管制。他們認為一國的貿易所得就是另一國的貿易所失，因此認為國際貿易是一種「零和遊戲」。然而這些觀點在 18 世紀受到嚴重的挑戰。一些批評者指出一國不可能永遠保持順差，因為如果一國能夠長時期保持貿易順差，則會由於金銀大量流入而增加國內貨幣流通量，導致商品價格上漲，使本

國出口商品的競爭能力下降，出口減少，進口增加，從而貿易順差減少甚至出現逆差，金銀又不得不輸往國外。

重商主義之後，英、法及西歐各國的經濟思想都有了很大的發展，出現了像威廉·配第（William Patty，1623—1687年）、弗郎斯瓦·魁奈（Francois · Quesnay）等著名的經濟學家。但只是到了亞當·斯密（Adam Smith，1723—1790年），古典政治經濟學才第一次成為比較完備的理論體系，也只是在亞當·斯密這裡，國際貿易的理論才得到系統的闡述。亞當·斯密在他的《國富論》中對重商主義進行了深刻的批判，並提出了自由貿易學說。他指出，金銀並非財富的唯一形態，一國真實的社會財富是它生產的商品和勞務，它是由一國的勞動生產率決定的。而勞動生產率的提高又是以勞動分工為前提的。通過國家干預人為地保持貿易順差本身也是徒勞無益的。因此，斯密反對國家干預，主張採取自由放任的經濟政策，擴大對外貿易。

為了論證實行自由貿易的重要性，斯密以制針業分工作為例子，強調通過分工帶來的好處。根據他的舉例，在沒有分工的情況下，一個粗工每天連一根針也造不出。而在分工的情況下，10個人每天可以製造4.8萬枚針。明顯地，分工大大地提高了勞動生產率。他認為，分工的原則不僅適用於一國內部的同行業、不同工種，也適用於各國之間。因此，他主張如果外國的產品比自己國內生產的要便宜，那最好自己就不要生產而是買進，同時發展自己在國際市場上占優勢的產品去出口。如蘇格蘭雖然可以用暖房栽培葡萄，然後釀造出上等美酒，但成本是向外國購買的30倍。如果蘇格蘭不是進口葡萄酒而是用30倍的代價來自己生產，那就是明顯的愚蠢行為。由此，他從國內手工工場分工大大提高勞動生產率出發，擴展到各企業和各部門的分工，進而引伸到跨國界的部門分工，即國際分工，並提出了著名的**絕對利益**（Absolute Advantage）理論。該理論指出當一國相對另一國在某種商品的生產上有更高效率，但在另一種商品生產上效率更低，那麼兩國就可以通過專門生產自己有絕對優勢的產品並用其中一部分來交換其具有絕對劣勢的商品。這樣，個人在各自追求自己的經濟利益時將不自覺地增進全社會的利益，結果能使整個世界資源利用效率最高，世界福利最大化。因此，貿易並不象重商主義認為的一國的國際貿易所得，就是另一國的貿易所失，通過國際專業化分工，所有的國家都可以在生產和消費方面獲得收益，國際貿易是一種「非零和遊戲」。斯密認為產生國際分工的基礎是一國的自然優勢和後天優勢。前者指自然賦予的有關氣候、土壤、礦產、土地和其他相對固定狀態的優勢，一國在生產特定商品時所具有的自然優勢有時是非常巨大的，以至他國無法同他競爭；後者則指通過後天累積而具備的生產某種產品的特有工藝、技能等優勢。這些優勢使一國生產某種產品的成本絕對低，在對外貿易方面與其他國家相比，就可以處於優勢地位。

因此，斯密認為兩國產生國際貿易的基礎和方向是：只要兩國分別存在絕對優勢的產品，就存在國際貿易，一國將生產和出口具有絕對利益的產品，進口絕對不利的產品。

2. 絕對利益學說的數學表述

假設世界上只有兩個國家：A 國和 B 國；生產兩種商品：X 和 Y；只有一種生產要素：勞動力，且勞動力可以在國內充分流動，在兩國不能自由流動。為簡便起見，假設 A 國生產 1 單位 X 產品需要 1 單位勞動，生產 1 單位 Y 產品需要 2 單位勞動；B 國生產 1 單位 X 產品需要 2 單位勞動，生產 1 單位 Y 產品需要 1 單位勞動。分工前的勞動耗費則如下表 1-1 所示：

表 1-1　　　　　　　　　　　　分工前的勞動耗費

商　品 ＼ 國　家	A	B
X	1	2
Y	2	1

可以很清楚地看出分工前 A、B 兩國生產 1 單位 X 產品和 1 單位 Y 產品的勞動耗費分別為 3 單位，即兩國各生產 1 單位 X 產品和 Y 產品需要的勞動耗費總共為 6 單位，整個世界對 X 和 Y 產品的消費總共為 4 單位。由於 A 國在生產單位 X 產品耗費的時間小於 B 國，因此在 X 產品的生產上 A 國具有絕對優勢，B 國在生產單位 Y 產品耗費的時間小於 B 國，因此在 Y 產品的生產上 B 國具有絕對優勢。

按絕對利益原則，A 國應專業化生產具有最高生產率的 X 產品，B 國應生產具有最高生產率的 Y 產品，然後兩國進行交換。專業化分工後的情況如表 1-2 所示：

表 1-2　　　　　　　　　　　　分工後的生產率

商　品 ＼ 國　家	A	B
X	3	0
Y	0	3

分工後，A 國將全部的 3 單位勞動時間用於 X 產品的生產，共 3 單位 X 產品，而 Y 產品因為不生產，故為 0 單位 Y 產品；B 國將全部的 3 單位勞動時間用於 Y 產品的生產，共生產 3 單位 Y 產品，而 X 產品因為不生產，故為 0 單位 X 產品。很清楚，在全部勞動耗費不變的情況下，與分工前相比，世界總產量增加了 2 單位，即增加了 1 單位的 X 產品和 1 單位的 Y 產品。

假設 A 國國內仍能保持 1 單位 Y 產品的消費，B 國國內仍能保持 1 單位 X 產品的消費，按兩國均能接受按 1 單位 X 產品交換 1 單位 Y 產品的比率進行交換（即交換比率＝1：1），則交換後，A、B 兩國的國內消費情況如表 1-3 所示：

表 1-3　　　　　　　　　　　　交換後的貿易利益

商　品	國　家	A	B
X		2	1
Y		1	2

顯然，與貿易前相比，A 國多享受了 1 單位 X 產品，B 國則多享受了 1 單位 Y 產品；或者，兩國的消費水平保持不變，即兩國總共只消費 2 單位的 X 產品和 2 單位的 Y 產品，則兩國只需要投入 4 單位的勞動就可以了，由此可節約 2 單位的勞動。通過國際分工和國際貿易，同樣的勞動投入兩國都獲得更多的產品消費，無論是增加產出還是減少勞動時間，都意味著兩國的福利水平的提高。

3. 絕對利益學說的圖形表述

按照絕對利益學說參與國際分工，進行專業化生產，然後進行交換，參與國就可以從這種國際分工和國際交換中獲得利益。這種利益可以通過圖形直觀地表示出來。（如圖 1-1 和圖 1-2 所示）

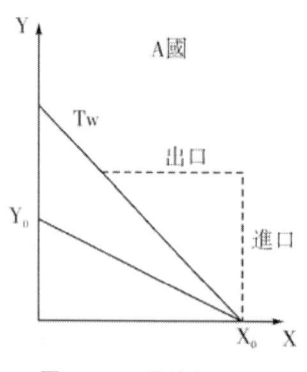
圖 1-1　A 國的貿易利益

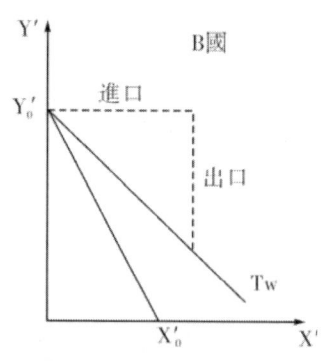
圖 1-2　B 國的貿易利益

說明：圖 1-1、圖 1-2 中 X_0、X_0' 分別表示 A、B 兩國將全部資源生產 X 產品的產量。Y_0、Y_0' 分別表示 A、B 兩國將全部資源生產 Y 產品的產量。X_0Y_0 為 A 國的生產可能性曲線，$X_0'Y_0'$ 為 B 國的生產可能性曲線，Tw 為世界價格線，即世界市場上 X 產品和 Y 產品的交換比例。

在貿易前，兩國的生產可能性曲線就是消費可能性曲線。經過專業化分工後通過參與國際分工，A 國專業化生產具有絕對優勢的 X 產品，並按世界價格線 Tw 向 B 國交換 Y 產品；同樣，B 國專業化生產具有絕對優勢的 Y 產品，並按照世界價格線 Tw 向 A 國交換 X 產品。由於存在貿易，兩國消費者的消費者可能性曲線為 Tw。顯然，兩國通過分工交換均受益，世界福利也因此得到提高。

4. 對絕對利益學說的評價

亞當·斯密首次肯定了國際貿易對參與雙方在經濟上都是有利的，從而為開展國際貿易掃除了認識上的一大障礙，這在理論和實踐上都具有重要意義。同時絕對成本

理論第一次從生產領域闡述了國際貿易的基本原因和利益所在，正確地指出了分工對提高勞動生產率的巨大意義，從而為科學的國際貿易理論的建立奠定了良好的基礎。然而這一理論只說明了在生產上具有絕對優勢的國家參與國際分工和國際貿易能獲得的利益，而不能解釋許多沒有什麼絕對優勢的落後國家仍在進行國際貿易的普遍現象，因而無法利用斯密的絕對利益學說來說明國際貿易的普遍現象。另一方面，斯密雖然堅持了勞動價值論，但仍無法說明兩種產品進行交換的內在等價要求是什麼。

二、李嘉圖的比較利益學說

大衛・李嘉圖（David Ricardo，1772—1823 年）是英國古典經濟學的完成者。1817 年他發表了《政治經濟學及賦稅原理》（On the Principles of Political Economy and Taxation）一書，提出了重要的**比較優勢**（Comparative Advantage）原理，這與要素稟賦論（後面將介紹）一起被譽為國際貿易理論的兩大支柱。

1. 比較利益學說的基本內容

「比較利益學說」是在英國產業資產階級爭取自由貿易鬥爭中產生和發展起來的。1815 年英國政府頒布了《穀物法》。《穀物法》頒布後，英國糧食價格迅速上升，地租猛增，英國的貴族地主階級大獲其利；昂貴的穀物使工人貨幣工資不得不提高，商品成本增加，卻由此嚴重損害了工業資產階級的利益。為此，英國工業資產階級和地主貴族階級圍繞《穀物法》的存廢，展開了激烈的鬥爭。作為工業資產階級代言人的李嘉圖正是在這一背景下提出了比較利益學說。

根據李嘉圖的比較優勢原理，國際分工中若兩貿易參與國生產力水平不相等，甲國在生產任何產品時成本均低於乙國，處於絕對優勢，而乙國則相反，其勞動生產率在任何產品上均低於甲國，處於絕對劣勢。這時，兩個國家進行貿易的可能性依然存在，因為兩國勞動生產率的差距，並不是在任何產品上都是一樣的。這樣，處於絕對優勢的國家不必生產全部產品，而應集中生產國內具有最大優勢的產品，處於絕對劣勢的國家也不必停產所有的產品，而應停止生產在本國國內處於最大劣勢的產品，即「兩優相權取其重，兩劣相權取其輕」。通過國際分工和自由交換，參與國可以節約社會勞動，增加產品的消費，世界也因為國際分工和自由交換而增加產量，提高勞動生產率並增進福利。因此即使某一國家並不擁有任何絕對優勢，只要貿易前各國國內兩種商品的價格比例不同，相關國家就存在貿易的可能性，並可能通過貿易獲得比較利益。

2. 比較利益學說的數學表述

李嘉圖用一個經典的例子來說明了這一理論。假設英國和葡萄牙都生產毛呢和葡萄酒，但勞動生產率不同，勞動生產率以每單位產品所花費的勞動量來衡量。則分工前的勞動生產率如下表 1-4 所示：

表 1-4　　　　　　　　　　　　分工前的勞動生產率

商品 國　家	毛呢（1 單位）	酒（1 單位）
英國	100 人／年	120 人／年
葡萄牙	90 人／年	80 人／年

　　從上表中可以看出，英國 1 單位毛呢的勞動成本為葡萄牙的 1.1 倍（100/90），1 單位酒的勞動成本則為葡萄牙的 1.5 倍（120／80），英國在兩種產品上的生產絕對成本高於葡萄牙，即都處於劣勢，但在酒的生產上劣勢更大。國際貿易和國際分工前，英國和葡萄牙分別投入 220 人／年和 170 人／年的勞動，各消費 1 單位酒和 1 單位毛呢。根據比較優勢，葡萄牙專門生產酒，英國專門生產毛呢，用兩國的一年勞動總量，葡萄牙可生產 2.125 單位的酒（通過（80+90）／80 獲得），英國可生產 2.2 單位的毛呢（通過（100+120/100）獲得）。則分工後的勞動生產量如表 1-5 所示：

表 1-5　　　　　　　　　　　　分工後的勞動生產量

商品 國　家	毛呢	酒
英國	2.2	0
葡萄牙	0	2.125

　　顯然，按照相對優勢進行國際分工，一定的勞動總量就能創造出更多的財富或使用價值。分工前，國際上酒的產量為 2 單位，毛呢的產量為 2 單位。分工後酒的產量為 2.125 單位，增加了 0.125 單位。毛呢的產量為 2.2 單位，增加了 0.2 單位。

　　為了說明貿易對雙方的利益，假定一個雙方都能接受的交換比例，如 1 單位葡萄酒交換 1 單位毛呢（即交換比率＝1：1）。葡萄牙用生產的 1 單位酒從英國換取 1 單位的毛呢，英國則用 1 單位的毛呢從葡萄牙換取 1 單位葡萄酒，則交換後的貿易利益如下表 1-6 所示：

表 1-6　　　　　　　　　　　　交換後的貿易利益

商品 國　家	毛呢	酒
英國	2.2−1＝1.2	1
葡萄牙	1	2.125−1＝1.125

　　顯然，通過國際貿易，英國實際消費 1.2 單位毛呢和 1 單位的酒，較國際分工前多消費 0.2 單位的毛呢。葡萄牙實際消費 1 單位毛呢和 1.125 單位酒，比貿易前多消

费 0.125 單位的酒。

兩國進行國際分工和貿易的條件和基礎是他們之間商品相對成本的比率不同。設 P_1 和 P_2 分別是 A 國生產產品 1 和產品 2 的成本；P_1' 和 P_2' 分別是 B 國生產產品 1 和產品 2 的成本，e 為單位外匯折算為本幣的匯率，則折算為本幣價格分別為 $e * P_1'$ 和 $e * P_2'$。由於假定產品市場完全競爭，所以其價格便是其生產成本。國內相對價格差異為 P_1 / P_2，國外相對價格差異為 P_1' / P_2'，與匯率無關。只要無貿易時兩國相對價格存在差異，即 P_1 / P_2 不等於 P_1' / P_2'，那麼一定存在比較優勢和互利的國際貿易。若 $P_1 / P_2 < P_1' / P_2'$，則 A 國生產產品 1 具有相對優勢，若 $P_1 / P_2 > P_1' / P_2'$，則 A 國生產產品 2 具有相對優勢。

3. 比較利益的圖形表述

設 A、B 兩國在單位時間生產 X 產品和 Y 產品的情況如下：

表 1-7　　　　　　　　　　分工前的勞動生產率

商品 ＼ 國家	A	B
X	50	70
Y	25	100

顯然，A 國在生產 X 產品和 Y 產品上的成本都比 B 國高，即兩者都處於劣勢。如果按照亞當·斯密的絕對成本原理，A 國和 B 國將不存在貿易。由於在 A 國，每單位 X 產品等於 0.5 單位 Y 產品，或每單位 Y 產品等於 2 單位 X 產品，B 國每單位 X 產品約為 1.5 單位 Y 產品，或每單位 Y 產品為 0.67 單位 X 產品。根據比較優勢原則，由於兩國國內兩種產品存在價格差異，因此兩國存在分工和貿易的基礎。雖然 A 國在兩種產品的生產上都處於劣勢，但 X 產品的劣勢小（50／70），Y 產品的劣勢大（25／100）。A 國應集中生產 X 產品，B 國應集中生產優勢更大的 Y 產品。

A 國的各種可能的生產組合點如下表 1-8 所示：

表 1-8　　　　　　　　　　A 國的生產組合點

X	Y
50	0
30	10
10	20
0	25

B 國各種可能的生產組合點如表 1-9 所示：

表 1-9　　　　　　　　　　B 國的生產組合點

X	Y
70	0
56	20
42	40
28	60
14	80
0	100

根據 A 國、B 國的生產組合點，可以分別得到兩國的生產可能性曲線，如圖 1-3 和 1-4 所示：

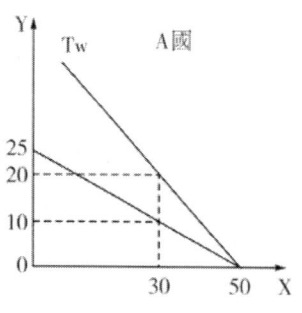

圖 1-3　A 國的貿易利益

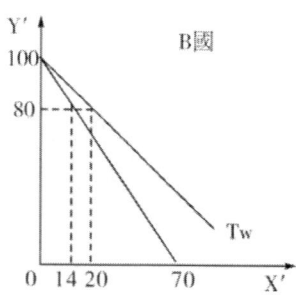

圖 1-4　B 國的貿易利益

在圖 1-3、圖 1-4 中，在無國際貿易時，兩國的生產可能性曲線就是其消費可能性曲線。設 A 國生產並消費 30 單位的 X 產品和 10 單位的 Y 產品，B 國生產並消費 14 單位的 X 產品和 80 單位的 Y 產品。經過專業化分工後，A 國生產具有相對優勢的 X 產品，B 國生產具有相對優勢的 Y 產品。假設現在以雙方接受的國際交換比例：1 單位 X 產品交換 1 單位的 Y 產品（即交換比率＝1：1），A 國用 20 單位的 X 產品從 B 國獲得 20 單位的 Y 產品，B 國用 20 單位的 Y 產品從 A 國獲得 20 單位的 X 產品。顯然，A 國較國內貿易能多交換 10 單位的 Y 產品（20-0.5 * 20）。同樣，B 國用 20 單位的 Y 產品可從 A 國交換到 20 單位的 X 產品，較在本國交換多得 6 單位的 X 產品（20-0.7 * 20）。可見，通過國際貿易，同樣的勞動投入兩國都獲得更多的消費，兩國的福利水平都得到了提高。

我們還可以用其他圖形來表述李嘉圖的比較利益學說。

我們前面的解說是過於絕對了。事實上，由於機會成本的存在，國際生產專業化不會是完全的專業化，國際分工不會是完全的國際分工。因此，在圖示中，任何一國的生產可能性曲線都不會是一條直線，後者僅僅是為了便於說明問題。如圖 1-5 所

示，A 國在 X 產品的生產上具有比較優勢：

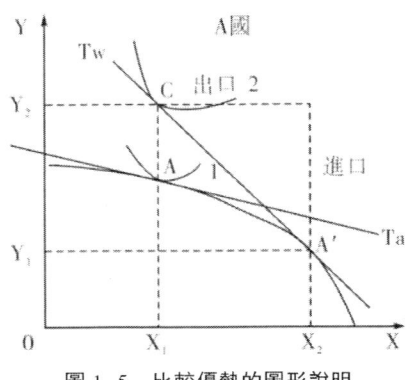

圖 1-5 比較優勢的圖形說明

A 國選擇 X 產品進行專業化的生產，但只是意味著更多地生產 X 產品，同時壓縮 Y 產品的生產，將生產組合點從 A 向右下方移動至 A′；在世界市場上按照世界市場的交換比例，按照 1：1 的交換比例，用 X_1X_2 的 X 產品交換 B 國 Y_1Y_2 的 Y 產品。相對於原來的即國際分工之前的消費組合點 A 來說，在現在的消費組合點 X_1Y_2 上，A 國不僅消費的 Y 產品可以比以前多，而且消費的 X 產品也可以比以前多；社會無差異曲線也從 1 移動到了 2。所有這些都表明了通過參與國際分工和國際貿易，A 國福利水平的提高。當然 B 國也會如此。

另外，我們也可以看到，A 國現在所消費的 Y 產品，甚至比自己專業化生產的 Y 產品還要多，假如 A 國進行 Y 產品的專業化生產的話。這說明，國際分工和國際貿易的確能夠促進勞動生產率和社會福利水平的提高。

還需要注意的是，社會無差異曲線 1 到 2 這段距離所顯示的利益，既是國際分工的結果，也是國際交換的結果；也就是說，這部分增加的利益，實際上包含著兩個部分，一部分是國際分工帶來的，另一部分是國際貿易帶來的。這一點，可用下圖 1-6 示表明：

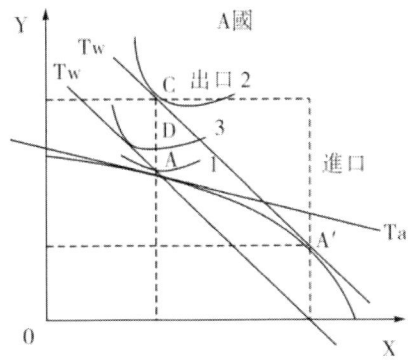

圖 1-6 國際貿易利益與國際分工利益的區分

將價格線或交換比例線 Tw 從 C 點下移至 A 點，表明此時沒有參與國際分工，但參與了國際貿易。參與國際分工和國際貿易增加的利益為 AC，其中，AD 為國際貿易帶來的利益，CD 為國際分工帶來的利益。

4. 比較利益學說的理論影響

大衛·李嘉圖的比較利益理論利用精確的邏輯和簡單的例子證明了一國無論生產水平高還是低，均可根據「比較優勢」原則參與國際分工和貿易，都可以得到實際利益。在各自的生產要素的投入量不變的情況下，參加國際分工和國際貿易不僅使世界總產量增加，而且使各國都能得到更多的產品或物質財富，提高消費水平。比較利益理論將亞當·斯密的基於絕對利益的自由貿易理論向前推進了一大步，可以解釋當今世界經濟技術發展水平和層次不同的國家之間進行貿易的基礎。這一學說被當時大部分經濟學家接受，並為後來的經濟學家所推崇，至今仍被作為影響國際貿易格局的基本因素。

比較優勢理論案例　蠟燭工的請願

在重商主義哲學盛行時期，保護主義蔓延，被激怒的法國經濟學家 Frederic Bastiat（1801—1851 年），通過「以子之矛，攻子之盾」的方法壓倒了保護主義者。巴斯底特在 1845 年虛構的法國蠟燭工人請願的故事中，最成功地打擊了貿易保護主義。現摘錄如下：

我們正在經受著無法容忍的外來競爭，他看來有一個比我們優越得多的生產條件來生產光線，因此可以用一個荒謬的低價位佔領我們整個國內市場。我們的顧客全都湧向了它，當它出現時，我們的貿易不再與我們有關，許多有無數分支機構的國內工業一下子停滯不前了。這個競爭對手不是別人，就是太陽。

我們所請求的是，請你們通過一條法令，命令關上所有窗戶、天窗、屋頂宙、簾子、百葉宙和船上的舷窗。一句話，所有使光線進入房屋的開口、邊沿、裂縫和縫隙，都應當為了受損害的工廠而關掉。這些值得稱讚的工廠使我們以為已使我們的國家滿意了，作為感激，我們的國家不應當將我們置於一個如此不平等的競爭之中……僅僅因為或部分因為進口的煤、鋼鐵、奶酪和外國的製成品的價格接近於零，你們對這些商品的進口就設置了很多限制，但為什麼，當太陽光的價格整天都處於零時，你們卻不加任何限制，任它蔓延？如果你們盡可能減少自然光，從而創造對人造光的需求，哪個法國製造商會不歡欣鼓舞？如果我們製造更多的蠟燭，那就需要更多的動物脂，這樣就會有更多的牛羊；相應地，我們會見到更多人造草場，肉、毛、皮和作為植物生產基礎的肥料。

資料來源：保羅·克魯格曼. 國際經濟學 [M]. 海聞，蔡榮，等譯. 北京：中國人民大學出版社，2002.

三、絕對利益學說和比較利益學說

李嘉圖的比較利益學說建立在亞當·斯密的絕對利益學說的基礎上，兩者具有緊密的聯繫，但兩者之間仍存在較大的差別。

1. 基本假設的異同。

絕對利益和比較利益論都基於以下的基本假定：全世界只有兩個國家，生產兩種商品；只有一種勞動要素——勞動力，且要素只能在一國內自由流動，在兩國之間不能自由流動；交易雙方生產成本不變，無規模收益，不考慮運輸成本和其他交易費用；兩國的資源都得到充分利用，同時資源從一部門轉移到另一部門時，機會成本保持不變；產品在各國間自由移動，產品市場均處於完全競爭狀態；以勞動價值論為基礎，即勞動時間決定價值；物物交換；不存在技術進步和經濟發展，國際經濟是靜態的；收入分配不受貿易的影響。因此，他們都是研究純貿易的理論。但絕對利益論假定各國在不同的商品生產上有的處於絕對優勢，有的處於絕對劣勢；而比較利益論假定有的國家在所有商品的生產上都處於絕對劣勢，有的國家在所有商品的生產上都處於絕對優勢。

2. 勞動生產率、國際分工和貿易利益

李嘉圖和斯密一樣，也是勞動價值論者。在衡量產品的成本時，兩者都是用單位產品所耗費的勞動時間來衡量。即從勞動價值論出發，認為商品的價值由生產商品時所花費的勞動時間決定的。但李嘉圖又認為，支配一個國家中商品相對價值的法則，不能支配兩個或更多國家間相互交換的商品的相對價值。在分析國內交換和國際交換時，李嘉圖的出發點似乎都是勞動價值論，但事實上，李嘉圖認為勞動價值論在國際交換中是不適用的，造成這種國內外差異的原因在於勞動力要素不能在國與國之間進行自由移動。對於國際貿易的基礎和貿易形態與方向的決定，絕對利益學說認為一國只有存在絕對優勢產品才有可能參與國際分工，通過專業化生產並出口該優勢產品，從而獲取貿易利益。比較優勢所注重的不是兩個國家同一種產品的成本絕對差異，而是兩國國內產品成本比率的差異即勞動成本比率的差異。因此，只要存在勞動成本比率差異，即使一國在兩種產品的生產上均處於絕對劣勢，仍可能通過生產並出口相對優勢的產品獲利。而兩種產品均處於優勢的國家則生產並出口優勢更大的產品，從貿易獲得更多的利益。可以說，斯密的絕對利益情形不過是李嘉圖相對利益模式的一個特例，後者更加全面和深刻。

3. 留待解決的理論問題

絕對成本理論和相對成本理論從勞動成本角度分析了貿易產生的原因，但對兩國如何分配貿易利益即交換比率的確定只是做了理論的假定，並未進行分析。李嘉圖是假定了而不是解釋了比較優勢。兩者沒有解釋勞動生產率和國家間比較優勢的差別，也不能解釋國際貿易對生產要素獲利的影響。兩者雖然用勞動價值論解釋了國際貿易產生的內在原因，但對影響勞動時間耗費的具體因素有那些，未進行深入分析，對各國之間產生的勞動生產率的相對差異的解釋也不明確；兩者只從成本或供給角度來分析產生貿易的條件，沒有考慮是否存在構成國際貿易基礎的其他因素。

李嘉圖的比較利益存在許多苛刻的假定前提，如假定成本不變，假定要素完全不能在國際間自由移動等。這些假定都不符合客觀現實，因此可以進一步放鬆這些假定前提，以使理論更符合貿易實際。此外，根據比較利益原則，似乎比較利益越大的國家貿易的可能性越大，當今的貿易應該主要在發達國家和發展國家進行，但事實上今天的國際貿易主要發生在發達國家之間。現實與理論的衝突不得不要求人們從多方面去解釋國際貿易產生的原因。

第二節　貿易利益分配和相互需求方程

　　在李嘉圖的比較利益中，沒有解決兩國貿易利益分配的問題，即國際商品交換比率的確定。李嘉圖的學生，19世紀中期英國最有影響力的經濟學家約翰·司徒亞特·穆勒（John Stuart Mill，1806—1873年）在其《政治經濟學原理》(Principles of Political Economy) 一書中用「相互需求原理」回答了這一問題。

一、約翰·穆勒的相互需求方程

1. 相互需求方程的涵義

　　穆勒認為國際商品交換比率是由兩國對彼此商品的需求程度決定的。該理論將供求均衡分析法運用於國際商品交換領域，實質是供求均衡國際價格理論。他強調國際商品交換中商品的供給和需求是交易雙方的相互需求。國際均衡價格形成的必要條件是貿易雙方的出口商品總值等於進口商品總值。即一國產品同另一國產品相交換，其所要求的價格水平，是要使該國的全部出口價值恰好能夠償付其全部進口價值。實際的國際交換比例介於兩國國內交換比例所確定的界限之內，其大小是由兩國對對方產品的需求強度所決定的。穆勒不僅說明了國際貿易條件決定於兩國的相互需求，還進一步說明了相互需求對國際貿易的影響。外國對本國商品的需求強度越是大於本國對外國商品的需求強度，實際貿易條件就越接近於外國的國內交換比率，這個比率會使貿易利益的分配越是有利於本國。反之，本國對外國商品的需求強度越是大於外國對本國商品的需求強度，實際貿易條件就越接近於本國的國內交換比率，這個比率會使貿易利益的分配越是有利於外國。

2. 相互需求方程的數學表述

　　穆勒的數學模型與李嘉圖的數學模型實際上是相同的，唯一的區別是，在李嘉圖模型中，一般是產出一定而投入不等，表述了單位產品的不同勞動耗費或單位產品的價值；與此相反，在穆勒的模型中，是勞動投入一定而產出不定，表述了單位勞動的產出，即勞動生產率。

　　同樣假定世界上有A和B兩個國家。每投入1單位的勞動，A國可生產10單位的X產品，B國也可生產10單位的X產品；但是，使用1單位的勞動，A國只能生產15單位的Y產品，B國卻可以生產20單位的Y產品。在X產品的生產上，兩國具

有相同的勞動生產率，而在 Y 產品的生產上，B 國的勞動生產率則要高許多。（如表 1-10 所示）

表 1-10　　　　　　　　　　各國的勞動生產率

產品 國家	X	Y
A 國	10	15
B 國	10	20

因此，可以確定：

比較優勢：A 國在 X 產品的生產上；B 國在 Y 產品的生產上。

A 國和 B 國參與國際分工和國際交換之前，4 單位勞動可生產：20 單位的 X 產品，35 單位的 Y 產品；參與國際分工和國際交換之後，4 單位勞動可生產：20 單位的 X 產品，40 單位的 Y 產品。分工與貿易的利益為 5 單位的 Y 產品。

我們注意到，X 產品與 Y 產品的交換比例，在 A 國為 10X：15Y，在 B 國為 10X：20Y。這就是說，如果 A 國在世界市場上能以 10 單位 X 產品換取等於或多於 15 單位 Y 產品，A 國便樂於參與國際分工並進入世界市場；如果 B 國在世界市場上能以等於或少於 20 單位 Y 產品換取 10 單位 X 產品，B 國便樂於參與國際分工並進入世界市場。簡而言之，在世界市場上，10 單位 X 產品能夠交換到的 Y 產品為 15~20 單位。

3. 相互需求方程的圖形表述

我們首先看看在世界市場上 X 產品和 Y 產品的交換比例區間是如何確定的。

依據上面給定的數據，A 國不會以 10 單位的 X 產品去交換 B 國少於 15 單位的 Y 產品，B 國也不會用多於 20 單位的 Y 產品去交換 A 國 10 單位的 X 產品。因此，A、B 兩國國內各自的交換比率就構成了國際交換比率的上下限，實際交換比率將處於兩國國內交換比率之間，即圖中的交易區域內。（如圖 1-7 所示）

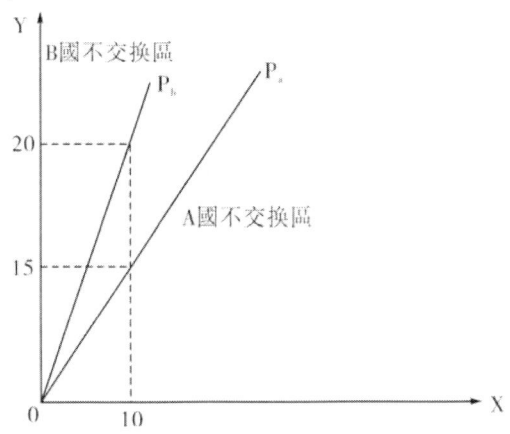

圖 1-7　A、B 兩國 X、Y 產品交換區域的確定

但是，具體的交換比率究竟應該在哪一點上，單單依靠供給曲線的斜率（dY/dX），即僅僅從供給方面是無法說明的。

正如前面已經說明的那樣，穆勒認為，在由比較利益決定的兩國交換比率的上、下限內，實際而且是唯一的均衡貿易條件，是由兩國對於交易對手的相對需求強度決定的，即誰的需求強度越大，交換比率對誰越不利。

現在，我們需要分析一下相互需求方程的均衡條件。

下面以 X 產品的供求為例，以說明均衡的實現，如圖 1-8 所示。

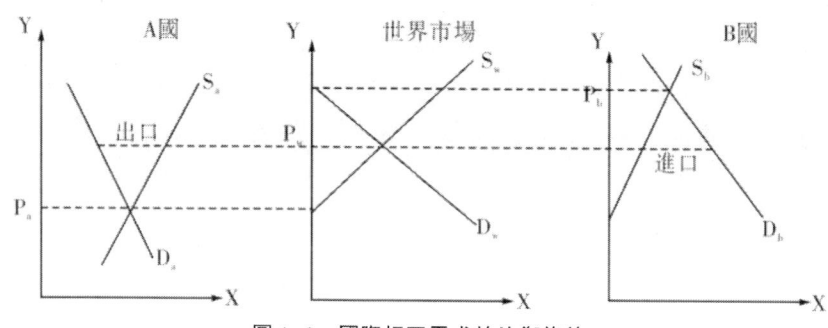

圖 1-8 國際相互需求的均衡條件

P_a 為 A 國 X 產品的均衡價格（這裡所謂的價格為相對價格，下同），P_b 為 B 國 X 產品的均衡價格，由於生產 X 產品的比較優勢在 A 國，故 $P_a<P_b$。根據前面的說明，P_a 和 P_b 決定了世界價格的上下限，而 P_w 是均衡的世界價格。三個價格之間的關係是：$P_a<P_w<P_b$。由於 $P_a<P_w$，故 A 國向世界市場出口 X 產品；由於 $P_w<P_b$，故 B 國從世界市場進口 X 產品。在 X 產品相對價格高於均衡水平時，A 國 X 產品的出口將超過 B 國 X 產品的進口需求量，X 產品的相對價格將降到均衡價格水平。另一方面，情況若相反，則 X 產品的進口量將超過 X 產品的出口量，價格將升回均衡水平。相互需求論從供求角度說明了價格的變化，以及均衡的條件（供給＝需求），實際上解釋了價格是怎樣圍繞價值波動的。

二、比較利益學說和相互需求方程

穆勒的相互需求原理建立在比較利益學說的基礎上，闡述了商品國際交換比率的確定過程，強調需求強度在決定商品的國際交換比率即貿易條件上的重要作用。比較成本學說的科學性在於它揭示了國際分工和交換能為參加國帶來利益。但是比較利益學說沒有解釋貿易究竟可以為兩國帶來多大的利益，兩國的利益又如何分配等問題。穆勒的相互需求理論則回答了這一問題。

首先，穆勒認為兩國的貿易利益的範圍一定處在兩國國內交換比率之間，超過這個界限，國際貿易就不會發生。其次，穆勒認為雙方的貿易交換比例由兩國對對方商品的相互需求強度決定。最後，穆勒指出當貿易條件越接近本國國內的交換比率，本國得到的利益越少；反之，本國得到的利益越多。因此，穆勒的相互需求理論在一定

程度上發展和完善了李嘉圖的比較利益理論。

在分析方法上兩者也存在差異。首先，李嘉圖在探討比較利益時，是從兩種商品的生產成本，亦即供給方面著眼的；而穆勒在尋找國際商品交換比例的決定因素時，卻是從需求方面入手。其次，李嘉圖是從勞動價值論出發，衡量單位商品的不同勞動投入量；穆勒則假定兩國的勞動投入是相同的，但生產的商品數量不同。最後，穆勒採用供求均衡分析方法。這種微觀經濟學的分析方法對後來的資產階級學者進行國際貿易研究產生了很大的影響。

必須指出的是相互需求原理只能運用於經濟規模相當，雙方的需求都能對市場結果帶來顯著影響的國家。如果兩個國家經濟規模相當懸殊，小國相對需求強度遠小於大國的相互需求強度。這樣，小國只能是價格的接受者，大國可利用其在進出口需求方面的強大影響力，使貿易條件向著有利於本國的方向變動。

三、貿易利益及其分配

兩國開展貿易獲得的貿易利益既可以來自靜態利益，也可以來自動態利益。

1. 貿易的靜態利益

一國參與貿易後可以獲利，但這些利益是否可以平均地分配給每一個人呢？由於生產者和消費者在國際貿易中地位不同，我們可把利益集團劃分為生產者和消費者兩大集團，並從貿易前後兩大集團的福利變化來考察貿易的影響。

經濟學中常用「剩餘」來概括一種額外利益，當生產者願意接受的價格低於實際接受價格時，生產者獲得生產者剩餘；反之，消費者願意接受的價格高於實際接受價格時，消費者獲得消費者剩餘。

首先，我們來分析 Y 產品的進口對 A 國生產者和消費者的影響。（如圖 1-9 所示）這裡的生產者是與進口商品相競爭的國內生產者集團，消費者集團是指消費進口產品的消費者集團。

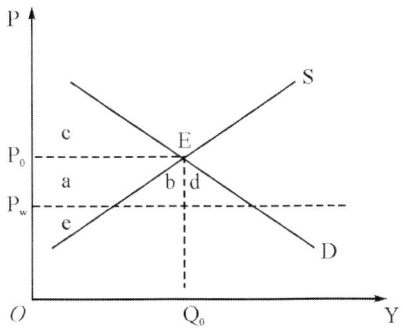

圖 1-9　進口對 A 國福利的影響

說明：圖 1-9 中曲線 S 表示 A 國 Y 產品的總供給曲線，曲線 D 表示 A 國 Y 產品的總需求曲線，E 為貿易前國內的均衡點，均衡價格為 P_0，均衡產量為 Q_0。P_w 為 Y 產品的世界均衡價格。

如圖 1-9 所示，貿易前，A 國的消費者剩餘為 c，而生產者剩餘為 a+e。貿易後，由於國際 Y 產品的價格低於國內 Y 產品的價格，消費者將增加對 Y 產品的消費，但國內的生產者在產品價格下降後，減少了供應，供給小於需求，供給缺口只能通過國際市場來彌補。此時，A 國的生產者和消費者集團的福利發生了較大的變化。生產者剩餘從 a+e 減少為 e，消費者剩餘則增加到 c+a+b+d，比貿易前增加了 a+b+d。由此可見，商品的進口提高了消費者集團的福利水平，相反降低了進口國生產者的福利水平。但由於國際貿易，該國的總福利增加了 b+d。

同理，我們分析 A 國按世界價格出口 X 產品時生產者集團和消費者集團所受到的影響。(如圖 1-1 所示)

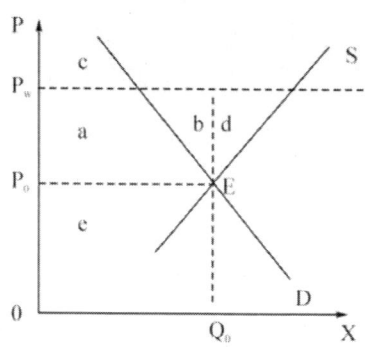

圖 1-10　出口對 A 國福利的影響

說明：圖 1-10 中曲線 S 表示 A 國 X 產品的總供給曲線，曲線 D 表示 A 國 X 產品的總需求曲線，E 為貿易前國內的均衡點，均衡價格為 P_0，均衡產量為 Q_0，P_w 為 X 產品的世界均衡價格。

如圖 1-10 所示，貿易前，A 國的消費者剩餘為 c+a，而生產者剩餘為 e。貿易後，由於國際 X 產品的價格高於國內小麥價格，消費者將減少對 X 產品的消費，但國內的生產者在產品價格上升後，增加 X 產品的供應，供給大於需求，多於需求的部分只能通過向國際市場出口來消除。此時，A 國的生產者集團和消費者集團的福利發生了較大的變化。生產者剩餘從 e 增加為 e+a+b+d，比貿易前增加了 a+b+d，消費者剩餘則減少為 c，比貿易前減少了 a。由此可見，商品的出口減少了消費者集團的福利水平，卻提高了出口國生產者集團的福利水平。但由於國際貿易，該國的總福利增加了 b+d。

2. 貿易的動態利益

一些經濟學家認為比較利益是一種靜態分析，缺乏對發展過程中的本質分析，忽視了貿易的動態影響。如：約翰‧穆勒認為，貿易對經濟的影響除了靜態的增加福利外，還應強調它的動態影響。各國根據比較優勢原則發展國際貿易，其結果是更加有效地利用了世界生產力。因為一國可以在更大的市場上提供產品，可以在更大範圍內進行國際分工，使機械更加有效地利用，可以更好地發明創造和改善生產過程。對外貿易可以克服一國市場較小，不能有效實現規模經濟的缺點。他將貿易對經濟發展的

動態影響概括為：①擴大市場範圍，引起更大範圍的勞動分工，提高勞動生產率；②引進國外的技術，提高勞動生產率，增加資本累積；③灌輸新的思想和新的消費偏好，促進經濟「知識率」的提高。W. 馬克斯·科爾登（W. Max Corden）在他的《貿易對增長率的影響》一書中，從需求-動力和供應-動力兩個方面分析了貿易對經濟增長的影響。第一，最直接的影響是實際收入的增長；第二，產生資本累積的影響，它是實際收入增長的部分用於投資的結果，這些投資將成為未來的收入；第三，可能帶來替代的影響，如果投資於消費品將導致消費產品增長率的提高，其相對價格將下降，從而增加國內生產，替代消費品進口；第四，收入分配的影響，貿易使收入分配轉向出口產品，使得出口產品密集使用的生產要素收入提高。

國際貿易如同發動機，對經濟的動態影響是廣泛的，綜合而言，包括以下幾大方面：

（1）開展國際貿易，有利於開拓新市場，實現規模經濟。開展國際貿易，企業將面向世界市場組織生產，出口商品的市場日益擴大，市場的擴大反過來促進生產規模的擴大，從而帶來規模經濟效益。

（2）開展國際貿易有利於帶動國內經濟增長。根據凱恩斯的對外貿易乘數論，出口的擴大將引起出口部門收入增加，由此帶動非出口部門的收入增加，通過消費和投資的乘數效應，將促進國內經濟快速發展。因此，對外貿易不僅促進出口產業的發展，而且會促進與出口產業相關聯的一些產業發展。如汽車出口將帶動與其相關聯的鋼鐵業、橡膠業、玻璃業、塑料業等產業的發展。

（3）開展國際貿易有利於使市場競爭機制充分發揮作用，從而刺激企業採用先進技術，提高競爭力。一國參與國際貿易，必然使本國的企業直接或間接納入與外國的競爭之中。這樣，一方面，企業不能不同外國生產同類商品的企業競爭；另一方面，國內企業又不能避開進口商品的競爭，這就迫使企業不得不採用先進技術，提高科研開發能力，以在市場的激烈競爭中立於不敗之地。

（4）開展國際貿易有利於促進一國經濟結構調整。一國可以利用對外貿易，積極參與國際分工。這就需要發展本國具有現實或潛在比較優勢的產業，淘汰不合理的產業，優化資源配置。

（5）開展國際貿易必然帶來新產品、先進技術和管理經驗，帶來人員交流、文化傳播和思想交換。

通過國際貿易帶來的新產品，使得消費者可以有更大的選擇範圍，由此提高消費者福利水平。國際貿易還促進國際先進技術的擴散，促進人們思想進步、思維方式改變，對國內一些傳統體製造成衝擊。

此外，國際貿易的發展會帶動諸如交通運輸業、通訊事業、供電、保險、銀行等基礎設施和公用事業的發展。國際貿易還可以擴大就業，增加收入和資金的累積，促進投資增長，從而帶動整個經濟增長。

3. 貿易參與國能否獲益

國際貿易利益是客觀存在的。在現實中，國際貿易利益能否實現，實現多少，往

往受諸多條件限制，既有國內因素，又有國際因素，既有微觀條件，又有宏觀條件。

前面我們進行的國際貿易靜態利益分析是建立在完全競爭、充分就業且資源在國內是充分流動的前提下，但一些國家尤其是廣大的發展中國家國內經濟並不能滿足這一前提。通過國際貿易，生產要素無法輕易地從高成本的部門向低成本的部門轉移。這樣，短期內發展中國家的專業化生產收益將可能下降。尤其是按照比較優勢原則，發展中國家應擴大其具有相對優勢的勞動型密集產業的發展，這將刺激勞動密集型生產而不是更加現代化的資本密集型生產，這意味著擴張了經濟中的傳統農業部門、初級產品部門和勞動力密集型的製造業，而犧牲了現代製造業的發展。這些傳統產業的相對發展對發展中國家經濟的長遠發展實際上存在很大弊端。因為這些產品的收入需求彈性和價格需求彈性都比較低，且農產品受天氣狀況影響大，收入極不穩定，如果發展中國家是該產品的出口大國，出口的擴張還很有可能使得貿易條件惡化。實際上，發展中國家的貿易條件總體上呈現出一種惡化的趨勢。

此外，擴大簡單的勞動密集型產品的生產與依靠工業化國家提供製成品和資本品不僅會導致一種危險的經濟依附關係，而且還將不可避免地把發展中國家的經濟安全同工業化國家的經濟安全聯繫在一起。

總體上，發展中國家開展自由貿易的利益遠遠小於市場經濟完善的發達國家。

當然，對一些發展中國家的貿易增長並未能很好地帶動本國經濟的發展，一些學者認為這是由於一些客觀因素造成的。例如：國際市場力量不利於一些發展中國家，使這些國家貿易條件惡化，出口產品價格下降，收入沒能得到相應增加，甚至下降；許多發展中國家的出口部門與國內企業部門分離，因此，需要國家建立一個綜合經濟體系，促進出口部門經濟的增長來帶動其他部門的發展；發展中國家出口商品的帶動作用小。因為不同的出口商品，將產生不同的「知識率」和連鎖反應。如果出口部門的生產技術是一種簡單的擴大，那麼它對經濟的帶動作用比較微小。如果出口部門使用的是新技術，則對經濟的促進作用就比較大。

第三節　單要素模型與相對價格

為了便於認識比較優勢對國際貿易模型的決定性作用，我們通常分析一國只擁有單一生產要素——勞動力的情形。這種分析方法雖然與現實有較大的差異，但卻非常能揭示問題的內涵。我們假定有兩個國家：A國和B國；每個國家只有一種生產要素：勞動力；生產兩種產品：X和Y。

一、幾個基本概念

在分析貿易模型中我們首先需要對比以下幾個基本概念。
1. 價格與貨幣

在國際貿易中商品的價格用貨幣來表現。在完全自由競爭的經濟中，商品的價格

等於生產成本，即等於生產要素成本。這裡我們只考慮勞動力要素。因此衡量單位商品的貨幣投入量需要考慮各國工資水平。又由於各國使用不同的貨幣，因此，需要通過外匯匯率將同一商品的外幣價格折算為本幣價格才能進行有效比較。

但是，如前所述，在國際貿易理論這一篇中，我們暫時不考慮貨幣問題，這裡沒有貨幣，商品的價格是一種相對價格，也就是用一種商品來表示另一種商品的價格。鑒於我們這裡的投入只有勞動，因而，商品的價格即商品的相對價格實際上只是兩種商品的勞動耗費之比。

2. 勞動生產率與相對勞動生產率

設 L 為 A 國的勞動總供給，alx 和 aly 分別為 A 國生產單位 X 產品和單位 Y 產品的平均勞動耗費。L′ 為 B 國的勞動總供給，alx′ 和 aly′ 分別為 B 國生產單位 X 產品和單位 Y 產品的平均勞動耗費，則兩國生產 X 產品和 Y 產品的相對勞動生產率分別為 $\frac{aly}{alx}$（$=\frac{1}{alx}/\frac{1}{aly}$）和 $\frac{aly'}{alx'}$（$=\frac{1}{alx'}/\frac{1}{aly'}$），即前者為 A 國生產 X 產品的相對勞動生產率，後者為 B 國生產 X 產品的相對勞動生產率。

3. 價格和相對價格

國際間貿易商品的價格是由市場上的供給和需求決定的。然而當我們研究相對優勢時，我們必須同時考察兩個市場之間的關係。假設考察 X 產品和 Y 產品市場，則我們不僅要看 X 產品和 Y 產品的供給量和需求量，還要注意它們的相對供給和相對需求。即我們要使用一種商品的供給量除以另一種商品的供應量或一種商品的需求量除以另一種商品的需求量來表示該商品相對供給和相對需求。設 Q_x 和 Q_x' 分別表示 A 國和 B 國 X 產品的需求（供給）量，Q_y 和 Q_y' 分別表示 A 國和 B 國 Y 產品的需求（供給）量，則世界市場上 X 產品的相對供給或相對需求量表示為 $(Q_x+Q_x')/(Q_y+Q_y')$。

相對供給與相對價格是互相聯繫、互相影響的。相對價格是不同商品價格之間的一種比較。如果 P_x 和 P_y 分別代表 A 國 X 產品和 Y 產品的價格，P_x' 和 P_y' 分別代表 B 國 X 產品和 Y 產品的價格，則 A 國 X 產品的相對價格為 $\frac{P_x}{P_y}$，B 國 X 產品的相對價格為 $\frac{P_x'}{P_y'}$。當 X 產品的相對價格上升時，X 產品的相對供給將會增加；當 X 產品的相對價格下降時，X 產品的相對供給將會下降；當 X 產品的相對價格不變時，X 產品的相對供給也不會發生變化。

二、單要素經濟模型

我們首先只對擁有單一勞動力生產要素的經濟模型進行分析，這對於我們進一步認識擁有多要素的兩國貿易模式很有幫助。

1. 生產可能性邊界

單要素討論的是每種產品只投入勞動力一種要素，勞動生產率定義為生產單位產

品所需的勞動投入。所需勞動投入越少，其生產技術水平越高。在一定量的勞動力供給約束下，經濟對兩種產品的生產能力也有限。要擴大一種產品的生產，就必須減少另一種產品的生產。機會成本是指增加某種產品的生產所必須放棄的另一種產品的產量。我們可以用生產可能性區域來表示經濟可能生產的兩種產品的各種產量組合，如圖 1-11 所示。

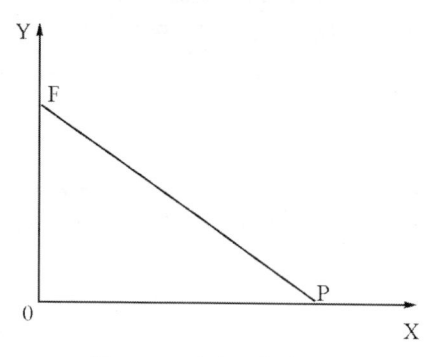

圖 1-11　生產可能性邊界

說明：直線 PF 表示 X 產品產量給定時，Y 產品的最大可能產量，同時也表示在 Y 產品產量給定時，X 產品的最大可能產量。

令 Q_y 為本國 Y 產品的產量，Q_x 為本國 X 產品的產量。那麼本國用於生產 Y 產品的勞動為 $aly \times Q_y$，用於生產 X 產品的勞動為 $alx \times Q_x$。由於本國的勞動總供給為 L，受勞動力資源的限制，本國可使用的勞動量為：$alx \times Q_x + aly \times Q_y \leq L$。其中，$alx \times Q_x + aly \times Q_y = L$ 為本國可使用勞動的最大數量，即生產可能性邊界。生產可能性邊界表明了經濟可能生產的兩種產品的最大產量的組合。在生產可能性邊界上看，每多生產一單位的 X 產品就要減少一定單位的 Y 產品的生產。這樣，由於多生產 1 單位 X 產品需要投入 alx 小時的勞動，因為每單位時間（比如 1 小時）的勞動能生產 1/aly 單位的 Y 產品，這意味著多生產 1 單位的 X 產品將喪失生產 alx/aly 單位的 Y 產品。因此，用 Y 產品來衡量的 X 產品的機會成本是 alx/aly，即兩種產品的單位勞動耗費之比，這也是生產可能性邊界的斜率。

2. 相對價格與供給

經濟實際將選擇生產哪一種產品，還需要由市場上商品的相對價格來決定。由於自由競爭經濟中的工資水平由邊際產值決定，每小時工資率等於 1 個工人在 1 小時內創造的價值。本國生產 1 單位 X 產品需要 alx 小時的勞動，所以在 X 產品這個產業部門，每小時的工資率為 P_x/alx，本國生產 1 單位的 Y 產品需要 aly 小時的勞動，所以在 Y 產品這個產業部門，每小時的工資率為 P_y/aly。由於勞動力要素可以在一國自由移動，當 $P_x/alx > P_y/aly$ 時，即是說，當 X 產品這個產業部門的小時工資率高於 Y 業部門時，勞動力就會被吸引到 X 產品這個部門，本國將更多地生產 X 產品；反之，若 $P_x/alx < P_y/aly$，也就是說，當 X 產品這個產業部門的小時工資率低於 Y 產業部門

時，勞動力就會被吸引到 Y 產品這個部門，本國將更多地生產 Y 產品。

在沒有國際貿易的封閉經濟條件下，通過生產的調整，各部門的工資率將相同，即 $P_x/alx = P_y/aly$，勞動力將停止在兩部門之間的流動。$P_x/alx = P_y/aly$ 可改寫為 $P_x/P_y = alx/aly$，即每一種產品的相對價格最終將等於他們的勞動耗費之比，或者說，相對價格與相對勞動生產率成反比。

這裡順便指出，假定 alx/aly 為 A 國單位 X 產品的相對勞動耗費，alx'/aly' 為 B 國單位 Y 產品的相對勞動耗費，那末，當 alx/aly<alx'/aly' 時，也就是當 A 國 X 產品的相對勞動耗費低於 B 國 X 產品的相對勞動耗費時，A 國的比較優勢就在 X 產品的生產上，B 國的比較優勢就在 Y 產品的生產上。因此，李嘉圖比較優勢理論的一般數學表述為：alx/aly<alx'/aly'。

三、交換比例與貿易利益

在分析單一生產要素的經濟模型後，我們對擁有單要素的兩個國家的貿易模型和交易比例問題很容易得到解決。

1. 交換比例的確定

假定 A 國出口 X 產品而進口 Y 產品，B 國出口 Y 產品而進口 X 產品，X 產品的相對供給曲線為 RS，相對需求曲線為 RD。

一國是否生產 X 產品取決於 X 產品的相對價格和 X 產品相對勞動生產率的大小。我們發現，相對供給曲線呈現「階梯」型；相對需求曲線是一條向下傾斜的曲線。因為當 X 產品相對價格較高時人們通常會減少 X 產品的需求而增加 Y 產品的需求，這樣，X 產品的相對需求量就會減少，反之亦然。具體如圖 1-12 所示：

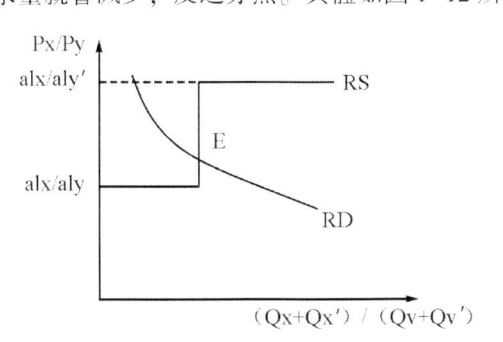

圖 1-12　生產 X 產品的相對供給和相對需求

假定兩國的相對勞動耗費為 alx/aly>alx'/aly'。令 Px 和 Py 分別為 X 產品和 Y 產品的價格。當世界市場上 X 產品的相對價格低於其相對勞動耗費，即當 $P_x/P_y < alx/aly$ 時，A 國和 B 國都將生產 Y 產品，沒有任何國家生產 X 產品，世界上 X 產品的供給量為零。當世界市場上 X 產品的相對價格等於其相對勞動耗費，即當 $P_x/P_y = alx/aly$ 時，A 國的工人無論生產 Y 產品還是生產 X 產品所獲得的報酬都是一樣的。A 國可任意選擇兩種產品的相對供應量，供給曲線為水平狀。當世界市場上 X 產品的相對

價格大於 A 國 X 產品的相對勞動耗費而小於 B 國 X 產品的相對勞動耗費時，即當 alx/aly < P_x/P_y < alx′/aly′時，A 國將專門生產 X 產品，B 國將專門生產 Y 產品。如果本國只生產 X 產品，總共能生產 L/alx，外國只生產 Y 產品，則總共能生產 L′/aly′，因此，X 產品的相對供應量為 (L/alx) / (L′/aly′)。當世界市場上 X 產品的相對價格高於 B 國 X 產品的相對勞動耗費即當 P_x/P_y > alx′/aly′時，A 國和 B 國都將生產 X 產品。因此，在不同的相對價格水平下，A 國和 B 國將調整自己的 X 產品和 Y 產品的供給，從而決定世界市場上 X 產品的相對供給水平。

X 產品的相對供給量和相對需求量均隨著 X 產品的相對價格變化而變化，兩者相等時表明世界市場上 X 產品的均衡相對供求，決定著世界市場上 X 產品的均衡相對價格。

顯然，國際貿易的結果將是 X 產品的世界相對價格將介於國內生產 X 產品的相對勞動耗費與外國生產 X 產品的相對勞動耗費之間，即 alx/aly ≤ P_x/P_y ≤ alx′/aly′。

這一結果使各國只生產單位產品勞動投入相對低的產品，因此，A 國只生產 X 產品，B 國只生產 Y 產品。

2. 貿易利益

我們可以從另一角度來衡量貿易互利。A 國可以直接生產 Y 產品，也可以通過專業生產 X 產品並出口 X 產品來間接獲得 Y 產品。現在來比較兩種生產方式的效率。由於 A 國可用 1 小時的勞動生產 1/aly 單位的 Y 產品，另一方面，本國可用 1 小時的勞動生產 1/alx 單位的 X 產品，如果國際交換條件是 1 單位的 X 產品交換 Px/Py 單位的 Y 產品，則 1 小時的勞動可以生產 (1/alx) × (P_x/P_y) 單位的 Y 產品。前面我們已經分析到，alx/aly ≤ P_x/P_y，該不等式可改寫為：(1/alx) × (Px/Py) ≥ 1/aly，這表明，通過出口 X 產品間接生產 Y 產品，比本國直接生產 Y 產品更有效率。

第四節　擴展的國際貿易模型簡述

前面分析的國際貿易模型只是為了便於說明問題的本質，對現實作了很多理論的抽象，主要是分析兩個國家，生產兩種商品和使用一種生產要素：勞動力。為了使理論更符合現實，我們在本節中需要探討將模型中一些變量加以適當擴展後比較優勢是怎樣發揮作用的。

一、理論和現實

從產品方面看，簡單的李嘉圖貿易模型只考察兩種產品。這種簡化使我們能抓住比較優勢的要點，並使其成為我們討論貿易政策的工具。但在多種產品進入國際貿易的情況下，原來的簡單模型中比較優勢理論是否仍然有效？

從要素方面看，由於在產品生產中投入的要素往往不只是一種，除勞動力之外，生產產品和勞務所投入的要素至少還包括資本、土地、自然資源和技術等幾大類。因

此，現實中的貿易理論不僅要看到勞動力的重要性，也要看到其他要素對國際貿易發揮的重要影響。因此，本節我們將從多產品和多要素這兩個方面對簡單貿易模型進行擴展。

二、單要素多產品貿易模型

當兩國生產不止一種產品，而是多種產品的情形下，國際貿易的模式又將如何？

1. 模型的假定

假定世界上只有兩個國家：本國與外國，生產 N 種產品。一國的勞動耗費為生產單位產品的勞動投入量。設：

ai：本國生產每單位 i 產品的勞動投入量。

w_1：本國工資水平。

ai'：外國生產每單位 i 產品的勞動投入量。

w_2：外國工資水平。

2. 相對工資與生產專業化

由於企業生產 i 產品的成本等於 i 產品的單位勞動投入乘以工資率，故本國的 i 產品的成本為 ai * w_1，外國相應的成本為 ai' * w_2。如果 ai * w_1 < ai' * w_2 或改寫為 ai'/ ai > w_1/ w_2，那麼本國生產產品 i 的成本就比較低。同理，如果 ai * w_1 > ai' * w_2，或改寫為 ai'/ ai < w_1/ w_2，那麼外國生產產品 i 的成本就比較低。因此，在多種產品貿易中，各國專業化分工的原則是：凡是 ai'/ ai > w_1/ w_2 的產品，即本國相對外國的工資小於外國相對於本國的勞動耗費，則該產品由本國生產，反之若 ai'/ ai < w_1/ w_2，即本國相對外國的工資大於外國相對於本國的勞動耗費，則該產品由外國生產。下面試舉一例加以說明。

設本國和外國都生產和消費糧食、奶酪、鋼鐵和服裝。本國與外國這四種產品的勞動生產率如下表 1-11 所示：

表 1-11　　　　　　　　兩國產品的勞動生產率

商　品 勞動生產率	糧食	奶酪	鋼鐵	服裝
本國勞動生產率	1	5	3	6
外國勞動生產率	10	40	12	12
本國勞動生產率的相對優勢	10	8	4	2

哪個國家在生產上述哪種產品上具有比較優勢，取決於兩國的相對工資。如果本國的工資是外國的 5 倍，顯然，本國將生產糧食和奶酪，外國則生產鋼鐵和服裝。如果本國的工資率只是外國的 3 倍，則本國將生產糧食、奶酪、鋼鐵，外國只生產服裝。可見，與簡單的李嘉圖的兩種產品模型不同的是，各國的比較優勢不僅取決於兩國的勞動生產率的差異，還取決於兩國的工資成本，是對兩者綜合考慮的結果，因此

擴展的模型在分析比較優勢時考慮影響成本的因素更全面、更科學。

3. 相對工資的確定

從上面兩國專業化分工的原則可知，究竟由哪國生產哪種產品必須在相對工資率已知的情況下才能確定。工資作為勞動力要素價格顯然是由勞動力供給與需求確定的。這裡勞動力的需求是一種派生需求，它最終由商品需求決定。當商品需求增大時，則對勞動力的需求也擴大；反之，當商品需求減少，對勞動力的需求也減少。下面，我們仍借助上面的例子來說明相對工資的確定。

設本國最初工資是外國的 2.5 倍，在這一工資水平上，根據上面的分工原則，本國將生產糧食、奶酪和鋼鐵，外國將生產服裝。如果相對工資上升，只要小於 4，則專業分工的佈局不會變化，但由於本國的相對工資上升，本國的勞動需求減少。然而當本國的相對工資超過 4 時，本國的鋼鐵生產已經不具有優勢了，因此本國將停止鋼鐵生產，而外國則開始創建一個新的產業。由此本國的勞動力需求將大幅下降。在相對工資為 4 時，兩國生產鋼鐵的相對優勢相同，兩國都能生產鋼鐵。如果工資繼續上升，只要相對工資小於 8，仍出現相對勞動需求的下降，當達到 8 這一轉折點時，勞動相對需求又出現一個大幅度的下降。依次類推，我們可以得到一個「階梯形」的勞動力相對需求（RD）圖形，如下圖 1-13 所示：

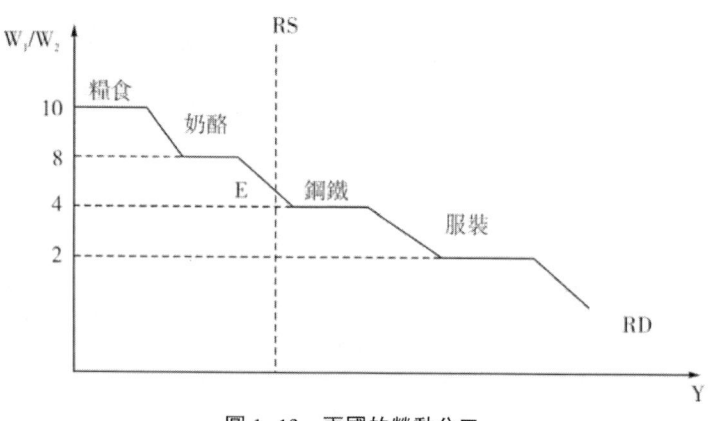

圖 1-13　兩國的勞動分工

勞動的相對供給（RS）是本國和外國可供給的勞動之比。為簡便起見，我們假定勞動力的相對供給是固定的。因此勞動的相對供給是一條垂直線。勞動的相對供給與相對需求的交點 E 確定了均衡的相對工資。

三、特定要素貿易模型

李嘉圖的比較利益學說說明所有參與貿易的國家都將從貿易中獲利，而且貿易沒有影響一國收入的分配。然而現實中國際貿易對一國不同的利益集團影響是不同。為此，我們引入收入分配的特殊模型，即特定要素模型。

1. 特定要素貿易模型的假定

我們研究本國經濟，設本國只生產兩種產品：鋼鐵和糧食；有三種生產要素：資本、勞動力和土地。其中，生產鋼鐵需要勞動力和資本，不需要土地，生產函數為：$Q_s = F(K, L)$，其中 Qs 表示鋼鐵產出。生產糧食需要土地和勞動力，不需要資本，生產函數為 $Q_f = F(T, L)$，Q_f 表示糧食產出。假定這裡只有勞動力可以在兩個行業之間自由移動，而土地只能使用在糧食生產上，資本只能使用在鋼鐵生產上，是屬於滿足這些產業生產的特定要素。

2. 生產可能性邊界

由於特定要素模型中，資本和土地都只能用於各自特定的行業，只有勞動力可以自由移動。在這種前提下，無論是對鋼鐵行業還是對糧食行業而言，給定一個資本投入量，勞動投入越多，鋼鐵或糧食的產出就越大。但隨著勞動投入的增加，意味著一個工人可支配的資本量或土地減少，因此，每一單位相繼增加的勞動所帶來的產出增加都比上一個要少，即勞動的邊際產量（MPL）遞減。如圖 1-14 所示：

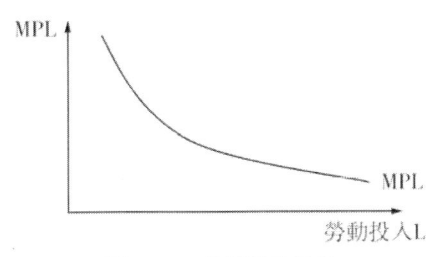

圖 1-14　邊際勞動產出

令 MPL（s）、MPL（f）分別為鋼鐵和糧食的勞動邊際產量。如果將 1 小時的勞動從糧食行業轉向鋼鐵行業，這一額外的投入會使鋼鐵的產出增加，增加的量就是鋼鐵行業的勞動邊際產量 MPL（s），因此要使鋼鐵增加 1 單位，就必須投入 1／MPL（s）小時的勞動。同時，從糧食生產中每轉移 1 單位的勞動，將使糧食的產出減少，減少的量正好等於糧食部門的勞動邊界產量 MPL（f）。因此，要增加 1 單位鋼鐵的產出，就必須減少 MPL（f）／MPL（s）單位的糧食產出。顯然，由於存在邊際報酬遞減，當越多單位的勞動力從糧食行業轉向鋼鐵行業時，其單位勞動增加的鋼鐵越少，而減少的糧食越多，這意味著增加 1 單位的鋼鐵要犧牲更多的糧食產量，即鋼鐵生產的機會成本增大。這與李嘉圖的簡單模型中假定不變的機會成本，即機會成本為一條直線不同。在特定要素模型中，機會成本是變化的，生產可能性曲線表現為一條凹向原點的曲線，如圖 1-15 所示：

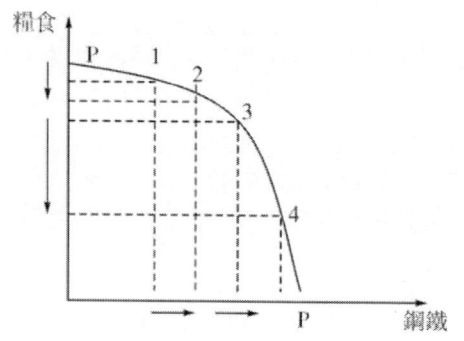

圖 1-15　特定要素模型中的生產可能性邊界

說明：PP 為生產可能性曲線。當生產從點 1 向點 2、3、4 移動時，鋼鐵產量都增加同等產量（用向右等長度箭頭表示）。與此相應，糧食產量減少呈遞增趨勢（用向下箭頭越來越長表示）。

3. 價格、工資和勞動配置

在自由競爭的經濟中，各廠商追求利潤最大化。因此，當增加 1 小時的勞動所生產的價值等於雇傭 1 小時勞動花費的費用時，這時的勞動投入量正好為各行業對勞動的需求量。因此，生產要素的報酬等於邊際勞動產出乘以商品價格，即 w = MPL * P。令 w_s、w_f 分別為鋼鐵與糧食行業的工資；P_s、P_f 分別為鋼鐵和糧食價格；L_s、L_f 分別為鋼鐵和糧食行業的勞動力。所以有：

鋼鐵行業的工資：w_s = MPL（s）* P_s

糧食行業的工資：w_f = MPL（f）* P_f

社會勞動的總供給：L = L_s + L_f

由於邊際報酬遞減，邊際產量 MPL 是一條向下傾斜曲線，因此，對應於任何價格邊際勞動產品的價值 MPL * P 也是一條向下傾斜的曲線。當 P 提高時，企業將雇傭更多的工人。因此我們可以把其視為勞動需求曲線，如圖 1-16 所示：

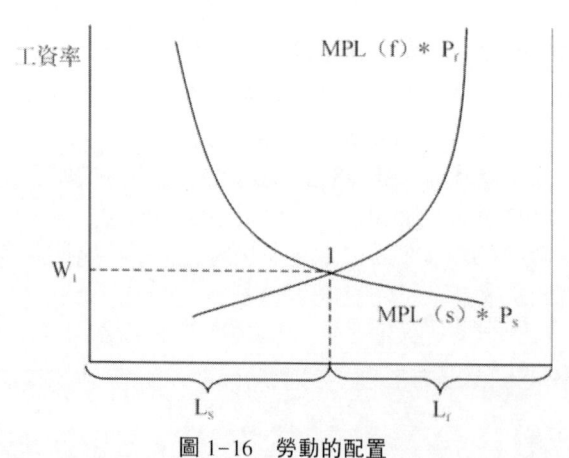

圖 1-16　勞動的配置

顯然，由於勞動力可以在兩個行業自由流動，當某一行業的工資高於另一行業時，勞動力就會流向高工資的行業。最終使經濟中各行業的工資相等。勞動力在各行業之間達到合理分配，不再流動。均衡時有：$W_s = W_f$，由此，$MPL(s) * P_s = MPL(f) * P_f$，或改寫為：$MPL(s) / MPL(f) = P_f / P_s$。

當 P_s 和 P_f 的價格發生變化時，各行業的勞動配置又會如何？價格變化的結果無非可能出現以下兩種情況，一是兩者的價格同時上升（或下降），相對價格仍保持不變；二是兩者價格變動幅度不一樣，相對價格發生變化。這樣，我們可以從這兩方面看價格變化的結果。

（1）價格同幅度變化

假定鋼鐵和糧食價格均上升10%，則勞動需求曲線也都上移10%，如圖1-17所示，此時工資率也上升10%。由於工資與價格同時上升10%，實際工資保持不變，各行業的雇傭量不變，沒有發生勞動力的流動。

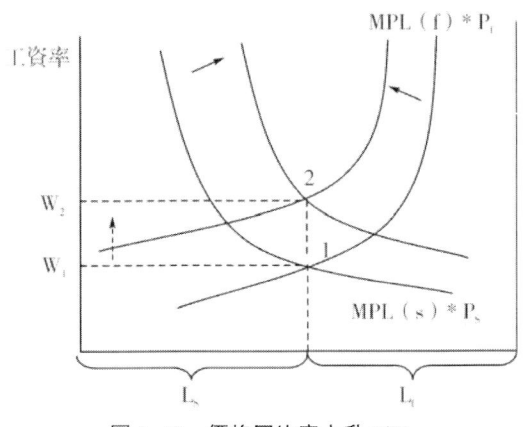

圖1-17　價格同比率上升10%

（2）相對價格變動

現在，我們假定鋼鐵價格上升幅度大於糧食價格上升幅度10%，由於是一種相對比較，我們可以假定鋼鐵價格上升10%，而糧食價格不變。則鋼鐵的需求曲線上移，由於 $MPL(s)$ 遞減，鋼鐵相對需求曲線上升的比例將小於10%。由此，工資的上升也小於10%。由於鋼鐵相對價格上升，鋼鐵產業將擴大生產，勞動力將從糧食行業轉向鋼鐵行業，如圖1-18所示：

上述分析表明：價格同比率變化不會產生任何實際的影響，也就是說，沒有改變經濟中的任何實物數量。只有相對價格的變化，才會對資源的配置產生影響。

4. 貿易與收益分配

上面的分析我們已經知道，當鋼鐵的價格上升10%，而糧食價格不變時，工資上升將小於10%。這對工人、資本家和土地所有者的收入分別意味著什麼呢？

工人的工資上升幅度小於鋼鐵價格的上升幅度，這表明以鋼鐵衡量的實際工資率

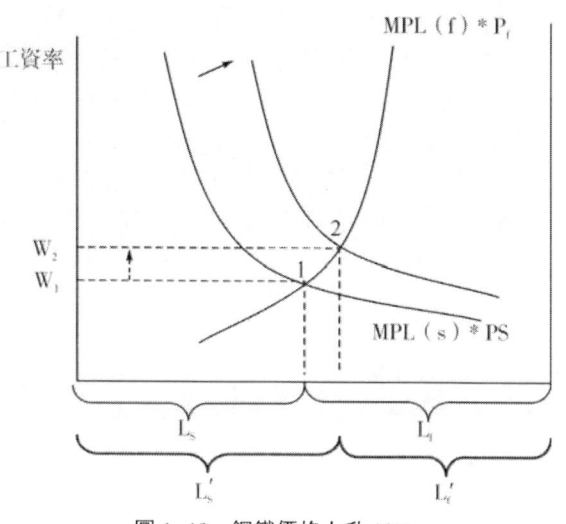

圖 1-18　鋼鐵價格上升 10%

下降了。而由於糧食價格不變，表明用糧食衡量的實際工資上升了。因此，工人的收益變化取決於他的消費組合。

對於資本家，由於以鋼鐵衡量的實際工資下降，毫無疑問，資本所有者收益上升。由於鋼鐵的相對價格上升，顯然以兩種產品衡量的資本所有者的收入都增加了。

土地所有者是受損者。因為，以糧食衡量的實際工資上升，意味著他們的地租收入的一部分轉為工人工資；另一方面，鋼鐵價格的上升，使他們收入的購買力下降。

上述分析表明，當貿易改變本國兩種產品的相對價格時，那我們就可以說貿易會影響本國的收入分配。我們假定，貿易前本國的工業品的相對價格 P_s/P_f 低於世界市場的工業品的相對價格水平，那麼，自由貿易的結果必將使本國工業品相對價格上升，世界工業品的相對價格趨於一致。這樣，貿易使本國資本所有者獲利，土地所有者受損。

總之，從固定要素模型中，我們可以看到：貿易很容易使經濟中某一部分人受到損害。那些擁有固定於出口部門生產的要素所有者可從貿易中獲利，那些擁有固定於進口部門生產的要素所有者會因貿易而遭受損失。對於可移動要素的所有者，由於他們可以在兩行業之間移動，貿易對他們的影響需要根據具體情況加以確定。

基本概念：

重商主義　絕對利益　相對利益　相互需求　生產可能性曲線　消費可能性曲線　交換比例　相對價格　特定要素模型　相對勞動生產率　貿易利益　相互需求曲線

思考題：

1. 對比絕對利益學說與重商主義思想的差異性。

2. A國與B國使用勞動一種生產要素生產出兩種商品：小麥和布。單位小麥和布的勞動耗費（小時/單位產品表示）分別有以下三種情況：

	I		II		III	
	A	B	A	B	A	B
1單位小麥	4	1	4	1	4	2
1單位布	1	2	3	2	2	1

（1）分析I、II、III情況下A國與B國絕對優勢與絕對劣勢。
（2）依據絕對利益學說，在I、II、III情況下，A國與B國是否發生貿易？

3. 依據第2題提供的資料，結合比較優勢理論，分析I、II、III情況下A國與B國是否發生貿易？

4. 當一國在某一商品的生產上具有比較優勢時，是否在此商品上它必定有絕對優勢？為什麼？反之，當一國在某一商品的生產上具有絕對優勢時，是否在此商品上它必定具有比較優勢？為什麼？

5. A國與B國分別擁有900單位和1,200單位勞動，可生產兩種商品：小麥和水果。A國生產單位小麥的勞動投入是3，生產單位水果的勞動投入是2；B國生產單位小麥的勞動投入是2，生產單位水果的勞動投入是1，試分析：

（1）兩國的生產可能性曲線。
（2）兩國用小麥表示的水果的機會成本是多少？
（3）假設A國在貿易之前用600單位時間生產小麥，剩餘時間用於生產水果，那麼在貿易前，A國能夠生產和消費多少小麥和水果？貿易分工後，若A國保持貿易前的小麥消費量，則A國的貿易利益將是多少（假定交換比例為7：12）？

6. A國與B國擁有1,200單位的勞動，其中一半用於生產糧食，一半用於生產服裝，兩國這兩種產品的單位勞動產出如下表所示：

	糧食	服裝
A	10	15
B	12	24

試分析：
（1）這兩種產品的兩國國內和國際交換比例是多少？
（2）若A國對服裝的需求增加，則交換比例會發生什麼變動？

7. 設本國單位葡萄酒的國內均衡價格為10美元，均衡產量為1,000單位；國際葡萄酒價格為8美元，本國將進口400單位葡萄酒；本國單位小麥的國內均衡價格為2美元，均衡產量為1,200單位，國際小麥價格為2.8美元，本國將出口300單位小麥。試計算本國進口葡萄酒和出口小麥所產生的貿易利益分別是多少？

39

8. 假設 A 國和 B 國在酒、布、刀具、小麥和玉米等 5 種產品的勞動耗費（小時/單位）分別為下表所示：

	酒	臺燈	布	玉米	小麥
A 國	4	5	12	8	6
B 國	1.5	2	4	6	4

試分析：(1) 當 A 國工資為每小時 4 美元，B 國工資為每小時 8 美元，A 國與 B 國將分別進出口何種產品？(2) 當 B 國工資每小時上升為 10 元時，兩國各生產何種產品？

網路資源：

For information and description of new reports and analyses on international trade theory and policies, generally supporting a liberal trading system, published by the Institute for International Economics, see：

http：//www.iie.com

The case against free trade is made by the Public Citizen Global Trade Watch, an organization created by Ralph Nader (the consumer advocate), which is found at：

http：//www.citizen.org/trade

Information and data on the comparative advantage of nations, specialization and export concentration, and deindustrialization are published by the World Trade Organization (WTO), the United Nations, the International Monetary Fund, and the World Bank and can be found at：

http：//www.wto.org

http：//unstats.un.org/unsd

http：//worldbank.org

For deindustrialization, see the work of G. Hacche and F. Ramaswamy at：

http：//www.imf.org/external/pubs/ft/issues10

ForU.S. trade statistics by region or country see the International Trade Administration, Office of Trade and Economic Analysis of the U.S. Department of Commerce at：

http：//www.ita.doc.gov/td/industry/otea

For hourly compensation ofU.S. workers and workers in many advanced countries, see the Bureau of Labor Statistics of the U.S. Department of Labor at：

http：//www.bls.gov/data/home.htm

For skepticism of free trade, see：

http：//www.citizen.org/trade

Online current and historical data on energy prices in general and petroleum prices in particular are available from the Energy Information Administration at:

http://www.eia.doe.gov

Historical series on export and import unit values, which are used to determine the terms of trade of 45 countries, as well as other specific commodity prices, are found in International Financial Statistics, published monthly and yearly by the International Monetary Fund (IMF). See:

http://www.imf.org

第二章　現代與當代國際貿易理論

　　從第一章中我們知道貿易的基礎在於貿易各國之間相對商品價格的差別。那麼，究竟是什麼因素決定著這種國際貿易中的相對價格呢？在對俄林原理檢驗中產生的著名「列昂剔夫之迷」又應如何從理論上作出解釋？伴隨二戰後出現新的國際貿易新形式，在傳統理論已經顯得越來越脫離現實時，又出現了哪些新的國際貿易理論用於分析現實經濟問題？本章將首先闡述俄林原理，並從對「列昂剔夫之迷」的分析引入一些現代和當代的國際貿易理論。

第一節　資源稟賦與俄林原理

　　按照李嘉圖的比較成本理論，產生比較成本差異的原因是各國生產要素生產率的差異。但如果各國之間生產要素的生產率相同，即 1 單位生產要素的效率各國都一樣，那麼產生比較成本差異的原因又是什麼呢？這個問題是由瑞典經濟學家赫克歇爾（Heckscher, 1879—1952 年）和他的學生俄林（Bertol Ohlin, 1899-1979 年）創建的「資源稟賦論」（Doctrine of Factor Endowment），即 H-O 理論加以說明的。

一、資源與貿易

　　瑞典經濟學家赫克歇爾在他 1919 年發表的一篇論文中，使用了不同於新古典學派的要素分析法，來解釋李嘉圖理論中的比較成本差異產生的原因。他提出產生這種差異必須有兩個前提條件：一是兩國的要素稟賦不同，二是不同的產品在生產中使用要素的比例不一樣。並且還提出，自由貿易具有使要素收益平均化的傾向。然而赫克歇爾本人並未對此進行嚴密的論證。他的學生俄林循著赫克歇爾的思路，根據與之同時代的瑞典經濟學家卡塞爾（G. Cassel）的價格理論，對國際貿易進行了獨創性的研究，並在 1933 年發表的《區間貿易與國際貿易》（*Interregional and International Trades*）一書中作了系統全面的論證。該書的出版標誌著國際貿易理論中「現代學派」的出現。

　　H-O 理論認為國際貿易必須符合比較優勢的原則，他們將比較優勢歸因於各國土地、勞動和資本等生產要素稟賦的不同。這是因為比較優勢產生於各國價格的差異。價格是由供求兩方面共同作用的。從國內供給方面看，價格比率的不同反應了成本比率的差異，也就是比較優勢產生於各國成本結構的不同。在完全競爭的市場中，產品的價格等於其邊際成本，邊際成本反應著用來生產這種產品的邊際要素（土地、勞

動、資本和企業家的管理才能）投入的價格。由於不同的商品生產需要不同比例的生產要素組合，即不同的要素密集度（Factor Intensity），顯然，如果各國要素的價格比例不同（包括地租、工資、利息率和管理的利潤），則各國生產同一種產品的成本比率不同，各國的產品價格比率也將不同，從而為貿易提供了基礎。那麼是什麼因素導致各國地租、工資、利息率和管理的利潤等生產要素價格存在差異？赫克歇爾-俄林理論認為這是由各國生產要素的稟賦不同造成的。從國內需求方面看，由於赫克歇爾-俄林假設各國的需求偏好相同，同時又假定各國的生產函數相同，從而對生產要素的需求比例相同。因此各國要素價格比率的不同就在於要素供給的差異上。一國要素供給豐裕，該要素的價格就相對低廉，反之，一國生產要素稀缺，該要素的價格就相對昂貴。我們用圖 2-1 來表示所有經濟力量如何共同確定最終價格。

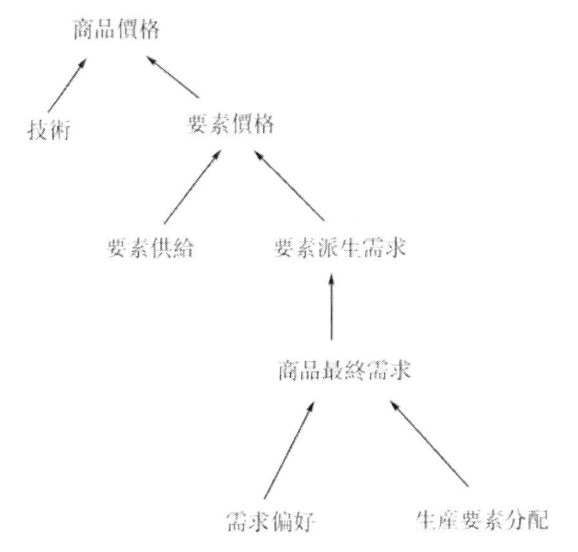

圖 2-1　影響商品價格的因素

說明：上圖表示，生產要素所有權的分配和需求的偏好共同決定了對商品的需求，對生產要素的需求可以從對最終商品的需求中派生出來。對要素的供求力量共同決定了要素價格。要素價格和技術水平決定了最終產品的價格。各國相對商品價格之間的差異確定了比較優勢和貿易模式。

　　為了更好地理解以上分析中各國的要素價格不同所帶來的各國商品價格差異，下面用一個簡單的圖表來加以說明。

　　與英國相比，美國是個土地和勞動力豐裕的國家，但土地這種要素最為豐裕；與美國相比，英國無論是土地還是勞動力都很稀缺，但土地這種要素最為稀缺。假定美國的邊際單位土地價格為 1 美元，邊際單位勞動的價格為 2 美元；英國邊際單位土地價格為 4 英鎊，邊際單位勞動為 1 英鎊。假設兩國的生產函數相同，生產 1 單位的小麥都需要 5 單位的土地和 1 單位的勞動，生產 1 單位的紡織品都需要 1 單位的土地和 10 單位的勞動。則兩國的要素價格如表 2-1 所示：

表 2-1　　　　　　　　　　　　兩國的要素價格

國家＼生產要素價格	土地	勞動力
美國（美元）	1	2
英國（英鎊）	4	1

兩國的要素組合（即生產函數）如表 2-2 所示：

表 2-2　　　　　　　　　　　　兩國生產要素組合

生產要素＼商品國家	小麥 美國	小麥 英國	紡織品 美國	紡織品 英國
土地	5	5	1	1
勞動力	1	1	10	10

由此，可計算出兩國生產兩種產品的國內價格如表 2-3 所示：

表 2-3　　　　　　　　　　　　產品的生產價格

美國		英國	
小麥	7	小麥	21
紡織品	21	紡織品	14

顯然，美國國內小麥和紡織品的價格比例為 1：3；英國這兩種產品的價格比例為 3：2，兩國國內價格比率存在差異。

上述分析表明，各國在生產密集使用其豐裕要素的產品生產上具有比較優勢，在生產密集使用其稀缺要素的產品生產上處於比較劣勢。因此，按照比較利益原則，一國應生產和出口密集地使用其豐裕要素的產品，進口本國密集地使用其稀缺要素生產的產品。

赫克謝爾-俄林理論的驗證　　赫克謝爾-俄林理論：中美貿易

	技術組（關鍵產業）	中國對美國出口百分比	美國對中國出口百分比
	雜誌、辦公與計算機設備	4.8	7.7
高技術	客機及零部件、工業無機物	2.6	48.8

表(續)

技術組（關鍵產業）	中國對美國出口百分比	美國對中國出口百分比
機械、渦輪機、油脂和石油	3.9	21.3
水泥、非電力探測錘和加熱設備	11.5	4.3
手錶、計時器、玩具和運動品	18.9	6.3
木製品、鼓風爐、生鐵	8.2	1.3
造船和修船、家具和設備	4.1	2.8
香菸、摩托車、鋼鐵鑄造	5.2	1.8
編織、羊毛、皮革加工和製成品	17.2	0.4
低技術　童裝、非橡膠鞋	23.5	5.2

上表為中美1990年的貿易數據，這些數據來自於一項旨在驗證赫克謝爾-俄林理論的研究。研究者根據技術密集度將131個樣本產業分為10組。第1組中的產業技術含量最高，而第10組的產業技術含量最低。

美國對中國的出口集中在高技術產業；第1組至第3組占美國對中國出口的77.8%。相反，中國對美國的出口集中在低技術產業，中國對美國出口的40.7%集中在第9組和第10組。

資料來源：羅伯特·J·凱伯. 國際經濟學 [M]. 原毅軍，陳豔瑩，等譯. 北京：機械工業出版社，2005.

二、兩要素經濟模型

在特定要素模型中，我們假定每個國家能生產兩種產品，每種產品的生產需要兩種生產要素，其中除了勞動力要素可自由流動外，其他要素是特定要素，即它們只能用於生產某些特定產品。在兩要素經濟模型中，我們則假設在每個部門投入的兩種生產要素是相同的情形下，兩國的貿易將如何開展。

1. 兩要素經濟模型的假定前提

兩要素模型是建立在如下的一些假定前提下進行的：

（1）假定為一個本國經濟。生產和消費兩種產品：鋼鐵和糧食。每一種產品的生產都需要投入勞動力和資本兩種要素。L：勞動力總供給。K：資本總供給。w：每小時勞動的工資率。r：單位資本的利息。生產單位鋼鐵和單位糧食可以使用的資本和勞動力組合如圖2-2所示：

圖 2-2 最佳生產點

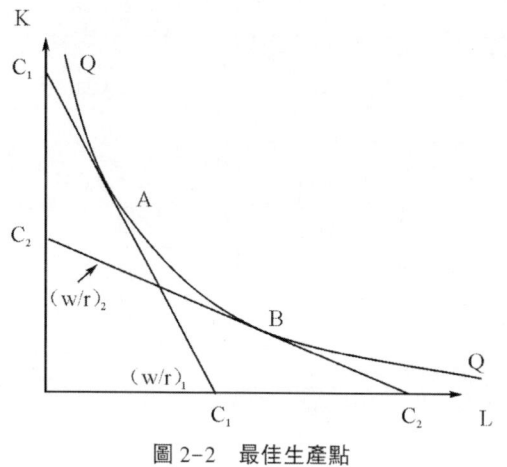

說明：圖 2-2 中 QQ 為等產量線，C_1C_1、C_2C_2 為等成本線。

QQ 等產量線的斜率為邊際技術替代率 MRTS。邊際技術替代率等於兩種產品的邊際產量之比，即 MRTS $= -MP_f/MP_s$，其中 MP_s 為鋼鐵的邊際產量，MP_f 為糧食的邊際產量。等產量線表明，廠商在生產同等產量時，有多種要素組合方式進行生產。實際上，生產者會選擇何種組合的生產點，受廠商等成本線約束。其中等成本線的斜率 $= -w/r$。

顯然，當等產量線與等成本線相切時，企業生產點為最佳要素組合點。MP_f/MP_s $=w/r$。這表明生產組合取決於所使用的勞動和資本的相對成本或相對價格。當 w/r 增大時，表明工資成本上升，企業將選擇使用更多的資本，更少的勞動，即生產資本密集型產品，如圖 2-2 的 A 點；反之，當 w/r 下降時，因為資金變得昂貴了，企業將選擇使用更多的勞動，更少的資本，即生產勞動密集型產品，如圖 2-2 的 B 點。因此，要素相對投入比率與要素價格相對比率之間是一種負相關的關係，如圖 2-3 所示：

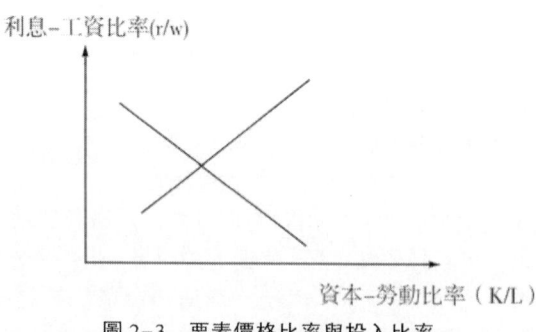

圖 2-3 要素價格比率與投入比率

（2）每種產品都按固定比例投入生產要素。

設：生產單位鋼鐵資本投入為：a_{sk}

生產單位鋼鐵勞動力投入為：a_{sl}

生產單位糧食資本投入為：a_{fk}

生產單位糧食勞動力投入為：a_{fl}

若 $a_{sk}/a_{sl} > a_{fk}/a_{fl}$，則鋼鐵為資本密集型產品，糧食為勞動密集型產品。注意，產品要素密集度取決於生產中勞動投入和資本投入的相對比率而不是絕對量的大小。

2. 要素價格與商品價格

（1）要素價格影響商品價格

完全競爭的經濟中，每個部門中生產者之間競爭的結果是商品的價格等於該商品的生產成本。根據 H-O 模型，生產一單位商品的成本取決於所使用要素的價格。因此，當資本價格提高，意味著任何使用資金的商品價格將上升，同理，當工資提高，意味著任何使用勞動力的商品價格將上升。又由於不同產品的要素比例是不同的，鋼鐵作為資本密集型產品，生產要素組合中資本的要素比例一定大於作為勞動密集型產品的糧食。因此，資本價格的上升，必然導致鋼鐵與糧食價格的變動，且鋼鐵價格較糧食價格的上漲速度快，即 P_s/P_f 隨著 r/w 的上升而上升，如圖 2-4 所示：

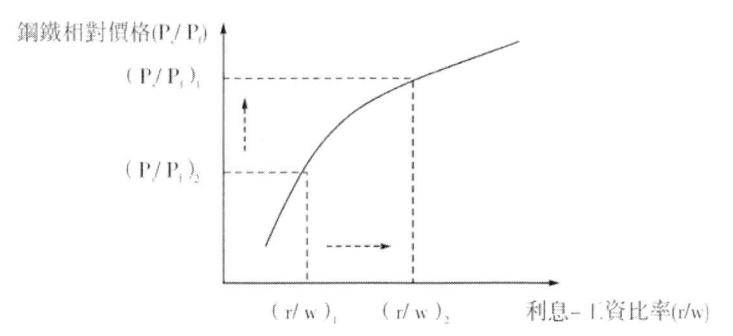

圖 2-4 要素價格與商品價格

（2）商品價格變化影響要素價格變化

那麼，商品價格又是如何影響要素價格的呢？我們舉一簡單的例子加以說明：假定單位鋼鐵的生產要素比例為 10 單位資本和 1 單位勞動力，單位糧食的生產要素比例為 10 單位資本和 4 單位勞動力。顯然，當鋼鐵價格上升時，每增加 1 單位的鋼鐵生產，就需要 10 單位資本從糧食生產中轉移過來。在固定要素比例的假定下，資本轉移時，勞動力也要轉移。於是，10 單位資本轉移出來時，4 單位勞動力也轉移出來。而鋼鐵行業只按 10 單位資本和 1 單位勞動力這樣的比例來使用從糧食行業轉移的資本和工人，這就造成了 3 單位的工人在經濟中成為剩餘，從而導致工資下降。

3. 資源和產出

下面，我們借助埃奇沃思方盒（Edgworth Box）來說明這一問題。假定資源得到充分利用，則資本供給增加如圖 2-5 所示。

圖 2-5　資本供給增加

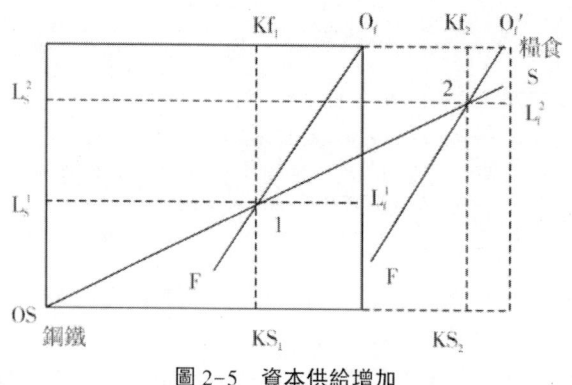

說明：該方盒的長表示一國的資本總供給，高表示勞動力的總供給。鋼鐵生產中的要素投入從盒的左下角 O_s 開始衡量；糧食生產中的要素投入從盒子右上方 O_f 衡量。

　　由於鋼鐵與糧食生產中要素比例是固定的，因此鋼鐵生產在 O_sS 上的點進行生產，糧食在 O_fF 上的點生產，因此交點 1 上滿足兩行業生產的資源分配。此時，K_s^1 的資金用在鋼鐵生產上，K_f^1 的資金用在糧食生產上，$K_s^1 + K_f^1 = K$；L_s^1 的勞動力用在鋼鐵生產上，L_f^1 的勞動力用在糧食生產上，$L_s^1 + L_f^1 = L$。

　　當資本供給增加時，兩種商品的價格和勞動力仍保持不變，此時，方盒變「長」了。糧食生產中的資源使用現在從 O_f' 開始，則滿足鋼鐵和糧食的生產比例要求的點 1 移動到點 2。此時，K_s^2 的資金用於鋼鐵生產上，K_f^2 的資金用於糧食生產上；L_s^2 的勞動力用於鋼鐵生產上，L_f^2 的勞動力用於糧食生產上。從方盒中可以看到，更多的資本和勞動力被用於鋼鐵行業。鋼鐵產量增加，糧食產量下降。為了更好地說明這一現象，我們用生產可能線曲線的變動來描述。

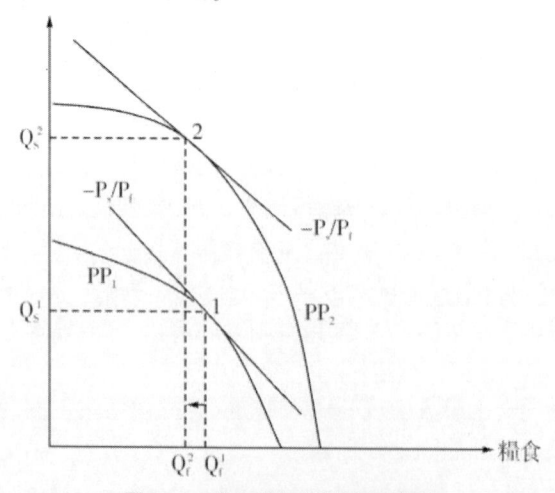

圖 2-6　資本增加後的產量變動

資本的增加使一國的生產可能性曲線從 PP_1 外移到 PP_2，而且鋼鐵方向的移動更大。結果糧食產量從 Q_f^1 降低到 Q_f^2，鋼鐵的產量從 Q_s^1 增加到 Q_s^2。這表明當商品的相對價格不變時，如果一種生產要素增加，會導致密集使用該要素的產品產量增加，同時另一種產品的產量減少，這就是著名的雷布津斯基定理（Rybczynski Theorem），這個定理表明當商品價格不變時，如果一種生產要素增加，會導致密集使用該生產要素的產品產量增加，同時另一種產品的產量減少。因此，一般說來，一國生產相對充裕的要素密集型產品更有效。

三、兩要素經濟與國際貿易

我們進一步分析在存在上述兩要素經濟結構的兩國之間開展貿易的問題。

1. 相對價格與貿易模式

首先假定兩國的消費偏好都一樣，即對於相同的鋼鐵相對價格，兩國對鋼鐵的相對需求都一致，即兩國面對一條相同的需求曲線。然後，假定兩國由技術決定的兩種要素的投入比例一樣，但本國的資本對勞動力的相對供給大於外國的資本對勞動力的相對供給。因此，兩國具有不同的相對要素稟賦。

相對要素稟賦有兩種表示方法：實物方法和價格方法。其中，實物方法是以各國所擁有的兩種要素資本和勞動力實物數量水平進行比較，若本國 K／L 大於外國 K／L，則本國稱為資本密集型國家，即資本要素充裕的國家；反之，若本國 K／L 小於外國 K／L，則本國稱為勞動力密集型國家，即勞動要素充裕的國家。價格方法，是用兩國的資本與勞動力的價格 r 和 w 對比衡量。當本國 r／w 大於外國 r／w 時，即當本國資本的相對價格高於外國時，本國為勞動密集型國家；反之，當本國 r／w 小於外國 r／w，即當本國資本的相對價格低於外國時，本國為資本密集型國家。

當本國所擁有的資本相對比例較高時，對於資本富有的本國，其生產可能性區域相對於外國就會更多地偏向於資本密集型產品鋼鐵的生產，外國則更多地偏向於勞動密集型產品糧食的生產。因此，在其他條件不變時，本國的鋼鐵相對供給會大於外國，外國鋼鐵的相對供給曲線 RS′ 位於本國相對供給曲線 RS 的左邊。

假定兩國的相對需求相同，當兩國展開貿易後，貿易就會使兩國的相對價格趨於一致。新的世界鋼鐵價格位於兩國貿易前的相對價格之間（如圖 2-7 所示）。在本國，由於鋼鐵相對價格上升，國內生產量大於消費量，鋼鐵將從本國運往國外，糧食則將從外國運往本國。本國成為一個鋼鐵的出口國、糧食的進口國；相反，外國鋼鐵的相對價格下降，使其擴大鋼鐵的相對需求而減少糧食的相對需求，從而外國成為鋼鐵的進口國、糧食的出口國。

可見，各國都應出口以其相對充裕的要素資源為密集型投入的產品。

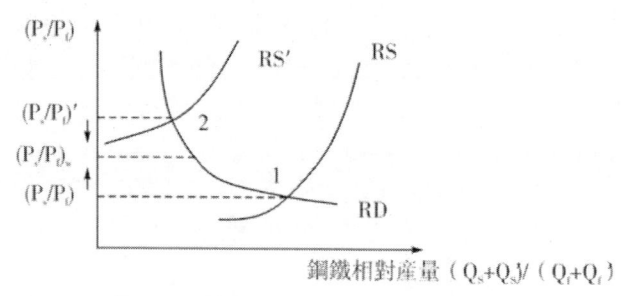

圖 2-7　國際貿易使商品相對價格趨同

說明：RS 為本國的鋼鐵相對供給曲線，RS′ 為外國鋼鐵的相對供給曲線。RD 為鋼鐵的相對需求曲線，點 1 和點 2 分別為本國與外國的均衡點。

2. 國際貿易和收入分配

商品價格由投入要素價格決定。貿易開展後，各國將集中生產豐裕要素密集型的產品並出口，進口本國稀缺要素生產的產品。這樣，隨著本國擴大豐裕要素密集型產品的生產，對豐裕要素資金的需求增加，豐裕要素的價格上升，而稀缺要素由於需求減少，稀缺要素的價格下降。

國際貿易的結果是本國要素密集型產品鋼鐵的價格上升，糧食價格下降。利息價格上升，工資價格下降。由於要素報酬取決於邊際要素產出價值，即：

$r = MPK_s * P_s$；$w = MPL_s * P_s$

$r = MPK_f * P_f$；$w = MPL_f * P_f$

其中，MPK_s：單位資本的鋼鐵邊際產出。

MPL_s：單位勞動力的鋼鐵邊際產出。

MPK_f：單位資本的糧食邊際產出。

MPL_f：單位勞動力的糧食邊際產出。

由於要素的邊際產出報酬遞減，本國的利息上升，本國在鋼鐵或糧食生產中都將提高勞動力的使用比例，而降低資金的使用比例，單位資本的產出 MPK_s 或 MPS_f 都會因此而上升。r/P_s 或 r/P_f 隨之上升，即無論是以鋼鐵衡量還是以糧食衡量的資本所有者的實際收入都會增加。同樣，由於本國的工資下降，本國在鋼鐵或糧食生產中都將提高勞動力的使用比例，而降低資金的使用比例，單位勞動的產出 MPL_s 或 MPL_f 將因此而下降，r/P_s 或 r/P_f 隨之下降，即無論是以鋼鐵衡量還是以糧食衡量的工人的實際收入都會減少。

事實上，由於鋼鐵的價格由工資和利息的多少決定，由於工資下降，利息上升，因此，利息的價格上升速度必然快於鋼鐵的價格上升速度，故以利息收入為主要來源的資本所有者實際購買力提高，而以工資為主要收入來源的工人實際購買力下降。

可見，在兩要素的經濟中，產品相對價格的變化對收入分配有很大的影響。擁有一國相對豐裕的生產要素的所有者將從貿易中獲利，而擁有相對稀少的生產要素的所有者會因貿易而受損失。那些相對豐裕的要素資源就是那些相對集中使用於出口產品

生產的資源，那些相對稀缺的要素資源就是那些相對集中使用於進口產品生產的資源。因此，較集中地使用於進口行業生產的要素的所有者會因貿易而受損。

3. 要素價格均等化。

兩國的要素價格水平與產品價格水平之間存在一一對應的關係，如圖2-8所示：

$(r/w)_1$ $(r/w)_2$

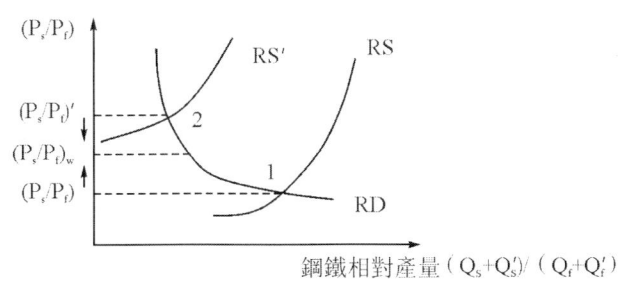

圖 2-8 國際貿易使要素價格趨同

由於國際貿易的結果將使各國商品價格趨於均等。薩謬爾森認為這種最終價格的趨同，會使參與貿易的各國生產要素價格相同。這是因為：假定本國是資本豐裕的國家，勞動力相對稀缺，外國是勞動力豐裕的國家，資本相對稀缺，開展貿易後，本國將以資本密集型產品鋼鐵去交換外國的勞動密集型產品糧食。這樣，由於資本密集型的鋼鐵不斷出口，對資本的需求不斷增加，原來豐裕的資本現在變得稀缺了，其相對價格 r/w 上升，而外國由於勞動密集型的糧食不斷出口，對勞動力的需求不斷增加，原來豐裕的勞動力現在變得稀缺了，其相對價格 r/w 因此下降，一上一下，最終使本國的 r/w 與外國 r/w 一致。可見，雙方開展貿易的結果，兩國擁有的資本和勞動力的相對豐裕或相對稀缺程度發生變化，兩國的生產要素價格也隨著國際貿易趨於均等，這就是「生產要素價格均等化定理」。

事實上，要素價格均等化與現實不太符合。只有在一些理想化的假定前提下，國際貿易才會導致要素價格均等化。這些假定包括：兩國都要同時生產兩種產品，兩國要具有完全相同的技術水平，貿易必須導致兩國產品價格一致等。但現實中，技術水平高的國家，其工資和地租水平都高於低技術水平的國家。此外由於各貿易國之間存在運輸成本、關稅、配額等因素的差異，兩國的貿易不會導致產品價格完全一致。

第二節　俄林原理的檢驗與現代國際貿易理論

二戰後，在第三次科技革命的推動下，世界經濟狀況發生了很大的變化。生產、資本日益國際化，國際貿易的發展規模和增長速度、商品結構及地理方向發生了相應的變化。傳統的國際貿易理論越來越難以解釋一些國際經濟現象。以美國經濟學家列昂別夫在1953年的研究中產生的「列昂別夫之謎」為轉折點，標誌著國際貿易進入

一個新階段。

一、列昂剔夫之謎（Leontief Paradox）

資源禀賦論問世之後產生了廣泛的影響，它的兩個基本定律都具有深刻的政策含義，經濟學家在長期的研究中花了很大的精力來作進一步的佐證。美國經濟學家列昂剔夫同其他經濟學家一樣，確信資源賦予論是正確的。他於1953年對美國的進出口部門作了一個經驗研究，期望證實作為世界資本要素最豐裕的美國出口的將是資本密集型產品，進口的則為勞動密集型產品。

1. 列昂剔夫的實證檢驗

為了進行上述檢驗，列昂剔夫使用了自己創立的投入產出分析方法，對美國200種產業的出口產品和進口替代品中所需的勞動和資本量進行比較。列昂剔夫用的是美國的進口替代品的資本/勞動比率，而不是美國進口商品的資本/勞動比率。所謂進口替代品就是美國自己可以製造，同時也可以從國外進口的商品。列昂剔夫用美國進口替代品的數據，是因為美國進口的外國產品數據不全。檢驗結果發現：在1947年，美國每百萬美元出口品的生產，平均需要2,550,780美元的資本和182,313個勞動力，即每個工人耗用的資本是13,991美元。同時，每百萬美元進口替代品的生產，平均需要3,091,339美元的資本和170,004個勞動力，即每個工人耗用的資本為18,185美元。這樣，在每百萬美元的商品中，進口品與出口品之間的人均資本量之比為1.3：1。這說明美國出口的是勞動密集型的產品，進口的是資本密集型的產品（如表2-4所示）。這個結論完全出乎列昂剔夫本人的預料。

表2-4　　美國出口貨物和進口替代物對國內資本和勞動力的需求

	每百萬美元出口品	每百萬美元進口替代品
資本（按1947年價格計算的美元數）	2,550,780	3,091,339
勞動力（人/年）	182,313	170,004
人均資本量（每人/年的美元數）	13,991	18,185

美國本是個資本相對豐裕、勞動力相對短缺的國家，按照資源禀賦論，美國參加國際分工和貿易的基礎在於它在資本密集型產品的生產方面具有比較優勢，所以它應出口資本密集型產品，進口勞動密集型產品。但列昂剔夫的驗證卻提供了完全相反的結論，即美國參加國際分工是建立在勞動密集型生產專業化基礎上，而不是建立在資本密集型生產專業化基礎上，這就是著名的列昂剔夫之謎。

2. 有關列昂剔夫之謎的爭論

列昂剔夫對資源禀賦論的驗證結果，與人們的直覺相反，這就是列昂剔夫之謎。圍繞這一問題，西方經濟學界進行了多年的辯論和探討，提出了多種不同的解釋：

（1）勞動力不同質論

根據列昂剔夫本人的解釋，他認為謎與資源禀賦論是一致的。他認為，各國的勞

動生產率差異很大，美國工人的勞動生產率大約是其他國家的 3 倍，因而在計算美國工人人數時必須把實際人數乘以 3。這樣，與其他國家相比，美國就成了勞動力豐富而資本相對稀缺的國家。所以，它出口勞動密集型產品，進口資本密集型產品。列昂剔夫認為，美國勞動生產率之所以高於其他國家，是由於美國企業的科學管理水平高，工人受教育和培訓較多，還有可貴的進取精神等。

（2）要素逆轉說

俄林假設不管要素價格怎麼變化，商品的要素密集度是不變的。但現實中同一種商品在不同的國家常常是用不同的方法生產出來的。尤其是兩種商品生產中勞動對資本的替代彈性差異越大，要素密集度容易發生逆轉，一種給定商品在勞動豐裕的國家是勞動密集型產品，在資本豐裕的國家則可能是資本密集型產品。由於列昂剔夫是用美國的標準來衡量進口商品要素密集度的，即當這些進口商品在美國進行生產時，採用的是資本密集型的方法。然而這並不意味著該商品在出口國也是用資本密集的方法生產出來的，甚至可能是用勞動密集型的方法生產出來的。這樣，貿易模式對於進口的美國是反常的，但對出口商品的生產國卻是正常的。

對於這種解釋，一些經濟學家認為要素密集度逆轉在現實世界中很少發生。H-O 理論的假設一般是成立的。列昂剔夫也證實如果除去生產中大量需要自然資源的一些產業外，要素密集度逆轉發生的概率為 1%。

（3）自然資源稀缺

一些經濟學家認為，列昂剔夫使用的兩要素（勞動、資本）模型，沒有考慮到自然資源如土壤、礦藏、森林等因素的影響是不正確的。如阿拉伯地區的石油資源豐富，開採方便，並不需要很大的投資。而在其他礦藏條件差的地方，開採石油就需要高強度的投資。由於美國嚴重依賴幾種自然資源進口商品，進口的商品中有相當一部分是資源含量大的商品。又由於美國的資源條件不同，因此，這些進口商品在美國進行生產時就需要大量的資本投入。因此，如果在進口替代品中把資源密集的商品去掉，那麼列昂剔夫之謎就可以解開。一些經濟學家利用這種分析方法，計算出美國的每人/年資本的進口/出口比率從 1.27 下降到 1.04。證據表明，美國確實進口許多資本密集型的自然資源產品，這增加了美國進口品的資本密集度。但美國的農業出口品是資本密集的，提高了美國出口中的資本密集度。從總體上說，美國進口的資本密集型自然資源產品多於出口的資本密集型自然資源產品，因此，自然資源對列昂剔夫之謎提供了部分解釋，但它也同樣不能完全解釋這個謎。

（4）需求偏好論

各國需求偏好的不同將影響產品的價格，如果一國出現對某一種產品的總體偏好增強，則該產品價格將上升。據此，對列昂剔夫之謎的一個「可能性」的解釋是，美國的需求偏向於資本密集型的產品，美國的貿易夥伴國更喜歡勞動密集型商品，這使得美國資本密集型產品的價格上升，原本處於比較優勢的資本密集型產品變成比較劣勢的產品，而勞動密集型產品則變為比較優勢的產品。但事實上，資料表明，美國消費者支出中用於資本密集型產品的份額與其他發達國家並沒有明顯的差別。

（5）關稅結構說

有的經濟學家認為，由於美國是資本密集型的國家，貿易開放對勞動力不利。因此，美國就應對勞動密集型的進口商品施加最為強硬的貿易壁壘。如果沒有這種保護性的貿易政策，美國進口中的勞動密集產品份額就會高於存在這些限制的情況。實證研究表明，美國的這種進口限制，確實有一定的影響，但其影響程度不足以產生列昂剔夫的研究中所發現的那麼大偏差，因此也只能部分解釋列昂剔夫之謎。

二、國際貿易新要素理論

隨著人力資本、科研技術和信息要素在現代經濟中的作用性與日俱增，越來越多的學者開始重視一些新型要素在國際貿易中的重要作用。

1. 人力資本說

人力資本是資本與勞動力結合而形成的一種新的生產要素。凱能（P. B. Kenen）認為，應把人力資本與物質資本同等看待。物質資本是通過儲蓄和投資形成的，一旦形成後，能再生產並不斷增值。而人們通過對勞動力進行投資如進行教育、職業培訓、保健等，可以提高勞動力的素質和技能，勞動生產率得到提高，從而對一國參加國際分工的比較優勢產生作用與影響。因此，該學說認為新時代人力資本與物質資本同樣重要，一個國家應重視人力投資，取得好的投資效益，才可能產生新的比較優勢。

2. 研究開發要素說

研究與開發要素說主要是基辛（Donald Keesing）、格魯貝爾（Herbert Grubel）、梅達·弗農（Remond Vernon）等人提出的。基辛在《勞動技術與國際貿易》一文中，通過對商品生產所必須的資本量、自然資源、熟練勞動量、規模利益和研究與開發等5種競爭力要素進行比較分析後指出，研究與開發和人力資本一樣，能夠改變土地、勞動和資本再生產的相對比例關係，因此也是一種生產要素。實證研究表明，美國產品的出口競爭能力強的部門，大都是基於在研究和開發領先而獲得技術要素的高密集度。如格魯貝爾和弗農等對20世紀60年代初美國19個產業的研究與開發、技術人員的人數與進出口之間的關係進行分析後發現：美國5個具有高度技術水平的產業（運輸、電器、工具、化學和機器製造）的研究與開發的經費占19個產業全部研究與開發經費的89.4%，5個產業中的技術人員占19個產業技術人員總數的85.3%，5個產業的銷售額雖然只占19個產業技術總銷售額的39.1%，但5個產業中的出口量卻占19個產業的72%。顯然，研究與開發的多寡，可以改變一個國家在國際分工中的比較優勢，而充裕的資金、豐富的自然資源、高質量的人才是從事研究與開發的條件，市場對新產品的需求是研究與開發產業化的基礎，研究與開發的變化可以產生新的比較利益，它不是靠擴大已有的規模，而是通過向研究與開發進行投資取得的。在實際衡量中大多利用開發經費占銷售額的比重來計算它。該學說強調了科技在國際貿易優勢形成中的作用，符合國際貿易的發展趨勢。

3. 信息貿易理論

信息是可以創造價值並能進行交換的無形資源，是現代生產要素的組成部分，佔有信息意味著比較優勢的改變，可以促進一國貿易格局的變化。目前這種理論並不完善，需要進一步充實，但它卻代表了重要的發展方向。

三、產品生命週期理論

產品生命週期是由美國哈佛大學工商管理學院教授雷蒙德·弗農（Remond Vernon）創立的行銷學的一個概念。它指的是產品在市場上的銷售狀況與獲利能力隨時都在發生變化，如同生物的生命歷程一樣，有一個從產生、發展、成熟到衰退的過程。威爾斯等人以美國技術創新為中心，將其引入國際貿易理論，用以解釋美國國際貿易產生的原因。這一學說成為二戰後解釋工業製成品貿易的著名理論。

1. 國際貿易技術差距論

二戰後，許多經濟學家開始從科學技術的角度來討論國際貿易問題。技術差距說，也叫做技術間隔說。這是美國經濟學家波斯納（Michael Posner）於1961年提出的。

技術差距說的倡導者認為，既然人力資本是過去對教育和培訓進行投資的結果，可以將其看作是一種資本或獨立的生產要素，那麼，技術由於是過去對研究與開發進行投資的結果，也可以將其看作是一種資本或獨立的生產要素。以前經濟學家總是把技術變革描述為整個生產函數的一種變換，而不是把它看成是一種生產要素本身。其實，使商品生產更便宜或更好的一種新技術等於是生產要素供給量的擴大。技術革新一般有兩種形式：一種是發展新的、更節約的方式生產現有產品，另一種是創造發明全新的產品和改進已有的產品。在前一種方式下，技術進展提高了要素生產率，在後一種方式下，獲得新技術的國家能夠出口新產品。因為一種工業產品的技術水平，與企業在研究和開發方面的費用支出有密切的聯繫，通過研究開發形成的科學技術，應當是一種相對獨立而且非常重要的生產要素。研究開發方面的投入直接影響到產品的國際競爭力。

技術作為一種要素或資源，在特定的時間上，各個國家的稟賦程度是不一樣的，即使是從動態的角度去考察問題，各國在技術革新方面的進展也不一致，因而存在一定的技術差距。這使得那些技術資源相對豐裕的或在技術發展中處於領先地位的國家，有可能享有出口技術密集型產品的比較優勢。因此，在技術方面所存在的靜態和動態的差距，可以構成一國進行對外貿易的基礎。

當今世界，很多技術創新首先生於美國，從而美國在研究密集型的高科技產品上具有比較優勢，由於其他國家不能很快地複製創新國家開發出的新產品，這就造成了在特定產品上的技術差距，使得發明創新國在模仿時滯期間具有出口壟斷地位。模仿時滯（Time-Lag）可以分為需求時滯、反應時滯和掌握時滯。其中需求時滯指從技術創新新產品問世，到進口國需求該產品的時間差距。需求時滯通常取決於收入因素，模仿國消費者從對新產品的認識，到該國對這種新產品的需求之間，存在著一個時間滯後。反

應時滯的長短取決於模仿國廠商的反應，以及規模經濟、關稅、運輸成本、需求的收入彈性、收入水平和外國市場的大小。新產品生產的經濟規模越大、關稅越低、市場越小，這種反應時滯越長，反之，則反應時滯越短。創新國在新的製造品上享有壟斷優勢，而其他國家的模仿者要在本地進行生產，必須具有較低的成本。掌握時滯是指使模仿國從仿製開始到進口變為0的時間間隔，取決於模仿國取得技術的渠道、消化技術的能力。總的模仿時滯，是新產品問世到進口國仿製開始的時間間隔。需求時滯與模仿時滯的差距導致了國際貿易的可能性。較早的創新者將產品出口到需求時滯小於反應時滯的國家，其貿易利益較大。

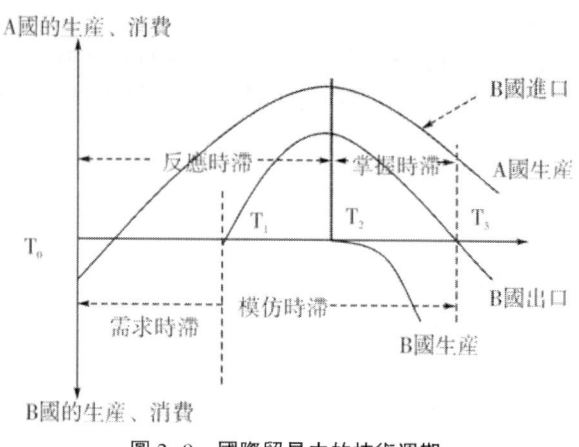

圖 2-9　國際貿易中的技術週期

說明：T_0—T_1需求時滯；T_0—T_2為反應時滯；T_2—T_3為掌握時滯；T_2—T_3為模仿時滯；T_0—T_3為兩國貿易期。

2. 產品生命週期說的基本內容

技術差距論將技術要素引入國際貿易，無疑具有重要的理論和現實意義。但這種理論本身，並沒有解釋為什麼某些國家是技術領先者而另一些國家是技術的追隨者，也未能很好說明技術差距的內容，未能說明一個國家出口技術領先的新產品後會對國際貿易產生什麼樣的影響。弗農的產品生命週期學說對此作了回答。

按照產品生命週期理論，美國製成品的出口可以劃分為四個階段：

第一階段，美國在新產品出口中處於壟斷地位。在這個階段，由於美國工業比較發達，擁有雄厚的科學技術力量，重視研究與開發的投資，科技投入高，且企業將創新轉化為產品的能力強。加之美國人口眾多，個人平均收入又高，所以能經常發明不少的新產品。因此，創新發生在創新國，並對該產品擁有生產和市場的壟斷。

第二階段，外國開始仿製生產這種產品，創新國在該國的競爭力下降。這裡說的外國主要是指其他工業化國家。在這一階段，美國由於技術轉讓的進行，交鑰匙工廠的建設以及跨國公司的企業間技術轉移等原因，已不能壟斷這種產品的生產，也不能壟斷外國的市場。在工業化國家的市場中，美國產品由於要支付運費和進口稅，還要分攤大量

的科研開發費用，加之勞動力成本高，美國的產品受到這些國家生產的產品的競爭。

第三階段，外國模仿者開始向第三國出口，創新國出口受到影響並大幅度下降。隨著外國模仿者生產產量的增加和經驗的累積，生產已經能夠實現規模效益，有很強的實力與美國產品在本國和第三國展開競爭。最終使美國在該種產品的出口優勢完全喪失。

第四階段，新技術成為標準技術，創新國與模仿國之間的競爭轉化為產品成本競爭，生產轉移到有著廉價勞動力的發展中國家。發展中國家產品輸入美國市場與美國產品進行競爭，美國已無優勢可言，美國由出口國變為進口國。由於對新產品需求的國外市場的不斷擴大，外國生產者有條件採用大規模生產，加之勞動力價格便宜，廠房設備較新，花費較少的科研費用，使得成本降低的程度能抵補向美國出口的費用，以致於他們能在美國國內與美國產品展開競爭。由於美國生產該產品的成本高於外國生產的成本，美國就開始從外國進口該種產品來滿足國內的需求。在這一階段，這種產品在美國無疑已經趨於死亡。

由此，新技術和新產品首先在創新國產生，然後傳到那些吸收新技術和新產品較快的工業化國家，最後傳遞到發展中國家。隨著技術的傳遞和擴散，各國在國際貿易中的地位將不斷變化，原先的出口國變成了進口國，最初的創新國又將開始新一輪的新技術和新產品擴散，新技術和新產品就是如此波浪似地向前發展，如圖 2-10 所示。

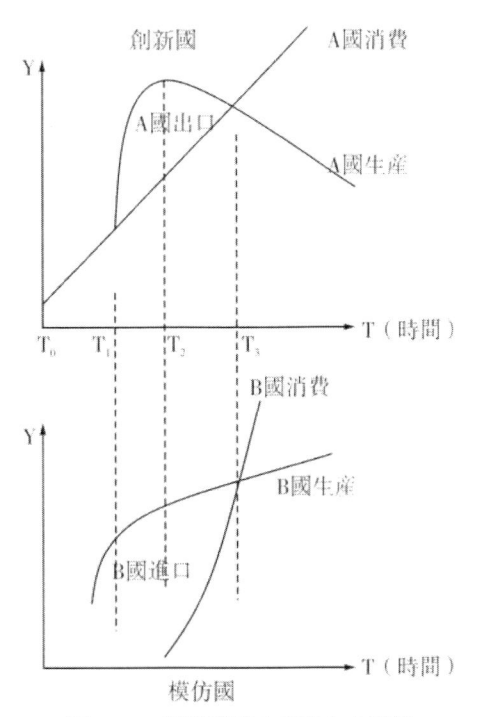

圖 2-10 國際貿易中產品生命週期

說明：在 T_0 點創新國生產新產品，T_1 時出口，T_2 達到出口高峰，T_3 時出口為 0；模仿國在 T_1 時開始進口，T_2 時生產，T_3 時達到自給，之後開始以低成本出口。

3. 產品生命週期說的理論意義

與比較成本理論和資源賦予學說相比，產品生命週期理論的研究思路和方法具有創新性。一方面，產品生命週期理論將科學技術作為一個獨立的重要的經濟因素，並同其他因素比如資源的價格、工資的高低等結合起來，共同解釋比較優勢的形成和變化，比傳統理論前進了一大步。另一方面，它用一種動態的眼光來分析產品在不同階段所具有的不同特點和各國在不同階段具有的不同比較優勢，由此出現國際貿易的商品流向隨時間的變化而變化。主要體現在：

(1) 產品要素密集度隨著產品在生命週期中的演進發生規則的變化。在產品的引入期，產品的設計和生產都有待於進一步改善，需要科學家、工程師和高技術熟練工人的大量勞動，這一時期產品屬於技術密集型。在產品成長時期，為了不斷開拓市場而採用大規模生產的方法，相應地，要素投入也由熟練勞動向半熟練勞動轉移，產品的生產也改變為資本密集型。到了產品週期的第三和第四階段，技術處於較為穩定的標準化生產，勞動技能變得更不重要，產品生產的資本密集型程度較前兩個階段更進一步。

(2) 比較優勢的決定因素隨產品生命週期的不同階段而變化，因此不同類型的國家在產品的不同階段享有比較優勢。在產品引入期，技術創新能力是關鍵性的因素，同時也需要進行高風險的投資等其他條件，以美國為代表的最發達國家，由於他們的工業水平普遍先進，技術力量雄厚，資本和自然資源相對豐富，國內市場廣闊，所以，他們在研製新產品方面具有明顯的比較優勢。在產品的成長時期，最重要的影響因素是對技術的掌握應用能力和具有相應的投資實力。儘管技術是從創新國擴散過來，但進入一個較新產品的生產仍需要自身的技術應用能力，不同的國家在這方面能力並不相同，只有那些技術掌握應用能力較強的國家而且具有較雄厚資金實力的國家才能通過模仿創新並逐步與創新國開展競爭。那些工業化發達國家在這一階段具有比較優勢。當產品進入第三和第四階段時，由於技術已經為廣大國家所吸收，技術較為穩定，這一階段的競爭主要是成本的競爭。那些具有必須的工業技術基礎同時擁有大量非熟練的勞動力的發展中國家將具有很強的競爭優勢。

綜上所述，產品生命週期理論從產品的生命演進以及同資源賦予論的有機結合，說明了比較利益是一個動態的發展過程，它隨著產品生命週期的變化從一種類型的國家轉移到另一種類型的國家，因而不存在那種一國永遠具有相對優勢的產品。相比之下，傳統的國際貿易理論只是就某一時點的貿易如何決定進行分析。這樣使得相對落後的國家在國際分工中確定自己的地位和參與格局，並且在發展過程中應該如何進行產業結構的升級、改造具有指導性意義。同時，這一理論為世界性的經濟調整和產業的國際轉移現象提供了一種規律性的解釋。

當然，由於經濟生活中存在著各種不確定性因素，各國面臨的產業發展方向和環境不同，故生命週期的循環並不是國際貿易普遍的、必然的現象。而且創新國和模仿國的地位也不是固定的，現實經濟生活中，新技術的創新也可能在最發達的國家之外進行。

第三節　當代國際貿易理論

過去的國際貿易理論主要研究各國產業間如何產生國際貿易、如何使貿易雙方獲益等問題，認為國際貿易產生的原因在於勞動成本的差異或要素稟賦的差異。但是，第二次世界大戰後產業內貿易開始迅速增加的現象卻對傳統國際貿易理論提出了挑戰。此外，無論是發達國家還是發展中國家的政府都越來越重視一些新因素在一國國際貿易中發揮的作用。本節著重介紹 20 世紀 60 年代後逐步發展起來並很快成為西方學術界研究熱點的國際貿易新理論。

一、產業內貿易理論

對產業內貿易現象進行系統性研究始於 20 世紀 70 年代後期，此後產業內貿易理論成為一個新的國際貿易理論分支。

1. 當代產業內貿易

產業內貿易（Intra-Industry Trade）是指兩國在同一產業內進行的貿易，即兩國相互出口和進口屬於同一部門或同類製成品。貿易的商品一般具有消費上的可替代性以及生產中要素投入的類似性。如美國和西歐一些國家既是機動車輛的出口國，也是其進口國，既出口酒類飲料和食品，也進口酒類飲料和食品。根據赫克歇爾-俄林的要素稟賦論，各國要素稟賦的差異越大，進行互利性貿易的機會越多。因此，國際貿易將主要發生在工業國（具有豐富的資本）和非工業國（具有豐富的土地和勞動力）之間。然而，事實卻與此大相徑庭，大多數國際貿易是在要素稟賦相似的國家之間進行的，而相當部分的貿易又是在同一產業內進行的，如相同類別的產品的雙向貿易等等。據統計，在世界出口總量中，工業發達國家的出口量占 3/4，其中 75% 是在工業發達國家之間銷售的。而且這種製成品貿易中超過一半是在行業內進行的，工業國間的產業結構正在趨同而非趨異。同時，工業國集團與非工業國集團（除了新工業化國家）間的收入差距正在逐漸擴大，當代國際貿易並沒有出現傳統理論所主張的引發大規模的資源重新配置和收入的再分配。所有這些現實需要新的理論加以說明。產業內貿易理論於 20 世紀 60 年代以來應運而生，並逐步發展起來，很快成為國際貿易的新理論。

早期的學者對產業內貿易現象進行研究，大都源於實際觀測與傳統理論之間的矛盾。如早在 1945 年弗蘭克爾（Frankel）發現那些人均對外貿易額高的國家存在著對同一種商品的同時進出口現象。他認為，這是因為進口商品和出口商品之間存在質量差異。同年，海希曼就貿易中的商品結構問題進行了較深入的研究，並且提供了一種在商品種類繁多的情況下對單個國家的進出口進行衡量的方法。結果發現，早在 1925—1937 年，在國際貿易總額中，製成品的貿易就占了 20%。

瑞典經濟學家林德爾在 1961 年出版的《論貿易與轉變》一書中則認為，要素稟

賦論可以解釋自然資源密集型產品的貿易，但不能解釋製成品的貿易。理由是：一種產品在成為潛在的出口產品時，首先總是先用於滿足國內需要，因為他認為一個企業家總是更瞭解國內市場而對國外市場瞭解較少，因此他不可能想到去滿足國內市場上根本不存在的需求。因此，一國製成品出口的種類決定於國內需求。這樣，如果兩國具有相同的需求結構，則兩國消費者和投資者需要的是具有相同質量和精密程度的商品。由此得出推論，兩國對製造業產品的需求越一致，它們進行貿易的潛在機會越多。林德爾認為，對需求結構影響最大的因素是人均收入水平。因此，人均收入水平相似的國家，需求也相似。「收入偏好相似」理論從一國收入水平決定的需求方面來解釋國際貿易的流向，初步說明了發展水平一致或相近的國家之間工業製成品貿易與發展的原因。

繼林德爾之後，很多經濟學家繼續致力於尋找造成產業內貿易的原因。有的學者從地理、氣候等方面找原因，有的認為政府政策造成世界範圍內的價格扭曲，國內市場價格大大高於國際市場價格，刺激商人到國外購買商品；還有的學者從鄰近國家為了運輸費用的節省而到他國購買增重性商品等來進行解釋。

2. 產業內貿易理論的基本內容

許多西方經濟學家認真探討了造成產業內貿易的原因，歸納起來主要有以下幾種解釋：

（1）產品差別

美國經濟學家赫爾伯特·格魯貝爾（Herbert·Grubel）將同一產業內的產品分為同質產品和異質產品。產業內貿易可以發生在同質產品之間，也可發生在異質產品之間。

①同質產品產業內貿易

同質產品是指在價格、品質、效用上都是相同的產品，彼此之間可以完全替代。對於同質產品的貿易是由於產品處於不同的市場和不同的時間，消費者可能基於運費和季節之類的考慮進行貿易。同質產品主要有以下幾類：國家大宗產品，如水泥、木材和石油的貿易，如中國的南方進口水泥，而北方出口水泥以減輕運費負擔；合作或技術因素的貿易，如銀行業、保險業走出去引進來；轉口貿易；政府干預產生的價格扭曲，使進出口同質產品有利可圖；季節性產品貿易，如季節性瓜果的進出口。

②異質產品的產業內貿易

所謂異質產品又稱差別產品，是指企業的產品所具有的區別於其他同類產品的主觀上或客觀上的或大或小的特點，產品間不能完全替代。它即可以是垂直差別，如質量、等級、售前售後服務等方面的差別，也可以是水平差別，即根本特徵完全相同的同類產品在規格、品種、款式、包裝、服務等方面的差別。對差別產品的需求取決於供求兩方面的因素，決定需求的因素是消費者的收入水平和偏好。其中，收入水平的差異引起垂直性產品的需求變化，消費者的偏好不同引起水平性產品需求的變化。決定供給的因素是廠商的規模經濟和壟斷利潤。傳統的比較成本論和要素稟賦論建立在邊際成本不變或邊際成本遞增的基礎上。而事實上，許多產品隨著生產規模的擴大，

設備利用率提高，勞動者技術和熟練程度增強，其單位成本會下降，從而產生規模經濟優勢，這些享有規模經濟的國家或企業通過貿易獲得利益。另一方面，廠商通過產業內貿易分工後，每一位生產廠商都會經歷「邊干邊學」的過程。這意味著生產特定商品的經驗累積之後，即「學習效應」[①]，單位產品成本將下降。由於成本下降，每一種款式的商品銷售經過一定時間後都會有所增長。由於消費者存在不同的偏好，在現代經濟中，大部分商品具有多種款式。而各國廠商為了獲得規模經濟，往往只生產某一產品的一種或少數幾種款式，而不是生產全部款式。為了滿足本國消費者的需求，需要從國外進口同類產品，從而出現產業內貿易。

（2）需求偏好相似說

一般說來，市場的需求結構與收入水平相適應。一方面，收入水平不同的人對商品的需求明顯不同，低收入者和高收入者對商品的選擇有不同的偏好。因此，當國民收入一定時，就決定了相應的社會需求結構，即對商品的品質和加工程度的要求會朝著一個平均的數值在一定的幅度內波動。另一方面，隨人均國民收入水平的提高，公眾對商品的選擇也會向加工精細、質量和功能較好的方面移動。因此，兩國的人均國民收入越接近，則需求結構越相似，開展相互貿易的可能性越大，相互間的貿易聯繫越密切。這時，A國所有的商品都存在向B國出口或進口的可能性，因為A國生產的所有商品都在B國的需求範圍內，而B國生產的所有商品也在A國的需求範圍內，如圖2-11所示。

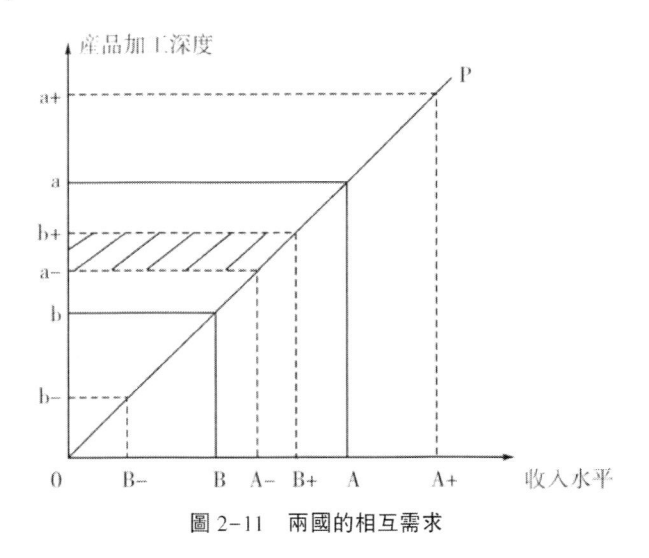

圖2-11 兩國的相互需求

圖中，A、B分別為A、B兩國的代表性收入，其需求不同加工深度的產品分別為a和b；A+、B+分別為A、B兩國的較高收入，其對應的不同加工深度的產品分別為a

---

[①] 註：指通過在實踐中學習而降低成本。

+和 b+；A-、B-則分別為 A、B 兩國的較低收入，其對應的不同加工深度的產品分別為 a-和 b-。我們發現，A 國較低的收入與 B 國較高的收入大致相等，因而其需求偏好也相似——所需要的產品加工深度大致相同；a-和 b+之間的陰影部分即為兩國重疊的需求。重疊需求的產品可由一個而不是由兩個國家來生產，產業內貿易由此而產生。

(3) 追求規模經濟利益

規模經濟是指通過大批量生產某種產品而實現單位產品成本的下降。例如，當生產要素的投入增大 1 倍時，產品的數量增長大於 1 倍。產生規模經濟的原因是生產規模增大引起更細的分工和專業化，從而把固定成本分攤到眾多的產品中。規模經濟能夠成為產生國際貿易的一種重要的基礎。

如圖 2-12 所示，設 A、B 國都是資金充裕的國家，都生產資本密集型的工業品，如汽車。設汽車分為卡車和轎車兩類。由於兩個國家的生產技術和資源相同，生產汽車的成本曲線與生產可能性曲線都一樣。在兩國發生貿易前，各國各自生產一部分卡車和一部分轎車。A、B 兩國均生產 OA_0 輛卡車和 OB_0 量轎車。假定兩國的偏好相似，則 A、B 兩國均在 C 點消費。

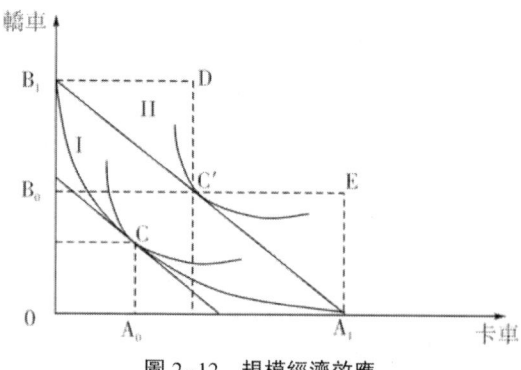

圖 2-12 規模經濟效應

A、B 兩國具有相同的生產可能性曲線 B_1A_1，並凸向原點，意味著具有規模經濟。現在假定 A、B 兩國進行分工是以協議方式進行的。如 A 國專業化生產卡車，B 國專業化生產轎車，產量分別為 OA_1 和 OB_1。B 國出口 C'D 的轎車，換取 B_1D 的卡車，A 國出口 C'E 的卡車，換取 A_1E 的轎車，現在消費點從 C 移到 C'，無差異曲線從 I 移到 II，福利水平得到提高，但這種提高源於規模生產，而不是資源稟賦的差異。

(4) 各國不同的收入分配

赫爾伯特·格魯貝爾（Herbert Grubel）提出，即使兩國具有相似的人均收入，但兩國的總收入分配還是會導致產業內貿易的發生。如果 I 國低收入家庭比重大，II 國分配相對均勻。則 I 國主要生產供本國大部分人口的需要的產品，即生產各種能夠迎合收入範圍在 Y_1~Y_2 家庭所需要的產品；II 國也將生產國內大部分收入家庭如 Y_3~Y_4 的需求。顯然，對於 I 國的高收入家庭 Y_6 和 II 國的低收入家庭如 Y_5 將從國外購買商

品，如圖 2-13 所示。

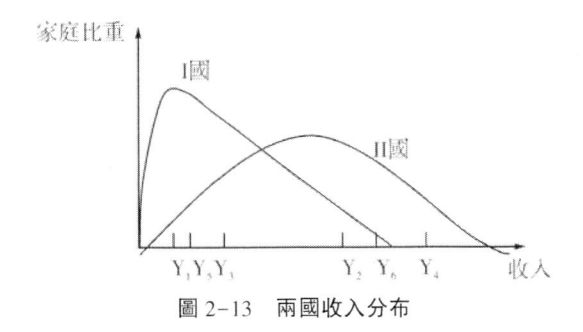

图 2-13 兩國收入分布

3. 產業內貿易的數學衡量

產業內貿易可以用產業內貿易指數（T）（Intra-Industry Trade Index）加以衡量：
$$T = 1 - |X-M| / (X+M)$$

其中，X 和 M 分別表示對一種特定產業或某一類商品的出口額和進口額，分子表示淨出口的絕對值。T 的取值範圍為 0～1。當一個國家只有進口或只有出口（即不存在產業內貿易）時，T=0；當對某一商品的進口等於出口時（即產業內貿易達到最大），T=1。

格魯貝爾和勞埃德計算了 1967 年 10 個工業化國家不同產業的 T 指數後發現，對於原油、潤滑油產業，10 個國家的 T 值的加權平均值為 0.30，對於與之相關的化工工業為 0.66，10 個國家所有產業的混合加權平均 T 值為 0.48。這意味著在 1967 年，這 10 個工業化國家的貿易額中有一半是由同一產業差別商品的交易引起的。隨著時間推移，T 值也在不斷上升。1958 年為 0.36，1964 年為 0.42，1967 年為 0.48。

當使用不同的範圍定義產業或商品種類時，所獲得的 T 值都不會相同。對產業定義的範圍越大，T 值越大，所以使用 T 值應慎重。通常 T 值對測度不同產業間產業內貿易的差異和同一產業中隨著時間推移產業內貿易的變化時較為適用。

二、政策貿易理論

雖然傳統的國際貿易理論強調自由放任的貿易，但人們發現在現代國際貿易中，政府往往在一國國際貿易中能發揮重大的作用。

1. 戰略貿易政策理論

與自由貿易倡導的自由競爭、政府不加干預不同，戰略性貿易政策認為一個國家可以通過暫時的貿易保護手段如補貼、稅收優惠、政府與企業合作等在一些高附加值的高科技產業如半導體、計算機、遠程通信和其他被認為是對該國極其重要領域創造比較優勢。由於這些產業是以知識的投資為核心產業，需要投入大量的研究與開發費用，具有較高風險，要求大規模生產以形成規模經濟。但高科技產業的知識外溢性很強，當其成功時可以帶來很大的外部經濟。因此，國家通過鼓勵這樣的產業發展，不僅加強了這些部門未來增長的前景，而且可以推動社會經濟快速發展。比如日本 20 世紀 50 年代的鋼

鐵工業、20世紀70年代和20世紀80年代的半導體工業、歐洲20世紀70年代協和式超音速飛機的開發、20世紀70年代和20世紀80年代的空中客車的開發都是國家扶持的結果。日本半導體工業的發展是一個成功的例子。20世紀70年代，半導體市場（比如可用於許多新產品的電腦芯片）由美國控製。自20世紀70年代中期開始，日本強有力的通產省瞄準了這項產業的發展，它提供研究與開發資金，為這項產業的投資提供稅收優惠，促成政府與工業部門的合作，還注意保護國內市場不受國外特別是美國的衝擊。最後於20世紀80年代中期成功地從美國手中奪得半導體控製權。

當然在現實中，戰略性的貿易政策在實踐中困難重重。首先，很難確定哪類產業屬於能夠提供大量外部經濟的理想產業。一些學者認為判斷一個產業是否為理想產業有三個標準：產業工人人均增加值高；支付高工資；使用高技術。如果屬於上述三方面的產業便是理想產業。但這些標準都缺乏說服力。其次，政府難以設計合適的政策來成功培育他們。最後，戰略性的貿易政策取得的成功是以其他國家的損失為代價的，這種「以鄰為壑」的政策容易遭受對方政府的報復。當大部分發達國家同時實行戰略性貿易政策時，其政策的效果就會相互抵消。

產業內貿易案例　1964年北美汽車貿易協定

1965年以前，加拿大和美國的關稅保護使加拿大成為一個汽車基本自給自足的國家，進口不多，出口也少得可憐。加拿大的汽車工業被美國汽車工業的幾個大廠商所控製。這些廠商發現，在加拿大大量建立分散的生產體系比支付關稅要劃算。因此，加拿大的汽車工業實質上是美國汽車工的縮版，大約為其規模的1/10。

但是，這些美國廠商在加拿大的子公司也發現小規模帶來的種種不利。一部分原因是在加拿大的分廠比其在美國的分廠要小；但重要的原因可能是美國的工廠更加「專一」——集中精力生產單一型號的汽車或配件。而加拿大的工廠則不得不生產各種各樣不同的產品，以至於工廠不得不經常停產以實現從一個產品項目向另一個的轉換，不得不保持較多的庫存，不得不少採用專業化的機器設備等。這樣加拿大汽車工業的勞動生產率比美國的要低大約30%。

為了消除這些問題，美國和加拿大政府通過努力在1964年同意建立一個汽車自由貿易區（附有一些限制條件）。這一舉措使汽車廠商得以重組生產：這些廠商在加拿大各子公司大力削減其產品種類。但是加拿大的總體生產及就業水平並沒改變。加拿大一方面從美國進口自己不再生產的汽車型號，另一方面向美國出口加拿大仍生產的型號。在自由貿易前的1962年，加拿大出口了價值1,600萬美元的汽車產品，然而卻進口了5.19億美元的汽車產品。但是到1968年，這兩個數字已分別已成為24億美元和29億美元。換而言之，加拿大的進口和出口均大幅度增長。

貿易所得是驚人的。到20世紀70年代初，加拿大汽車工業的生產效率已可與美國的同行相媲美。

資料來源：保羅·克魯格曼. 國際經濟學 [M]. 北京：海聞，蔡榮，等譯. 北京：

中國人民大學出版社，2002.

2. 對策論與國際貿易

用對策論方法來分析戰略性貿易與產業政策是由加拿大哥倫比亞大學的經濟學家巴巴拉·斯潘塞和詹姆斯·布蘭德首次提出的。他們認為由於在一些產業中，僅有少數企業參與，存在寡占現象，因此自由貿易政策的完全競爭的假設是不成立的。在這種情況下，政府通過市場干預，將這些超額收益從國外轉移到國內企業，從而克服市場失靈。其中最簡單的方法是對國內企業進行補貼，阻止國外競爭對手的投資和生產，從外國競爭對手那裡奪得利潤。如果不考慮對消費者的影響，增加的國內企業利潤會超過補貼的數額。這就意味著補貼增加了國民收入。

下面我們假定一個雙寡頭的市場，即只有一家本國廠商 H 和一家外國廠商 F。他們考慮在世界市場上生產一種具有相當規模經濟的產品，有四種可能性的「收益距陣」。如果兩家都生產，則都將虧損 $ 20 萬；若本國不生產，外國生產，則所有的利潤均由外國廠商獲得，為 $ 200 萬；若本國生產，外國不生產，則所有的利潤均由本國廠商獲得，為 $ 200 萬；若兩國都不生產，則為 0，如下表 2-5 所示。

表 2-5　　　　　　　政府參與前的雙寡頭市場收益矩陣

單位：萬元

		外國廠商 F	
		生產	不生產
本國廠商 H	生產	-20 20	0 250
	不生產	200 0	0 0

顯然上述「博奕」不存在任何確定的結果。這時若本國政府為其提供 50 萬的補貼，則收益距陣將發生變化。收益距陣變為表 2-6 所示：

表 2-6　　　　　　　補貼後雙寡頭的收益矩陣

單位：萬元

		外國廠商 F	
		生產	不生產
本國廠商 H	生產	-20 30	0 250
	不生產	200 0	0 0

這時，本國廠商獲得一個有保證的利潤。如果兩國都生產，本國可以獲得 30 萬的利潤；若外國不生產，則本國可獲得 250 萬的利潤；若本國不生產，則得不到任何利潤。顯然，本國廠商在不生產時，不獲利，而只要生產，均可獲利。

3. 荷蘭病

初級產品出口部門的繁榮雖然可以增加一國國際收支和提高國民收入，但有時也會導致國民經濟結構發生不利的變化。20 世紀 60 年代，荷蘭發現蘊藏量豐富的天然氣。隨著開採量和出口量的上升，天然氣出口收入快速增長。經常項目從 1967 年到 1971 年的年均 1.3 億美元赤字變為 1972—1976 年的年均 20 億美元順差。但是，出口收入的急遽增加導致了荷蘭貨幣盾匯率的下跌，與 20 世紀 70 年代初期相比，20 世紀 70 年代中期荷蘭盾升值 16.4%。這就使得製造業部門在面對外部競爭時，處於十分不利的地位。而工業生產的下降又導致失業率上升，從 20 世紀 70 年代初的 1.1%，提高到 20 世紀 70 年代後期的 5% 以上。這種由於初級產品出口收入的巨增所導致的不良後果被稱為「荷蘭病」（Dutch Disease）。

在分析荷蘭病時，一般採用澳大利亞經濟學家科登（W. M. Corden）等人提出的模型。這種模型將國民經濟分為三個主要部門：①繁榮部門（Booming Sector），即初級產品出口部門。②落後部門（Lagging Sector），即生產其他貿易產品的部門，可以是工業製成品，也可以是農產品。③非貿易產品部門，主要包括服務業、公用事業和交通運輸業等。

當繁榮貿易部門異常繁榮時，容易導致其他貿易部門的衰落，如果衰落的部門是製造業部門，則會產生人們所說的非工業化現象。這主要是由繁榮帶來的消費變動和資源流動的效應所造成的。由於繁榮部門的收入得到增長，用於非貿易產品部門的消費往往也隨之擴大。由此對非貿易產品的過度需求必然會提高非貿易產品的相對價格，進而導致幣值上升。非貿易產品的價格上升，落後部門中的勞動力就會被吸引到非貿易產品部門中，進而導致落後部門的生產下降。如果這個落後部門是製造業，那麼消費影響就能使製造業部門出現非工業化。同時勞動力從非貿易產品部門流向繁榮部門後將進一步提高由消費影響引起的對非貿易部門的產品的過度需求，並進一步促使貨幣升值，導致更多的勞動力從落後部門流向非貿易部門。因勞動力供給即定而使工資上升，從而國內其他可貿易部門和非貿易部門成本提高，由於其他貿易部門的價格是由世界市場確定的因而無法轉嫁成本，造成其他貿易部門的縮水。而非貿易部門卻可以將成本增加部分轉嫁給消費者且貿易部門相對收縮。總比較利益下降，與進口產品競爭時處於劣勢。

由於大量的發展中國家是初級產品的出口國，為了減少「荷蘭病」的危害，政府應發揮主導作用。比如採用關稅保護，在面對匯率下降、貨幣升值的條件下，通過提高關稅，國內製成品的價格可上升，從而促進製造業擴大生產規模，通過關稅來保護製造業部門，以消除「非工業化」的不良影響。政府也可採用增加對繁榮部門課稅，並將由此獲得的稅收用於補貼其他貿易產品。總之，初級產品出口繁榮對於發展中國家來說是有益的，但這一繁榮所導致的「荷蘭病」卻不能被忽視。如果發展中國家不

積極地防治它，那麼初級產品出口的繁榮所帶來的好處就會大打折扣。

第四節　標準貿易模型簡述

前面我們已經介紹了單要素模型、特定要素模型和 H-O 模型。這些模型雖然從不同角度分析了國際貿易問題，但都有以下幾個共同特點：

（1）社會的生產能力可以用生產可能性邊界表示。
（2）生產可能性邊界確定了一個國家或地區的相對供給曲線。
（3）世界相對需求曲線和世界相對供給曲線確定了世界均衡點。

為此，我們可引入一個世界貿易的標準模型，並利用此模型來分析一些世界經濟現象。

一、開放經濟的標準貿易模型

在標準貿易模型中，我們假定只有兩個國家：本國和外國；生產兩種產品：奶酪 C 和糧食 F。

1. 生產可能性邊界與相對供給

（1）生產可能性邊界

生產可能性邊界是一國在當前一定的生產條件下，充分利用其資源可生產的奶酪和糧食的各種組合。因此，生產可能性曲線上的點都具有生產最佳組合的特徵，也都是有效率的生產點，如圖 2-14 所示。

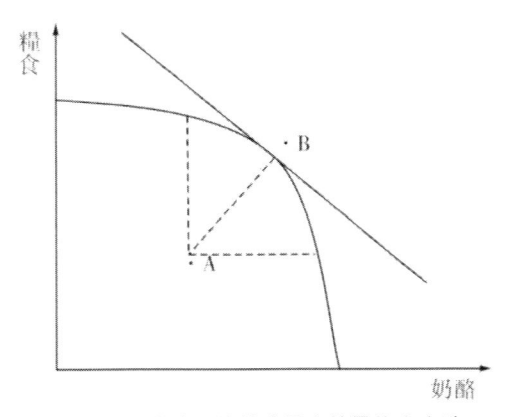

圖 2-14　生產可能性邊界上的最佳生產點

在生產可能性曲線內的點 A 表明一國未充分利用資源。因為在保持現有奶酪消費的基礎上，一國仍可增加糧食生產；或在保持現有糧食生產的基礎上，一國仍可增加奶酪生產；或一國可以同時增加這兩種商品的生產。對生產可能性曲線外的點 B 則是企業在現有技術和資源條件下，不可能的生產組合點。只有在生產可能性曲線上的點

才存在，增加一種產品的生產，必須以減少另一種產品的生產為代價，即存在機會成本。生產可能性曲線的斜率稱為邊際轉換率（MRT），MRT $= -\Delta Y/\Delta X =$ MC（c）/ MC（f），即邊際轉換率正好等於兩種產品的邊際成本的比率。

在完全競爭的假定條件下，經濟在既定的兩種產品的價格水平下最大化其產值：$P_c * Q_c + P_f * Q_f$，設經濟的產值為 V，則那些使經濟的產值剛好等於 V 的各種產量組合，就組成一條經濟的等產值曲線，$P_c * Q_c + P_f * Q_f = V$。因此對不同的產值，可以得到在不同產值水平下的一組等產量曲線。這一組等產量曲線具有如下性質：離原點越遠，直線所代表的產值越高；等產值曲線的斜率為 $-P_c/P_f$，如圖 2-15 所示。

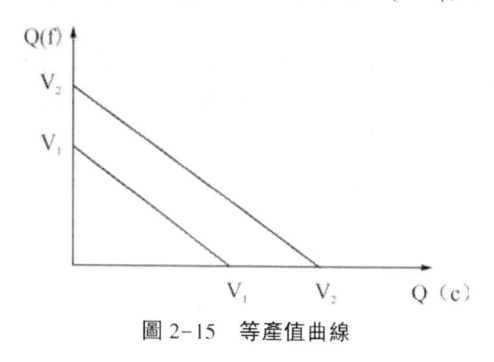

圖 2-15　等產值曲線

說明：V_1V_1、V_2V_2 為等產值線。

顯然，在資源約束下，根據利潤最大化的原則，企業的最佳生產組合點就是等產值曲線與生產可能性邊界的切點。此時，若 MC（c）/ MC（f） $< P_c/P_f$，或改寫為 P_c / MC（c）$> P_f$ / MC（f），則擴大奶酪生產對企業有利；反之，若 MC（c）/ MC（f）$> P_c/P_f$，或改寫為 Pc/MC（c）$< P_f$ / MC（f）則減少奶酪生產對企業有利。當 MC（c）/ MC（f）$= P_c/P_f$ 時，企業實現利潤最大化。

（2）相對供給

由於企業的最佳生產組合點為，MC（c）/ MC（f）$= P_c/P_f$，因此，在一定的生產可能性曲線下，產品的相對價格的變動將影響企業的生產組合。當奶酪相對糧食的價格上升時，MC（c）/ MC（f）$< P_c/P_f$，企業將擴大奶酪生產，從而擴大奶酪的相對供給。反之，奶酪的相對價格下降，MC（c）/ MC（f）$> P_c/P_f$，企業將減少奶酪生產，從而減少奶酪的相對供給。

2. 相對價格與相對需求

為了描述相對需求，我們引入無差異曲線。無差異曲線用於描述一組使經濟達到某一效用水平的兩種產品的消費組合。它們向下傾斜；離原點越遠，代表的效用越高；無差異曲線的斜率為邊際替代率（MRS），指消費者為了滿足同等的滿足水平，在增加一個單位商品 X 時所必須放棄的商品 Y 的數量。MRS $= -\Delta Y/\Delta X =$ MU（c）/ MU（f），如圖 2-16 所示。

图 2-16　最佳消费点

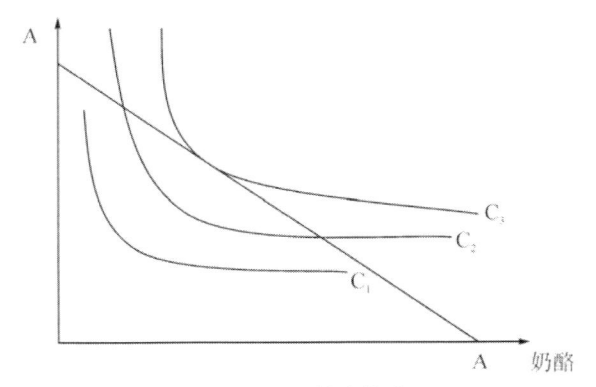

說明：C_1、C_2、C_3為無差異曲線，AA 為等收入線。

等收入線是消費者在現有的商品價格下，一定的收入可能用於兩種商品消費的各種組合。對一組不同的收入將有一組不同的等收入線。在標準貿易模型中，等產量線與等收入線是相同的。則等收入線的斜率＝$-P_c/P_f$。

顯然，按效用最大化原則，等收入線與無差異曲線相切點為消費最佳組合點。此時，MU（c）/MU（f）＝$-P_c/P_f$。當奶酪的相對價格上升時，即 MU（c）/MU（f）<P_c/P_f，消費者將減少奶酪消費，奶酪的相對需求減少；反之，當奶酪的相對價格上升時，即 MU（c）/MU（f）>P_c/P_f，消費者將增加奶酪消費，奶酪的相對需求增加，如圖 2-17 所示。

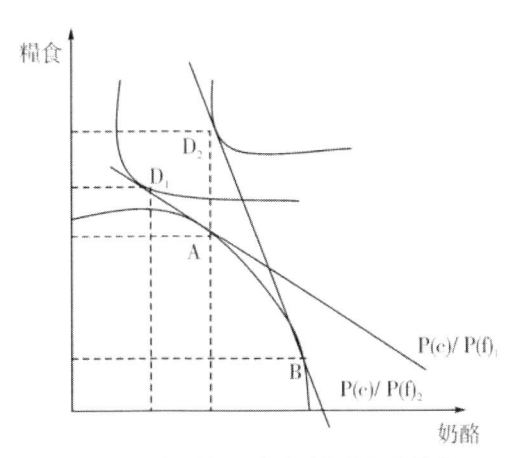

圖 2-17　相對價格變動引起的需求變動

從上圖我們可以明顯地看出，當奶酪相對價格上升時，企業的生產點將從 A 點移動到 B 點。消費點從 D_1 移動到 D_2，消費者的福利水平提高。由於此時奶酪的消費量小於國內生產的奶酪量，因此，有更多的奶酪出口。從理論上講，由於奶酪價格的相

對上升，本國奶酪的出口將帶來本國收入的增加，由此，可能增加消費者對奶酪和糧食的消費，發生收入替代效應。但一般情況下，由於奶酪的相對價格上升，意味著糧食相對價格下降，根據價格的替代效應，人們將增加糧食的消費，減少奶酪的消費。

3. 相對價格的確定

奶酪的相對價格是由世界市場上奶酪的相對供給與需求決定的。奶酪的相對供給將隨著奶酪相對價格的提高而增加，對奶酪的相對需求將隨著其相對價格的提高而減少。當奶酪的相對供給與奶酪相對需求相等時，市場達到均衡狀態，此時的價格即為奶酪的相對均衡價格，如圖 2-18 所示。

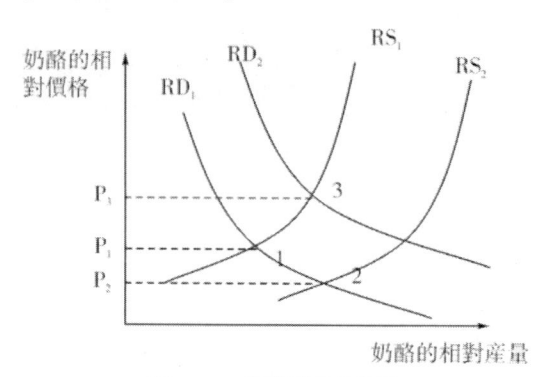

圖 2-18 相對價格的變動

說明：RS 為奶酪的相對供給曲線；RD 為奶酪的相對需求曲線。

$RS_1 = RD_1$ 時，此時奶酪的均衡價為 P_1，當由於某種原因，使奶酪的相對供給增加，RS_1 向右移動到 RS_2，由於相對供給增加，而相對需求不變，奶酪的相對價格下降到 P_2，$RS_2 = RD_1$。同理，當奶酪的相對需求增加，奶酪的相對供給不變，則奶酪的相對需求曲線右移到 RD_2，奶酪相對價格上升到 P_3。

二、經濟增長與相對供給

經濟增長問題一直是經濟學家們長期關注的焦點問題。本國經濟增長和其他國際的經濟增長究竟會對本國帶來何種影響？

1. 經濟增長與生產可能性邊界

當一國作為生產要素（如資本、勞動力）投入的自然資源等擁有量增加時，或者由於技術進步生產率提高時，都會導致該國經濟增長，使其生產可能性邊界向外移動，擴大經濟對兩種產品的供給能力。然而經濟增長並不是等同地擴大所有部門產品的供給能力。因為當經濟中某一部門通過技術革新提高了該部門的勞動生產率時，這一部門相對於其他部門，就具有比較優勢，經濟資源就會更多地流向這一部門。又如經濟中資本要素增長，以資本密集型投入的產品的生產，相對於別的產品，就有更大的可能得到發展。因此，經濟增長常常使生產可能性邊界偏向某種產品的擴張。這裡有兩種情況：

（1）技術進步效應

技術進步改變了投入和產出關係，其結果是固定數量的投入可以帶來更大數量的產出。它有三種形式：

①要素中性型。即所使用的資本、勞動力的數量與技術進步前相同，即資本勞動比例不變，但生產每單位產出僅使用更少數量的要素投入。

②勞動節約型。即生產單位產出需要的生產要素投入下降，但資本的使用相對勞動力的使用量在上升。

③資本節約型。即生產單位產出需要的生產要素投入下降，但勞動力的使用相對資本的使用量在上升。

當技術進步只是影響一種產品時，則生產可能性曲線將更偏向這一產品（如圖2-19所示）：

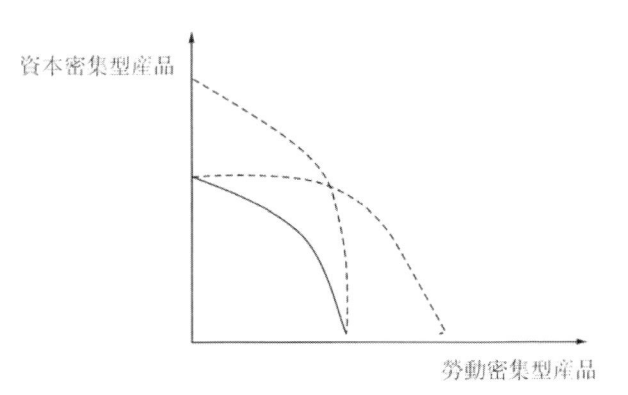

圖2-19 技術進步僅影響一種產品

當技術進步以相同的方式同時影響兩種產品，則生產可能性曲線均勻向外移動，如圖2-20所示。

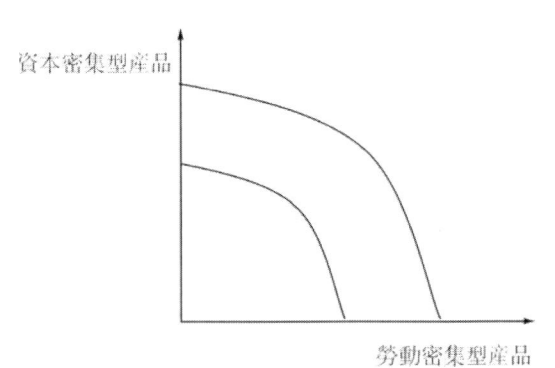

圖2-20 技術進步以相同方式影響兩種產品

（2）要素增長效應

①要素中性增長，即資本和勞動力同時同比例增長。生產可能性曲線均勻向外移

動。（如圖 2-21 所示）

②資本存量增加。由於資本存量增加對資本密集型產品的影響大於對勞動密集型產品的影響，生產可能性曲線更偏向於資本密集型產品。（如圖 2-22 所示）

③勞動力存量增加。由於勞動力存量增加對勞動力密集型產品的影響大於對資本密集型產品的影響，生產可能性曲線更偏向於勞動力密集型產品。（如圖 2-25 所示）

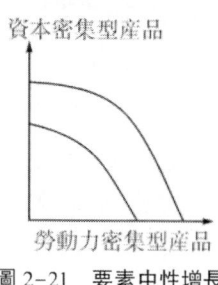

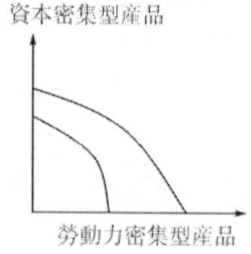

圖 2-21　要素中性增長

圖 2-22　資本存量增加

圖 2-23　勞動力存量增加

2. 相對供給和貿易條件

貿易條件是指兩種商品的交換比率或兩種商品的價格比率，即 P_c / P_f。

當經濟增長偏向於奶酪的生產，那麼在給定的奶酪的相對價格 P_c / P_f 下，必然帶來本國奶酪的相對供給增加，從而整個世界奶酪的相對供給也增加。結果，世界奶酪相對供給曲線向右移動。如果世界奶酪的相對需求曲線 RD 不變，那麼，世界市場上奶酪的相對價格將下降。這樣，對奶酪出口國來說，它的貿易條件反而由於自己偏向於出口產品的經濟增長而受到損害，外國的貿易條件則改善。同理，當本國的經濟增長偏向糧食生產時，由於糧食是本國的進口產品，本國經濟增長導致本國糧食進口減少，從而奶酪的相對供給在給定的相對價格水平下減少，RS 左移。本國的貿易條件改善，外國的貿易條件惡化。

我們把偏向於出口產品的經濟增長定義為出口偏向的增長，把偏向於進口產品的增長定義為進口偏向性增長。本國出口偏向的增長，或外國進口偏向的增長將損害本國的貿易條件，相反，則改善本國的貿易條件。當這種貿易條件效應很大時，甚至可能超過經濟增長的正效應，這種現象被稱為出口的貧困化增長，如圖 2-24 所示。

當國內經濟增長偏向奶酪生產，生產可能性曲線偏向奶酪一方。當貿易條件不變時，消費者由點 B 消費移動到點 A 消費，福利水平增加。然而當貿易條件惡化到一定程度，如為 $(P_c/P_f)_3$，則消費者只能在點 C 消費。無差異曲線 C_3 甚至小於貿易前無差異曲線 C_1，福利水平下降。

應當指出，以上經濟增長對貿易條件的影響是針對大國，即其產品的供求能夠影響世界價格。小國無論其經濟增長如何影響其貿易，由於在世界貿易中所占比重很小，對世界價格不會產生影響，其貿易條件不會發生變化。

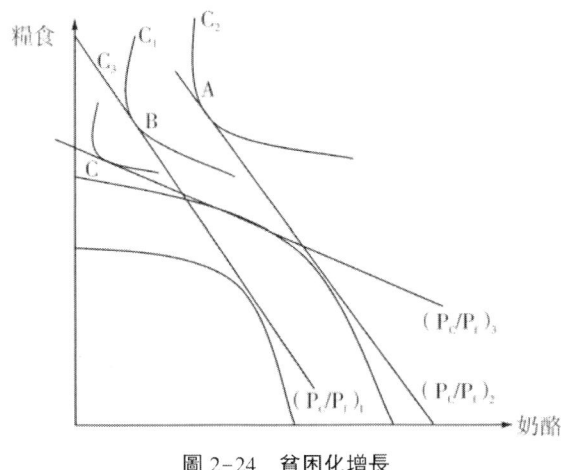

圖 2-24 貧困化增長

三、國際收入轉移與相對需求

前面我們從供給方面的變化來分析貿易條件改變問題，現在我們將從需求方面來分析貿易條件問題。影響產品相對需求的因素很多，如消費者的偏好的改變、技術的進步等。然而在國際經濟學中最重要和最有爭議的也許算是國際收入轉移對世界相對需求的影響。

1. 收入轉移問題

相對供給的變化影響貿易條件的變化，同樣相對需求的改變也將影響貿易價格，從而引起貿易條件的變化。影響相對需求的因素有多種，包括人們的消費偏好的改變、新產品的發明、人們的收入變化、替代品的出現等。如人們由於開始關注健康，從過去高脂肪食物轉向低脂肪食物，這樣高脂肪食品的相對需求將減少，低脂肪食品的相對需求將增加。顯然，相對需求的改變將影響到貿易條件。在國際經濟學中我們研究的一個主要因素是收入在國際間的轉移支付。我們主要考察這種轉移支付是否最終改變各國的貿易條件。

對轉移支付的討論最初來源於兩位著名的經濟學家即俄林和凱恩斯之間關於第一次世界大戰德國戰爭賠款的爭論。爭論的焦點是德國經濟是否能夠負擔得起以及能夠負擔多少戰爭賠款。凱恩斯認為德國為了支付戰爭賠款，必須擴大出口、減少進口，這樣，德國就不得不壓低其出口產品的相對價格，這就會損害德國的貿易條件，使其經濟雪上加霜，因而戰勝國聯盟所提出的賠款條件不應太苛刻。俄林則認為，當德國通過增加稅收來融資賠款時，它對外國產品的需求即進口需求就會自動減少。同時，這些賠款支付給戰勝國聯盟後，其結果相當於這些國家實行了減稅政策，或使其政府支出增加，或使其居民消費增加，最終都會導致這些國家對德國出口產品的需求增加。這樣，德國的貿易條件並不會因為戰爭賠款而受到損害。

2. 轉移支付和貿易條件

由於轉移支付僅僅是收入的轉移，而不是生產設備的轉移，因此世界的生產供給仍保持不變。在世界市場的相對供給一定的情況下，世界相對需求若增加，則世界市場的相對價格將上升；反之，相對需求若減少，相對價格將下降。

我們假定只有本國和外國經濟，兩國只消費兩種產品：奶酪和糧食。現在我們從以下幾種情況來考察轉移支付是否將改變世界的相對需求。

(1) 本國對奶酪的邊際消費傾向 MP(c) 和外國對奶酪的邊際消費傾向 MP(c)' 相同；相應地，兩國對糧食的邊際消費傾向也相同。

本國若把收入轉移支付給外國，隨著本國收入減少，本國的奶酪消費將減少；與此同時，由於外國接受了這筆轉移支付，外國收入將增加，外國對奶酪的消費將增加。因為兩國對奶酪的邊際消費傾向相等，本國減少的奶酪消費正好等於外國增加的奶酪消費，世界總的奶酪需求沒有變化，奶酪的相對需求曲線不變，而奶酪的供給與轉移支付無關，也保持不變，顯然，奶酪的世界相對價格就保持不變。

可見，兩國對某產品的邊際消費傾向相同，則轉移支付不會影響各國的貿易條件。這種情況驗證了俄林的觀點。德國的賠款多少並不會使德國的貿易條件惡化。

(2) 本國對奶酪的邊際消費傾向 MP(c) 大於外國對奶酪的邊際消費傾向 MP(c)'。相應地，本國對糧食的邊際消費傾向小於外國對糧食的邊際消費傾向。

本國若把收入轉移支付給外國，隨著本國收入減少，本國的奶酪消費將減少；與此同時，由於外國接受了這筆轉移支付，外國收入將增加，外國對奶酪的消費將增加。因為本國對奶酪的邊際消費傾向大於外國對奶酪的邊際消費傾向。本國減少的奶酪消費將大於外國增加的奶酪消費，世界總的奶酪需求下降，奶酪的相對需求曲線左移。奶酪的供給與轉移支付無關，保持不變，顯然，奶酪的世界相對價格下降，如圖 2-25 所示。

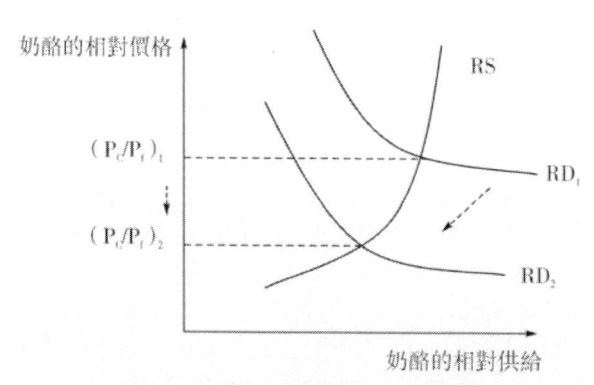

圖 2-25 轉移支付對貿易條件的影響

可見，當轉移支付國的出口產品的邊際消費傾向大於轉移支付接受國的邊際消費傾向時，轉移國的貿易條件惡化，接受國的貿易條件改善。

(3) 本國對奶酪的邊際消費傾向 MP(c) 小於外國對奶酪的邊際消費傾向 MP

(c)′。相應地，本國對糧食的邊際消費傾向大於外國對糧食的邊際消費傾向。

本國若把收入轉移支付給外國，隨著本國收入減少，本國的奶酪消費將減少；與此同時，由於外國接受了這筆轉移支付，外國收入增加，外國對奶酪的消費將增加。因為本國對奶酪的邊際消費傾向小於外國對奶酪的邊際消費傾向。本國減少的奶酪消費將小於外國增加的奶酪消費，世界總的奶酪需求上升，奶酪的相對需求曲線右移。奶酪的供給與轉移支付無關，保持不變，顯然，奶酪的世界相對價格上升，如圖2-26所示。

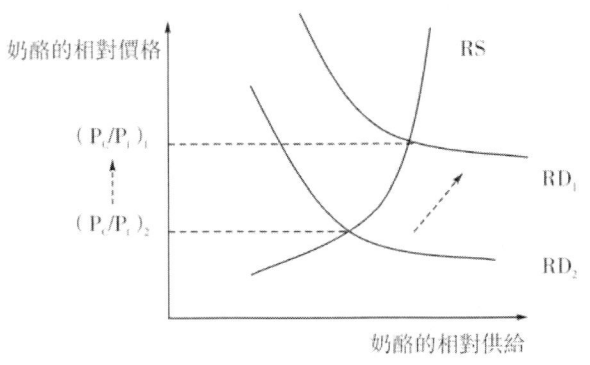

圖2-26 轉移支付對貿易條件的影響

可見，當轉移支付國的出口產品的邊際消費傾向小於轉移支付接受國的邊際消費傾向時，轉移國的貿易條件改善，接受國的貿易條件惡化。本國貿易條件改善，一定程度上減輕了本國轉移支付、收入減少對經濟的負影響；同時也抵銷了外國一部分收入增加對經濟的正影響。

從上述幾種情況可以看出，轉移支付是否對貿易條件產生影響，以及如何影響一國貿易條件，取決於兩國的邊際消費傾向的差異。

四、進口關稅和出口補貼對相對供給和相對需求的影響

下面我們將用標準貿易模型分析一國實施關稅和出口補貼措施將如何影響一國貿易條件問題。

1. 進口關稅的影響

設本國對進口品糧食徵收20%的關稅。由於徵收了20%的關稅，使得進口糧食減少，國內糧食價格就比世界糧食價格高出20%。因此，本國的奶酪相對價格 P_c/P_f 將下降，低於世界奶酪的相對價格。

這樣，如果在實施關稅前本國按世界市場的相對價格生產奶酪，則實施關稅後，隨著國內奶酪相對價格的下降，本國的奶酪生產者將減少奶酪生產，增加糧食生產。對本國消費者而言，則增加對奶酪的相對需求，減少對糧食的相對需求。這樣，徵收關稅的結果是本國對奶酪的相對供給減少，奶酪的相對需求增加，如圖2-27所示。

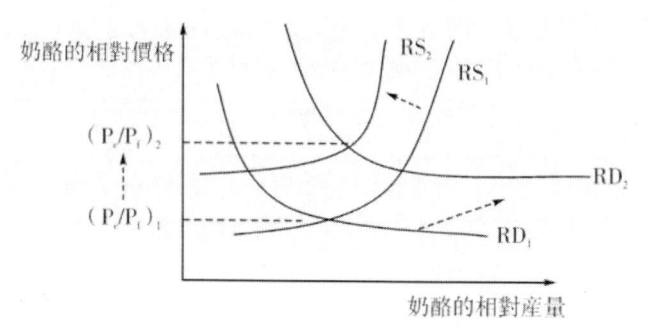

圖 2-27　進口關稅對貿易條件的影響

說明：RD₁ 和 RS₁ 分別表示徵收進口關稅前奶酪的相對需求和相對供給；RD₂ 和 RS₂ 分別表示徵收進口關稅後奶酪的相對需求和相對供給。

因此，奶酪的世界相對價格從 $(P_c/P_f)_1$ 上升到 $(P_c/P_f)_2$。本國對其進口品徵收關稅時，會導致其出口品相對價格上升，改善貿易條件，同時使外國出口品相對價格下降，損害外國的貿易條件。相反，當本國對其進口品降低關稅時，則會使外國貿易條件改善。

2. 出口補貼的影響

如果本國對其出口產品奶酪生產者提供相當於產品價值的 20% 的補貼，那麼必將刺激本國奶酪生產者多出口，國內奶酪供給減少，導致國內奶酪價格上升 20%。這樣在世界奶酪的相對價格給定的情況下，本國奶酪的相對價格就會高出世界奶酪的相對價格 20%，本國的生產者將擴大奶酪生產，減少糧食生產，消費者將減少奶酪的消費，增加糧食的消費。這樣，在其他條件不變的情況下，本國對其出口品奶酪的補貼，會使世界市場上奶酪的相對供給擴大，奶酪的國內相對需求減少，如圖 2-28 所示。

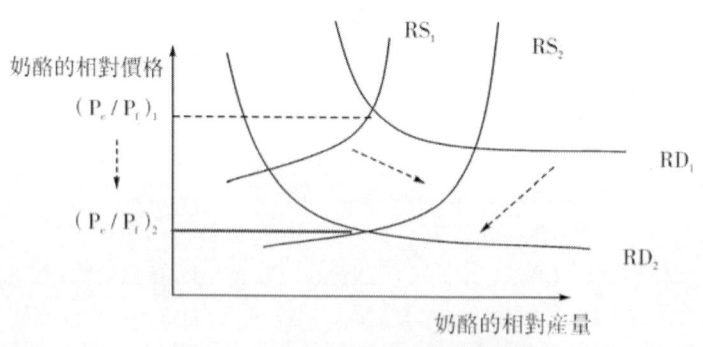

圖 2-29　出口補貼對貿易條件的影響

說明：RD₁ 和 RS₁ 分別表示補貼前奶酪的相對需求和相對供給；RD₂ 和 RS₂ 分別表示補貼後的奶酪的相對需求和相對供給。

因此，奶酪的相對價格從 $(P_c/P_f)_1$ 下降到 $(P_c/P_f)_2$。這樣，本國對其出口品

的補貼就降低了出口品在世界市場上的相對價格，損害其貿易條件，同時提高外國出口品在世界市場上的相對價格，改善外國的貿易條件。相反，當本國減少對其出口品的補貼時，就會抬高其出口品在世界市場上的相對價格，改善貿易條件，同時降低外國出口品在世界市場的相對價格，損害外國的貿易條件。

不過，以上分析都是考察在世界進出口中具有影響力的大國情況。他們的供給需求變化將最終影響世界價格，是價格的制定者（Price Maker）。對於那些在世界進出口中所占份額不大的小國，他們沒有足夠力量影響世界相對供給與需求，因此不能影響世界的價格，是價格的接受者（Price Taker）。顯然，無論是徵收進口關稅還是實施出口補貼，小國的貿易條件都不會變化。

基本概念：

要素密集度　資源稟賦　H-O 學說　雷布津斯基定理　要素價格均等變化　列昂剔夫之謎　產品生命週期　產業內貿易　荷蘭病　戰略貿易政策　出口的貧困化增長

思考題：

1. 假定美國有 8,000 萬工人和 2 億英畝（1 英畝 = 4,046.9 平方米）的土地，英國有 2,000 萬工人和 2,000 萬英畝的土地。請問美國的充裕要素是什麼，英國呢？

2. 假定在新西蘭，生產 1 單位小麥用 1,000 單位土地和 500 單位勞動力，澳大利亞生產 1 單位小麥用 800 單位土地和 300 單位勞動力，由於在新西蘭生產一單位小麥使用更多的土地，因此新西蘭小麥是土地密集型的產品。請問這種分析正確？說明理由。

3. 試分析兩要素模型中要素價格與商品價格如何相互影響。

4. 根據兩要素模型，主要以勞動密集性產品出口為主的發展中國家與以資本密集型產品出口為主的發達國家的國際貿易的結果將如何影響它們的收入分配？

5. 說明現實中國際間生產要素價格沒有均等化的原因？

6. 分析列昂剔夫之謎產生的原因。

7. 分析產品生命週期的理論和現實意義。

8. 闡述產業內貿易理論的基本內容。

9. 分析進口關稅和出口補貼如何影響一國貿易條件。

10. 本國與外國經濟增長如何影響本國的貿易條件。

網路資源：

A great deal of trade statistics for the United States by country and region can be found through the home page of the U. S. Department of Commerce, International TradeAdministration, at:

http://www.trade.gov/mas/ian/

Trade statistics for European countries are provided by EuroStat (the Statistical Office of the European Communities) at:

http://ec. europa. eu/trade/statistics

A wealth of detailed international trade statistics by country, industry, and year for 175 countries and areas is also provided in International Trade Statistics Yearbook, Vol. 1, published by the United Nations at:

http://comtrade. un. org/pb/

The IMF publishes the Direction of Trade Statistics (yearly and quarterly) on the volume of trade to and from each of the 187 member countries of the IMF, Click「Direction of Trade Statistics (DOTS)」at:

http://www. imf. org/external/data. htm

The hourly compensation of U. S. workers in manufacturing and how it compares with that of foreign workers is found at:

http://www. bls. gov/data/home. htm#international

The capital stock per worker of many countries is found on the University of Pennsylvania website at:

http://pwt. econ. upenn. edu

Trade statistics that can be used to measure inter-and intra industry trade are provided by the U. S. Census Bureau at:

http://censtats. census. gov/sitc/sitc. shtml

A great deal of trade statistics for the United States by country and region can be found through the home page of the U. S. Department of Commerce, International Trade Administration at:

http://www. ita. doc. gov/td/industry/otea

International trade statistics by country and product group are available from the International Trade Center (ITC) 188 Economies of Scale, Imperfect Competition, and International Trade by selecting「Countries」and then「Trade Statistics Aggregates」at:

http://www. intracen. org/trade-support/trade-statistics

Trade Statistics for European countries are provided by EuroStat (Statistical Office of the European Communities) at:

http://ec. europa. eu/trade

Data on the international competitiveness of nations are available from the Institute of Management Development and the World Economic Forum at:

http://www. imd. ch/wcy

http://www. weforun. org

For the environmental sustainability and performance indexes, see:

http://sedac. ciesin. columbia. edu/es/esi

http://epi. yale. edu/epi2012/rankings

Data on the growth of capital stock per worker of many countries is found on the University of Pennsylvania and National Bureau of Economic Research web sites at:

http://www.bized.ac.uk/dataserv/penndata/penn.htm

For information and data on growth of output and international trade and their effect on the terms of trade, see the Internet site addresses for the International Monetary Fund (IMF), World Trade Organization (WTO), Organizationfor Economic Cooperation and Development (OECD), World Bank, and United Nations, respectively, at:

http://www.imf.org

http://www.wto.org

http://www.oecd.org

http://worldbank.org

http://www.un.org/depts/unsd/sd

The data and other information used in this chapter are found in the 2016 World Bank's World Development Report, the International Monetary Fund's (IMF) 2016 International Financial Statistics and World Economic Outlook, the United Nations Conference on Trade and Development's (UNCTADs) 2011 Trade and Development Report, and the United Nations Development Program's (UNDPs) 2016 Human Development Report. All reports, except International Financial Statistics, can be accessed through the Internet by clicking the name of the report after accessing the organization web site at:

http://www.worldbank.org

http://www.imf.org

http://www.unctad.org

http://hdr.undp.org

第三章　國際貿易政策分析

國際貿易政策是各國在一定時期內對進口和出口貿易所實行的政策，是各國政府為了某種目的而制定的對對外貿易活動進行管理的方針和原則。從一國或地區的角度看，國際貿易政策就是對外貿易政策。自由貿易政策和保護貿易政策是兩種最基本的國際貿易政策類型；又根據各國貿易政策對外銷生產和內銷生產的保護程度，將其分為外向型貿易政策和內向型貿易政策。在國際經濟聯繫日益密切的條件下，國際貿易政策對整個國際貿易和各國經濟的發展發揮著越來越重要的作用。本章扼要介紹各國限制進口貿易、管理出口貿易的各種貿易政策工具的含義，並對其效應進行實證分析。

第一節　貿易政策工具

貿易政策要通過各種貿易政策工具來實現，當今主權國家是國際貿易的主體，各國通過各種具體的貿易政策的制定來保護國家利益。怎麼保護，這裡就要考慮各種各樣的貿易政策工具。本節扼要介紹貿易政策的具體形式及其作用。

一、貿易利益與國家利益

從事經濟交易的企業和個人是貿易行為的主體。在國際貿易中，這些企業和個人分屬於不同的國家。由於貿易政策的制定者關心的是以國家為單位的整體利益，不同的國家具有獨立的地位和自主的行為，因此國家是國際貿易的主體。

貿易政策既然是以國家利益為基礎制定的，因此在分析貿易政策之前有必要瞭解國際經濟學中國家利益的內容。貿易政策所關注的國家利益一般包括以下幾個方面：

1. 改善貿易條件與國際收支狀況

貿易條件是指進出口商品或進出口要素的交換比例，從實物形式上反應一國在國際貿易中的獲利能力。政府可以通過調節關稅稅率影響進出口商品的相對需求，來達到改善貿易條件的目的。此外無論是國際收支順差還是逆差，一國都可以通過制定一定的貿易政策來促進進口、抑制出口或是反過來促進出口、抑制進口，以調節國際收支，其中包括關稅政策。

案例　新興工業化國家的經濟增長損害了發達國家的利益嗎？

許多觀察家警告說，新興工業化國家的經濟增長對發達國家的繁榮構成了一種威脅。一些喜歡小題大作的人認為，來自新興工業化國家經濟增長的影響並非是收入的分配，而是整個發達國家的實際收入由於這些新競爭者的出現而已經或將減少。例如，歐洲委員會（歐洲共同體的行政機構）1993年的一份報告指出，造成歐洲經濟困難的所有原因中，最重要的事實是「其他國家逐漸工業化並且在成本方面變得很有競爭力，這使得我們甚至在自己的市場上都無法與之競爭」。另一份由一個很有影響力的私人組織發表的報告的觀點更甚，認為低工資國家生產率的增長對高工資國家造成了巨大的壓力，以至達到「許多國家的生存都危若累卵」的程度。

下圖顯示了1970—1997年發達國家作為一個整體的出口與進口價格比。它們的貿易條件曾在1973—1974年因石油危機惡化，並於1979—1980年因石油價格的上升而再一次惡化。貿易條件在1985—1986年因油價價格的下降而好轉。可見，發達國家的貿易條件主要受石油價格影響，否則不會有很大的變動。即便如此，在整個這段時期內，貿易條件的惡化也只有6%。

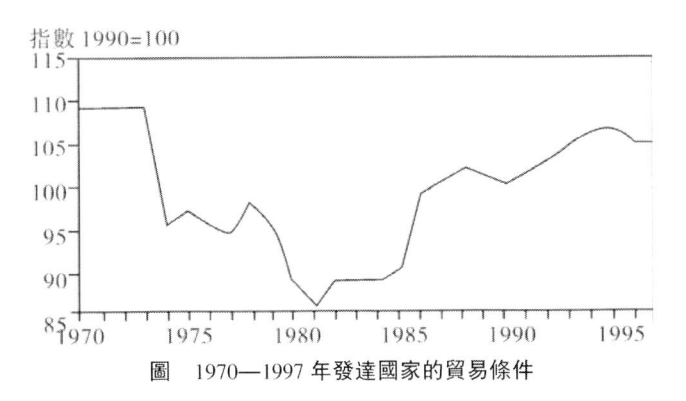

圖　1970—1997年發達國家的貿易條件

資料來源：保羅·克魯格曼. 國際經濟學 [M]. 海聞，蔡榮，等譯. 北京：中國人民大學出版社，2002.

2. 調配生產要素和產業結構

一個國家的經濟資源，如勞動力、礦產、設備等，可能未被充分利用。為了充分利用這些閒置的資源，一個國家可以採取貿易保護政策，以增加對本國產品的需求，提高本國資源的利用程度。也有的國家為了確保經濟的健康持續發展常常會使本國產業多樣化，以避免對某一產品出口的過分依賴，這對於依賴初級產品出口的發展中國家尤其重要。因此國家可以通過貿易政策來配置生產力，實現經濟多元化發展。

3. 保護幼稚行業與國內市場

幼稚行業是那些在國內剛剛發展，在成本和質量方面還未具備很強競爭能力的行業。一國要想使這些行業能夠得到充分發展，就必須採取一定的保護政策，以屏蔽掉來自國外的競爭。這是一種更加全面的保護。許多發展中國家的經濟整體表現落後，如勞動力素質低、基礎設施不足、購買力小、市場發育程度低，從整體上制約著新行業的發展。因此，為促進經濟的全面發展，有必要用全面的保護政策來推動經濟發展。另外產品的銷售市場有國內市場和國外市場之分。對一個企業來說，由於在國內市場銷售有種種便利條件，國內市場往往是其主要的銷售市場。為了保護這一最重要的市場，國家就必須採取保護措施防止國外產品進入，使本國弱勢企業免受激烈競爭的淘汰。

4. 增加國內購買力與就業

提高產品價格可以增加生產商的收入。提高生產商購買力有助於促進經濟的繁榮。對農產品實施保護就會維持農產品價格，增加農業生產者的收入。對工業品實施保護就會提高工業品價格，增加工業生產者的收入。發達國家常常關注本國的就業問題。面對低收入國家低工資、低成本產品的競爭，為了保持本國的就業和工資水平，發達國家和地區傾向於使用保護貿易政策來保護本國勞動力的利益。

5. 保護本國經濟安全

隨著國際間經濟交往的日益增長，各國間的經濟聯繫日益緊密。這使得一個國家的經濟問題能夠傳遞到其他國家，引起其他國家的經濟波動。為了減少這種波動帶來的損失，國家可以採取保護性政策，減少與他國的聯繫，隔離這種影響。在外國對本國進行傾銷時可以制止這種威脅本國產業安全的做法。當一個國家發現某種進口商品的價格低於其本國國內市場價格時就會認定該產品傾銷。傾銷通常都帶有惡意競爭的色彩，為了保護本國產品的市場政府就要對這些產品徵收反傾銷稅。為了防止在非常時期由於進口中斷危及國家安全，一國有必要對一些重要的基礎行業實施保護，確保在進口中斷時能夠維持重要物資的生產供應。國家經濟安全是一國安全的重要組成部分。

6. 政府收入

大多數時候保護性貿易政策會給國家帶來更高的關稅收入，世界上卻有一些國家將關稅作為政府的重要收入。

7. 社會目標

貿易政策的制定有時還受社會目標的制約。這些社會目標包括該國的生活方式、身心健康標準及環保要求等，如一些國家處於環保的考慮限制木材出口。

8. 外交政策

對外貿易政策是一國外交政策的組成部分，作為外交政策的工具和手段，它是要受外交政策制約的。具體形式有貿易優惠待遇和貿易禁運及制裁。

正是為了在國際經濟活動中保護上訴國家利益，一國才設計了種種政策工具來達到這一目的。

二、國際貿易的政策工具

貿易政策工具主要包括限制進口的關稅、配額和管理出口的出口補貼、自願出口限制等。下面分別加以闡述：

1. 進口關稅

進口關稅是各種保護措施中最基本的工具，從形式上可分為從量稅和從價稅。

（1）從量稅

以貨物的計量單位作為計稅的標準，按每一計量單位應繳稅額作為稅率的關稅就是從量稅。從量稅的繳稅總額由進入到進口國的貨物數量與稅率相乘來決定，而與貨物的價格及金額無關，海關只須查明進口商品的數量就可以了，而不必知道貨物的貨幣價值，因此關稅的徵收極為方便。但這種關稅有著嚴重的缺陷，由於它不考慮商品的貨幣價值，因此當商品價格急遽波動時，同一稅率對商品的保護程度也會急遽變化。這表現為在通貨膨脹時價格上升，關稅的保護程度下降；在通貨緊縮時價格下降，關稅的保護程度上升。這使得關稅對商品的保護程度缺乏穩定性，所以在 20 世紀 80 年代後由於經歷了惡性通貨膨脹，各國普遍放棄了從量稅。

（2）從價稅

以商品價格作為計稅標準的關稅就是從價稅。從價稅的稅率是應繳稅額與課稅商品價值總額的比率。這種關稅能夠避免價格變動引起的關稅保護效果的變化，但是其不足之處在於海關人員需要對進口商品的貨幣價值做出估算，不能簡單依靠進口商所報的金額來確定，因為進口商總是力圖低估商品價格以減少稅負。而海關又總是傾向於高估商品價格，所以很難準確地估算出應稅商品的價格。不過，這並沒有妨礙從價稅被廣泛使用。

（3）關稅的保護效果

關稅的高度

關稅通過提高進口商品的價格來實現對國內市場的保護，人們必然要關心一國的關稅稅則造成了多大程度的保護，即關稅的平均高度。對關稅高度的衡量有兩種指標：非加權平均關稅率和加權平均關稅率。

非加權平均關稅率在計算時不考慮各進口商品在進口總額中的比重。例如有三種進口商品 A、B 和 C，它們的匯率分別為 10%、20% 和 30%，則它們的非加權平均關稅率為：

$$\frac{10\% + 20\% + 30\%}{3} = 20\%$$

很顯然，由於這種算法沒有考慮商品的權重，所以如果 A 商品占的進口比重大，上述結果就偏高；如果 C 商品占的比重大，上述結果就偏低。

為了克服非加權平均關稅率的缺點，人們就採用了加權平均關稅率。假設上例中 A、B 和 C 的進口額分別是 200,000、300,000 和 500,000，加權平均關稅率就是：

$$\frac{200,000\times10\%+300,000\times20\%+500,000\times30\%}{200,000+300,000+500,000}=23\%$$

但加權平均關稅率在反應關稅高度方面也存在著問題。因為考慮到商品的需求法則，一種商品的稅率高，它的進口量就低，因此該商品在計算中占的權重就比較小；一種商品的稅率低，它的進口量就高，因此該商品在計算中占的權重就比較大。這樣一來，我們實際上看到的是稅率體系保護的結果，低稅率的商品占的比重總是偏大，高稅率的商品占的比重總是偏小，因此計算出的關稅高度是偏低的。最極端的情況就是禁止性關稅——一種高至不會再有該商品進口的稅率。在這種情況下，這種禁止性稅率就不會反應在加權平均關稅率的計算中。所以在評估關稅稅則的保護效果時要把這兩種平均稅率結合起來考察。

②名義稅率和有效稅率

在評價關稅的影響時人們面臨著不同性質的稅率，究竟哪種稅率才能夠合理地反應關稅的保護效果呢？這個問題對於關稅政策的決策者來說是很重要的，它關係到關稅實施的實際效果。這就要區分名義稅率與有效稅率，有時也稱為名義保護率與有效保護率。

最明顯的就是名義稅率，它就是一國關稅稅則表上所列稅率。由此產生的名義保護率，世界銀行對它的定義是：「由於實行保護而引起的國內市場價格超過國際市場價格的部分與國內市場價格的百分比。」計算公式為：

$$名義保護率 = \frac{進口貨物國內市價 - 自國外進口價}{自國外進口價} \times 100\%$$

從這個公式可以看出，名義稅率關注的只是關稅的存在導致一種商品的價格提高了多少。

與名義稅率不同，實質有效稅率關注的是整個關稅體系對一進口競爭行業產值增值的保護。我們知道，一種商品可以是先在國外生產出來後再進口到國內來銷售，也可以是直接在國內生產並銷售。如果一國的關稅體系對這種商品的生產起到了很好的保護作用，那麼人們就會傾向於在國內生產，否則就更願意從國外進口該商品。只有在不失去價格競爭力的條件下，國內生產可以比國外生產獲取更多的價值增值（即利潤）時，在國內生產才成為可能。實質有效稅率就是從價值增值方面來衡量一國關稅體系使一種商品在國內生產較國外生產有多大優勢。下面舉例說明。

假設有 A 商品，生產 A 需要兩種投入品（或者稱生產要素）A_1 和 A_2。如果從國外進口 A，那麼將面臨 A 的關稅稅率 t；如果從國外進口投入品 A_1 和 A_2，在國內生產 A，則面臨著 A_1 和 A_2 的關稅稅率 t_1 和 t_2。又設 A、A_1 和 A_2 的國外售價分別為 C、C_1 和 C_2。現在我們來計算 A 在國外生產再進口時生產商可獲得的價值增值。繳納關稅進口後 A 的售價為 C (1+t)，原料 A_1 和 A_2 沒有繳稅，生產成本就是 C_1+C_2，產品價值增值 $V=C-(C_1+C_2)$，這裡不能用 C (1+t)，因為關稅 Ct 沒有成為生產商的收入。如果是進口投入品 A_1 和 A_2 在國內生產，那麼 A 的售價就是 C (1+t)，這樣不失價格競爭力。另一方面生產商要支付投入品的關稅：C_1 (1+t_1) +C_2 (1+t_2)。因此在國內生

產時的產品價值增值 W = C（1+t）－［C_1（1+t_1）+C_2（1+t_2）］。實質有效稅率 Z 就表示為：

$$Z = \frac{W-V}{V} \times 100\% = \frac{C \cdot t - (C_1 \cdot t_1 + C_2 \cdot t_2)}{C - (C_1 + C_2)} \times 100\%$$

從表達式可看出，一種產品的關稅稅率越高，實質有效稅率就越高，該產品的投入品關稅稅率越低，實質有效稅率就越高。

從名義稅率與實質有效稅率的計算可以知道兩者是不一致的，衡量的意義也就不一樣，名義稅率估算的是關稅對最終消費品價格的影響，實質有效稅率估算的是關稅對生產行業的保護，對生產者更有意義。在行業投入品稅率過高的時候，有效保護稅率可能為負，這種關稅結構將促使生產要素流入這一行業。所以當政府希望扶持某個行業時，不僅要提高該行業產品的關稅稅率，而且還應該降低行業投入品的關稅稅率，以提高行業的保護程度。

2. 出口補貼

各國一方面利用關稅限制進口，另一方面又採取措施鼓勵出口。出口補貼就是一種主要的鼓勵出口的措施，主要是為了降低出口商品的價格，增加出口商品在國際市場上的競爭力，在出口時由政府給予出口商現金補貼或財政優惠。

出口補貼有兩種方式：直接補貼和間接補貼。直接補貼就是當出口商品的國內價格高於國際市場價格，在國際競爭中處於不利地位時，政府直接給出口商現金補貼，以降低該商品的國外售價，提高國際競爭力，促進出口。它實際上是政府財政收入的轉移，如財政撥款、優惠收購等，即無償給予。間接補貼則是政府對商品出口給予種種財政優惠，主要有出口退稅或減免稅。這麼做是因為出口商品將不在生產國國內銷售和消費，同時出口商品在進口國境內還可能被徵收同種或類似的國內稅。當進口的原料和零配件是用於出口商品的生產時，進口關稅也會得到免徵或退還（結合前面講過的有效關稅稅率來考察這一做法）。由於有出口補貼的存在，出口商可以把補貼作為價格折讓來與其他國家的同類商品競爭。

出口補貼能使本國商品獲得出口優勢，但本國消費者卻不能從中得到好處，因為出口補貼只是使出口商品價格下降，而該種商品的國內售價卻不會下降。更可能出現的情況是如果國內該種商品的供給彈性很小，出口補貼使商品出口規模擴大後，反而會引起價格上升，使本國消費者在消費同樣多的商品時支出更多，同時上升的價格將部分抵銷一部分補貼對商品出口的促進作用。

出口補貼是當今國際貿易中用得最廣泛的一種促進出口的政策措施。具體的補貼形式有以下這些：

（1）虧損補貼。出口商在出口過程中，由於商品、市場的原因，甚至是自身管理不善方面的原因等造成的虧損由政府加以彌補，使出口商在出口過程中不再有虧損方面的顧慮。這時在只賺不虧的保證條件下，廠商的出口積極性被極大地調動起來，不顧一切的出口。因此，它對出口的促進效果特別明顯。但這種方式容易造成個別出口商在國內爭搶貨源，在國外低價競銷，導致本國外貿經營秩序混亂，貿易條件急遽惡

化，並易受到國外的貿易報復。

（2）優惠收購或價格支持。它是指政府以高於國際市場的價格將出口商品收購後，再以國際市場價格水平出口，由此導致的差價損失由政府負擔的一種出口補貼方式。這種方式和虧損補貼本質上都是由國家承擔出口損失，但在這種方式下，出口商是國家，因而沒有哄搶貨源或惡性競銷的現象。二戰後，美國和法國等西方發達國家就經常採用此方法來促進國內農產品的對外出口。

（3）稅收優惠。政府對作為出口商品投入要素的進口原材料的進口稅給予返還，並對出口商的營業稅或增值稅及所得稅按低於國內水平的稅率徵收，甚至在一定年限內免稅。稅收優惠降低了出口商品的成本，提高了出口商品的價格競爭力。

（4）提供廉價的資源。在出口廠商生產出口商品的過程中，政府以低廉的價格供給各種原材料以及電力、運輸和用水等。這些資源是出口產品成本的構成要素，廉價的投入形成極富競爭力的低成本，從而促進商品的出口。

（5）金融和保險優惠。在出口商品的生產和出口過程中，有國家的專門政策性銀行或國家支持的商業銀行，向生產廠家和出口商提供低利息貸款，增加信貸額度、期限或提供信用貸款等，以節省出口商品生產廠家和出口商的利息及各項手續費，提高出口商品競爭力。另外，對於出口過程中，出口廠家所面對的風險，由政府建立出口保險或出口擔保製度，以較低的保險費率甚至免費為其承保，減少出口廠商的出口費用，促進出口。

（6）外匯優惠。在一些實行差別匯率製度或外匯管制的國家，對於有出口業績的廠商，政府以較優惠的匯率兌換其出口所創的外匯或允許其將出口收入的外匯按一定比例留歸出口廠商自主支配。其最終結果或者是增加了出口廠商的出口本幣收入，或者是節省了出口廠商進口原材料和設備的本幣支出，增加了出口商品的競爭力。

出口補貼使本國的出口廠商在國際市場上贏得了價格競爭優勢。但一國是否有能力實行出口補貼政策以及這一政策能否促進出口，還會受到以下這些因素的限制。

（1）本國的財政狀況。出口補貼無論採用何種形式，其最終的方式都是將財政收入無償地轉移一部分給出口廠商，或者放棄部分本應作為財政收入的徵收權力。當一國財政收支狀況良好而出口補貼額又不大時，這樣做是不會有困難的。但在一國的財政收支出現大量赤字同時出口補貼額又較大時，政府要想實行出口補貼就心有餘而力不足。

（2）出口商品的生產潛力。出口在宏觀經濟學中是一國收入的注入，但對於商品而言，出口確是一國商品的漏出。出口規模本質上是由一國的生產能力所決定的，要擴大出口必須要有本國的生產能力作保證。當一國某種商品的生產能力已經達到最大可能時，再以出口補貼的方式促進出口，其後果只會引起國內該種商品物價水平的上漲。在這種情況下即使可以從國內該種商品的消費中擠出部分用於出口，其增長幅度也是有限的。

（3）出口商品的出口供給價格彈性和進口價格彈性。如果一種商品的出口供給價格彈性很小，那麼出口補貼在增加了商品的出口收益時，並不能顯著提高對出口商品

的供給量，此時出口規模自然不會擴大。當某種出口商品的進口需求價格彈性很小時，出口補貼所形成的該商品的價格競爭優勢並不能引起進口國對該種商品需求的顯著提高。沒有市場容量的擴大，出口補貼也就不能達到促進出口的目的。總之，無論是供給缺乏價格彈性還是需求缺乏價格彈性，最終都會使出口補貼僅僅幫助了進口國消費者減少了消費支出，出口補貼降低了商品的出口價格，但給出口國帶來出口額增加的好處。

（4）進口國對出口補貼的態度。根據世貿組織的規則，出口補貼是一種「不公平的競爭」行為。當進口國的產業因享受出口補貼的同類商品的大量進口而造成嚴重損害時，進口國可以對這類享有補貼的進口商品徵收與補貼額同等額度的反補貼稅，以此來抵銷出口國的出口補貼影響，從而使市場恢復到自由競爭狀態。當進口國對享受出口補貼的商品進行反補貼制裁時，出口國不但不能達到鼓勵出口的目的，反而把相當於出口補貼額的本國財富拱手轉移給了徵收反補貼稅的進口國。

正是由於有上述限制因素，出口補貼雖然是一種運用廣泛的鼓勵出口貿易的政策，但各國的補貼額佔該國出口額的比例都不大，一般不超過1%。

進口關稅的成本與收益案例　羊肉關稅損害了美國消費者

美國的養羊生產商長期依靠政府。半個多世紀以來，他們一直接受羊毛補貼，直到1995年國會頒布農場政策改革，補貼才被取消。由於失去了援助，成本高昂，效率低下，又面對雞肉、牛肉和豬肉的競爭，羊肉生產商提出了減少進口以避免國外競爭的請求。

在美國，幾乎所有的羊肉進口都來自於澳大利亞和新西蘭，這兩個國家在農業上擁有絕對優勢。美國羊肉產業聯盟非但不採取措施與這些國家競爭，反而在1974年的貿易法案中寫入了一條「逃離條款」，為受到進口衝擊的產業提供暫時的喘息空間。

美國國際貿易委員會（ITC）確定進口是否給國內產業造成嚴重損害，如果是這樣，可以提請救援措施，該措施的採納、修改或者否定由總統全權負責。在1999年2月份，ITC並沒有發覺國內產業受到嚴重損害，但卻接受了處於劣勢的國內生產者提出的進口是損害根源的說法。ITC沒有取消進口計劃，只是建議對超出上年的進口徵收20%（在四年內逐步遞減）的關稅。然而政府實施的貿易限制措施比ITC的建議更加嚴格。在現有關稅基礎上，第一年對所有的進口都徵收9%的關稅（2~3年降至6%，然後到3%），超過去年的進口徵收40%的關稅（2~3年降至32%和24%）。

美國羊肉產業聯盟主席高興地宣布，這一變化會給市場帶來穩定。徵收羊肉進口關稅的決定雖然在國內沒有引起多少注意，但卻被其他國家紛紛仿效。這一決定拆穿了美國政府對自由貿易地花言巧語，使其在讓其他國家開放市場上所做的努力前功盡棄。減少進口的預期達到了，但保護羊肉產業的目的卻並沒有最終實現。在這一極端地迫使下，澳大利亞和新西蘭的農民及官員把美國告上了世界貿易組織（WTO）貿易爭端解決委員會。

【案例來源】羅伯特·J·凱伯. 國際經濟學 [M]. 原毅軍, 陳豔瑩, 等譯. 北京: 機械工業出版社, 2005.

3. 進口配額

進口配額是一國政府在一定時期（一年或一季度）以內，對某些商品的進口數量或金額加以直接的限制。在規定的時期內，配額以內的貨物可以進口。超過配額的就不準進口或是徵收較高的關稅後才能進口。它是一種進口數量限制手段。進口配額可分為絕對配額與關稅配額兩類。

（1）絕對配額

即在一定時期內，對某些商品的絕對數量或金額規定一個最高額度，達到這個額度後便不準進口。其具體又分為全球配額與國別配額。

①全球配額。這是一國針對全球範圍設定的配額，對來自任何國家的地區的商品一律適用。主管當局通常按進口商申請的先後順序或過去某一時期的實際進口額批給一定額度，直至總額分發完為止。但通常由於臨近國家或地區地理位置近，到貨快，因此處在有利位置；相反，距離遠的國家則相對不利。所以全球配額也是帶有國別色彩的。

②國別配額。即在總配額內按國別和地區分配固定配額，超過規定就不許進口。為了貫徹國別政策，進口商必須提供原產地證明書。這種配額通常反應了一國對外政治關係。進口國可以根據它與有關國家或地區的政治經濟關係來分配不同的額度。

國別配額又分自主配額與協議配額。自主配額又稱單方面配額，是由進口國完全自主的、單方面強制規定的在一定時期對從某個國家或地區進口某種商品的配額。這種配額不需徵求輸出國的同意。但由於自主配額是進口國單方面制定的，往往容易因分配額度的差異引起其他出口國家或地區的不滿和報復。因而有些國家就採用協議配額，以緩和彼此的矛盾。

協議配額又稱雙邊配額，是由進口國和出口國政府或民間團體之間協商確定的配額。如果協議配額是通過雙方政府簽定的，一般需要在進口商或出口商之間分配；如果配額是在雙邊的民間團體間達成的，應事先獲得政府許可，才能執行。由於協議配額是經雙方協商確定，通常不會引起出口方的報復，並可使出口國對於配額的實施有所諒解與配合，較易執行。

（2）關稅配額

這種配額對在一定時期內進口商品的絕對數額不加限制，而對在規定配額以內的進口商品給予低稅、減稅或免稅待遇。對超過配額的進口商品則徵收較高的關稅、附加稅或罰款。關稅配額與絕對配額最大的不同之處在於：絕對配額規定的最高數額是不得超過的；而關稅配額在額度內可享受關稅減免待遇，超過額度仍可進口，只不過超額部分所徵收的關稅較高而已。

配額案例　美國食糖進口

美國食糖問題的起因與歐洲農業問題有些相似，聯邦政府保護的國內價格高於世界市場的價格水平。但與歐盟不同的是，美國國內的供給沒有超出國內需求。因此美國政府可以運用配額製度使其國內食糖價格一直保持在目標水平。

美國食糖進口配額的一個特別之處在於：在美國銷售食糖的權力被分配給了外國政府，然後由外國政府將這種權力分配給各自的廠商。因此食糖進口配額形成的「租」由外國人獲得。配額將美國食糖進口量限制在大約213萬噸，因而美國市場的食糖價格比國際市場高出40%還多一點。作為一個比較極端的例子，食糖進口配額說明了保護的傾向：給一小部分生產者提供保護，使每個生產者獲取很大的利益；由廣大消費者來支付這些代價，但每個消費者只負擔很少一點。但是從食糖生產者的角度而言，進口配額可是生死攸關的大事。美國的食糖工業只雇傭約12,000人，食糖生產者從進口配額中的所得，表現為一種隱含的約每人9萬美元的生產補貼。這也就難怪美國的食糖生產者會極力維護進口配額。

反對實施進口配額保護的人經常試圖從進口限制所「保留」的每個工作機會所產生的消費者成本，而不是從生產者剩餘和消費者剩餘的角度來提出批評意見。研究過美日食糖行業的經濟學家們都相信，即使實行自由貿易，大部分的美國食糖生產者仍將生存下來，只有2,000~3,000人可能失業。因此，被「保留」的每一個工作機會的消費者成本超過50萬美元。

【案例來源】保羅・克魯格曼．國際經濟學 [M]．海聞，蔡榮，等譯．北京：中國人民大學出版社，2002．

4. 自願出口限制

自願出口限制是指在進口國的要求或壓力下出口國家或地區，「自願」規定某一時期內某些商品對該國出口限制的製度。在限制的額度內自行控製出口，超過限額即禁止出口。

自願出口限制與絕對配額都是以進口額度來限制商品進口。但在形式上略有不同：絕對進口配額是由進口國直接控製進口；而自願出口限制是由出口國直接控製這些商品對指定進口國的出口。但這種限制並非是真正的「自願」，它往往帶有明顯的強制性。即進口國往往以商品大量進口使其有關工業部門受到嚴重損害，或造成所謂「市場混亂」為理由，要求有關國家對其出口實行「自願」限制，否則就單方面予以制裁。在這種情況下，一些國家不得不被迫實行「自願」出口限制。自願出口限制主要有以下兩種形式：

（1）非協定的自願出口限制。即不受國際協定的約束，而是由出口國迫於來自進口國方面的壓力，單方面規定出口額度，限制商品出口。

（2）協定的自動出口限制。即進出口雙方通過談判簽定「自限協定」或「有秩

序銷售協定」。在協定中規定有效期內某些商品的出口配額，出口國應據此配額實行出口許可證或出口配額簽證制，自行限制這些商品的出口。自願出口配額大多數屬於這一種。

5. 其他政策工具

除了上面提到的政策工具外還有其他幾種形式：

（1）出口信貸

就是一個國家的銀行為了鼓勵商品出口，加強商品的競爭力，對本國出口廠商或外國進口廠商提供的貸款。它是一國出口廠商利用本國銀行的貸款擴大商品出口，特別是金額較大、期限較長的成套設備、船舶等出口的一種重要手段。出口信貸有賣方信貸與買方信貸兩種。賣方信貸是出口方銀行向出口廠商（賣方）提供的貸款。買方信貸是出口銀行直接向向進口廠商或進口方銀行提供的貸款。其附加的條件就是貸款必須用於購買債權國的商品，從而促進本國商品的出口。在出口信貸的早期主要是賣方信貸，後來發展為以買方信貸為主，和賣方信貸比，買方信貸減輕了進口廠商負債負擔，更有利於出口方。

（2）政府採購

一般規定政府或由政府控制的公司購買的商品必須國產，即使這些商品的價格比進口商品高。例如美國法律就規定聯邦政府機構必須購買美國國內公司生產的產品，除非該產品的價格比外國同類產品的價格高6%。這種對國內產品價格上的優惠起到和關稅一樣的保護作用。

（3）海關壁壘

海關壁壘是指海關在行使正常的徵稅權利外，利用法律條文的一些彈性和手中的特權對進口商品進行刁難和阻礙。一般包括這樣兩個措施：繁瑣的通關手續和專斷的海關估價製度。繁瑣的通關手續是指為了阻礙國外商品的進入，國家海關還可以為進口商品的入關設置繁瑣的手續，包括口岸的限制、單據的提交、必須經過的檢驗等。而這些限制其實是沒有必要的，只是增加了貨物進口的難度。專斷的海關估價製度，是指對實行從價稅的商品在進口估價時，海關採取專斷的方法，高估進口商品的價格，從而提高稅負。

（4）外匯管制

這是一國政府通過法令對國際結算和外匯買賣加以管制以平衡國際收支，控製外匯供求，維持本國貨幣幣值穩定的一項管理措施。在實行外匯管制時，出口商必須把出口所得的外匯收入按官方匯價賣給外匯管理機構。進口商進口所需外匯也必須向外匯管理機構按官方匯價申請購買。具體可分為：數量性外匯管制，這是國家對外匯買賣的數量直接進行限制和分配；價格性外匯管制，這是國家對外匯買賣實行多重匯率製度，對不同用途的外匯交易規定不同的匯率；混合型外匯管制，這是同時採用數量性管制和價格性管制的方法。

(5) 最低限價和禁止性進口

最低限價就是一國政府規定某種進口商品的最低價格，凡進口貨價低於規定的最低價格則徵收進口附加稅或禁止進口。最低限價阻礙了國外低價產品的進入，相應地提高了本國產品的競爭力。禁止性進口是指一國政府頒布法令，禁止某些商品的進口。這是一種非常嚴厲的非關稅措施，只有在一國實行進口數量限制已不能緩解經濟與貿易困境時才採用。

(6) 進口押金

進口押金又稱進口預存款制。它要求進口商在進口商品時必須預先按進口金額的一定比例和在規定時間，到指定的銀行無息地存放一筆現金。以此增加進口商的資金負擔和商品成本，從而起到限制進口的作用。

(7) 進口替代目錄管理

許多發展中國家為了本國工業化目標而實施進口替代戰略，即用本國生產的產品代替進口。進口替代目錄管理就是服務於這一戰略的。列入這一目錄的商品一般不準進口，這是一種比較強硬的非關稅壁壘措施。但現在很多國家已放棄這種做法，轉而依靠本國的產品競爭力實行進口替代。

(8) 本地成分要求

為了限制進口零部件的使用，發展本國的有關工業，許多國家和地區都要求外資企業在本地生產並在本國銷售的最終產品中必須含有一定百分比的本國零配件，即本地成分。

(9) 歧視性國內稅

一些國家在徵收國內稅時，對進口商品和本國商品採取差別待遇，使進口商品的國內稅高於本國產品。這樣客觀上提高了進口商品的成本，成為一種限制外國商品進入的非關稅壁壘。

(10) 反傾銷政策

不恰當的運用反傾銷政策或在實施反傾銷過程中歧視某些國家的進口商品等，都可以成為一種非關稅壁壘。由於反傾銷手段的合法性及有效性，發達國家在努力將反傾銷政策擴大化。比如發達國家在針對中國等發展中國家的反傾銷調查中，將其視為非市場經濟國家，用歧視性的標準來判斷是否傾銷。

第二節　保護貿易理論

保護貿易理論是國際貿易形成以來不同歷史時期貿易保護政策的理論依據。本節扼要介紹重商主義的經濟理論與政策、歷史學派與新歷史學派的保護貿易理論和「辛－普－繆論證」。

一、國民財富與國際貿易

重商主義的貿易差額論是建議在其財富觀基礎之上的。

1. 重上主義的經濟思想

重商主義是指在 1500—1750 年這一時期存在於歐洲的經濟思想的一個集合，其並非是一個正式的思想流派。只是關於國內經濟活動和國際貿易作用的一些相同觀點的歸納，但他們卻支配這一時期歐洲國家的經濟思想和政策的制定。在 16 世紀到 18 世紀這段時期，資本主義還處在萌芽發展階段，西歐各國開始走向世界市場，自然經濟逐漸瓦解，商品經濟越出國家界限，這一政治經濟現實導致重商主義思想的發展。

重商主義的一切思想觀點都是圍繞其特有的財富觀展開的。重商主義者認為一國財富的唯一形式就是以金銀等形態存在的貨幣，由此認為一個國家累積的金銀貨幣越多就越是富裕。獲取金銀的方式只有兩個：增加國內金銀開採的產量和開展對外貿易。他們認為對外貿易能使外國的金銀貨幣流入本國，擴大本國的財富總量。這是一種靜態的財富觀，在這一觀點下，國際貿易被看成是零和博弈，一國經濟所得就是另一國經濟的所失。貿易順差成為國家追求的目標，也就是說一國在參與貿易時要盡可能的使出口超過進口。當出口大於進口時，金銀貨幣就流入到國內，財富增加；當進口大於出口時，金銀貨幣就流出國內，財富減少。至於實現貿易順差的手段，重商主義在不同時期有不同的觀點。

早期的重商主義被人們稱為「貨幣差額論」，主張在國際貿易中多賣少買，甚至不買。這樣一來就保證了貨幣的絕對流入，對外貿易起到了增加貨幣數量的作用。在保證金銀流入的過程中，國家扮演了一個極其重要的角色，當時的歐洲各國都制定了嚴格的限制金銀流出國境的法律，除政府特許的個別情況，對私人偷運金銀貴金屬的行為，法律規定了嚴厲的懲罰措施，甚至死刑。同時國家還對殖民地實行壟斷貿易，將某些航線或某些區域的貿易權特許給少數公司，由此產生高額的壟斷利潤。這些利潤增加了貿易順差，也增加了參與壟斷貿易的政府收入。此外國家還建立強大的海軍，以此保衛海上通商的安全，確立在全球殖民地市場爭奪中的優勢。

晚期的重商主義被稱為「貿易差額論」，主張在對外貿易中追求盡量大的順差，以達到增加本國貨幣數量的目的。它和早期重商主義的區別在於對貨幣的輸出持更靈活的態度。晚期重商主義不再簡單地反對貨幣的輸出，他們認為重要的是保持對外貿易總的順差，只要貨幣的輸出是為了進口生產出口品所必需的原料，使將來能夠獲得更大的出口收入，那麼這種貨幣輸出是允許的。晚期重商主義一方面用高關稅壁壘阻礙國外商品的進入，另一方面還主張鼓勵本國產業的發展，增強本國產品在國際間的競爭力。因此，晚期重商主義較早期重商主義有了進步，反應在他們不再局限於對貨幣存量的關注，而是把眼光擴展到了國際貿易流量上，意識到產業本身發展水平對貨幣累積的影響。

2. 重商主義的國內經濟政策

重商主義者提倡通過控製行業生產和勞動力的方式來管理一國的經濟活動。利用

發放獨家生產許可證，如英、法授予廠商皇家製造商的稱號、免稅、補貼和賦予特權的方式來推行一套全面的管理體系。另外，還主張政府通過手工業行會對勞動力實行各種限制。這一切都是為了提高熟練工人的素質和工業製成品的質量——以此增強出口能力，增加一國的財富。

重商主義者提倡推行低工資政策。由於勞動力是最重要的生產要素，低工資就意味著低成本，這將使一國的產品在國際上更有競爭力。當時的流行觀點是只有當勞動者組成的下層社會處於貧困狀態才能保持勞動生產率，提高工資將導致生產率的下降。由於勞動力被看成是維持一國生產率的關鍵，所以，產出增長的關鍵在於勞動人口的增長。這樣一來，政府就應採取諸如鼓勵大家庭、對兒童給予補貼、給結婚的人提供資金支持等方式來刺激人口增長。

3. 重商主義的歷史作用

重商主義的經濟政策源於它的價值觀。把貨幣數量等同於財富，而忽視生產力；以靜態的觀點看待世界的財富，認為貿易中的一國所得就是另一國所失。這些信條在今天看來是幼稚的，但在當時卻反應了那一時期政治經濟的現實。首先，當時頻繁的戰事使維持強有力的軍隊和商船運輸非常重要，而軍費的開支又要求政府必須有足夠的貨幣資金來支付。其次，商人階級關於儲蓄的觀點被很自然地推廣至國家的行為上，這就使得對貴金屬貨幣的狂熱追求看上去是那麼的合理。但它對經濟政策的解釋本身所包含的悖論使得它不可能引導國家正確的發展，比如它要求富裕的國家必須有大量的貧困人口；為了累積貨幣必須放棄現時的消費。因此後來在亞當·斯密的批判下，重商主義結束了在國家經濟決策中的統治地位。不過儘管它的錯誤已被人們廣泛認識，但在今天，當兩個國家的貿易利益發生衝突時，它還會重現在國家的經濟政策中。

二、歷史學派與新歷史學派的保護貿易理論

德國歷史學派主張對本國幼稚工業加以保護。新歷史學派不僅主張保護幼稚工業，而且主張對已占優勢的產業也進行保護，並且強調國家至上。

1. 歷史學派保護貿易理論

歷史學派是 19 世紀 40 年代在德國出現的一個學派。該學派的觀點和主張與斯密和李嘉圖所倡導的自由貿易理論相對立。歷史學派的先驅者和代表人物是德國人李斯特。李斯特曾經在美國遊歷，深受美國獨立後的第一任財政部長漢密爾頓關於保護本國幼稚工業觀點的影響，因此，形成了自己的一套關於國際貿易的看法。1841 年李斯特出版了《政治經濟學的國民體系》一書，在書中他提出了一套完整的貿易保護主義理論。

李斯特的貿易保護主義所主張的不是無條件的全面的貿易保護，他反對的是斯密和李嘉圖提出的那種古典主義的絕對自由貿易。他認為斯密和李嘉圖的自由貿易理論沒有考慮到各國間不同的經濟發展特點，忽視了經濟水平的國家間差異，因此是不可取的。李斯特指出，貿易保護主義與自由貿易之間並不存在哪個對、哪個錯的問題，

而是要根據國家的具體情況而定，看這個國家的民族經濟處在哪個發展階段，並且以是否有利於本國經濟發展、促進生產力作為評判的標準。一般說來自由貿易只對先進發達國家有利；而後進的國家由於它的工業尚未發展到可以同國外競爭的水平，採取高關稅的保護政策則是更為明智的選擇。

斯密的自由貿易理論是以勞動價值論和地域分工論為基礎，使用演繹的方法來構築絕對優勢理論的。而李斯特的理論則是以生產力理論和經濟發展階段論為基礎，使用歷史分析的方法建立起來的。

斯密強調的是勞動的結果，即財富是通過勞動生產出的產品，是物。與此不同，李斯特指出，財富與財富的原因是不同的，不能相混淆。他所說的財富的原因就是生產力。李斯特說：財富固然重要，但是，創造財富的能力比財富本身更為重要。所以，國家應該更重視對生產力的追求，而非財富本身。自由貿易固然可以使落後國家獲得物質形式上的貿易利得，但這個國家自己國內產業發展的機會卻喪失了，生產力的發展也就被阻礙，民族工業不能成長壯大。當時，李斯特所在的德國正處於工業革命剛開始的階段，與英國相比工業發展水平較低，產品無法與英國競爭。李斯特認為，如果這時德國採取自由貿易政策，那麼，德國剛起步的工業勢必會被大量湧入的廉價進口商品扼殺，因此，他呼籲德國政府實施高關稅的保護貿易政策，並且勸說國民為了發展德國的生產力暫時忍受保護貿易造成的工業品的高價格。他堅信，最終當本國工業發展成熟，生產力大大增長後，國民將會享受到比國外更為廉價的工業產品。

李斯特的貿易保護觀點並不絕對，他認為貿易保護只適於處於經濟發展某一階段的特定國家。李斯特將一個社會的經濟發展劃分為五個時期：原始未開化時期、畜牧時期、農業時期、農工業時期和農工商業時期。他認為處於農業時期發展階段的國家沒有值得保護的工業，因此，不需要實施貿易保護；而處在農工商業發展階段的國家由於工業已經充分發展，具備了國際競爭力，因此，應該實施自由貿易，以獲取自由貿易的利益。只有處在農工業時期發展階段的國家由於工業已經開始建立起來，但還未成長壯大，尚不能參與國際自由競爭，因此，需要國家實施貿易保護，為工業的發展提供一個良好的環境。在李斯特看來，當時的德國就正好處於農工業時期，需要貿易保護。

李斯特用歷史的方法來研究國際貿易問題，所以他的著作有以下兩個特點。首先，李斯特重視對歷史資料的分析，通過對各個國家歷史和現狀資料的研究，借助歷史歸納法去說明這些國家和民族的發展特點。由此強調國家發展過程的差異會導致經濟政策的不同，這種政策的不一致是合理的。其次，他用歷史事實去論述歐美各國發展工商業的「歷史教訓」，說明自由貿易政策只對先進國家有利，而後進國家在同先進國家競爭時則必須採取貿易保護政策。

2. 新歷史學派的貿易保護理論

歷史學派在德國19世紀40年代的特定條件下產生，這種與古典學派不同的學派幾乎成了德國經濟學的一種傳統。在李斯特之後，其他一批德國經濟學家對這一理論

進一步加以發展完善,成為新歷史學派。其代表人有桑巴特等人。新歷史學派與歷史學派的不同之處在於兩方面。一方面,新歷史學派不僅主張國家干預和對外保護,而且非常突出國家的意義和作用。宣揚貿易政策必須貫徹國家利益至上的原則,強調要以國家利益為標準去確定保護的對象和程度。國家不再僅僅是執行貿易保護的手段,而且也是貿易保護所服務的目的所在。另一方面,新歷史學派不但主張保護幼稚產業,而且還進一步主張對已占優勢的產業也進行保護。新歷史學學派的這些理論是以20世紀初的「國外市場作用減退」的觀點為其核心的。該觀點認為,世界各國的貿易往來在不斷的減少,經濟聯繫在不斷的削弱,各國的經濟分工將出現分離的趨向,整個世界經濟在走向閉塞,世界市場在日益縮小。基於這種看法,新歷史學派的經濟學家才如此強調國家至上的原則,才主張實施全面的保護。

三、「辛-普-繆論證」

戰後,圍繞著發達國家與發展中國家的貿易與經濟發展問題,展開了一場國際性的大論戰。在對傳統的自由貿易理論抨擊的一方中最具代表性的人物有英國的辛格(H. W. Singer)、阿根廷的普雷維什(R. Prebisch)和瑞典的繆爾達爾(G. Myrdal)。他們從不同角度對自由貿易進行發難,並且站在發展中國家的立場上提出貿易保護的政策主張。人們將這些理論稱為「辛-普-繆論證」。

1. 普雷維什的論證

普雷維什是從貿易條件入手來駁斥貿易自由主義。1950年他在向聯合國提交的題為《拉丁美洲的經濟發展及其主要問題》的報告中把世界分為出口工業品的發達國家和出口原料的不發達國家,然後計算兩類產品在一個較長時期裡的貿易條件的變化,由此分析貿易對各類國家的實際影響。普雷維什選擇的時期為1876—1938年,由於英國在那期間是世界貿易的領袖,其數據具有代表性,所以,選取英國的出口品平均價格指數代表世界製成品價格,英國的進口品平均價格指數代表世界原料價格。以1876—1880年這兩種價格為100,再去計算以後的原料品與製成品的價格比率(貿易條件)的變動。計算結果表明,除了1881—1885年的價格比率比基期(1876—1880年)略有上升外(102.4),其餘各年的價格比率都是遞減的。1936—1938甚至降到64.1。普雷維什據此得出結論,不論古典理論多麼動聽,實際上是貿易使得原料出口國貿易條件長期惡化。

在實證研究的基礎上普雷維什對原料出口國貿易條件長期惡化的原因做了分析。他認為,19世紀的國際勞動分工是整個世界區分為工業中心和外圍地帶的格局。工業中心是指發達的工業製成品出口國,外圍地帶則指的是出口原料的殖民地、附屬國。在這種模式下,產生了對發展中國家不利的結果。首先,技術進步所產生的利益不能在工業中心和外圍地帶平均分配。本來技術進步帶來的生產率的增長在工業製成品生產和原料生產方面是不同的,因此,由於生產率提高導致的產品價格下降的幅度也是不同的。製成品生產率的提高和價格的下降幅度都比較大;而原料品的生產率的提高和價格的下降幅度則比較小。應該說技術進步應該使貿易條件向有利於原料出口國的

方向變化，但實際結果卻不是這樣。工業製成品的價格並沒有隨生產率的提高而下降，從而使得工業中心的企業家和工人的收入增加明顯高於生產率的增長。這等於是說工業中心不但獲取了技術進步帶來的全部成果，而且還把外圍地帶的一部分技術進步成果給佔有了。其次，普雷維什進一步指出，造成這種結果的原因在於工業製成品市場的結構具有壟斷性，而原料市場的結構則不具有壟斷性。經濟繁榮時，製成品和初級產品的價格都會上漲。但在經濟衰退時原料和初級產品的價格比壟斷性市場中的工業製成品價格下降幅度更大。最後，在繁榮時期工業中心由於對勞動力的需求急遽上升以及工會的談判力量加強，會導致工資上漲。工資是比產品價格更有剛性的，即使在經濟蕭條期，工資也不會降下來。而在外圍地帶由於勞動力供過於求，在繁榮時期上漲不會很大。而到了衰退時期，工資則會下降。綜合上述市場結構和經濟週期與工資彈性等因素，就會發生工業中心通過國際貿易將危機轉嫁到外圍地帶的情況。

2. 辛格的論證

辛格對初級產品貿易條件惡化現象的解釋是從需求收入彈性和技術進步兩個方面著手的。辛格認為初級產品的需求收入彈性要比工業製成品小得多。因此，收入增加所引起的對食物和原料的需求增長比對工業製成品的需求增長要小許多。另外，對技術進步也要具體情況具體分析。如果這種技術進步是資源節約型的，就必定會減少每單位工業品所消耗的原料數量，從而減少對原料的需求，導致原料價格下降。因此，在需求收入彈性和資源節約型技術進步的共同作用下，原料和初級產品的貿易價格不僅週期性下降，而且是結構性下降。他認為這才是原料和初級產品價格長期惡化的原因。

同前兩人一樣，瑞典經濟學家繆爾達爾在《民族不平等和國際不平等機制》以及《亞洲的戲劇：國家貧困探討》等專著中也對國際分工現狀和貿易自由主義進行了批判。

普雷維什等人根據他們的論證結果提出了自己的國際貿易政策主張：發展中國家應該集中更多的資源來發展他們的現代化工業，而把較少的資源投入到擴大初級產品的出口上。這就是進口替代政策。當然，也有人反對「辛－普－繆論證」的看法。他們認為，普雷維什所依據的歷史資料準確性不可靠。首先，不是只有發展中國家才出口初級產品，一些發達國家也是某些初級產品的主要出口國，如美國就出口小麥和大豆等農產品。另外，國際市場上也不存在如普雷維什所說的那種足夠大的壟斷力量，並且一般地去討論所有初級產品的總需求對特定國家的意義不大，因為每個發展中國家關心的是自己國家出口產品的需求等。貿易自由主義者對普雷維什等人的反駁總體上歸結為：分析一個包括所有初級產品在內的總的貿易條件並不具有多大現實意義；即使就初級產品而言，大多數產品的貿易條件近百年來經常在變動，但並未出現長期惡化的的趨勢。因此，他們仍然堅持貿易自由主義的理論和主張。

第三節 關稅分析

前面我們討論了關稅政策對進出口貿易產生的影響,但卻沒有分析這種政策帶來的利益和損失,以及怎樣衡量這類利益和損失。本節將從關稅政策對一國福利的影響來分析關稅政策的後果。

一、關稅與福利

經濟學中衡量政策產生的福利效果時使用消費者剩餘和生產者剩餘兩個概念。消費者剩餘是指在供求曲線圖中在頂部由需求曲線、底部由市場價格線圍成的區域(見圖3-1)。它的經濟意義是消費者對某一種商品願意支付的價格和該商品的市場價格的差額,當市場價格低於消費者為滿足自己的慾望所願意支付的價格時,消費者在購買中就獲得了超過所付價格的福利。關稅的徵收使得商品的價格上升,消費者剩餘減小,在圖中表示為價格從未徵稅前的P_1升至徵稅後的P_2後,減少了區域2的部分。

生產者剩餘是指在供求曲線圖中在頂部由市場價格線、底部由供給曲線(邊際成本曲線)圍成的區域(見圖3-2)。由於生產廠商是按照市場價格銷售所有的產品,所以那些邊際成本低於市場價格的廠商就能獲得生產者剩餘。當商品價格上漲時,生產者剩餘就會增加,在圖中表示為價格升至P_2,生產者剩餘增加了區域2部分。

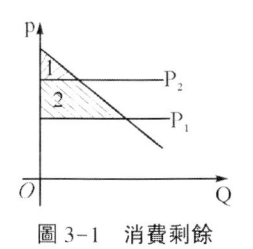

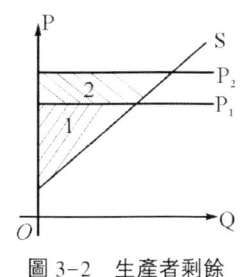

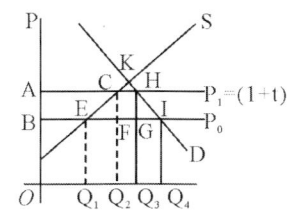

圖3-1 消費剩餘

圖3-2 生產者剩餘

圖3-3 小國情況下關稅對單一產品市場的影響:
t為關稅稅率,p_0為國際市場價格。

二、關稅的局部均衡分析

下面將考察關稅對社會福利的影響。這裡我們研究的對象是個小國，所謂小國就是它的需求或供給不會對國際市場價格產生影響的國家。因此，在沒有關稅的情況下其國內的市場價就等於國際市場價格，實施關稅後福利效果如圖3-3所示。

圖3-3中S曲線和D曲線分別是該小國某種商品的供給和需求曲線，在封閉經濟條件下小國的供需均衡點為K。在K點，小國的國內生產與國內需求相等。在開放條件下，由於小國的國內市場價格等於國際市場價格P_0，所以在這一價格下它國內的總供給量為Q_1，需求量為Q_4，出現了供給缺口Q_4-Q_1。這部分國內生產不能滿足的供給量就由來自國外的進口來彌補。因此，自由貿易條件下，小國的這種商品進口額為Q_4-Q_1。

假定現在小國海關對進口商品徵收關稅，稅率為t，這時該小國國內市場上這種商品的價格就會上升，變為$P_1=P_0(1+t)$。在P_1價格下，小國的國內廠商願意生產的數量增加到Q_2，國內消費者願意消費的數量減少到Q_3。此時，國內的供給缺口為Q_3-Q_2。因此，就會有總額為Q_3-Q_2的進口。這部分進口被徵收了總額為$(Q_3-Q_2)P_0t$的關稅。於是徵收關稅的結果就是國內的生產量上升，但消費量下降。

關稅的這種結果必然對小國的社會福利產生影響，即有福利效應。關稅對福利的影響體現在四個方面：消費效應、生產效應、貿易效應和收入效應。徵收關稅導致商品價格上漲，商品消費量因此減少了Q_4-Q_3，消費者從商品消費中獲得的消費者剩餘也就減少了(如圖3-3中ABIH所示部分)，這是關稅產生的消費效應。徵收關稅使得國內廠商產量增加，增加幅度為Q_2-Q_1，導致生產者剩餘增加了如圖3-3中的ABEC部分，這是關稅產生的生產效應。國內消費的減少和生產的增加，使貿易量減少了$Q_2-Q_1+Q_4-Q_3$部分，這是關稅產生的貿易效應。徵收關稅給小國政府帶來了關稅收入，由於在徵收關稅下商品的進口量是Q_3-Q_2，國外價格是P_0，稅率是t，所以關稅收入為$(Q_3-Q_2)P_0t$(就是圖3-3中的CFGH部分所示)。

在關稅的四個效應中生產效應和收入效應增加了小國的社會福利，增加的量為ABEC+CFGH部分；消費效應則減少了小國的社會福利，減少的量為ABIH部分。顯然從圖中可看出ABEC+CFGH<ABIH，也就是說關稅的淨福利效應為負，它使社會福利總減少了。這部分損失的福利反應在圖3-3中就是CEF+HGI。我們可以將這一結果理解為徵收進口關稅使小國的社會福利發生了轉移，即部分福利從消費者轉移到了生產者和政府手裡，另外還有部分完全損失掉了。

經過上面的分析我們發現，小國徵收關稅會使得商品價格上漲、消費量減少、財政收入增多、國內產業得到保護、產量增加、國際貿易數量減少、資源不能在國家間有效配置，國家有淨福利損失。一國的稅率越低價格的上漲幅度就越小，由此引起的福利變化也就越小。當關稅使進口價格高於或等於封閉經濟的均衡價格時，實際上也就完全禁止了國際貿易。

上面的分析我們稱之為局部均衡分析，因為在分析中我們只考慮了對一種商品徵

稅從而對該商品本身市場供求產生的影響，同時假定其他條件不變，而忽略了對其他產品市場的影響。

三、進口關稅的一般均衡分析

下面我們繼續對小國的情況進行研究，但現在我們要分析的是對一種商品徵收關稅後對其他商品市場的影響，即一般均衡分析。假定這個國家生產和消費兩種商品 X 和 Y。由於這是一個小國，因此，該國對一種商品的供求變化不會影響這種商品的國際市場價格，國際市場上 X、Y 兩種商品的價格固定為 P_x 和 P_y，兩種商品的貿易條件 P_x/P_y 亦固定不變。也就是說，無論小國的進出口量如何變動，它們都面臨著固定的 P_x/P_y，在圖 3-4 中表示成斜率為 $-P_x/P_y$ 的直線 l_1 和 l_2，也就是貿易條件；左下方的弧線是小國 X、Y 兩中商品的生產可能性曲線；右上方的弧線 u_1 與 u_2 是表示小國消費這兩種商品所得效用的無差異曲線。在自由貿易的時候，小國居民面對的貿易條件就是與 l_1 平行的一族直線，小國國內生產點是 l_1 與生產可能性曲線的切點 B_1，消費點是 l_1 與無差異曲線 u_1 的切點 A_1。因此，小國對 X 商品的消費量小於它的生產量，差額為圖 3-4 中的 B_1C_1 部分；而它對 Y 商品的消費量大於它的生產量，差額為圖 3-4 中的 A_1C_1。在 l_1 表示的貿易條件下，小國出口數量為 B_1C_1 的 X 商品，進口數量為 A_1C_1 的 Y 商品。這樣一來，小國通過國際貿易實現了 B_1 點的生產組合和 A_1 點的消費組合。

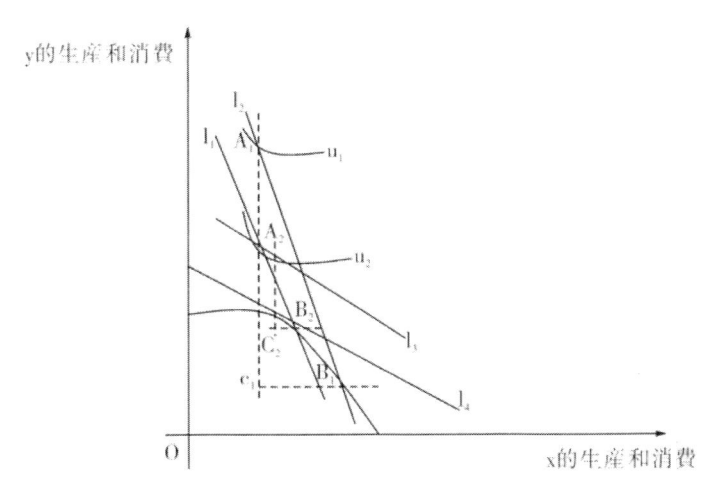

圖 3-4　小國關稅的一般均衡分析

現在假設小國政府對進口商品 Y 徵收稅率為 t 的關稅。由於關稅的存在，Y 的國內價格升至 $P_y(1+t)$，這樣一來，國內的生產者和消費者就面臨著 $P_x/[P_y(1+t)]$ 的交換條件。如圖 3-4 所示，國內廠商由於面臨 $P_x/[P_y(1+t)]$ 的貿易條件，因此，生產點為 B_2（生產可能性曲線與 l_4 的切點）。與生產點相比消費點的確定要複雜一些，一方面可以肯定，由於消費者面臨的是國內市場上的價格，所以，消費點應是無差異曲線與平行於 l_4 的直線族中某一條直線的切點。另一方面，由於有國際貿易的

存在，這一點還應該是經過生產點 B_2 的一條貿易條件直線 l_2 上的一點。根據上面的分析就確定出小國的消費點是圖3-4中的 A_2 點，無差異曲線 u_2、國內交換條件 l_3 和國際貿易條件 l_2 三線相交與 A_2。此時，小國對 X 商品的需求小於其產量，差額為圖3-4中的 B_2C_2 部分；而小國對 Y 商品的需求大於其產量，差額為圖3-4中的 A_2C_2 部分。通過國際貿易，小國出口數量為 B_2C_2 的 X 商品，進口數量為 A_2C_2 的 Y 商品，實現了 A_2 點的消費組合與 B_2 的生產組合。

圖3-4也反應了關稅的效應。首先小國的生產組合發生了變化，徵收關稅後減少了用於出口的商品產量，增加了進口商品的產量。其次小國的消費組合也發生了變化，徵收關稅後出口品的消費增加了，進口品的消費減少了。消費者從新的商品組合中獲得的效用總的下降到一個更低的水平，即從 u_1 水平降至 u_2 水平。生產和消費的變化對貿易產生的作用是使國家間的貿易量減少，X 的出口量由 B_1C_1 減少到 B_2C_2，Y 的進口量由 A_1C_1 減少至 A_2C_2。

除上面分析的生產、消費和貿易效應外，關稅還對一國的產業結構和資源配置產生影響。自由貿易時，一國會大量出口在生產中集中使用該國相對充裕的要素，並通過貿易換回那些在生產中集中使用該國相對稀缺的要素的產品。這個過程將使一國對充裕要素的需求上升，對稀缺要素的需求減少，這將降低稀缺要素的價格，提高充裕要素的價格。而關稅的設置減少了出口品的生產，增加了進口品的生產。因此對充裕要素的需求下降，對稀缺要素的需求上升，阻礙了充裕要素價格的上升和稀缺要素的價格下降，進而影響了該國的產業格局和資源配置。由此可見，關稅扭曲了小國的生產和消費，導致福利損失。

第四節　大國進口關稅及其他貿易政策工具的分析

在上節我們分析了小國條件下關稅政策的效果，本節我們將把這一分析擴展至大國的情況。相比之下小國的分析要簡單一些，因為如上節所言，小國對一種商品的供給與需求對該商品的國際市場價格沒有影響，它只是個國際市場價格的接受者。而大國國內的供求變化卻可以對國際市場的價格產生影響，因此大國的情況要相對複雜些，要考慮關稅對國際市場價格的影響。

一、大國關稅的局部均衡分析

圖3-5顯示了大國徵收關稅對單一商品市場的影響。A 國是徵收關稅的東道國，B 國是外國，這裡我們把除了大國 A 國以外的世界市場看成一個整體，通稱為外國。在自由貿易條件下商品的國內外價格是一致的，為圖中的 P_0。在這一價格下 A 東道國消費者的需求點為 f 點，生產者的供給點為 c 點，供給小於需求，缺口為 Q_0。外國消費者的需求點為 g 點，生產者的供給點為 j 點，供給大於需求，超額供給量也為 Q_0。國內外市場從整體上達到了供求均衡，即 A 國的供給短缺部分與 B 國的供給過剩部分

相等。兩國通過國際貿易來彌補缺口，實現整體均衡，此時的貿易量就是 Q_0。

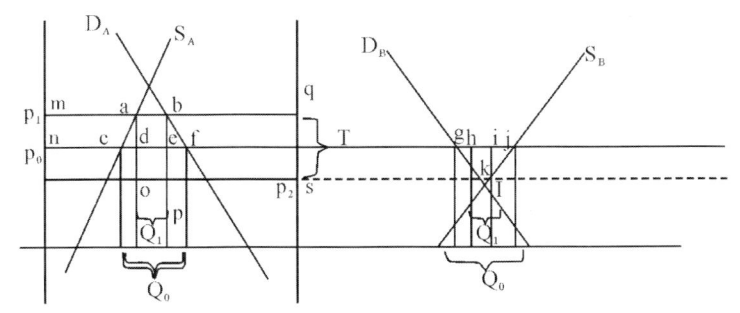

圖 3-5 大國關稅的局部均衡分析

現在假定大國 A 開始徵收進口關稅。徵收關稅將導致國內市場價格上漲，從而導致國內需求量下降。其供求變化會對國際市場上同類商品的供求產生明顯影響，因此國際市場價格水平會隨著 A 國的需求下降而向下調整，到達新的均衡價格水平，相應地對外國 B 的產品需求就會下降。作為對這種市場需求下降的反應，B 國的出口價格就會下降，廠商的供給量也隨之下降，最後恢復供求的均衡。可見在大國徵稅後，國內外的價格發生了變化，國內價格 P_1 將高於 P_0，國外價格 P_2 將低於 P_0，兩者的關係為 $P_1 = P_2 + T$，$T = P_2(1+t)$，t 為關稅稅率。在圖 3-5 中，徵收關稅後 A 國的消費者需求點為 b 點，生產者的供給點為 a 點，國內需求大於國內供給，差額為 Q_1。B 國消費者的需求點為 k 點，生產者的供給點為 l 點。供給大於需求，差額為 Q_1。世界市場整體上達到新的供求平衡。

接下來分析這些變化對社會福利的效果。在圖 3-5 中，A 國的情況是：由於徵收進口關稅，A 國的國內價格由 P_0 上漲至 P_1 後，消費需求量下降，使得消費者剩餘減少了圖 3-5A 中的 mnfb 部分；同時價格上升促使生產者擴大產量，使得生產者剩餘因此增加了圖 3-5B 中的 mnac 部分。由於此時的進口量是圖中的 ab 部分，A 國政府對這部分總量為 Q_1 的進口徵收每單位 $T = P_1 - P_2$ 的關稅，獲得了圖中 abop 部分的關稅收入，金額為 TQ_1。

所以 A 國福利總的變化為 mnac+abop-mnfb = deop-acd-bef，結果為正表示福利增加，為負則表示福利減少。B 國的情況是：B 國因為出口價格下降，消費者剩餘增加了 qskg；生產者剩餘減少了 qslj 部分。所以 B 國的福利總的變化是減少了 qslj-qskg = gklj 部分。我們注意到，在 B 國損失的福利中，hkli 恰等於 A 國政府的關稅收入中的 deop 部分，也就是說，A 國的關稅收入來自 B 國的福利損失。於是從上面的分析得到這樣一個事實：即在大國條件下，由於大國對一種商品的供求變化會影響商品出口國的國內供求變化，因此大國徵收關稅不僅影響本國的福利變化，而且還將影響外國福利的變化，這使得大國因徵收關稅而損失的福利可以從外國的福利損失中得到部分甚至全部的補償。這種關稅福利效果的具體情況如何取決於兩國各自的供給和需求的彈性，進口國的彈性越弱，出口國的彈性越強，那麼上訴效果就越明顯，大國就越可以

從關稅中獲利。

二、大國關稅的一般均衡分析

前面對小國進行關稅效果的一般均衡分析時用的分析工具是生產可能性曲線、貿易條件線和效用無差異曲線。對大國進行關稅效果的一般均衡分析時，為了使表達形式簡潔，我們使用提供曲線和貿易條件線來作為分析工具。兩套工具只是形式上不同，但實質卻是一樣的，因為提供曲線本身就是用生產可能性曲線、貿易條件線和效用無差異曲線推導出的。

如圖 3-6 所示，自由貿易條件下 X 和 Y 兩種商品的貿易條件 P_x/P_y（P_x 為 A 國出口 X 商品的價格，P_y 為 A 國進口 Y 商品的價格，是徵收關稅前的價格）為 TOT_1 的斜率；A_1 為大國 A 的提供曲線，表示 A 國願意出口的 X 商品數量和進口的 Y 商品數量的組合；B_1 為外國 B 的提供曲線，表示 B 國願意出口的 Y 商品數量和進口的 X 商品數量的組合。三條線的交點表示自由貿易條件下達到均衡時的狀態，此時 A 國出口 Oa_1 數量的 X 商品，進口 Ob_1 數量的 Y 商品。當 A 國對 Y 商品開徵進口關稅後，Y 商品在 A 國的市場售價上升，需求下降，A 國進口的數量就減少，表現為圖中 A 的提供曲線向左移動，新的提供曲線為 A_2，在同一貿易條件下，A_2 上的貿易量都低於 A_1 的貿易量。由於 A 國對 B 國 Y 商品需求減少，使得 B 國 Y 商品出口價格 P_y 下降，因此兩國間的貿易條件 P_x/P_y 變大，向有利於徵稅國 A 的方向變化，新的貿易條件就是圖中的 TOT_2。徵收進口關稅後，新的貿易均衡就是 A_2、B 和 TOT_2 三條線的交點，此時 A 國出口 Oa_2 數量的 X 產品，進口 Ob_2 數量的 Y 商品，無論出口量還是進口量都下降了。

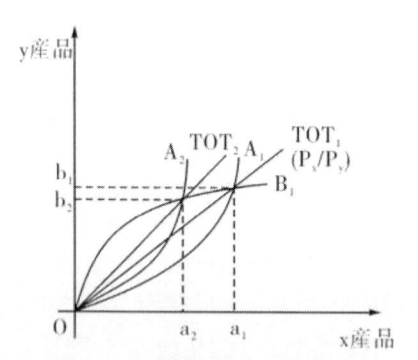

圖 3-6 大國關稅的一般均衡分析

可見進口關稅對大國的社會福利的影響有著很大的不確定性。原因在於大國的進口關稅能夠對外國的出口價格產生影響，改善貿易條件。即進口關稅使大國因貿易量萎縮而引起福利損失，但同時又使貿易條件改善而獲得從外國向本國轉移引起的福利增加。

三、其他政策工具的分析

下面對進口配額和出口補貼的經濟效應進行實證分析。

1. 進口配額

前已述及，進口配額是用直接的數量限制來減少進口量。從圖 3-7 可看出進口配額的經濟效應。自由貿易時的進口量是高於配額的，為圖中的 GH 部分，此時價格是 P_0，它彌補了國內生產與消費的缺口。當實施配額後，只允許進口數量等於 IJ 部分的商品。由於進口量減少，供給小於自由貿易時的需求，商品價格就會上漲，以減少消費需求，同時，刺激國內生產。在達到新的均衡後，價格穩定在一個更高的水平 P_1 上。在這一價格水平，國內產量增加到 I 點，國內消費量減少到 J 點。進口恰好等於國內供求不足的差額。

與關稅相比，兩者的效果有相似之處。它們都增加了國內產量，減少了對進口品的消費需求，使進口量下降。從社會福利的角度看，都減少了消費者剩餘，提高了生產者剩餘。所以，每一個配額水平都有一個能產生相同上述市場效果的關稅水平與之對應，成為等價關稅。同理，每個關稅水平也有一個等價配額與之對應。但它們仍是有區別的，區別在於關稅是借助價格調節來限制進口，進口配額則是借助數量管制來限制進口。這一差別導致進口配額與進口關稅又有不同的經濟效應。這就是關稅措施在限制進口的同時產生了關稅收入，而進口配額沒有帶來關稅收入。進口配額的效應圖 3-7 與進口關稅的效應圖 3-3 基本相同，但在計算福利效應時，進口配額沒有計算 FLKE 那部分區域，在關稅措施中，這部分區域表示關稅收入，但在進口配額中這部分福利完全損失了。因此，進口配額使進口國損失了 CDEF 區域的福利。

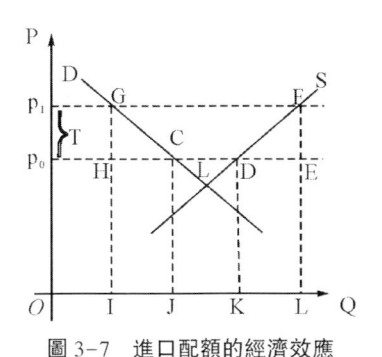

圖 3-7　進口配額的經濟效應

2. 出口補貼

出口補貼政策使廠商在出口時可以得到各種形式的補貼，這些補貼都可以看成是在每出口一單位產品時獲得一份額外收入。圖 3-8 表示一小國和出口補貼政策產生的效果。國際市場上的商品價格為 P_0，在這一價格水平上，該國的國內生產點為 d 點，國內需求點為 c 點，出口量為兩者的差：cd。現在政府為每單位產品的出口提供金額

為 T 的出口補貼，這使得廠商相當於以 $P_1 = P_0 + T$ 的價格出售產品，這個價格中國外的買方支付 P_0，本國政府支付 T。由於是小國，所以其國內的價格也就會升至 $P_0 + T$ 的水平，否則廠商寧願把所有產品以 P_0 的價格出口到國外，同時獲得每單位 T 的出口補貼。因此在實施出口補貼後，小國的國內價格上漲到 $P_0 + T$，國內生產點為 f，國內需求點為 g；出口補貼使國內消費下降了圖中的 ij 部分，同時使國內生產上升了圖中的 kl 部分；新的出口量是圖中的 il 部分，顯然大於原來的 jk。

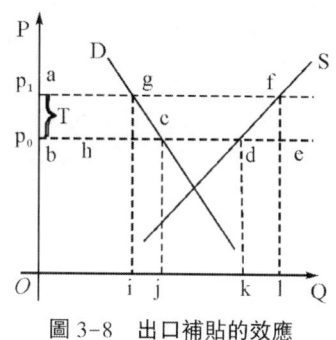

圖 3-8 出口補貼的效應

出口補貼產生的福利效應是：消費者剩餘減少了 abcg 區域，生產者剩餘增加了 abdf 區域，政府為出口補貼支付的財政收入為 ghef 區域。將這些福利效應加總，生產者福利增加量是 abdf，福利減少量是消費者福利 abcg+政府補貼 ghef，小國的社會福利總的減少了 abdf−abcg−ghef＝ghc+def，該國損失了兩個三角形區域的福利。

在關於出口補貼的分析中，上面所研究的是最簡單的一種。一方面，研究對象是個小國，不用考慮它的補貼政策對國際市場供需的影響；另一方面，沒有考慮其他國家對這個小國補貼政策的反應。更複雜的分析模型是研究兩個勢均力敵的大國相互對對方補貼政策的反應對策。下面只對其做一個簡單的介紹，實際上這個內容更應單獨列入「戰略貿易政策」的研究課題。

布蘭德和斯賓塞指出，政府的補貼可以改變本國企業與外國企業博弈的規則，從而影響兩國企業爭奪市場的博弈均衡，使博弈產生一個有利於本國企業的博弈結果。這一結果帶來的利益可能會遠遠大於政府的補貼支出。現假設有 A、B 兩個不同國家的公司在爭奪同一商品市場。如表 3-1 所示，在沒有補貼的情況下，兩者如果都進入這一市場，由於市場容量有限，雙方每件產品都會虧損 5 個單位的利潤，如果一家進入，另一家放棄進入，則進入的一方每件商品就會獲得 100 單位的利潤。如果兩家公司都不進入，那就沒有任何虧損或盈利，淨利潤為零。這種情況下是沒有靜態均衡的，只有序列均衡，即先進入的一方將占領市場，後開始的一方就會放棄進入策略。但是如果 A 公司得到了政府補貼，每件產品出口補貼 25 個單位的收入，則博弈矩陣就變成表 3-2 所示的樣子：兩公司都進入市場時，無補貼的公司每件商品虧 5 單位的利潤，有補貼的公司有 20 單位的盈利；只有一家公司進入市場時，有補貼的公司進

入每件商品可有125單位的盈利，無補貼的公司每件商品只有100單位的盈利；兩家公司都不進入時，就都是盈利為零。於是，假定B公司進入該市場，A公司也選擇進入策略是最優的，因為和不進入相比仍有每件商品20單位的盈利；假設B公司不進入，那當然A公司進入是最優策略，此時獲得每件商品125單位的高額盈利。而對B公司而言，無論A是否進入市場，它的最優策略都是不進入。這種博弈的靜態均衡就是A公司占領市場，B公司放棄市場，有補貼的A公司獲得每件商品125單位的高額盈利，從國家整體上看，彌補了補貼支出並還有很高的利潤收入。

表 3-1　　　　　　　　　　　無補貼時的競爭

B國公司＼A國公司	生產	不生產
生產	−5 ／ −5	0 ／ 100
不生產	100 ／ 0	0 ／ 0

表 3-2　　　　　　　　　　A國提供補貼時的競爭

B國公司＼A國公司	生產	不生產
生產	20 ／ −5	0 ／ 100
不生產	125 ／ 0	0 ／ 0

基本概念：

名義保護率　有效保護率　幼稚產業　貿易條件惡化　進口配額

思考題：

1. 國際貿易政策的作用是什麼？
2. 主要的國際貿易政策工具有哪些？
3. 出口補貼發揮作用的限制因素有哪些？
4. 早期和晚期的重商主義的異同何在？
5. 「辛－普－繆論證」的政策主張是什麼？
6. 小國徵收關稅對其社會福利的影響？
7. 大國徵收關稅的國內經濟效應有哪些？
8. 大國關稅的局部均衡分析說明什麼問題？
9. 大國關稅的一般均衡分析說明什麼問題？

網路資源：

For international trade policies around the world, see the Internet site of the World Trade Organization (WTO), the European Union, and the Canadian Department of Foreign Affairs, respectively, at:

http://www.wto.org
http://mkaccdb.eu.int
http://www.infoexport.gc.ca

For international trade policies in the United States, visit the Internet site for the Economic Report of the President (and click on the most recent year to get the latest Report), and the Internet site of the State Department, the United States Trade Representative, and the U.S. International Trade Commission, respectively, at:

http://www.gpoaccess.gov/eop
http://www.state.gov
http://www.ustr.gov
http://www.usitc.gov

For a discussion of 「fast track,」 see:

http://www.citizen.org/trade/fasttrack
http://www.iie.com/publications/newsreleases/newsrelease.cfm?id=33
http://www.fasttrackhistory.org/conclusion.html
http://www.nationalaglawcenter.org/assets/crs/97817.pdf

For dumping cases dealt with by the Canadian International Trade Tribunal, see:

http://www.citt.gc.ca

For information on the Export-Import Bank, see:

http://www.exim.gov

For government support of R&D in the United States, Japan and Korea, see the web site of the National Science Foundation and Sematech for the United States, the Statistics Center of the Management and Coordination Agency for Japan, and the World Bank site for Korea, respectively, at:

http://www.nsf.gov/statistics/fedfunds/
http://www.sematech.org
http://www.stat.go.jp/english/index.htm
http://www.worldbank.org/research/journals/wbro/obsfeb00/art3.htm

A strong anti-globalization view is found at:

http://www.nologo.org

For international environmental laws, see:

http://www2.spfo.unibo.it/spolfo/ENVLAW.htm

第二篇　　匯率與國際收支

在上一篇，分析了生產要素中最主要的要素商品的國際流動方面的問題。與之相對應的貨幣面的問題，除了相關商品的價格，尚沒有專門涉及。在本篇，則要結合國際經濟中商品要素的流動，對相應的貨幣金融問題加以探討。本篇（第四章、第五章、第六章）涉及外匯市場、匯率和國際收支平衡等方面的理論，以及匯率製度和國際貨幣體系的發生發展、歷史演變的分析。

第四章　外匯市場與匯率

　　國際經濟貿易的發展必然會導致相應的用於清算各國貨幣收支的國際支付手段——外匯的產生。外匯匯率作為各國貨幣之間交換或兌換的比率，其基本依據是什麼？匯率變動對一國經濟乃至國際經濟會產生什麼影響？以及外匯市場和外匯市場風險的防範等問題，構成了本章從理論與實踐結合分析的主要內容。

第一節　貨幣與國際經濟

　　在國際經濟學當中，出於該學科分析方法的需要，將對國際經濟貿易活動的考察分為商品流動與價值流動，並從實質面和貨幣面分別加以闡釋。對國際經濟活動中的價值流動及國際貨幣作用的認識，是學習理解國際貨幣金融方面問題所必須先加以瞭解的。

一、國際經濟中的價值流動

　　國與國之間的經濟活動與經濟關係，儘管錯綜複雜，但概括起來無非是商品、勞務和技術等生產要素的跨國輸入和輸出活動，以及由此而產生的經濟關係。這些活動和關係，可以從商品形態的流動和價值形態的流動兩個不同角度加以觀察分析。

　　從價值形態流動的角度出發考察的國際經濟活動，主要表現為每筆跨國經濟交易在商品經濟條件下，必然表現為相應的價值轉移。對一個國家而言，生產的商品的進出口，意味著該筆商品價值的實現，以及以該商品的使用價值為載體的價值的跨國流動的完成。商品是如此，勞務和技術等其他生產要素的跨國流動也是如此。這裡所說的價值，按照國際流行的經濟學觀點，指的是用貨幣表現出來的商品等生產要素的國際交換價值，具體表現為它們在國際市場的價格。

　　在國際經濟的活動中，從最終意義上來說，商品流動和價值流動是不可分割地結合在一起的。沒有價值的商品與勞務的交換，與沒有商品或勞務作為價值載體的價值流動，在現實市場經濟中是不復存在的。在國際經濟學當中，之所以將其分為商品流動與價值流動，並從實質面和貨幣面分別加以闡釋，只是該學科分析方法的需要。國際經濟學從實質面轉入貨幣面的分析，就其主題而言，是從與商品貨物國際流動為對象的國際貿易的分析，轉到與之相關的價值、貨幣的國際流動為對象的國際金融的分析。前者將廠商或單個國家作為基本單位，研究單個商品的（相對）價格，因而可以看作是一般經濟學微觀經濟理論的延伸和發展；而後者以國際收支的平衡及其調整為

主線,研究內容涉及國際流動的貨幣及相應的國際貨幣金融製度,因而則可以看作是一般經濟學的宏觀經濟理論的延伸和發展。

將貨幣作為一個重要的變量列入國際經濟活動的價值流動分析之後,展現在人們面前的顯然是不同於國際貿易的理論分析。這種對國際經濟活動的總體性研究,伴隨著國際經濟聯繫的加強,以及國際市場上資金流動規模和速度的迅速增大,呈現出日益重要的地位,因此,對國際貨幣金融問題的研究,也不斷地引起更多人們的關注。

二、國際經濟中的貨幣

貨幣作為經濟活動的一個極為重要的要素和變量,起著媒介交換(Medium of Exchange)、衡量交換對象比價(Unit of Account),以及價值儲藏手段(Store of Value)等基本功能。經濟活動從一國內部擴展到國與國之間,並沒有使貨幣的這些基本功能得以改變。然而,正如國際經濟活動有別於國內經濟活動一樣,作為國際經濟活動使用的貨幣,與一國國內經濟使用的貨幣又有一定的區別,國際經濟活動使用的貨幣,必須具備以下幾個特徵或條件:第一,普遍接受性,即它能夠在外匯市場上或企業間、國際經濟交易結算時,以及政府間清算國際收支差額時,被有關當事方所普遍樂於接受;第二,可得性及可兌換性。即它能較方便地、隨時地被國際經濟交易的當事方所得到,具有可自由兌換和變現的能力。

國際貿易與國內貿易的一個重要區別,在於它往往要使用不同種類的貨幣。國際間大規模的商品交易,是以交易雙方能夠進行貨幣的交易為前提的。例如一家美國出口商向英國出口商品,他要求得到的是美元而不是英鎊,因為他生產這批出口商品所花費的固定資本和流動資金,都是以美元支付的。因此,要完成美英這兩家進出口商品之間的交換,或者是英國進口商用美元來支付這家美國出口商的商品貨款;或者是美國出口商得到英國進口商支付的英鎊之後,易於將其轉換成美元。這就涉及到交易雙方兩國貨幣要具備可兌換性的一面。除此而外,美元與英鎊的交易(或兌換),是按照什麼比率進行,這是進出口雙方都必須考慮的問題的另一面。用貨幣表現出來的國際經濟活動中的價值流入與流出(即所謂資金的國際流動),使實際發生的國際經濟交往中的商品、勞務的具體形態得以消失,國際經濟活動在呈現為同質化或簡單化的同時,亦派生出其他更為複雜的問題,即貨幣價值的變化和不同貨幣兌換的可能性及兌換比率的確定,這些正是國際經濟學對國際經濟活動從貨幣面進行分析時所不可迴避的問題。

事實上,正如國際經濟活動不完全等同於國內經濟活動一樣,在國際經濟活動中,貨幣的作用也不完全等同於它在國內經濟中的作用,這體現在:首先,國際經濟貨幣交換仲介功能的發揮要以貨幣本身的交換為前提;其次,國際經濟中的貨幣,是以外匯,即國際上通認的國際經濟交易活動的支付手段形式表現出來的貨幣;最後,國際經濟活動中對貨幣的交易需求,是從對國外商品和勞務的需求,或對外國資產的需求所派生出來的。

第二節　外匯與匯率

無論是一個國家，還是企業或個人，參與國際經濟活動首先必然要遇到是以何種貨幣、以什麼樣的比率進行支付和兌換等問題。本節旨在使學生掌握外匯及匯率基本概念的基礎上，正確認識決定和影響匯率變動的主要因素，以及匯率變動對一國經濟會產生什麼影響。

一、外匯的含義

外匯是國際匯兌（Foreign Exchange）的簡稱。它可以從動態和靜態、狹義和廣義兩個不同方面加以考察。

動態的外匯與靜態的外匯之區別在於，前者是指進行國際匯兌的行為，即國際間結算債權、債務關係的外匯業務活動；而後者作為物質存在的本身，是指可用以結算國際間債權、債務關係的支付手段。

靜態的外匯又有狹義和廣義之分。狹義的外匯是指以外幣表示的用於國際債權、債務結算的支付手段。廣義的外匯，則指能夠通過銀行匯兌結算國際債權債務的各種國際通用支付手段，它不僅包括外匯，還包括以外幣表示的國際間公認的支付憑證，如匯票、本票、支票、銀行付款委託書、銀行存款憑證、外國政府債券及股票等。狹義的靜態外匯應具備以下兩個特性，其一，外匯必須具備可兌換性和普遍接受性；其二，外匯的實體在國外，即作為外匯實體的外幣資金是多種形式的國外銀行存款和現金，而外匯則是這部分國外銀行存款求償權的具體表現，這也是現代國際非現金結算的要求。

狹義外匯是廣義外匯的主體。靜態的、廣義的外匯，即國際貨幣基金組織（IMF）及各國外匯管理法令所指的外匯，它在現實國際經濟活動中具有普遍的意義。

二、外匯匯率及其標價方法

1. 匯率的標價方法

外匯匯率是用個一個國家的貨幣折算成另一個國家的貨幣的比率、比價或價格。它是因國際支付結算需要所產生的用本幣買賣外匯的折算標準。

匯率的標價方法有兩種：

（1）直接標價法（Direct Quotation）。以 1 個單位或一定單位（如百、萬、十萬等）的外國貨幣作為標準，折算為一定數額的本國貨幣，叫直接標價法。目前，世界上絕大多數國家都使用直接標價法。中國人民幣對外匯率也採用直接標價法。在直接標價法下，外國貨幣數額固定不變，本國貨幣數額隨兩國貨幣幣值和供求關係的變化而變動，如果數額越大，表示外匯匯率上漲，則外幣升值而本幣貶值；反之，外匯匯率下跌，外幣貶值而本幣值升值。例如，某日中國銀行掛牌 USD 100 = RMB 827.40。

之後變為USD 100＝RMB 827.60，表示美元匯率上升；或USD 100＝RMB 826.80，表示美元匯率下跌。

（2）間接標價法（Indirect Quotation）。用1個單位或一定單位（如百、萬等）的本國貨幣作為標準，折算為一定數額的外國貨幣，叫間接標價法。目前英國和美國採用間接標價法，美國原先採用直接標價法，1978年9月改用間接標價法，但對英鎊、愛爾蘭鎊、歐洲貨幣單位仍用直接標價法。在間接標價法下，本國貨幣數額固定不變，外國貨幣數額隨兩國貨幣幣值和供求關係的變化而變動，如果數額越大，表示匯率上升，本幣升值而外幣貶值；反之，外匯匯率下跌，本幣貶值而外幣升值。例如，某日倫敦外匯市場￡1＝USD1.500,0，之後變為￡1＝USD1.490,0，表示匯率下跌；或￡1＝S1.510,0，表示匯率上升。

2. 匯率的分類

匯率的分類主要有以下多種：

（1）按制定匯率的不同方法劃分

①基本匯率（Basic Rate）。指本國貨幣與某特定外國貨幣之間的匯率，是一國確定其他外匯匯率的基礎，該特定外國貨幣稱為關鍵貨幣（Key Currency）或釘住貨幣（Pegged Currency），是該國國際收支中使用最多、外匯儲備比重最大的自由兌換貨幣，通常為美元，也可是英鎊、法國法郎、特別提款權（SDRs）等。

②套算匯率（Cross Rate）。基本匯率確定後，對其他國家貨幣的匯率可以通過此基本匯率套算出來，故稱為套算匯率。例如中國人民幣對美元基本匯率為USD1＝RMB￥8.30，而倫敦外匯市場￡1＝USD 1.50，則人民幣對英鎊的套算匯率為：￡1＝RMB￥1.50×8.30＝RMB￥12.45。

（2）按銀行買賣外匯的角度劃分

①買入匯率或買入價（Buying Rate）。銀行向同業或客戶買入外匯時所使用的匯率。直接標價法下，買入價數字較小；間接標價法下，買入價數字較大。

②賣出匯率或賣出價（Selling Rate）。銀行向同業或客戶賣出外匯時所使用的匯率。直接標價法下，賣出價數字較大；間接標價法下，賣出價數字較小。

③中間匯率或中間價（Middle Rate）。是買入價與賣出價的平均值，即（買入價＋賣出價）÷2＝中間價，適合於銀行同業之間買賣外匯用以及媒體報導匯率消息使用。

（3）按外匯交易支付工具的付款時間快慢劃分

①電匯匯率（Telegraphic Transfer Rate，T/T Rate）。用電訊通知付款的外匯價格，叫電匯匯率。由於交收時間最快，銀行不能占用顧客資金，故匯率最貴。銀行掛牌一般為電匯匯率。

②信匯匯率（Mail Transfer Rate，M/T Rate）。用信函方式通知付款的外匯價格，叫信匯匯率。由於郵程需要的時間比電訊長，銀行可以利用信匯資金，故匯率低於電匯匯率。其間差額一般相當於郵程時間內的利息。

③票匯匯率（Demand Draft Rate，D/D Rate）。銀行買外幣匯票、支票或其他票據的匯率。又可分即期票匯匯率和遠期票匯匯率。前者是銀行買賣即期匯票時所使用的

匯率，由於收付款時間較電匯遲，故匯價比電匯匯率低。後者是銀行買賣遠期匯票時所使用的匯率，通常在即期票匯匯率基礎上，扣除遠期付款貼現利息後得出，期限越長，匯率越低。

（4）按外匯買賣的交割日期的不同劃分

①即期匯率（Spot Rate）。即期匯率又稱現匯匯率，是指買賣雙方成交後，規定在兩個營業日內辦理外匯交割時所採用的匯率。

②遠期匯率（Forward Rate）。遠期匯率又稱期匯匯率，是指買賣雙方成交時規定在兩個營業日以後的未來某個確定日期或某段時間內辦理外匯交割時所採用的匯率。

（5）按外匯管制的鬆緊程度劃分

①官方匯率，也叫法定匯率。其指一國貨幣當局為某種目的而人為規定並維持的匯率。

②市場匯率。其指外匯市場上主要由供求決定的自由買賣外匯的實際匯率。

此外，按國際貨幣製度的演化進程，還可以劃分為固定匯率和流動匯率等。

三、匯率的決定與變動

1. 匯率的決定

不同貨幣製度下匯率的決定基礎是不同的。

（1）金本位製度[①]下的匯率決定。匯率決定的基礎是鑄幣平價，是外匯市場上由於外匯供求變化而引起的實際匯率波動的中心，其上下波動的幅度要受制於黃金輸送點（Gold Point）。

這是因為金本位條件下黃金可以自由跨國輸出或輸入，當市場匯率與法定鑄幣平價之間的偏差達到一定程度時就會導致有關國家不用外匯而改用輸出黃金的辦法，來辦理國際結算。決定黃金輸送點的量的界限，是用於替代外匯直接用於國際支付的黃金的鑄幣平價加上（或減去）該筆黃金的運送費用（如包裝費、運費、保險費和運送期的利息等。假定英、美之間運送1英鎊黃金的費用為0.02美元，那麼當1英鎊兌美元的匯價高於4.886,5美元的黃金輸入點時，美國的進口商或債權人就願以黃金來支付；反之當1英鎊兌美元匯價低於4.846,5時，美國的出口商或債權人則願從英方輸入黃金。黃金輸送點的存在起到了金本位制條件下國際收支的重要的自動調節機制，它起到了保持匯率波動穩定的作用。

（2）紙幣信用本位條件下的匯率決定

紙幣信用本位條件下的匯率決定與調整，要受制於眾多的因素。究其性質和特點，可以從長期和短期角度考察。不同國家貨幣實際代表的價值量對比，是決定匯率

---

① 金本位制是以黃金為本位貨幣的貨幣製度，該製度下各國都規定金幣的法定含金量，不同貨幣之間的比價是由它們各自含金量的對比來決定的，例如在1925—1931年，1英鎊所含純金量為7.322,4克，1美元則為1.504,656克，兩者之比為4.866,5，即1英鎊等於4.8665美元，這種以兩種金屬鑄幣含金量之比得到的匯率又稱為鑄幣平價（Mint Parity），它是金本價（Gold Parity）的一種表現形式。

的一個基本的長期因素。

①在實行紙幣流通製度的初期階段，各個國家一般都規定過紙幣的金平價。即紙幣名義上或法律上所代表的含金量。在紙幣實際代表的金量與國家規定的含金量一致的情況下，金平價無疑是決定不同貨幣匯率的價值基礎。

②然而隨著紙幣流通製度的演進，紙幣的發行開始與黃金的準備及兌換相分離，黃金非貨幣化的紙幣信用本位制條件下，貨幣作為價值的符號，它們實際代表的價值量對比，成為其匯率決定的基礎。當然，不同國家貨幣的價值量對比，主要是由其購買力相對地表現出來。通過比較不同國家紙幣的購買力或物價水平，可以較為合理地決定兩國貨幣的匯率。

2. 影響匯率變動的因素

匯率變動受到許多因素的影響，既有經濟因素，又有政治因素還有心理因素等，而各個因素之間又是相互聯繫和相互制約的。隨著世界政治經濟形勢的發展，各個因素在不同的國家、不同的歷史時期所起的作用是不一樣的。

（一）實際經濟因素的影響（Real Economic Factors）

影響匯率的實際經濟因素主要有經濟增長（Economic Growth）、國際收支（BOP）、資本流動（Capital Mobility）和外匯儲備（Foreign Exchange Reserve）。

（1）經濟增長。實際經濟增長率對一國匯率的影響是複雜的。一方面，實際經濟的增長反應了一國經濟實力的增強，於是該國貨幣在外匯市場上的信心大增，貨幣匯率有可能下降（直接標價法），即該國貨幣值有可能上升；另一方面，經濟增長加速，國內需求水平提高，將增加一國的進口。如果出口保持不變，則該國貿易收支項目的盈餘減少甚至出現逆差，這樣該國貨幣幣值有下降的壓力。經濟增長對一國匯率影響的淨結果取決於上述兩方面影響的大小。

（2）國際收支。國際收支狀況對一國匯率有長期的影響，尤其是經常收支項目。一國國際收支發生順差、則外國對該國貨幣的需求以及外國本身的貨幣供應量會相對增加，於是該國貨幣匯率會下降即其幣值會上升。反之，該國貨幣匯率就會上升即其幣值會下降。在固定匯率時期，國際收支是決定匯率的特別重要的因素。在當時條件下，國際收支逆差往往是貨幣貶值的先導。20世紀70年代後隨著浮動匯率制取代固定匯率制，一些名義經濟因素如利率和通貨膨脹率變得更加重要了。

（3）資本流動。資本流動對匯率的影響通過兩個渠道：一是改變外匯的相對供求狀況，二是改變人們對匯率的預期。就前者來看，如果一國有大量資本外流，意味著在本國外匯市場上外幣的供應量相對減少，這樣外幣幣值相對於本幣而言會上升，即本幣匯率上浮，反之，則本幣匯率下降。就後者來看，當一國出現資本外流時，市場就預期該國貨幣會貶值，於是就拋售該國貨幣購入外幣，結果匯率上浮，開始時的預期變為現實。這種預期就是「自我實現」的預期（Selfrealized Expection）。無疑，預期會加強一種匯率的結果。

（4）外匯儲備。中央銀行持有的外匯儲備可以表明一國干預外匯市場和維持匯價的能力，所以它對穩定匯率有一定的作用。當然，外匯干預只能在短期內對匯率產生

有限的影響，它無法從根本上改變決定匯率的基本因素。

（二）名義經濟因素（Nominal Economic Factors）

名義經濟因素主要有通貨膨脹率、利率和貨幣供應量。

（1）通貨膨脹率。通貨膨脹率之所以能影響匯率的變動，是因為購買力平價的存在。當今，匯率的基礎是各國紙幣以購買力形式出現的價值，一國貨幣的實際購買力，是影響匯率變動的一個重要因素，它也影響一國商品、勞務在世界市場的競爭力。由於存在通貨膨脹，出口商品以外幣表示的價格必然上漲，該商品在國際市場上的競爭能力就會削弱。與其他國家相比，如果其物價上漲率超過其他國家，這時該國政府不調整匯率就難以維持正常的出口，因而通貨膨脹最終必然導致貨幣對外貶值，引起匯率的波動。

值得注意的是，通貨膨脹影響匯率往往不是直接表現出來的，除影響出口和進口外，還會影響國內外實際利率（Real Interest Rate）的差異，進而影響國際收支的資本項目，通貨膨脹率過高，必然引起資本外流，還會影響到今後對物價和匯率的預期，這些表現又都會對匯率變動產生影響。自20世紀70年代初期開始，由於各國財政與貨幣政策的不同，通貨膨脹率發生很大差異，因而匯率波動劇烈。但一國貨幣內部貶值（通貨膨脹）轉移到貨幣外部貶值要有一個過程，這種轉移過程需要半年，也可以需要幾年。從長期看，匯率終將根據貨幣實際購買力而自行調整到合理的水平。

（2）利率。利率的高低直接影響到各種金融資產的價格、成本和利潤的高低。一國利率相對於另一國為高，或上升的幅度大，就會使該國的金融資產增殖，從而阻止本國資本外流，刺激國外資本內流，進而引起對本幣需求量的增加，促使本幣匯率上升；反之則反是。當然，引起資本內流外流的利率是指實質利率而不是名義利率（Nominal Interest Rate），西方國家計算實質利率通常是通過長期政府債券利率減去通貨膨脹率差額。從短期看，利率在匯率變動中的作用是明顯的。例如，1981年初，美國聯邦儲備銀行將貼現率提高到13％，商業銀行的優惠利率從1981年4月份起逐漸上升，7月8日達到了20.5％的最高點。由於美元利率高，西歐大量遊資流入美國，促使美元上漲。所以，1981年美元匯率特別堅挺。

（3）貨幣供應量。貨幣供應量對匯率的影響主要是通過利率、通貨膨脹率和實際經濟的增長而進行的。貨幣供應量的增加意味著銀根放鬆，利率下降，物價可能上升，經濟會擴張。利率下降和物價上升會促使一國貨幣幣值的下降，既匯率上升。但經濟的擴張又會促使一國實力增強，從而有助於該國貨幣信心的增強，貨幣供應量對一國貨幣匯率的影響取決於該國的經濟結構、商品市場和外匯市場的調整速度等。然而，根據許多經濟學家的實證研究，在短期內，貨幣供應量的突然增加會使一國貨幣幣值迅速下降，在長期內，匯率會回覆到均衡水平。

在談到貨幣供應量對匯率的影響時，有兩點需要說明：一是世界上一些可自由兌換的貨幣而言影響它們的匯率的貨幣供應量不僅僅是指各貨幣發行國國內居民持有的貨幣數量，而且也包括其他國家居民持有該種貨幣數量。例如，影響美元的貨幣供應量就不只是美國居民持有的美元數量，而且還包括其他國家居民持有的美元數額，因

此，對美元匯率的影響就不僅是由於美國居民的美元供求數量的變化，而且，更重要的是世界主要外匯市場上美元供求數量的變化。二是一國國內的貨幣供給量不僅是指本國發行的貨幣數量，而且也包括本國居民持有的外匯數量，因為本國收入的外匯總是轉化為本幣在國內流通，從而持有的外匯數量的增減也會影響國內貨幣供應量的增減。

(三) 心理因素 (Psychological Factors)

心理因素主要是指預期心理。預期被引入匯率的研究領域是在 20 世紀 70 年代初期。預期對匯率的影響很大，其程度有時遠遠超過其他經濟因素對匯率的影響。

為了盡可能地減少或避免匯率波動帶來的損失，或為了從匯率波動中得到好處，人們都在根據各種經濟的和非經濟的因素或信息對匯率的波動方向、趨勢與幅度進行預測，作出外匯匯率將要上升或下跌的判斷，進而根據這種預期作出拋出還是購進外匯和以外幣表示的金融資產的決策。比如當人們預期英國的通貨膨脹將比別的國家高，實際利率將比別國低，對外收支的經常項目將有逆差，以及其他因素對該國經濟將發生不利的影響，那麼該國的貨幣就會在市場上被拋售，它的匯率就會下跌，反之，匯率就會上升。

(1) 預期有穩定 (Stabilizing) 和非穩定 (Distabilizing) 之分。穩定型的預期是指人們預期一種貨幣幣值會下降，就購進這種貨幣，從而緩和貨幣幣值下降的程度；反之則拋出貨幣，從而降低該貨幣的升值幅度。顯然，按這種預期心理進行的外匯買賣行為有助於匯率的穩定。非穩定型的預期行為同穩定型預期行為正好相反。按這種預期心理行事的交易會在幣值底時進一步拋出，在幣值高時進一步購進，進而加劇了匯率的不穩定。

(2) 影響人們預期心理的主要因素有信息 (Information)、新聞 (News) 和傳聞 (Tumours)。信息是指同外匯買賣和匯率變動有關的資料、數據和消息。新聞既有經濟新聞也有政治新聞。傳聞是未經證實的消息。有時，信息、新聞和傳聞難以區分。特別是後兩者之間更難以分清孰是孰非。在外匯市場上，交易員在對待傳聞時有一句行話，這就是「於傳聞時買進，於事實時賣出」(Buy on Rumours, Sell on Fact)，或者「於傳聞時賣出，於事實時買進」(Sell on Rumours, Buy on Fact)。

(四) 其他因素

其他因素主要是指中央銀行的干預，其他金融工具如股票、債券、外幣期權等的價格變動，石油價格的變動、黃金價格的變動和政治因素等。

(1) 中央銀行影響和干預外匯市場的手段主要有：a. 本國的貨幣政策，以期通過利率變動來影響匯率；b. 直接干預外匯市場，既直接在外匯市場上買進或賣出外匯；c. 對資本流動實行外匯管制。中央銀行對外匯市場的干預早已有之。過去，歐洲貨幣體系就規定匯率波動的上下限，各中央銀行有責任干預外匯市場，維持成員國之間貨幣匯率的穩定。自實行浮動匯率制以來，各中央銀行曾多次單獨或聯合干預外匯市場。1985 年 9 月 22 日，西方五國財長和中央銀行行長曾達成聯合干預的協定。會後，中央銀行一起向外匯市場拋售美元，致使美元匯率狂泄。這是最典型的中央干預

行動。

（2）一國股票價格的上升通常會帶動該國貨幣幣值上升，因為股價上漲表示該國經濟前景看好，值得投資；反之，貨幣幣值會下降。

（3）債券價格的上升通常發生在利率看跌的情況下。就短期看，利率下跌會使一國貨幣幣值下降，但從長期來看低利率和價格高的債券會刺激經濟的發展，在某種程度上，貨幣幣值又會有所回升。

（4）外幣期貨價格的變化也是影響匯率的要素之一。當期貨價格下跌時，現匯價也會下跌；反之現匯價上升。

（5）石油價格的變化對產油國和對依賴石油進口的國家的影響是不一樣的，油價上升使產油國貨幣堅挺，石油進口國疲軟；反之，則相反。

（6）黃金價格對美元匯率影響很大，通常，金價上升美元下跌，美元上升金價下跌。兩者大致呈相反方向，但變化並非一定同步。

（7）此外，政治因素（政局的變化、戰爭等突發的重大事件）也會突然地、短時間地作用於匯率，使其發生變化。

案例　預測匯率的冒險行動

如果匯率作為一種資產價格能夠對預期和利率的變動立即作出反應的話，匯率就應該與其他資產價格（如股票價格）具有相同的性質。與股票價格一樣，匯率應該對「新聞」，即對意料之外的經濟政治事件反應強烈，並且，也像股票價格一樣，匯率應該是非常難以預測的。

儘管對股票價格進行預期存在明顯的難度，眾多的新聞、電視節目仍然致力於股市預測。同樣，許多公司把匯率預期賣給單個投資者、跨國公司和其他在外匯市場中有金融利益的單位。紐約大學的理查德·M.利維奇在一項著名的研究中，對十二家匯率預測公司對遠期匯率的短期預測記錄進行了分析。

研究結果表明，所謂的匯率預測並不是那麼靈驗，但是，運用資產方法去研究匯率卻是可行的。利維奇發現，在樣本所在期間裡，幾乎沒有證據證明職業預測家們進行的預測在整體上比個人進行的預測（例如，用三個月的遠期匯率作為三個月後可實現的即期匯率）更為準確。這一發現並不意味遠期匯率是精確的預測器，相反，證據表明遠期匯率通常只包含很少的對預測未來即期匯率有用的信息（我們將在第21章裡進一步研究）。利維奇的結果表明，本身就無法預測的「新聞」在決定匯率和匯率變動時起著主導作用，而一年期以內的匯率的變動，與股票價格一樣，幾乎是完全不可預測的。

我們在本章中推導出的理論表明，匯率不應是完全不可預測的。根據利率平價條件，利率差可以反應出預期的貨幣貶值程度。然而實際上，沒有預期到或意外的貨幣流動要比利率差大得多，淹沒了可以預期的匯率變動。基於經濟模型基礎之上的匯率預測似乎在長期預測（即預測幾年以後的匯率）中最為成功。例如，一個價格水平持

續增長的國家最終很可能會出現貨幣貶值,雖然貶值的精確時間可能是無法預測的。在後面的幾章裡,我們將推導出一個開放經濟模型,把匯率變動與各國的價格水平等宏觀經濟因素的變化聯繫起來。

【案例來源】保羅‧克魯格曼. 國際經濟學 [M]. 海聞,蔡榮,等譯. 北京:中國人民大學出版社,2002.

四、均衡匯率的形成及其模型

為簡便起見,假定只有兩個國家:美國與英國,美元($)為本幣,英鎊(£)為外幣。兩者之間的匯率(R)等於每購買 1 英鎊所需的美元數,即當 R = $/£ = 2 時,則意味著需要花 2 美元購買 1 英鎊。

在浮動匯率製度下,英鎊的美元價格決定與普通商品的價格決定一樣,即由英鎊供求曲線的交點確定。如圖 4-1,縱坐標表示英鎊的美元價格,或匯率 R = $/£,橫坐標表示英鎊的數量。市場對英鎊的供求曲線交於 E,它決定了均衡匯率為 R = 2,均衡時每日的供求量都是 4,000 萬英鎊。

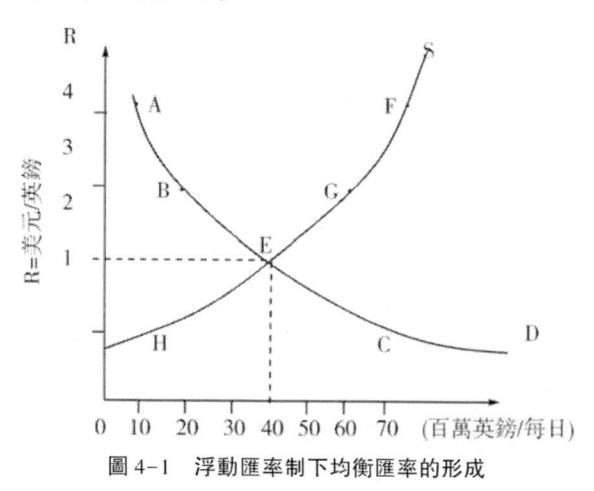

圖 4-1　浮動匯率制下均衡匯率的形成

匯率較高時,英鎊供給量大於需求量,匯率將向下變動至均衡點 R = 2。當匯率低於 R = 2 時,英鎊的需求將超過供給,匯率將向上變動至均衡點 R = 2。假如匯率不允許向上變動至均衡點,那麼就應該要麼限制美國居民對英鎊的需求要麼美國中央銀行(聯儲)拿出自己的儲備,來滿足多出的英鎊需求。

美國對英鎊的需求曲線是負的斜線,說明匯率 R 越低,美國對英鎊的需求量越大。原因是匯率越低(即每購買 1 英鎊所需的美元數越少),美國從英國進口和向英國投資就越便宜,於是美國居民對英鎊的需求就越大。相反,美國對英鎊的供給是遞增的,英鎊匯率 R 越高,美國所賺得的或提供的英鎊就越多。因為英鎊匯率高時,英國居民的每英鎊可以換得更多的美元。因此,他們覺得美國貨和美國投資便宜,更具

有吸引力，便更多地把錢花在美國，於是便向美國提供了更多的英鎊。

如果美國對英鎊的需求曲線向上平移（例如，當美國人更欣賞英國貨時），並與供給曲線交於 G 點，均衡匯率 R = 3，英鎊的均衡數量將為每日 6,000 萬英鎊，則意味著美元貶值了，因為現在需要花 3 美元（原來是 2 美元）才能買到 1 英鎊。相反，如果美國對英鎊的需求曲線向下平移，與供給曲線相交於 H 點，均衡匯率將降至 R = 1。這時就意味著美元的升值（因為現在只需 1 美元便可以買到 1 英鎊）。本幣貶值意味著外幣升值，反之亦然。美元供給曲線的平移同樣也會影響均衡匯率和均衡數量。

五、匯率變動的經濟影響

匯率的變動決取於國際收支、通貨膨脹、經濟增長以及政府宏觀經濟政策等多方面的因素。反過來，匯率的變動也會對上述各因素產生重要影響，這些影響主要表現為下幾個方面：

1. 匯率變動對貿易收支的影響

相對穩定的匯率，有利於進出口貿易成本的計算和利潤的核算，促進生產和進出口貿易的發展。匯率不穩定，必然增加國際貿易的風險，在貿易雙方不能準確地計算進出口貿易成本和收益的情況下，顯然很難順利有效地進行貿易。匯率變動對貿易收支的具體影響，一般認為，一國本幣匯率下跌有利於擴大出口，限制進口，促進貿易收支的改善；本幣匯率上升則有利擴大進口，限制出口，從而使貿易收支惡化。但不能一概而論，這是因為，一國貨幣貶值能否改善國際收支，關鍵取決於進出口商品的需求彈性和供給彈性。一般來說，進出口商品需求彈性越大，貨幣貶值對國際收支調節的效果越好，外匯市場也就越穩定，當需求彈性無窮大時，一國的貨幣貶值最有可能使貿易逆差轉變為順差。相反，當需求彈性等於零時，貨幣貶值將導致貿易收支進一步惡化。

那麼究竟在什麼條件下，貨幣貶值才能發揮對國際收支應有的調節作用呢？這裡有一個條件，即馬歇爾-勒納條件：

| dx+dm | >1

式中 dx 表示出口商品的需求彈性，dm 表示進口商品的需求彈性。它說明：只有當一國進口需求的價格彈性和出口需求的價格彈性之和的絕對值大於 1，其貨幣的貶值才能有效地使國際收支得到改善。

2. 匯率變動對非貿易收支的影響

當本幣貶值外匯匯率上升時，外國貨幣的購買力相對提高，貶值國的商品、勞務、交通、旅遊和住宿等費用就變得相對便宜，這無疑增加了對外國遊客的吸引力。對其他無形貿易收入的影響也大致如此。反過來，本幣貶值後，國外的旅遊和其他勞務開支對本國居民來說相對提高，進而抑制了本國的對外勞務支出。本幣升值後的情況，當然與以上結果相反。

3. 匯率變動對國際資本流動的影響

本幣匯率上升，本幣的購買力增強，從而會刺激本國資本擴大對外投資。例如，

日元在20世紀80年代和20世紀90年代初大幅度升值後，日本企業加快了向海外發展的速度，汽車行業首先決定擴大和提前實施在海外就地生產計劃；家用電器、辦公設備和機床生產行業也拼命向海外拓展。與此同理，本幣匯率上升對外資流入將會產生阻礙作用。

本幣貶值對資本流動的影響，取決於貶值如何影響人們對該國貨幣今後變動趨勢的預期。如果貶值後人們認為貶值的幅度還不夠，匯率的進一步貶值將不可避免，即貶值引起匯率將進一步貶值的預期，那麼人們就會將資金從本國轉移到其他國家，以避免再遭損失；但如果人們認為貶值使得本國貨幣匯率已處於均衡水平，那麼原先因本幣定值過高而外逃的資金就會流回到國內。

4. 匯率變動對外匯儲備的影響

當作為主要儲備貨幣的美元匯率下跌時，擁有美元儲備的國家就會遭受損失。但對積欠美元債務的國家來說，則相應地減輕了債務負擔。相反，如果某種儲備貨幣的匯率上漲，持有這種儲備貨幣的國家其外匯儲備的實際價值就會增加，而對積欠以這種貨幣計算的債務國來說，則會增加債務的實際負擔。

本國貨幣匯率變動，通過資本流動和進出口貿易額的增減，直接影響到本國外匯儲備的增減。一國貨幣匯率穩定，外國投資者能夠穩定地獲得利息和紅利收入，有利於國際資本投放，從而促進外匯儲備增加；反之，則容易引起資本外流，外匯儲備減少。

5. 匯率變動對物價的影響

本幣貶值後，國內物價將會上升，並逐漸擴展。因為，一方面，本國貨幣貶值後，進口商品的物價用貶值國的貨幣來表示就會上升，進口原材料、半製成品價格上漲，就會直接影響本國商品生產成本的提高；另一方面，由於進口消費品價格的提高，會影響到本國工資水平提高，這又間接地影響到商品生產成本增加。

國內物價上漲的另一方面原因，是通過貿易收支改善的乘數效應，引起需求拉上的物價上漲。

6. 匯率變動對產業結構和資源配置的影響

本幣貶值後，出口產品在國外市場的競爭能力提高，出口擴大，整個貿易部門的利潤率就會高於非貿易部門，由此會誘使資源流向出口產品製造業或出口貿易部門，這樣一來，整個經濟體系中貿易出口部門或出口產品製造業所佔的比重就會擴大，從而提高本國的對外開放程度，更多的產品將加入同外國產品相競爭的行列。另外，貨幣貶值後，進口商品的價格提高，使原來的對進口商品的一部分需求轉向了本國商品的需求，這樣，使國內某些內銷產品行業也得到了較快的發展。

第三節　外匯市場及外匯市場風險

本節分析了外匯市場的概念和功能，並對外匯市場的風險及其防範等進行了較為

全面的介紹。

一、外匯市場及其構成

外匯市場（Foreign Exchange Market）是交易主體買賣外匯的場所和進行外匯交易關係系統的總和。作為國際金融市場的一個組成部分，它是國際間清算或轉移債權債務的重要渠道。之所以說外匯市場是一個系統，是指在當今世界上，外匯交易並非一定在固定的場所裡進行。事實上，更多地是通過電報、電話和電子網路等現代通信工具來進行的。當今世界各大外匯市場都連為一體進行交易，具有同質性和價格均等化的特點；除此而外，由於電子計算機的發展，外匯市場已消除了營業時差的限制，因而在全球範圍內它還具有在時間和空間上的連續不間斷性特點。

外匯市場主要由四方面的當事方所構成：

①外匯銀行。通常包括專營和兼營外匯業務的本國商業銀行，在本國的外國銀行分行，以及獲得兼辦外匯業務的金融機構。外匯銀行是進行外匯買賣的中心。

②外匯交易者。包括眾多的進出口商人、跨國投資者、國際旅遊人員，以及其他進行外匯買賣的企事業單位和個人，共同構成了外匯交易的主體。

③外匯經紀人。是銀行與眾多的外匯交易者外匯買賣接洽的仲介。他們起著在外匯買方和賣方之間加強聯繫及促成交易的作用，並從中獲取手續費。

④中央銀行。作為一個國家貨幣政策的制定者和實施者，同時也是該國外匯管理的最高機構。中央銀行參與外匯市場交易主要起著外匯市場供求宏觀監控的作用，以保持外匯匯率的相對穩定及本國國際收支的大體均衡。

二、外匯市場的功能

外匯市場在實現國與國之間的債權、債務的結算和清償，促進國際資本的融通，避免和減少外匯風險，調節各國國際收支，以及推動國際經濟貿易的發展等方面，都有著重要的作用。它的主要功能包括：

1. 國際清算

國際經濟交易的結算需要債務人向債權人進行支付，這種國際清算是通過外匯市場實現的。例如美國波音公司將價值1,000萬美元的飛機出售給一家德國公司，這筆交易的結果需要德國公司向美國波音公司進行支付，這有兩種情況：一是德國公司用歐元支票支付，美國波音公司將收到的歐元，出售換取美元；二是波音公司只接受美元，那麼德國公司就需找機會出售歐元以取得美元。不論哪種方式，這筆國際交易最終會產生對歐元的供給和對美元的需求。

通常情況下，進入外匯市場兌換貨幣的公司和個人並不是互相直接交易，而是委託銀行進行兌換。然後，在這些銀行之間通過專業的外匯經紀人買賣各種貨幣。因此，波音公司可取得德國公司的歐元匯票，並向一家美國銀行貼現，這家銀行把這張歐元匯票再賣給另一家想要用美元購買歐元的銀行。這樣，這家美國公司收到的美元支票帳款就抵償了貼現給波音公司的美元。

2. 套期保值

進出口商從簽訂進出口合約到支付或收到貨款，通常都要經過一段時間，也就是說，他們要在將來某一日期才能獲得外匯收入或支付外匯貨款。由於外匯市場匯率的不穩定性，因此，持有外幣或有外幣負債都會存在一定的風險或可能獲得的收益。如果不願對未來匯率變動進行投機，只想用本國貨幣來保持他們的資產，那麼就需要對這些貨幣資產進行套期保值，以確保對該項資產既無淨資產也無淨負債頭寸，套期保值就是通過賣出或買進等值遠期外匯，軋平外匯頭寸來保值的一種外匯業務。這裡的頭寸是指銀行、企業和個人持有的某種外幣資產負債差額。例如德國公司進口價值1,000萬美元的美國波音公司的飛機，3個月後付款，波音公司要求用美元支付。德國公司為避免美元價值帶來的損失，在作成交易合同時，買進了3個月的美元期匯，到期辦理交割，德國公司收進美元支付進口貨款。這樣德國公司就不至於因為美元升值而遭受損失。

套期保值也可以通過即期外匯市場和貨幣市場進行。在上例中，德國公司可在貨幣市場借三個月等值歐元，同時在外匯市場上買進1,000萬美元存入銀行，到期支付貨款，但買賣即期外匯會占用較多資金。

3. 投機

外匯投機包括從事遠期交易投機以及套匯和套利。

遠期交易投機是取得某類某貨幣資產的淨資產頭寸或淨負債頭寸，利用將來的匯率變化賺取匯率差額的行為。例如，美國某投機商預測歐元匯價要下跌，他出售1,000萬歐元期貨，約定遠期匯率為1歐元＝0.532,0美元，90天後交割。該投機商是做歐元空頭，他希望以後用低價進歐元。這與套期保值不同，它是一種純粹投機性的交易。假定10天後，歐元遠期匯率果然下降，降到1歐元等於0.500,0美元，投機商按這一匯價買入相同數額的遠期歐元，交割日期與賣出的遠期相同，等到了相同的日期，兩筆交易的抵補，該投機商從中獲取32萬美元的投機利潤。但是，如果歐元遠期匯價不跌反漲，那麼該投機商就要蒙受損失。

套匯是利用不同外匯市場某種貨幣的匯價差異同時在不同外匯市場買進和賣出這種貨幣以賺取匯率差額收益的一種外匯交易。套匯包括兩種：一是雙邊套匯，也稱直接套匯，是利用兩個外匯市場匯率的差異，在匯率低的市場買進，同時在匯率高的市場賣出，利用賤買貴賣，套取投機利潤；二是多邊套匯，也稱間接套匯，是利用三個或三個以上不同外匯市場匯價的差異，同時進行三種或三種以上的貨幣買賣，從而獲取差額收益。在一般情況下，由於電訊聯繫的發達，信息傳遞迅速，資金調撥暢通，各外匯市場的匯率是非常接近的。但是，不同外匯市場的匯率，也可以在短暫的時間內發生較大的差異，從而引起套匯活動，而套匯的結果，又會使賤的貨幣上漲，貴的貨幣下跌導致匯價差異消失，從而使某一市場的匯價與另一市場的匯價聯繫起來，形成全球性外匯市場。

套利是利用兩個國家金融市場利息率的差異，將資金從利率較低的市場調往利率較高的市場以賺取利率差收益的一種外匯投機活動。在套利過程中，投機者為了避免

匯率變動帶來的風險，一般還要進行套期保值。假設倫敦市場英鎊的實際利率為8%，紐約市場的利率為6%。為追求較高的利息收入，投機者將資金從紐約調往倫敦，在即期市場上賣出美元，買進英鎊投放倫敦市場3個月；與此同時，投機者在遠期市場進行套期保值交易，即賣出遠期英鎊，買進遠期美元，以免3個月後發生匯率損失。

三、外匯市場風險及其防範

1. 外匯市場風險的含義及其主要形式

外匯市場風險，是指因外匯市場上匯率或相關因素的變動，給外匯或以外幣計價的資產與負債的持有者所帶來的或可能帶來的損失。

從宏觀經濟和微觀經濟的不同角度考察，外匯市場風險的主要表現形態有：

①外匯儲備風險。即企事業單位和個人，特別是政府以不同外幣幣種所持有的外匯資產，因外匯市場匯率及不同幣種利率變動所導致的儲備資產幣值的下跌風險。

②交易結算風險。以外幣計算成交進行的貿易或其他經濟交易，因交易合同外幣與本國貨幣匯價的變化而引起的虧損風險。這一方面較多地表現在進出口交易，因合同簽署成交日與支付日之間的時間差當中，合同外幣匯價的變化，可能導致的進出口商以本國貨幣衡量的收入的減少；另一方面亦可表現在以外幣計價的國際投資和借貸活動中，因匯價波動而導致的收益減少。

③經濟風險。指開放型經濟條件因匯率變動對產品成本、價格、產量的影響所帶來實際收入的不確定性。它直接影響到企業的生產、銷售和資金融通，又稱之為會計風險。

2. 防範或減少外匯風險的原則方法

防範或減少外匯儲備風險的主要方法，是實行外匯儲備的多元化。使得因匯率變化所產生的波動加以抵銷或減少，外匯資產的實際購買力相對穩定。

對企事業單位、外匯銀行和個人而言，防範或減少外匯風險的一般方法，大致可劃分為三類：

第一類，簽訂交易合同時的防範，主要包括：

選擇好合同貨幣。合同貨幣選擇的前提是區分交易所選用貨幣是硬幣還是軟幣。所謂硬幣是指匯率穩定且呈上升趨勢的貨幣；所謂軟幣情況則相反。一般情況下，可遵循如下原則：

a. 出口和貸出資本爭取使用硬幣，進口和借入資本爭取使用軟幣。

b. 在難與交易對方達成所選擇的合同貨幣時，亦可折衷爭取同時使用軟硬搭配的兩種貨幣，以使軟幣可能的貶值損失，由硬幣可能的升值相抵銷。

c. 交易對方同意的情況下，使用本國貨幣。

（2）加列合同條款。即在合同上加列有關貨幣的保護性條款。主要包括：

a. 貨幣保值條款。選擇某種幣值較穩定的貨幣作為合同貨幣的參照物，將合同貨幣與所選貨幣幣值掛勾，在交易結算或清償時，參照當時所選貨幣幣值支付。現實當中，常採用美元或由美元、歐元（以前為歐洲貨幣單位）、日元等若干主要國際貨幣

組成的「一籃子」貨幣，作為參照貨幣。

b. 均攤損益條款。由交易雙方共同承擔風險。其計算公式為：

$$V_f = \frac{2V_d}{r_0 + r_1}$$

式中，V_f代表調整後的外幣價格，V_d代表簽訂合同時等值的本幣價格，r_0代表簽合同時的匯率（按直接標價法），r_1代表結算時的匯率。

案例　均攤損益的運用

某瑞士商人從英國進口一批商品，協議規定三個月後交貨並以英鎊計價結算，貨價為200萬英鎊。簽訂合同時的匯率為£1=SF3.8400，貨款200萬英鎊等於768萬瑞士法郎。為防範和共同分擔匯率風險，交易雙方在合同上採用均攤損益條款。三個月雙方結算交割時，英鎊兌瑞士法郎匯率上漲，達到£1=SF3.880,0，則依據均攤損益條款計算公式，有 $V_f = \frac{2V_d}{r_0+r_1} = \frac{2 \times 768}{3.840,0+3.880,0} = 198.96$（萬英鎊），此數額為瑞士商人應實際支付的貨款。為購買198.96萬英鎊，該瑞士商人需實際花費 $198.96 \times 3.880,0 = 771.964,8$（萬瑞士法郎）。瑞士商的損失為 $\frac{771.964,8 - 768}{768} \times 100\% = 0.52\%$。

與此同時，交易的另一方，英國商人實收貨款為198.96萬英鎊，其損失為 $\frac{200 - 198.96}{200} \times 100\% = 0.52\%$。

可見，由計價結算外幣匯率上漲而帶來的損失（或風險），被進口商和出口商均攤了。

（3）調整價格或利率。其原則是，適當提高以軟幣計價結算的出口價格或以軟幣計值清償的貨款利率，適當壓低以硬幣計價結算的進口價格或計值清償的借款利率。該措施與加列貨幣保護性條款中的調整價格的區別在於，它是以談判中的待定價格或利率為對象，調整的行為發生在合同正式簽訂之前；而後者則是以合同中的既定價格為對象，調整行為發生在交易結算（或清償）時。

第二類，借助外匯市場和貨幣交易操作的防範，主要包括：

（1）即期外匯交易，又稱現匯交易或現期交易（Spot Exchange Transaction），是指在合同成交後兩個交易日內辦理外匯收付的交易，表現為電匯、信匯、票匯幾種形式。它可起到平衡外匯資金頭寸，進而將外匯市場風險限制在盡可能短時間範圍的作用。

（2）遠期外匯交易（Forward Exchange Transaction）。又稱期匯交易，是指合同成交後，按交易合同規定，在約定的日期或期限內，按約定的金額、數額和匯率辦理外匯收付的交易。它是一種預約性的外匯交易。亦是防範外匯市場風險最常見的一種方

法。它可避免匯率發生不利變動的影響；但同時也放棄了從匯率可能發生的有利變動中得到額外收益的機會。

遠期外匯交易使用的匯率為遠期匯率。該匯率與即期匯率之間的差額，稱為遠期差價。在外匯市場上，遠期差價用升水、貼水或平價表示。當遠期匯率高於即期匯率時稱升水（Premium），反之稱貼水（Discount）；如果遠期匯率與即期匯率相等，則稱平價（Par）。

遠期差價的計算公式為：

$$f_s = S \times (i - i^*) \times \frac{N}{12}$$

式中，f_s為遠期差價，S為即期外匯匯率，i和i^*分別為交易雙方所交換的貨幣利率，N為期匯月數。

知道了遠期差價，就可以算出遠期外匯匯率（F）：$F = S \pm f_s$。

但在不同的標價法條件下，遠期匯率升水和貼水的表示方法有所不同。直接標價法下，$S + f_s$表示遠期外匯匯率升水；$S - f_s$表示遠期外匯匯率貼水。間接標價法下，則正好相反。

（3）外匯期貨交易（Foreign Currency Futures Transaction）。這是一種在交易所達成的按標準合同金額和固定交割日期在未來買入或賣出某種貨幣的交易。

（4）外匯期權交易（Foreign Exchange Option Transaction）。這是指一種權利的買賣。期權的買方在向賣方支付一定手續費後，即獲得了未來某個時期內按照協議價格向期權賣方購進或出賣一定數量的某種外匯的權利。它又分為買進期權、賣出期權、以及雙向期權等多種形式。外匯期權交易亦可起到防範未來這段時期內匯率發生不利變動的風險；與此同時，又保留了匯率可能發生有利變動時放棄已購的這一權利，獲取額外收益的機會。

（5）外匯調期交易，又稱轉期交易（Swap Transaction）。其是在買進一種貨幣的同時，賣出期限不同的同一種貨幣的外匯交易，它實際上是即期交易和遠期交易的綜合，具體有時間套匯和套期保值兩種形式。

所謂時間套匯（Time Arbitrage），是在買進或賣出即期外匯的同時，賣出或買進遠期外匯，以避免外匯匯率變動所帶來的損失。這一過程中，套匯者所特別關心的是期率（Swap Rate），即買進和賣出兩種不同期限外匯所使用匯率之間的差價。

所謂套期保值，又稱海琴（Hedging），指的是賣出或買進價值相等的一筆外國資產或負債的外匯，使這筆外國資產或負債的價值不受匯率變動的影響，從而達到保值的目的。

第三類，提前或延期外匯結算、交割及匯率保險等其他防範措施。

案例　如何利用遠期外匯交易

在簽訂了進出口交易合同之後，對外貿易交易雙方關心的對象將發生變化，注意

力將從如何談判合同成交轉移到如何結算。出口方首先關心的是，通過出口。企業能安全、及時地獲得預期的本國貨幣表示的收益；進口方關心的是，支付預算好的外匯，便能安全、準時地收到貨物。然而，由於從簽訂進出口合同到實際收付，需要短則3~6個月，長則幾年之久的時間。而現行的浮動匯率，常常會出現從簽約到收付匯時軟幣變硬，硬幣變軟的情況。特別是在國際貿易中使用頻率較高的美元的大幅度波動，會使貿易交易雙方對未來結算時收入和支付的情況不清，蒙受出口實際收入減少或進口實際支出增加的風險。進行遠期外匯交易，無論是進口方，還是出口方，都能迴避外匯交易中的不確定因素，準確地掌握企業未來成本和利潤的情況，便於企業財務核算、結算和生產計劃的安排。

例如，某公司有10萬美元外匯，準備3個月後支付向日本購買的機器設備貨款。為了避免匯率變動風險，該公司按1美元＝100日元的匯率向外匯銀行購買了3個月遠期的日元，並賣出3個月的遠期美元。到交割日，該企業用10萬美元買進1,000萬日元支付了貨款，避免了短匯情況。因為在3個月後，實際上日元兌美元的匯率已經上浮到1美元兌90日元。通過遠期外匯交易，該公司避免了日元上浮可能造成的100萬日元的匯率變動損失。但是，如果在交割日日元下浮，則該公司會因為進行遠期外匯買賣而失去相應的可能獲得的收益。

第四節　有關匯率的主要理論

關於匯率的理論，幾百年來，西方國際經濟學界一直是高度重視的，在此方面的研究也不斷取得突破和進展，形成了許多富於特色的學說和流派，其中較有影響或具有代表性的按時間順序排列主要有以下幾種。

一、國際借貸說（Theory of International Indebtedness）及其發展

1. 國際借貸說

國際借貸說是英國經濟學家戈遜（G. L. Goschen）於1861年在其《外匯理論》一書中提出的。這一理論以國際借貸關係來說明匯率的決定和變動。戈遜認為，正如商品價格取決於商品供求關係一樣，匯率也取決於外匯的供求關係。具體要點如下：

第一，匯率變動取決於外匯的供求狀況，而外匯供求發生的原因是國家之間存在的借貸關係。

第二，國家借貸關係起因於國際商品的輸入、提供勞務的收支以及資本的流動。

第三，國際借貸分為固定借貸和流動借貸兩種形式，前者指尚未進入實際支付階段的借貸；後者指已進入支付階段的借款，只有它的變化才對外匯供求產生影響。

第四，匯率變動取決於流動借貸是否相等。如果流動債權大於流動債務，則外匯供給量大於外匯需求量，匯率下跌，即本幣升值；反之，則本幣貶值。

需要指出的是：國際借貸說只適用於具有比較發達的外匯市場的國家，如果外匯市場不發達，外匯供求關係的真實情況就會被掩蓋。外匯市場如果受到國家的干預，外匯供求決定匯率理論的作用就會有很大折扣。該理論的適用性，還要受到兩國經濟發展階段必須大體相同的限制。

2. 國際收支說（Balance of Payments Theory）

實行浮動匯率制後，一些學者將凱恩斯主義國際收支均衡條件的分析應用於外匯供求流量分析，形成國際收支說。國際收支說是國際借貸說的現代形式。它在運用供求分析的理論基礎上，將影響國際收支的各種因素（這些往往是國際借貸論所未考慮的因素）納入匯率的均衡分析，認為影響均衡匯率變動的因素有國內外國民收入、國內外價格水平、國內外利率及人們對未來匯率的預期。並有如下分析結論：

第一，本國國民收入增長，通過伴隨而來的進口增加，將引起國際收支赤字，由此外匯市場就會出現超額需求，本國貨幣趨於貶值。

第二，外國國民收入增長，通過本國的出口的增加，引起國際收支的盈餘，造成本國貨幣趨於堅挺。

第三，本國物價水平上升，或外國物價水平下跌，通過提高本國商品相對於外國商品的價格，會引起出口減少，導致本幣疲軟；反之亦然。

第四，本國利率上升，或外國利率下跌，會刺激國外資金流入增加，本國資金流出減少，從而帶來外匯價格下降。

第五，如果人們對外幣現匯匯率的未來走勢看漲，就會在外匯市場上拋出本國貨幣，換成外國貨幣，由此造成外幣現匯價格的上漲；反之亦然。

國際收支說在運用供求分析的基礎上，將影響國際收支的各種重要因素納入匯率的均衡分析，這對於短期外匯市場分析是有意義的，至今這一理論仍為人們廣泛運用。然而，它同樣不可避免地存在著許多缺陷和不足，主要表現在：這一理論實際上是以外匯市場的穩定性為假定前提的；該理論的分析基礎是凱恩斯主義宏觀經濟理論（彈性論、利率平價說等）。這樣也就沒有擺脫這些理論基礎本身具有的缺陷，故其結論往往與經濟現實相抵觸。

二、購買力平價說（Theory of Purchasing Power Parity）

購買力平價說是瑞典經濟學家卡塞爾（G. Cassel）於1916年系統地提出的。這一學說的主要觀點是，人們之所以需要外國貨幣，是因為它在外國具有對一般商品的購買力；外國人之所以需要本國貨幣，也是因為它在國內具有購買力。因此，兩國貨幣的匯率主要是由兩國貨幣的購買力決定的，購買力平價說有兩種形式：絕對購買力平價和相對購買力平價。

1. 絕對購買力平價理論

卡塞爾指出，絕對購買力平價的理論基礎是：一種貨幣的價值及對這種貨幣的需求，是由單位貨幣在發行國所能買到的商品和勞務量決定的，即由它的內在購買力決定的，而購買力的高低是由物價水平體現的。即：

$$E = \sum P_a / \sum P_b \tag{4.1}$$

式 4.1 中 E 表示兩國貨幣的匯率，P_a 和 P_b 分別表示 a 和 b 國的物價水平，假設美國的物價指數比英國高一倍，則一英鎊應等於兩美元。這一理論實際上就是國際間的「一價定律」。即在自由貿易條件下，同質、同類的商品在世界各地的價格應該是一樣的，但由於各國使用的貨幣不同，一種商品以不同貨幣表示的價格需要經過匯率折算，才能保持相等。因此式（4.1）可變為 $P_a = EP_b$。如果實際匯率與均衡匯率不符，國際間商品的套匯活動將使實際匯率調整至與絕對購買力平價相等為止。

2. 相對購買力平價理論

卡塞爾除了提出絕對購買力平價說之外，還提出了相對購買力平價說。其主要觀點是，由於各國經濟狀況的變化，各國貨幣的購買力也必然經常發生變化，兩國貨幣購買力的相對變化導致了兩國貨幣匯率的變化，用式（4.2）表示：

$$E' = \frac{P_a'/P_a^0}{P_b'/P_b^0} \cdot E^0 \tag{4.2}$$

式（4.2）中 P_a' 和 P_a^0 分別代表 a 國當期和基期的物價水平，P_b' 和 P_b^0 分別代表 b 國當期和基期的物價水平，E^0 為基期匯率，E' 為當期匯率。如果 a 國發生了通貨膨脹，其國內的貨幣購買力降低，而 b 國的國內物價水平保持不變或物價上漲的幅度不如 a 國大，那麼，a 國貨幣對 b 國貨幣的匯率就會下跌；反之，若 b 國的物價上漲幅度比 a 國大，那麼，a 國貨幣對 b 國貨幣的匯率就會上升；而如果兩國都發生了通貨膨脹且幅度相等，則兩國貨幣匯率保持不變。例如，英鎊對美元原來的匯率為 £1 = ＄2，現在英國的物價指數從基期的 100 上升到 120，而同期美國的物價指數從基期的 100 上升到 110，由於兩種貨幣的購買力發生了變化，因此，現在英鎊對美元的匯率則為：

$$E' = \frac{110/100}{120/100} \times \$2.00/1£ = \$1.833, 3/1£$$

購買力平價說在西方匯率理論中佔有重要的位置。該學說把一國貨幣的對內價值和對外價值聯繫起來，較合理地體現了匯率的決定基礎。但該理論也有一些缺陷：

其一，購買力平價說的基礎是所有商品都必須是國際貿易商品。然而在現實中，各國都有諸多的商品和勞務由於本身的性質、運輸費用及貿易壁壘等原因並不進入國際貿易領域。這就產生了一個問題，決定兩國的相對物價水平用什麼來代表？很顯然，所用物價指數不同，計算出的匯率也就不同。

其二，由於受時代的局限性，購買力平價說過於側重國際貿易關係而忽略了國際資本流動對匯率決定的影響。

案例　有關一價定律的一些生動證據

1986 年夏，《經濟學家》雜誌對麥當勞快餐店的巨無霸漢堡包在世界各地的價格進

行了一次廣泛的調查。這個聽起來有點怪的念頭並不是編輯一時頭腦發熱，該雜誌的目的是想嘲弄一下那些過於自信的經濟學家。這些經濟學家認為根據購買力平價，各國的匯率不是「過高」就是「過低」地反應了貨幣的實際價值。由於巨無霸在41個國家銷售，而且配方只作了極微小的改變、所以該雜誌認為，通過對漢堡包價格進行比較可以對匯率是否合理作出比較公正的判斷，從1986年開始，《經濟學家》定期更新它的數據和計算。

《經濟學家》的這一調查可以看作是對一價定律的一次檢驗。從這一角度來看，最初的調查結果很讓人吃驚。巨無霸在不同國家的價格換算成美元相差巨大。在紐約，其價格比在澳大利亞高出50%，比在香港高出64%，而巴黎的價格則比紐約高54%，東京則要高出50%，只有英國和愛爾蘭的價格才與紐約相似。

如何解釋這一顯著違背一價定律的現象呢？《經濟學家》認為，運輸費用和政府管制是部分原因。產品差異也可能是另一重要因素。在一些國家，與巨無霸相似的替代品很少，這種產品差異使得麥當勞有能力依據當地市場條件來定價。最後，應當注意到，巨無霸的價格不僅包括肉餅和麵包的成本，還包括員工的工資、房租、電費等。這些投入品的價格在不同國家可能相差很大。

長期情況又如何呢？隨後的調查並沒有表明1986年的價格差異在世界範圍內有縮小的趨勢；1989年4月份的調查結果是，巨無霸在巴黎的售價比在紐約高12%；但紐約售價又比香港高出153%。值得注意的是，該雜誌還指出，關國四大城市亞特蘭大、芝加哥、紐約和舊金山之間巨無霸的差價超出不少國際差價。這意味著在造成違背一價定律的各種可能因素中，政府對國際貿易的直接管制並不是最重要的。

摘引自：保羅‧克魯德曼. 國際經濟學 [M]. 海聞，蔡榮，等譯. 北京：中國人民大學出版社，2002.

三、利率平價理論 (Theory of Interest Rate Parity)

利率平價理論是由英國經濟學家凱恩斯（J. M. Keyness）於1923年在其《貨幣改革論》中首先提出的，後經一些西方經濟學家發展而成。該學說主要研究國際貨幣市場上利率差與即期匯率和遠期匯率的關係。

利率平價說的主要觀點是：由於各國間存在利率差異，投資者為獲得較高收益，就將其資金從利率低的國家轉移到利率高的國家。如甲國的利率水平高於乙國，投資者就會把資金從乙國調到甲國。為避免匯率風險，投資者一般按遠期匯率把在甲國的投資收益變為乙國貨幣，並將此效益與乙國投資所得收益進行比較，從而確定投資者的投資方向。兩國投資收益存在的差異導致了資本在國際間的移動，直到通過利率的調整，兩國的投資收益相等時，國際間的資本移動才會停止。

利率平價學說的主要貢獻在於：它從理論上說明了遠期匯率取決於兩國貨幣的相對收益，即以利差作為匯率變動的主要原因。對於實際操縱外匯市場，預測遠期匯率趨勢、制定和調整匯率政策，都具有重要意義。利率平價說在理論上可以成立，但從

實踐的角度看，有以下兩個缺陷：

其一，它是以國際間資本流動不受任何限制為前提，即要求存在一個一體化的國際貨幣市場。這一條件過於嚴格，這無疑影響其理論和模型的應用性。

其二，該學說的另一前提是各國間的證券可以完全替代。實際上，以各國貨幣標價的資產的風險程度不同，預期收益率也不同，因此，不同資產之間不能完全替代，這就使得利率平價條件難以成立。

利率平價說儘管有一定的缺陷，但不能否認，它已越出了傳統的國際收支、商品價格的範疇，轉而從國際資本流動角度研究匯率，這不能不說是當時匯率理論研究的一項新成果。可以說，利率平價說不但奠定了第二次世界大戰後遠期外匯理論的基礎，而且也成為現代西方匯率理論的基礎之一。

四、匯兌心理說

法國學者阿夫達里昂（A. Aftalion）根據奧地利學派的邊際效用論在 1927 年提出匯總心理說。

該理論認為，一個國家的公民之所以需要外國貨幣，是為了支付在國外進行購買的貨款。而購買外國商品（包括金融商品）的原因，又是為了滿足某種慾望。這種慾望（Desire）便是使得外國貨幣具有價值的基礎，因此，外國貨幣的價值決定於外匯供需雙方對外幣所作的主觀評價；外國貨幣價值的高低，主要取決於外匯需求者對外匯邊際效用大小的評價。阿夫達里昂就是用這種觀點去解釋當時法郎匯價下跌的原因。他認為，在 1924—1926 年，法國人對外匯的邊際效用評價很高，為了取得外匯，他們寧願用更多的法郎去交換，因此，導致法郎匯價下跌。

用邊際效用的概念去說明匯率的決定與變動，缺乏科學性。但事實上，心理因素對匯率的影響是不能否定的。匯率預期對匯率變動的影響，說明了主觀的心理活動與客觀經濟過程之間有一定關係。然而，將經濟活動者的主觀心理預期說成是經濟變動的決定因素，便有一些誇大其詞了。同樣的道理，在分析匯率的決定與變動時，要考慮到心理因素，但很難將其作為主要的根據。

五、資產結構平衡說（Theory of Portfolio Balance）

資產結構平衡說產生於 20 世紀 70 年中後期，主要是西方學者布蘭遜（W. H. Branson）、沙德勒（Schadler）等人所述述的；進入 20 世紀 80 年代以後，比西格納諾（J. Bisignana）和胡佛（K. Hoover）等人又陸續做了充實和修正。這一理論的特點是強調財富和資產結構平衡在匯率決定過程中的作用，它提出並論述了一些被其他理論所忽視的方面，因而在 20 世紀 80 年代以來引起了國際學術界較大的興趣。

該理論認為，匯率作為一般均衡體系的一部分，被所有市場的相互作用所決定，匯率的均衡是在流量市場，又是在存量市場上達成的，而均衡匯率又會隨著貨幣供應或實際貨幣需求的改變而相應地改變，因此，匯率是由貨幣因素和實體經濟因素所誘發的資產調節和資產評價所共同決定的。具體而言，該學說主要包括以下三點內容：

第一，各國的個人，通常將其金融財富分布於各種可供選擇的資產之中，其中，最一般地分布於三種資產：本國貨幣、本國債券和外國債券。人們願意以這三種資產形式持有的財富在其財富總額中所占的比率，主要取決於它們各自的收益。

第二，當本國利率上升時，在人們所希望保持的資產結構組合中，本國債券所占的比例就會增加，而本國貨幣和外國債券所占的比例則會下降，該國貨幣匯率就會上升。

第三，當人們所持有的財富存量發生變動時，其貨幣匯率也會受到影響，而影響的方向如何要視導致財富變動的原因而定，一般有三種情況：

（1）由於一國貨幣供應量增加而導致財富總額增加，此時，該國貨幣匯率會下跌。因為在一國貨幣擴大供應量的情況下，人們的資產組合中，本國貨幣所占比例會上升。為了保持平衡的資產結構比例，該國的財富持有人就會相應增加本國債券和外國債券的持有量，由此產生了對外國債券和本國債券的過度需求。

（2）由於一國出口增加，經常項目出現盈餘而引發的財富總額增加，此時，該國貨幣匯率會上升。在這種情況下，該國財富持有人為了維持資產結構的平衡，必然相應地增加本國資產（本國貨幣或債券）的持有量，出售其持有的一部分外國債券，則會使外幣的供應相對增加，需求相對減少，而本國貨幣匯率趨於上升。

（3）當一國比如說為了彌補政府的財政赤字而增發債券時，該國的財富也會增加。這樣，該國的財富持有人會擴大對貨幣的需求，其結果是利率上升，但匯率的變化尚難確定。因為此時，增發債券對匯率的影響具有兩重性：一方面，由於該國財富持有人為了維持資產結構的平衡而擴大對外國債券的需求，引起對外幣需求的增加，從而使該國貨幣匯率下跌；另一方面，由於該國國內金融市場的利率會提高，這又可能降低外國債券的吸引力，減少人們對外幣的需求。如果後者的影響力大於前者，則該國貨幣的匯率就會上升。反之，則下跌。

資產結構平衡論綜合了傳統的和貨幣主義匯率理論的分析方法，一方面承認經常項目的失衡會影響匯率，另一方面也承認兩國貨幣供應增長率的差異會影響匯率，這種理論上的探索具有一定開拓意義。該理論提出了一些較為現實的假設，認為本國資產與外國資產之間存在著「高度的替代性」，但不是完全的替代性。另外，該理論較符合20世紀70年代以來的實際經濟生活，的確，選擇和持有本國或外國金融資產的數量，在任何時候都遠遠超過經常項目的規模，所以在短期內，匯率要反應資產市場的均衡情形。

但該理論認為經常項目對匯率的影響只是通過資產組合變動而導致，忽略了購買力平價和國際貿易量的作用。此外，它忽視了匯率變動趨勢對資產實際收益的影響。

基本概念：

外匯　外匯匯率　直接標價法　間接標價法　升（貼）水　基本匯率　套算匯率　即期匯率　遠期匯率　黃金輸送點　外匯風險　遠期外匯交易　外匯期貨交易　外匯期權交易

思考題：

1. 國際經濟中的貨幣，其作用與一般國內經濟中的貨幣有何差別？
2. 匯率及其標價方法？
3. 決定和影響匯率變動的主要因素是什麼？
4. 匯率變動對一國經濟有何影響？
5. 馬歇爾-勒納條件的含義及其經濟意義是什麼？
6. 防範或減少外匯風險的原則方法，從簽訂交易合同的角度主要包含哪些內容？
7. 防範或減少外匯風險的原則方法，從借助外匯市場操作的角度主要包含哪些工具？
8. 均攤損益條款計算公式及其應用有哪些？
9. 購買力平價說的主要內容及簡要評介是什麼？
10. 試述國際借貸說、匯兌心理說、資產組合說匯率理論等外匯匯率理論。
12. 試運用有關匯率理論，分析近幾年來人民幣兌西方主要貨幣匯率的走勢及主要原因？

網路資源：

The basics of the foreign exchange market in the United States can be found at：

http：//www. newyorkfed. org/education/addpub/usfxm/chap2. pdf

Data on exchange rates by country and region，cross-rates，and the ability to calculate the exchange rate between any two currencies can be found at：

http：//www. x-rates. com/

The monthly trade-weighted exchange rate of the dollar，as well as data on U. S. interest rates，can be obtained by clicking，respectively，on「Exchange Rates」and「Interest Rates」(for covered interest arbitrage) on the Federal Reserve Bank of St. Louis website at：

http：//research. stlouisfed. org/fred2

For the internationalization of therenminbi，see：

http：//www. bis. org/repofficepubl/arpresearch200903. 05. pdf

http：//www. citibank. com/transactionservices/home/corporations/docs/rmb. pdf

http：//www. jpmorgan. com/tss/General/ChinaInternationalization _ of _ RMB/1288220029583

The carry trade is examined at：

http：//www. babypips. com/school/what-is-carry-trade. html

http：//www. fxwords. com/c/carry-trade. htm

http：//www. moneyweek. com/investments/why-is-the-carry-trade-so-dangerous

Data on the exchange rate of the dollar, and interest rates, money supply, and inflation rate in the United States are found on the Federal Reserve Bank of St. Louis web site at:

http://www.research.stlouisfed.org/fred

Data on the exchange rates, interest rates, money supply, and inflation rates for most countries are found by following the links to the various countries' central banks on the web site of the Bank for International Settlement at:

http://www.bis.org

For a wide variety of global financial indexes on exchange rates, interest rates, inflation rates, and nominal and real GDP, see the MIT web site at:

http://eh.net/hmit

第五章　國際收支

　　國際收支是國際經濟領域中的一個重要課題，它常被作為國際金融研究的起點來看待，因為在國際經濟關係中，國與國之間經濟、貿易、政治、文化和科技等方面的往來，通常都會引起相互間的債權債務關係以及國際貨幣收支關係。例如，商品的進出口、勞務的進出口、長短期資本的流動等都會引起國際間的貨幣收支，從而產生國際收支問題。本章著重介紹與論述：什麼是國際收支；什麼是國際收支平衡表；國際收支平衡表的基本帳戶有哪些；國際收支的差額結構；國際收支平衡的含義；國際收支平衡的標準；國際收支失衡的原因；國際收支失衡對一國經濟的影響；以及國際收支失衡的調節，最後對國際收支調節理論作了較為詳盡的介紹及評述。

第一節　國際收支的概念

　　各國對自己的國際收支都特別重視，都希望保持有利於自己的國際收支，因此，學習國際收支的有關知識就顯得特別重要。本節主要介紹國際收支與國際收支平衡表的一些基本概念，為以後分析國際收支打下基礎。

一、國際收支與國際收支平衡表

1. 國際收支的含義

　　國際收支（Balance of Payments）是指一定時期內一國居民與外國居民之間的全部經濟交易（Economic Transaction）的收入和支出。這裡的「一定時期」一般是指一年，居居（Resident）是和非居民（Nonresident）相對的概念，「居民」既可以是自然人，也可以是政府機構或法人。自然人屬於哪國居民不以他們的國籍為依據，而是以下列原則來確定：首先身在國外且代表本國政府的個人（包括軍隊）一般作為所代表的國家之居民。他們在當地購買商品和勞務都要記入兩國的國際收支中；其次身在國外而不代表政府的個人，屬於哪國居民只能依他收入的主要來源而定。收入主要來源於哪國屬於哪國居民。如仍無法判斷，就以其工作地作為判斷標準。所有派駐國外的政府機構，無論其國外時間長短都屬本國的居民。就法人組織而言，它在哪國成立、註冊就屬哪國居民，但它在國外的分支機構和分公司屬於國外居民，因此，跨國公司的內部貿易只要是跨國界的貿易都屬國際貿易，交易形成的貨幣收支應計入兩個有關國家的國際收支帳戶上。反之，不符合上述定義或條件的自然人、政府機構、法人和社會團體則是一國的非居民，一些國際性機構，如在美國的聯合國、國際貨幣基金組

織、世界銀行等，不是美國的居民。經濟交易是指一國居民與外國居民間的商品和資本所有權的交換，以及不需要償還的單方面轉移。

在《國際收支手冊》第 5 版上，國際貨幣基金組織為了便於各成員國家向它報導國際交易的數據，對國際收支作了如下規定：「國際收支是一種統計報表，它系統地記錄了在特定時間內一經濟體（An Economy）與世界其他地方的各項經濟交易。大部分交易是在居民和非居民之間進行，包括貨物、服務和收入，對世界其他地方的金融債權和債務的交易以及轉移項目（如禮贈）[1] 從會計意義上講，需要建立對銷項目以平衡單方面交易[2]。交易定義為一項經濟流量（Flow），它反應了價值產生、轉化、轉換或消失並涉及到貨物或金融資產所有權的變更，服務的提供或勞務及資本的提供。」

2. 國際收支平衡表的含義

國際收支平衡表（Balance of Payments Statement）是一國居民和外國居民之間在一定時期內一切經濟交易的綜合收支記錄。國際收支平衡表是按復式記帳法編制的，每筆交易都會產生金額相等的借方（Debit）和貸方（Credit）兩筆記錄。借方是負號項目（Minus Items），貸方是正號項目（Plus Items），任何導致對外國人進行支付或外匯需求的交易，即資產增加，負債減少，都記入借方；任何導致從外國人那裡獲得收入或外匯供給的交易，即資產減少，負債增加都記錄貸方。每一筆國際交易都自動進入國際收支平衡表兩次，之所以正確是因為每一筆交易都有兩個方面：一方面是交易的買方付錢給賣方；另一方面是交易的賣方將這筆錢花掉或存起來。

3. 個別交易記錄實例分析

案例1：你從美國一家公司進口價值 8,000 千萬元（人民幣）的計算機。由於你的購買導致對外支付，這筆交易便在中國國際收支平衡表經常項目的借方記錄-8,000 千萬元人民幣，但用以抵銷這筆支付的貸方是什麼？這筆交易的另一方面是，這家美國公司在中國的銷售商得到你的支付（支票、信用卡），它必須對這筆收入進行處理，如果它把這筆收入存入中國銀行，則這家美國公司購入了中國資產——價值 8,000 千萬元人民幣的中國銀行存款，它記入中國國際收支平衡表資產項目的貸方。這筆交易在中國國際收支平衡表上產生了如下兩個互相沖抵的復式記錄：

	借方	貸方
商品進口 ——購買計算機（經常項目，中國商品進口）	-8,000 千萬元（人民幣）	
短期資本流入（資本項目，中國資產出口）		+8,000 千萬元（人民幣）

---

[1] 不屬於居民/非居民範疇內的國際收支交易有居民部門之間可轉讓的金融資產的交換，以及程度更低的非居民之間可轉讓的國外金融負債的交換。

[2] 本手冊中的國際帳戶的定義、分類的目的是幫助向基金組織報送國際貿易數據，這些定義和分類並不存在解釋或實施基金組織協定的有關條款（這些條款涉及上述交易、官方採取行動或不採取行動的法律特點）。

案例 2：假如你到新加坡旅遊，在旅行、食宿方面花費了 10 萬人民幣。你的支付，即旅遊花銷，將被視為中國的勞務進口而記錄經常項目的借方，相應的貸方呢？你的信用卡簽單會成為新加坡有關債權人（餐館、賓館）在中國銀行的人民幣權利（實際上是以本地貨幣折合成的人民幣數額），這是一項資產。於是使用信用卡支付你的在新加坡的旅行費時，你就出售了一筆資產給新加坡，從而在中國的資本項目貸方增加了 10 萬元人民幣。即：

	借方	貸方
從國外購買勞務（經常項目）	－10 萬元人民幣	
短期資本流入 ——（出售中國銀行的支付要求權）		＋10 萬元人民幣

案例 3：假如你購買了 3 萬人民幣的微軟公司股票，從中國的角度看，購買美國公司股票增加了中國在國外（美國）的長期投資，是一種長期資本流出，應計入借方。另外，還導致美國在中國銀行中的存款增加，對中國來說，這又是一種短期資本流入，應計入貸方。即

	借方	貸方
長期資本流出	－3 萬人民幣	
短期資本流入		＋3 萬元人民幣

上述各個例子都顯示出，一筆交易產生後，會根據具體情況以許多不同的方式在國際收支帳戶上沖抵。我們不能確定每一筆特定交易的對應交易會發生在什麼地方，但我們知道它一定會在國際收支帳戶的某一處出現。

二、國際收支平衡表的基本帳戶

各國在國際收支平衡表帳戶設置上有眾多的細微差別，這裡採用國際貨幣基金組織的規定，將國際收支平衡表分為三大帳戶：經常帳戶、資本帳戶和平衡帳戶。

1. 經常帳戶（Current Account） 經常帳戶是國際收支平衡表中最基本的帳戶。根據國際貨幣基金組織的規定，經常帳戶記錄涉及商品進出口、服務進出口、單方面轉移、要素收益等項國際交易。

（1）商品進出口。商品進出口是實體物品（Physical Goods）的買賣，因而是有形的，所以有時也被稱為「有形貿易」（Visible Trade）。按照國際貨幣基金組織規定，商品的進口和出口以各國的海關統計為準，而且都按離岸價格（FOB, Free on Board）計價，進出口的商品主要包括食品、原料、燃料等初級產品（Primary Goods）和金屬製品、化工產品、機器設備、電子產品、紡織服裝等工業製成品（Manufactured Goods）、非貨幣黃金。

（2）勞務進出口（Services Trade），亦稱為無形貿易（Invisible Trade），其內容很

多，包括運輸、旅遊、通訊、建築、保險、金融、廣告、計算機和信息服務，以及其他商業服務、個人、文化和娛樂服務，另處包括政府服務（如大使館、領事館開支、國際性、地區性組織服務）等，也包括專利權、商標權、版權、特許權轉讓，還包括投資收益（利息、股息、利潤）、租金以及國際貨幣基金的手續費、國際復興開發銀行的借貸利息、民間團體和企業長駐機構的費用、互派留學生、代表團的費用等的國際收支。其中，勞務收入、投資收益、技術轉讓費、特許使用費以及租金等是要素收益（Factors Income），對外投資收入之所以歸入經常項目，是因為這部分收入可以看成是對外投資所提供的服務所獲的補償。

（3）單方面轉移（Unrequired Transfer），這裡的單方是指無償的意思，單方面轉移就無償取得或無償提供財富，即實物資產或金融資產的所有權在國際間不需要償還的轉移。它包括私人單方面轉移和官方單方面轉移，私人單方面轉移主要有年金、僑民匯款、贈與、獎學金、財產繼承等，官方單方面轉移主要有無償援助、外債豁免、戰爭賠款、捐贈等，本國提供或取得其他官方機構及國際經濟組織的無償讓款。特別要注意的是，無償軍援部分不包括在單方轉移中，而是放在勞務收支項目之中。這些單方面轉移表示國內與國外居民之間收入的再分配，單方面對外支付可看作是國內收入的減少，所以記入借方；單方面從國外獲得的收入可看作是國內收入的增加，所以記入貸方。

2. 資本帳戶（Capital Account）記錄一國居民在一定期間內對外金融資產和負債的變動。對外金融資產和負債的變動是指短期資本和長期資本的流動。

(1)短期資本（Short Term Capital）流動，是指期限在一年或一年以下的資本的流出或流入。主要包括：①銀行間短期資本的流動，即各國銀行間短期資金拆放，營業頭寸調撥等；②貿易性短期資本的流動，即由國際貿易引起的短期融資及其結算；③保值性資本流動，即逃避外匯管制和貨幣貶值風險的資本外逃；④套匯、套利、抵補、保值等外匯買賣，以及利用貨幣危機或某些政治事件衝擊黃金、外匯市場謀取利益等活動而引起的短期的資本流動。

(2)長期資本（Long Term Capital）流動，是期限在一年以上或未規定期限（如股票）的資本流出或流入。長期資本流動的形式可分為三種：①直接投資，即一國居民以獲得外國的企業經營權為目的而進行的投資，它包括本國居民在外國投資建廠，本國的國外企業獲得的利潤在當地的再投資，跨國公司在國外設立子公司等；②證券投資，指購買外國公司股票和長期債券，以獲得經營收益。但擁有外國企業的股權達到一定的比例時，就作為直接投資；③國際貸款，包括企業、政府和國際金融機構所提供的中長期商業性貸款。但是，國際貨幣基金組織的貸款列入儲備項目，不屬於資本流動項目。

由於經常帳戶和資本帳戶缺乏自動平衡功能，兩者的綜合收支經常處於不平衡的狀態，為了彌補這一經常存在的差額，需要一種與經常帳戶和資本帳戶相輔相成的平衡帳戶。

3. 平衡帳戶（Balancing Account）

前述兩個帳戶所記錄的內容，是一國居民出於經濟目的或其他動機進行的國際經濟交易，他們被稱為自主性交易（Autonomous Transaction）。當自主性交易的借方總額與貸方總額不一致時，就需要通過某種途徑來實現平衡。以實現國際收支平衡為目的的交易被稱為調節性交易（Regulative Transaction）。為此，國際收支平衡表中專門設立了平衡項目帳戶，它的內容包括兩個項目：

(1) 官方儲備交易

它記錄一國金融當局在一定時期內為平衡經常項目、資本項目，而動用官方儲備的數額，它等於官方對外國官方債權債務的變化。官方儲備是一國金融當局用於平衡國際收支，調節匯率，干預國際金融市場的資產。

官方儲備包括四個部分：①貨幣化黃金，即一國官方機構持有的作為金融資產使用的黃金，它與其他經濟實體所使用的黃金不同；②特別提款權，它是國際貨幣基金組織所發行一種記帳單位，根據成員國在基金組織中繳納份額的比例分配給成員國；③外匯，它是指國家貨幣當局持有外匯資產；④在國際貨幣基金組織的儲備頭寸，它是指成員國在基金組織的份額和貸款安排下對基金組織負債的總和。

當經常項目與資本項目相抵仍有差額時，往往通過官方儲備的增減變動來加以調節，以達到平衡。由於官方儲備的增減變化是為了平衡上述兩個項目的差額，因此，官方儲備的增加反應在國際收支平衡表的借方（負號項目），反之，官方儲備的減少反應在貸方（正號項目）。

(2) 錯誤與遺漏（Errors and Omissions）

錯誤與遺漏是指用於扎平國際收支平衡表中借貸方總額而人為設計的平衡項目。按照復式記帳原理，國際收支平衡表中的借貸雙方淨額應該等於零。但現實中並非如此，原因是：①在統計國際收支有關數據時可能發生遺漏。一國不可能把國內外居民之間的一切交易活動都記錄下來，商品走私、民間貨幣收付、攜帶現金出入境、軍火的販運、洗錢等都是官方難以控制的經濟交易；②許多統計數字是從不同來源中選擇計算出來，資料來源和口徑不同，也會造成誤差。比如，商品進出口由海關呈報，而與之相對的貨幣收付則由銀行呈報，自然會產生報告時間、報告範圍和數據精確度等方面的差異；③為了避稅，資本項目中的一些交易活動都有少報現象；④一些不誠實的企業自動少報出口發票而多報進口發票，人為地縮減其利潤；⑤發生超前滯後現象，這種現象在延期付款或預付貨款的貿易中時有發生，貨款預付後，這筆交易在銀行中便有了記錄，從而增加了本期的貸方數額，而海關要到下一期商品入關時才會將該筆交易記錄下來，從而增加了下一期國際收支中的借方數額。同樣的，資本項目也會產生類似的問題。當官方統計結果借方大於貸方時，兩者之間的差額就記在錯誤與遺漏項目的貸方，前面加「+」號；官方統計結果貸方大於借方時，兩者之間的差額就記在借方，前面加「-」號。

4. 國際收支平衡表的格式

以下是國際收支平衡表的一種式樣：

項目	借方	貸方
A. 商品和勞務		
①商品	(−)	(+)
②勞務	(−)	(+)
B. 單方面轉移		
①私人匯款和餽贈	(−)	(+)
②政府轉移	(−)	(+)
C. 長期資本		
①私人直接投資	(−)	(+)
②其他私人投資（−）	(+)	
③政府（官方）資本	(−)	(+)
D. 短期資本（非貨幣）		
局部總額（A−D）	(−)	(+)
E. 官方儲備資產和負債		
①短期官方資本	(−)	(+)
②貨幣黃金	(−)	(+)
③特別提款權和其他儲備資產	(−)	(+)
局部總額 E	(−)	(+)
全部總額（A−E）	(−)	(+)

說明：

1. 下面的一些交易活動，在國際收支平衡表中可記入借方：（1）從國外得到商品和勞務（A_{1-2}）；（2）對國外提供餽贈或轉移（B_{1-2}）；（3）從國外獲得資產或（對外負債減少）（C_{1-3}，D，E_{1-3}）。

2. 下列的一些交易活動在國際收支平衡表中可記入貸方：（1）對國外提供商品和勞務（A_{1-2}）；（2）從國外獲得餽贈或轉移（B_{1-2}）；（3）放棄資產給外國居民（或對外負債的增長）（C_{1-3}，D，E_{1-3}）。

5. 國際收支的差額結構

為了瞭解不同交易項目的收支平衡狀況，各國編制了下面五種收支差額的統計數字。

（1）貿易收支差額

貿易收支差額即進出口收支差額，它是指一定時期內一國商品出口總額與進口總額之差。如果出口大於進口，則稱貿易收支順差；如果進口大於出口，則稱貿易收支逆差，如果出口等於進口，則稱為貿易收支平衡。貿易收支差額在許多經濟類許多刊物上都能看到，例如英國出版的經濟學家雜誌每個月都公布有關國家貿易收支情況的數據。中國的《中國對外貿易》雜誌也公布了有關中國貿易收支的狀況的數字。

（2）經常項目收支差額

經常項目收支差額是指一定時期內一國出口商品、勞務和單方面轉移項目上的貸方總額與同期進口商品、勞務和單方面轉移的借方總額之差。當貸方總值大於借方總值時，經常項目收支為順差，反之則為經常項目收支逆差。經常項目收支差額國際收支平衡表中最重要的收支差額。如果經常項目收支是順差，則意味著由於有商品、勞務和單方面轉移的貸方淨額，該國的國外資產淨額增加；反之，如果經常項目收支是逆差，則意味著該國有商品、勞務和單方面轉移的借方淨額，即該國利用了其他國家的商品和勞務，這對加快經濟成長是有利的。國際貨幣基金組織特別重視各國經常項目收支，雖然經常項目收支不代表全部國際收支狀況，但它綜合了一國的進出口狀況（包括勞務、保險、運輸等無形進出口），因而被廣泛使用，並被當做是制定國際收支政策和產業政策的重要依據。

（3）基本收支差額

基本收支差額是指一定時期內經常項目與長期資本項目借方總額與貸方總額的差額。由於經常項目差額和長期資本流動主要受該國生產率長期變化、生產要素的有效配置、消費者偏好以及預期資本利潤率等基本經濟因素的影響。因此，基本收支是一國國際收支的長期趨勢。基本收支逆差表示一國國際收支有長期惡化的趨勢，順差則表示該國的國際收支有長期加強的趨勢。正因為這樣，基本收支便成為許多國家，尤其是那些長期資本進出規模較大的國家觀察和判斷其國際收支狀況的重要指標。

（4）官方結算差額

在基本差額基礎上加進短期資本流動差額，就是一國的官方結算差額。貿易收支差額、經常項目收支差額、基本收支差額和官方結算差額都是自主性交易形成的結果，特別是官方結算差額，如果它為正，說明該國在自主性交易中存在淨餘額，亦即該國居民在對外經濟交往中形成的外匯供給，在總量上是超過了對外匯的需求。因此，官方結算差額可以作為一個全面分析國際收支狀況的指標，尤其是對那些金融市場發達、國內金融市場和國際金融市場緊密的國家更為重要。

（5）綜合差額

在官方結算差額的基礎上加進官方借貸差額就構成了綜合差額，官方結算差額由官方的短期借貸和儲備變動來予以平衡，也即當官方借貸仍不能平衡官方結算差額時，就需要使用儲備來實現平衡，從這個意義上說，綜合差額象徵著一國儲備資產的增減。

以上五種差額分別從不同的側面衡量了一國的國際收支狀況，人們可以根據不同的目的，所要分析問題的不同，選擇和使用某個指標。例如，在分析早期時代各國的國際收支狀況時，貿易差額應當是最重要的，因為那時資本跨國流動的規模小，而對當今許多國家來說，國際資本流動在國際收支中的比重相當高，要分析變化的原因，恐怕採用基本差額更加合理一些。

第二節　國際收支的平衡與失衡

國際收支的平衡與失衡是國際收支的兩種表現形態。國際收支的平衡有多種含義，判斷一國的國際收支是否平衡有四個標準。國際收支的失衡是絕對的，也就是就是說國際收支失衡是正常的，但是不管國際收支是長期大幅度的順差或是逆差，都會對該國的經濟甚至世界經濟產生不利的影響，因此，搞清國際收支失衡就顯得特別重要。

一、國際收支平衡的含義

在一個開放的經濟中，國際收支平衡是整個宏觀經濟均衡的重要組成部分，國際收支的平衡對整個宏觀經濟的均衡發展有著深刻的影響，按照復式記帳原則，國際收支平衡表上借貸雙方總額是相等的，但為什麼又會出現國際收支惡化、國際收支失衡的問題呢？這主要是因為國際收支平衡有幾種不同的含義。

1. 主動平衡與被動平衡

據交易目的和交易主體的不同，各種國際經濟交易活動，可以分為自主性交易和調節性交易。當一國自主性交易產生的外匯需求大於外匯供給時，為平衡供求，金融當局就需動用本國的黃金、外匯等官方儲備或通過外國中央銀行、國際金融機構融通資金以彌補自主性交易帶來的收支差額。錯誤與遺漏也是調整項目，它可以使國際收支平衡表最終在帳面上達到平衡。由此可見，國際收支的帳面平衡是通過調節性交易來實現的，這種平衡被稱為被動平衡，真正能反應國際收支狀況的是自主性交易項目，因此在自主性交易收支均衡基礎上的國際收支平衡，被稱為自主平衡。這種平衡沒有調節性交易的彌補，它是國際經濟交易中各種自主性交易自動產生的結果。

2. 數額平衡與內容平衡

一國國際收支在數額上的平衡，即使是主動平衡也只能說是表面上的平衡，因為這種平衡未必對本國經濟有利，考察一國國際收支平衡還必須分析這個國家對外經濟交易的內容。如果輸出的貨物是對本國財政經濟都有利的交易，而輸入貨物並不妨礙本國生產事業的發展，這才是內容上平衡；如果出口貨物是國內經濟發展所短缺的，進口貨物都會明顯對本國幼稚產業起打擊作用，則這樣的平衡就不是內容上平衡或真正的平衡，資本的輸出、輸入也是這樣，以上兩種含義的國際收支平衡分別從不同的角度強調了各自的重點。

二、國際收支平衡的標準

國際收支平衡不是一個收與支數量相等的數字概念，而是涉及面廣，一個與宏觀經濟、資本流動、貨幣匯率、國際儲備等有密切關係的綜合經濟概念。一般來講，判斷一國的國際收支是否平衡有以下四個標準：

（1）如果一國經常項目差額可以由正常的資本流動來彌補，貨幣匯率基本穩定，外匯儲備水平能維持 2~3 個月進口需要，那麼這個國家的國際收支就達到了平衡。

（2）一國的國際收支平衡不能僅以一時的或短期的差額為標準，而應著眼於長期，因為影響一國國際收支差額的因素是多方面的，其中一些因素只能起暫時作用，只有在分析較長時期起作用的因素後才能準確地判斷國際收支是否平衡；在一個較長時期的國際收支順差中，並不排除特殊經濟發展階段具體年份的逆差；反之亦然。

（3）國際收支平衡不是一個靜態的概念，而是一個動態的概念。靜態的平衡是某一時點的存量的均衡，動態的平衡是一定時期流量的均衡。國際收支平衡應看作是在經常項目差額、資本淨流量與外匯儲備的合理增長中，在從一個時期到另一個時期的運動達到和諧一致。

（4）國際收支平衡不是局部的均衡，而應是一般均衡，即國際收支是否平衡不能僅就國際收支各項目的數量關係而言，而應就國際收支與國內主要宏觀經濟變量（收入與支出、儲備與投資）關係而言，國際收支各組成部分與國內主要宏觀經濟變量是相互影響的，因此，國際收支平衡存在著究竟是高水平的平衡還是低水平平衡的問題。如果為了達到國際收支平衡而抑制了國內經濟的發展，那麼，這只是低水平的國際收支平衡，是以犧牲國內平衡為代價的國際收支平衡，只有在國內平衡與國際收支平衡相互作用、相互促進下的均衡，才是高水平的國際收支平衡。

三、國際收支失衡的原因

國際收支無論出現順差或逆差都是失衡的表現，國際收支的平衡是相對的，失衡是絕對的，也就是就是說國際收支失衡是正常的，但是如果一國國際收支長期大幅度的順差或逆差，則會對該國經濟，甚至世界經濟產生不利的影響。

國際收支持續大量逆差對經濟發展的不利影響主要表現在以下三個方面：①使本國累積的對外負債超過本國的支付能力，從而引起償還外債的困難，甚至出現債務危機。②耗盡一國的國際儲備，金融實力減弱，本幣匯率下降，損害該國在國際上的信譽和地位。③由於出口收匯主要用於還本付息，國民經濟的增長必然受到影響，因為無力進口本國經濟發展所需的生產要素。

國際收支持續大量順差對經濟發展的不利影響也主要表現在三個方面：①國內總供給與總需求平衡遭到破壞，持續大量的順差意味著出口大於進口，這對某些資源型出口國來說意味著國內的經濟資源的掠奪性開採。②增大本國的外匯供給，在外匯需求一定的情況下，外匯供給大於需求會使本幣匯率上升，也使國內基礎貨幣的供給增大。前者不利於商品的出口，後者則會增加通貨膨脹的壓力。③一國國際收支順差就是主要貿易夥伴國其他國家的逆差，如果順差國不採取必要的措施縮減順差，必然引起國際摩擦，不利於國際經濟發展。

導致國際收支失衡的原因是多方面的，既有客觀的，又有主觀的；既有內部的，又有外部的；既有經濟的又有非經濟的；既有經濟發展階段的，又有經濟結構的。而且這些因素往往不是單獨而是混合地發生作用。這裡列舉幾個：

1. 週期性失衡

即經濟的週期性波動引起的國際收支失衡。在經濟衰退階段，居民的收入減少，有效需求不足，從而導致進口減少。在出口量保持不變的情況下，該國的國際收支可能趨於順差。相反，在經濟景氣階段，隨著居民收入水平的上升，有效需求增加，從而導致進口需求擴張，同時，部分出口產品轉向內銷，由此可能引起國際收支逆差。資本流動也會明顯地受到經濟週期的影響，通常是當一國經濟處於蕭條時期時資本的流出會增多，而在經濟景氣時期，由於人們看護好前景，而導致資本大規模流入。在各國經濟聯繫日益密切的當今，這種由經濟週期的循環使經濟條件發生變化從而引起國際收支失衡的現象會不時地出現。主要發達國家的經濟週期必然影響到其他國家的生產、消費和國際收支，而且傳播的速度快，影響的程度加深。

2. 結構性失衡

即一國產業結構同國際分工失調引起的國際收支失衡，也就是當國際經濟結構發生變化，而一國產業結構不能適應這種變化所引起的國際收支失衡。

通常，一國的產業結構決定著該國的進出口商品結構，因為產業結構是影響進出口商品結構層次和優化程度的最直接、最重要的因素。很顯然，如果一國的產業結構不能適應世界商品供給結構和需求結構的變化，該國就可能出現出口減少，進口增加，從而導致國際收支逆差或逆差加大；反之，就會出現國際收支順差或順差加大。例如，許多發展中國家出口以初級產品為主，進口以製成品為主，近幾十年來，由於國際市場上制成口價格大幅度上揚，而初級產品價格增長相對緩慢，導致這些國家貿易條件惡化，從而引起國際收支的失衡。

應當看到，在當代國際分工中，任何一個國家都難以享有永恆的比較利益，關鍵在於及時地對國內經濟結構進行及時的調整，以適應世界經濟發展的需要。

3. 貨幣性失衡

貨幣性失衡又稱為價格性失衡，是指在匯率一定的條件下，由於通貨膨脹或通貨緊縮而引起的國際收支失衡。幣值（貨幣購買力）的變動是導致國際收支失衡的直接原因，不管造成這種變動的原因是實物性原因還是貨幣供應本身。

如果一個國家在一定時期內貨幣增長過快、導致商品成本和物價水平相對地高於其他國家，必然導致出口下降，進口增加，國際收支發生逆差；反之，如果通貨緊縮，一國物價水平普遍低於其他國家，則會發生相反情況，從而使該國的國際收支出現順差。在資本流動上，一國發生通貨膨脹，對資本流入存在不利的影響，而對資本流出起著鼓勵作用，反之亦然。

4. 收入性失衡

收入性失衡是指由國民收入及其變動引起的國際收支失衡。一般說來，一國國民收支水平較其他國家高或經濟增長引起國民收入增加，會增加對國外的商品、勞務的需求和對外投資，從而引起國際收支逆差。反之，國際收支則會出現順差。

然而，一國國民收入的變化是否會引起對國外的商品、勞務和投資的變化，要取決於以下兩個條件：

（1）該國的對外經濟政策，如果該國採取鼓勵出口、限制進口的外貿政策和匯率政策，則該國國民收入雖然較高或在增加，並不會使該國國際收支呈現逆差，反而出現順差。相反，一國民收入水平雖然低下或在下降，但可能因不恰當的國內經濟政策、外貿政策和匯率政策而導致國際收支逆差。

（2）進出口商品的價格和收入彈性。在各國相對價格水平不變，各國的進口商品的需求價格彈性較大，進口商品需求收入彈性為正且大致相等時，一國國民收入較高或增長率較大，則會導致該國國際收支惡化。

5. 貿易競爭性失衡

貿易競爭性失衡指由於一國商品缺乏國際競爭力所引起的失衡。一國商品國際競爭力強，在一些重要出口商品市場占據優勢，是其國際收支是保持順差的基礎。反之，一國商品國際競爭力弱，光靠降低匯率、搞貿易保護等，並不能從根本上改善國際收支狀況。

6. 過度債務性失衡

過度債務性失衡是指有些發展中國家在發展民族經濟過程中，違背了量力而行的原則，借入大量外債，超過了自身的承受能力，而有些發達國家實施高利率政策和保護主義措施，結果使發展中國家貿易條件進一步惡化，國際收支逆差不斷擴大。

7. 其他因素

如由於生產、消費的季節性原因而引起的季節性失衡；由無規律的自然災害、洪水、地震導致出口猛降和進口劇增引起的偶然性失衡；長期持續地對外進行直接投資，外匯管制下匯率確定失當等引起的國際收支不平衡，尤其是在國際金融市場上，存在著數額巨大的遊資，追逐高利潤的本性誘使它們在各國間頻繁進出，一國貨幣持有者在國內政府動盪不穩或其他偶然性因素可能導致該國貨幣貶值時，將該國貨幣兌換成其他外幣存入外國銀行、投機或資本外逃行為都可以迅速地減少一國官方儲備，影響該國的國際收支，有時甚至可能引發國際支付困難，短期資本流動的加快是現代經濟的一種突出現象，它具有規模大、速度快、事發突然等特點，有時會成為一國國際收支失衡的直接誘因。

當然，以上幾方面原因不是截然分開的，任何只從某一個角度去分析國際收支失衡的原因都是不充分的、不全面的。而且，必然注意到：

（1）固定匯率製度下的國際收支失衡不同於浮動匯率製度下的國際收支失衡。在固定匯率製度下，由於匯率是相對穩定的，因而影響國際收支失衡的原因不是匯率，而是國民收入水平和進出口對收入的依賴性。而在浮動匯率制下，國際收支狀況在很大程度上與匯率水平有關。

（2）發達國家和發展中國家的國際收支失衡的原因和表現形式不同。前者的主要原因是經濟週期，後者的主要原因是經濟結構，同時也受到前者週期的影響。

四、國際收支失衡對一國經濟的影響

在一個開放的經濟中，國際收支平衡是整個宏觀經濟均衡的重要組成部分。宏觀

經濟均衡決定了其對內經濟的均衡發展，而國際收支的均衡決定了其對外經濟的均衡發展，國際收支均衡與否對宏觀經濟均衡發展有著深刻的影響。

國際收支均衡（平衡）狀況對外匯市上供求關係會產生直接的影響，進而影響到國內的總供給和總需求。從貨幣供求的角度看，國際收支記錄的外幣收付實際上反應了外匯供求的變化過程。因此，從原則上講，國際收支的經常項目、資本項目貸方所記錄的是以外幣標價的國際交易，表現為外幣的供給。同樣，他們借方項目所記錄的交易表現為對外幣的需求。所以說，國際間外匯的供求最終是由各國國際收支差額決定的。當一國國際收支為順差時，外匯供給大於對外匯的需求；當國際收支為逆差時，外匯供給小於對外幣的需求。外匯供求的這種此消彼長的關係造成了匯率升降，從而影響到該國商品的進出口和國內總供求。

此外，國際收支平衡狀況是一個動態的過程，今年的國際收支可能影響到一國明年的貿易和收支，甚至影響到下一年的經濟發展。

經常帳戶與經濟增長案例　經常帳戶的赤字會減少美國的就業機會嗎？

近幾年，美國經常帳戶的大量赤字使人們開始擔心，美國的就業機會會因此而減少。隨著亞洲國家低成本產品的進口，美國國內市場的競爭越來越激烈，美國公司面臨著解雇工人的壓力。由於美元堅挺，福特公司在海外汽車市場的價格上升，銷量下降。別的出口商也面臨這樣的問題，因此它們也開始裁員。最後，1997—1998年的亞洲金融危機減少了對美國商品的需求，這也使波音公司等出口導向型企業的就業機會受到了影響。人們除了擔心經常帳戶赤字會對就業造成影響之外，還害怕美國公司會為了利用國外的低勞動力成本而關閉國內工廠，將生產活動轉到其他國家。

然而，雖然人們擔心進出口的變動會使美國的就業機會減少，但就業統計數據顯示，經常帳戶赤字和低就業率之間並沒有必然聯繫。在20世紀90年代，失業率穩步下降，1998年達到25年來的最低水平，而經常帳戶的赤字量卻不斷攀升。那麼，人們擔心國際貿易會減少美國的就業機會會是杞人憂天嗎？

【案例來源】羅伯特·J. 凱伯. 國際經濟學 [M]. 原毅軍，陳豔瑩，等譯. 北京：機械工業出版社，2005.

第三節　國際收支失衡的調節

國際收支失衡的調節包括兩個方面，即市場機制對國際收支失衡的自動調節和政府可能採取的政策引導措施。

一、國際收支失衡的自動調節

國際收支失衡的自動調節是指由市場這只「無形的手」來實現的國際收支調節，即在政府沒有干預的情況下，由市場經濟中的其他變量與國際收支相互作用和相互影響來實現的國際收支調節。一國的國際收支失衡必然引起其他經濟變量的變化，而後者反過來又會引起國際收支失衡的縮小。通常，國際收支的失衡會引起匯率、物價、國民收入、利率的變化，而後者的變化又會改變國際收支的失衡。

1. 國際收支與匯率變動

國際收支是影響匯率變動的實際經濟因素之一。現實經濟生活中，人們對匯率的預期和資本流動的決策等，都要把國際收支狀況作為主要的考慮因素；另一方面當匯率發生變動時，不僅一國商品的進出口、服務的貿易會受到顯著的影響，而且資本的跨國流動也會出現大規模的變化。比如，當本幣匯率下跌時，會使外國金融資產的價格相對提高，從而對本國金融資產的需求會相對上升、對外國金融資產的需求會相對下降，國際收支會因此得到改善。

2. 國際收支與物價變化

英國的經濟學家大衛·休謨最早注意到物價變化同國際收支狀況之間的關聯，他於 1752 年提出了有名的「物價-鑄幣流動機制」。休謨指出，在國際金本位製度下，各國的國際收支失衡會通過價格水平的變化而自動地得到調整。這是因為每一個國家的貨幣供給是以黃金本身或以黃金為基礎的紙幣構成的。在黃金自由進出口的情況下，如果某個國家的國際收支出現了逆差，就會導致黃金外流，結果是該國貨幣供應量減少，物價水平下降，該國的出口商品競爭力增強，對進口商品的需求減少，進而在對外貿易方面形成順差，改變赤字狀況；反之，如果某個國家的國際收支存在順差，就會導致黃金流入，結果是國內的物價水平升高，出口商品的競爭力下降，進口商品的數量增多，導致在對外貿易方面形成逆差，逐步地消耗掉國際收支的盈餘。總之，在嚴格的金本位制下，任何國家都不會長期處於國際收支的順差或逆差狀況之中。

在當代，價格變化對國際收支狀況仍然存在重要的影響。當一國出現國際收支逆差時（順差情況正好相反），意味著對外支出大於收入，貨幣外流（基礎貨幣減少，從而減少了社會的貨幣量），物價下降，同時該國的貨幣會貶值，即匯率上浮，由此引起本國出口商品價格相對下降，進口商品價格相對上升，從而使出口增加，進口減少，貿易收支得到改善。

3. 國際收支與國民收入水平

當一國國際收支發生逆差時，表明國民收入水平下降。國民收入水平下降導致社會總需求、進口需求下降，從而貿易收支得到改善。國民降收入水平下降不僅能改善貿易收支，而且也能改善經常項目收支和資本項目收支。因為國民收入水平下降會使對外國勞務和金融資產的需求都程度不同的有所下降，從而使整個國際收支得到改善。值得注意的是，國民收入變動對國際收支的影響是「不完全的」，它很可能在國

際收入完全恢復平衡以前就不再起作用，而不象「物價-鑄幣流動機制」那樣會消除國際收支的失衡。

4. 國際收支與利率變化

一國的國際收支出現順差，表明該國銀行所持有的外幣存款和其他外國資產增多，負債減少，因此產生銀行信用膨脹，國內金融市場銀行銀根趨於鬆動，利率水平逐漸下降。利率下降會引起本國資本外流，同時，也阻止外國資本內流，於是在資本帳戶中淨差額減少，國際收支的順差也會減少；相反，一國的國際收支出現逆差，即表明該國銀行所持有的外國貨幣和其他外國資產減少，而負債增多，於是該國信用會出現緊縮，銀根也會相應地趨於緊張，利率也會隨著市場供求關係的變化而上升。利率上升必須會導致本國資本不再外流，同時，外國資本也紛紛流入本國謀求高利。因此，資本帳戶的逆差就會向順差方向轉化。

以上是國際收支與各種經濟變量，在沒有政府干預的情況下，實現的國際收支調節，這種調節是一種基於內生因素的自動調節，它的成立必須具備一系列的條件：

（1）這種調節只有在進口商品需求價格彈性較大時，才能發揮作用。如果價格彈性小，即無法縮小進口，也就不能改變貿易入超狀況。

（2）由物價變動導致商品進出口的變化，其前提條件是需求的價格彈性較大，否則，它也不能起到自動調節作用。

（3）這種自動調節需要對利率升降有較敏感的反應。如果對利率的反應遲鈍，那麼即使是信用有所擴展或緊縮，也難於立即引起資本流入與流出。對利率反應的敏感程度與利率結構也有關係，也與一個國家金融市場業務的發展情況息息相關。

（4）這種自動調節必須在國家財政金融政策不過分干預的情況下，才能發揮作用。

二、國際收支調節的政策引導

國際收支自動調節的實現必須以一定的經濟條件為基礎，離開了這些條件，它是無法實現的，而現實生活中往往不具備或不完全具備這樣的條件。國際收支的自動調節還會帶來一些問題：比如，它會產生某些難以接受的後果，比如市場匯率隨供求而變化必然造成匯率的變化無常，這會增大外匯市場的風險；降低赤字會減少國內總需求從而使均衡產出下降；充分就業時，出口的自發性增加會在國內引起通貨膨脹，通貨膨脹又會降低或消除盈餘。如果讓貨幣調節機制自發地作用，就需要允許本國貨幣量隨著國際收支狀況的變化而變化，這樣一國的貨幣政策就可能由外部因素來決定，貨幣政策的獨立性就會喪失等。再如，自動調節過程可能需要很長的時間，例如，當一國存在較為嚴重的國際收支赤字時，市場機制就需要較長的時間來解決這個問題，因此，各國不能單純地依靠市場來自動調節國際收支，而必須利用各種政策措施來調節國際收支的失衡，政策引導就是指政府為校正國際收支失衡而採取各種措施。這些措施具有人為的主動性。

各國政策可以選擇的調節國際收支的政策和措施很多，這些政策和措施不僅會改

變國際收支，而且還會給國民經濟帶來其他影響。因此，政府在對國際收支失衡進行調節時，應當根據不同的情況，採取不同的對策。

1. 外匯緩衝政策

外匯緩衝政策是指政府通過官方儲備的變動或短期的對外借款來干預外匯市場，校正國際收支的失衡。外匯緩衝政策可以很好的解決暫時性的國際收支失衡。當國際收支出現逆差，外匯需求大於供給，匯率面臨下跌壓力的時候，政府可以通過出售外匯來維持市場的平衡；反之，某個時點上外匯的供給大於需求，本幣可能出現升值時，政府就以低價收購外匯，以保持匯率穩定。政府也可以用對外借款來支付對外國際收支逆差，這樣，就能避免外匯市場的波動給國民經濟帶來的衝擊，同時又不背上沉重的負擔。因為由於外匯價格較高出售所造成的損失，政府會在隨後外匯價格較低時的收購中得到補償，短期的、暫時性的國際收支失衡，官方對外借款的償還時間短，利息負擔不會很大。類似地，短期資本的不正常流動可通過外匯緩衝政策來對付。

當然，如果一國的國際收支上不是暫時性的失衡，運用外匯緩衝政策就可能面臨嚴重的問題。一方面，如果本國貨幣實際上已經貶值即均衡匯率不跌了，政府繼續運用外匯緩衝政策來維持現有的匯率，結果只能導致外匯儲備被消耗乾淨。另一方面，如果國際收支的失衡不是暫時性的，本國政府的信譽也會受到影響，官方對外借款也將會難以為繼。即使一國是處在國際收支順差的狀態，外匯緩衝政策仍然無法解決長期性的失衡問題。因為儘管政府力圖控製本國貨幣升值，但市場機制必然會改變匯率，這就會刺激投機行為。同時，官方儲備的過量增長，會給經濟運行帶來不良的影響。

不過，要判斷什麼是暫時性失衡，什麼是根本性失衡並非易事。許多國家的政府在這方面有過失誤。例如，1967年英國試圖運用外匯緩衝政策來解決「暫時性」國際收支逆差，但在外匯儲備大量消耗之後，還是未能頂住英磅貶值的壓力。20世紀70年代初，日本政府不希望日元升值，採用外匯緩衝政策來處理國際收支順差問題，阻止美元對日元的匯率下跌，以便維持日本出口商品的競爭力。美國多次建議日元升值，尼克鬆總統甚至公開地邀請進行外匯投機。在市場匯率波動時，日本政府開始堅持以購買美元的方式進行干預，但幾個月內就買了數十億美元，如果繼續下去，美元就會成為日本官方的唯一儲備資產。結果，只得停止下來，聽任日元對美元升值30%以上。

2. 需求管理政策

又稱為改變支出政策，即通過運用財政政策和貨幣政策來改變國內總需求，以校正國際收支失衡的政策。

財政政策是需求管理廣泛使用的手段之一。具體地說就是通過調整政府的收入和支出，影響社會總需求，進而校正國際收支失衡，當一國出現國際收支順差時，政府可以通過擴張性財政政策促使國際收支平衡。首先，減稅或增加政府支出通過稅收乘數或政府支出乘數成倍地提高國民收入，從而使進口相應增加。其次，需求帶動的收

入增長通常伴隨著物價水平上升，後者具有刺激進口抑制出口的作用。最後，在收入和物價上升的過程中利率有可能上升，後者會刺激資本流入。一般說來，擴張性財政政策對貿易收支的影響超過它對資本項目收支的影響，因此，它有助於一國在國際收支順差的情況下恢復國際收支平衡。

當一國出現國際收支逆差時，政府可以通過緊縮性財政政策促使國際收支平衡。一方面，增稅或減少政府支出，可以減少國民收入，從而相應的壓縮進口；另一方面，抑制總需求和降低通貨膨脹率和實物價格，從而有利於出口並抑制進口。當然，緊縮性財政政策可能促使利率下降和刺激資本流出。但是政府一般只是在充分就業和高通貨膨脹率情況下推行緊縮性財政政策，因此，它的基本作用是減少國際收支逆差。

貨幣政策也是實施需求管理的一個重要途徑。假設其他方面的條件不變，貨幣當局緊縮銀根，就會引起利率上升，從而產生雙重的結果。一方面利率提高會降低企業的投資意願，增強消費者的儲蓄意願，從而降低國內總需求，正常情況下這會導致進口規模縮小；另一方面，利率變動對資本流動有更加敏感的影響，尤其是對短期資本的流動。總的來說，貨幣政策對改變總需求的效果比較明顯，而且政府的操作成本低。

需求管理政策的優點在於，它是從根源上對國際收支進行調節，是各國在解決長期性國際收支失衡的必須考慮採用的。但它面臨的一個重要問題是時間上的滯後。因為當政府調整財政或貨幣政策之後，對國際收支產生影響還要有一個過程，對外匯市場的短期波動不能收到直接的效果。另外，為解決國際收支失衡問題而採取的財政和貨幣政策可能同國內經濟目標發生衝突。因此，正確選擇財政貨幣政策實現國際收支平衡，必須注意時機。

3. 直接管制政策

直接管制政策是指政府直接直接干預對外經濟活動以實現國際收支調節的政策措施。直接管制的一個主要方面是對進出口貿易干預，其基本措施包括通過關稅、各種非關稅壁壘來限制進口，以及對本國的出口給予政策上的鼓勵。直接管制是政府調節國際收支的基本手段，可以分為外匯管制、財政管制和貿易管制。

外匯管制。外匯管制是指政府機構對外匯買賣和國際結算加以行政性干預。它是許多國家曾經使用或正在使用的直接管制辦法，當一國的國際收支狀況十分嚴重時，外匯管制可能成為政府首先選用的措施。外匯管制機構通常是中央銀行，有些國家是財政部和外匯管理局。

各國常用的管制手段包括：

①限制私人持有外匯，如規定出口商品必須將全部或部分外匯收入按官方匯率出售給國家。

②限制私人購買外匯，如限制進口商購買外匯的數量。

③限制資本輸入，如提高非居民存款的法定準備金，對非居民存款不付或倒收利息限制非居民購買本國有價證券，限制企業借用外資等。

④限制資本輸出，如限制居民帳戶向非居民帳戶轉移，徵收利息平價稅，限制資本帳戶可兌稅性等。

⑤實行復匯率制。即針對國際結算的不同項目和不同商品分別為本國貨幣規定不同的匯率。據國際貨幣基金組織的解釋，復匯率制還包括課徵外匯稅，給予外匯津貼、不付息的預付進口存款制、規定未償債務的存款額，官方匯率明顯背離市場匯率且未得到及時調整等。

⑥禁止黃金輸出，限制個人攜帶本幣進出國境的數量。

從歷史上看，外匯管制起源於第一次世界大戰期間，受戰爭的影響，當時參戰的英、法、德、意等國都出現了巨額的國際收支逆差，各國貨幣的對外兌換比例劇烈地波動，資本大規模的外逃。為了動用資金進行戰爭，各國在戰時都取消了外匯的自由買賣，並嚴格禁止黃金輸出。直到 1924—1929 年，西歐各國陸續進入了經濟穩定時期，才逐步地放寬和取消外匯管制。但 1929—1933 年嚴重的世界經濟危機，使外匯管制很快又卷土重來。經濟危機導致西方各國都陷入國際收支危機，許多國家採用以鄰為壑的貿易保護政策，造成國家的貿易結算困難重重，德、意等國全面恢復外匯管制。第二次世界大戰爆發以後，參戰國都實行了非常嚴格的外匯管制政策，禁止外匯的自由買賣，限制資本的跨國流動。二戰結束①至今，世界進入相對穩定的發展時期，工業發達國家先後宣布取消外匯管理，以利於更好地展開國際經濟交往。例如，德國在 20 世紀 60 年代實現了貨幣的自由兌換，英國從 1979 年 10 月取消外匯管制，日本在 1984 年 5 月宣布日元國際化和金融自由化。

外匯管制對經濟生活的影響是廣泛的。外匯管制使實際交易中的匯率背離均衡匯率，如圖 5-1 所示：

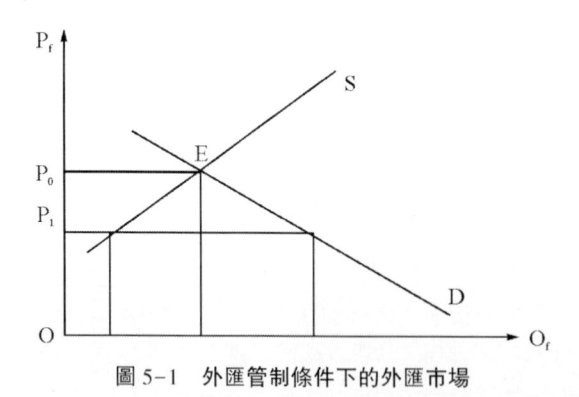

圖 5-1 外匯管制條件下的外匯市場

縱軸 P_f 代表外匯的本幣價格，橫軸 Q_f 代表外匯的數量，如果沒有外匯管制，外匯市場的匯率將由供求關係來決定，確定在 P_0 的水平上，這時一國對外匯的需求與供給

---

① 二戰結束後，西歐各國在重建經濟的時候，又面臨嚴重的「美元荒」，較長時期內奉行相當嚴格的外匯管制政策，20 世紀 60 年代以後才逐步放開。

相等，市場達到均衡，但外匯管制都使匯率固定在 P_1 的水平上，嚴重偏離均衡的匯率。這時市場上存在著超額的需求不能滿足，而外匯的供給受到嚴重的壓抑。於是，一方面政府不得不採用行政的辦法對外匯進行分配，強制性地實現暫時性的均衡；另一方面，外匯黑市也就應運而生，時時對政府的管理提出挑戰。

受外匯管制影響最深的還是國內經濟，資源配置嚴重扭曲，國民福利水平被人為地降低。因為外匯管制帶來的一個直接後果對本幣的估值偏高，造成市場信息失真，削弱本國產品的出口競爭力，使整個社會的資源配置流向效率偏低的生產部門，這對一國經濟長遠發展相當不利。同時，消費者對進口商品的需求既無法得到正常的滿足，又被迫放棄從出口增長中可能獲得的收入，受到雙重的損害。

此外，實行外匯管制，在對外匯的分配過程中存在很多黑洞，極容易導致腐敗現象的產生。即使排除這一點，公眾在獲得外匯前往往要長時間地等待，也會造成經濟效率的大大降低。在當今國際資本的流動非常頻繁和具有重要作用的條件下，外匯管制的不利也是比較明顯。因此，外匯管製作為一種在特定情況下使用的手段是必要的，而作為長期性的國際收支調節措施應當說是弊大於利。

國際收支的財政管制是指政府通過有關機構管制進出口商品的價格和成本從而調節國際收支的政策手段，財政管制機構包括財政部、海關、官方金融機構等。

常用的財政管制手段包括：①進口關稅政策，如提高關稅稅率以限制進口數量，降低某些進口生產資料的關稅以扶植本國進口替代和出口替代產業的發展。②出口補貼政策，如對出口產品發放價格補貼和出口退稅等。③出口信貸政策，如官方金融機構向本國出口商或外國進口商提供優惠等，以優惠利率貼現出口商的匯票，政府對出口商或出口方銀行提供信貸擔保等。

貿易管制是指政府直接限制進出口數量的政策。政府可以通過加強貿易管制緩和國際收支逆差。

常用的貿易管制手段有：①進口配額制，即政府規定一定時期某種進口商品的數量限制。②進口許可證制，即政府通過發放進口許可證來限制進口商品的種類和數量。③規定苛刻的進口技術標準，包括衛生檢疫條件，安全性能指標，技術性能規定，包裝和標籤條例等。④歧視性採購政策，即要求政府部門和國營企業盡量採購國產商品、限制其購買進口商品。⑤歧視性國內稅收政策，即政府對進口商品徵收較高的銷售稅、消費稅和牌照稅等。⑥國家壟斷外貿業務，禁止私人從事出口貿易。

直接管制在政策調節方面具有一些明顯的優點：①見效快，通過的中間環節少。②由於它對市場機制依賴程度較低，市場發育程度較低的發展中國家可以有效地採用這種國際收支調節手段，即具有可操作性。③直接管制的效力容易測定，從而政府可以更好的控製國際收支調節力度。④直接管制對國內經濟的影響面較小，政府在使用這種調節手段時更具有更大的靈活性。⑤直接管制使政府對經濟的調節深入到微觀領域，它可以克服財政貨幣政策等宏觀調控手段的某些局限性。

另一方面，直接管制也表現出一些弊端：①直接管制容易遭受對方的報復，從而可能給國際貿易和國際金融帶來消極影響。②直接管制本身要消耗一定的行政管理費

用和信息成本。③它可能扭曲市場價格信號，使市場機制作用不能充分發揮，從而可能使該國資源配置不夠合理，不能充分利用國際分工發揮自身優勢。④它在一定程度上限制了競爭，從而消費削弱了國內企業創新的動力。⑤它可能鼓勵尋租行為，助長社會上的不正之風，如配額分配中經常出現權力與金錢的交換。⑥公眾承擔的福利損失可能相當高。

4. 匯率調整政策

匯率調整政策是指一國通過調整本幣匯率來實現國際收支的平衡政策。

政府改變法定的匯率以後，在其他條件不變的情況下，國內產品與外國進口產品的市場價格會發生變動，由此會導致社會需求的轉換。比如，當一國發生國際收支逆差後，政府實行貨幣貶值可以增強出口商品的國際競爭力並削弱進口是商品的競爭能力，這時本國居民的支出會從外國商品轉向本國商品，其他國家的居民也會增加對本國商品的消費，從而改善該國的貿易收支。同樣，當一國長期存在國際收支順差時，政府可以用貨幣升值來促使國際收支平衡。

匯率調整政策操作簡便而且見效快，一些國家的政府故意將本國貨幣的價值貶到均衡匯率以下，以刺激本國產品的出口，增加就業機會，並力圖在國際收支中追求順差。但一國貨幣貶值要達到預期的目標，還需具備一定的條件，其中最重要的是國內存在較大供給彈性，而且，其他國家不採取報復措施。如果各國都競相進行貨幣貶值，就會導致匯率變化無常，誰都不能獲得利益。為了避免濫用匯率調整政策，IMF規定只有當會員國的國際收支出現根本性失衡時才可以調整匯率，但什麼是根本性失衡卻難以明確定義。

三、國際收支調節政策的國際協調

各國政府調節國際收支的政策都是以本國的利益為出發點，他們採取的調節措施可能對別國的經濟產生不利的影響，並導致其他國家採取相應的調節措施。為了維持世界經濟的正常秩序，各國政府加強了對國際收支調節政策的國際協調。

通過各種國際經濟協定確定國際收支調節的一般原則。例如關貿總協定規定了非歧視原則，關稅保護和關稅減讓原則，取消數量限制原則，禁止傾銷和限制出口補貼原則，磋商調解原則等。國際貨幣基金協定規定了多邊結算原則，消除外匯管制和制止競爭性貶值原則等。這些原則以貿易和金融自由化為核心，通過限制各國採用損人利己的調節政策來緩和各國之間的矛盾。

（1）建立國際組織或通過國際協定向逆差國提供資金融通，以緩解國際清償力不足的問題，例如，國際貨幣基金組織向成員國發放多種債款用於解決暫時性國際收支困難，並創設特別提款權用於補充成員國的國際儲備資產。借款總安排和互換貨幣協定要求有關成員國承諾提供一筆資金，由逆差國在一定條件下動用以緩和國際收支逆差問題和穩定匯率。

（2）建立區域的一體化集團以促進經濟一體化和國際收支調節。當前區域性世界經濟中的區域性一體化集團主要有優惠匯率安排、自由貿易區、關稅同盟、共同市場

和經濟共同體等類型，其中最為成功的是歐洲經濟區。

（3）建立原料輸出國組織以改善原料輸出國的國際收支狀況。國際貿易中的不等價交換是許多發展中國家出現長期國際收支逆差的重要原因。為了反抗原料消費國壟斷集團對原料價格的操縱，以發展中國家為主的原料出口國建立了許多輸出國組織，如阿拉伯石油輸出國組織（OPEC）、銅礦業出口政府聯合委員會、可可生產者聯盟等。特別是石油輸出國組織通過限產提價等競爭手段，提高了石油價格，對扭轉石油輸出國的國際收支狀況起到了很大的作用。

（4）通過各種國際會議協調多種經濟政策，以提高經濟政策特別是國際收支平衡政策的效力。各國的經濟政策可能相互抵消，各國領導人通過國際會議進行政策協調，可以提高政策的效力。例如，西方七國首腦定期舉行高級會議，對財政、貨幣、匯率等多種政策進行協調，一定程度上緩解了這他們之間的矛盾，提高了國際收支調節措施的效力。

國際收支不平衡的根本原因在於各國之間經濟發展的不平衡性以及各種製度安排的不合理。政府的國際收支調節政策只能起到暫時緩和本國國際收支困境的作用，而不能從根本上解決國際收支不平衡的格局。

第四節　國際收支調節理論

國際收支調節理論是國際經濟學的重要組成部分，它研究國際收支的決定因素、國際收支失衡的原因以及調節國際收支失衡的方法等基本問題。早在三百年前，重商主義就著重研究貿易收支問題，後來，休謨又提出金本位制下國際收支的自動調節理論。隨著世界經濟發展和經濟思潮的更替，國際收支調節的理論也不斷向前發展。20世紀30年代金本位制崩潰後，各國實行浮動匯率，於是國際收支彈性分析法應運而生。20世紀50年代和60年代，隨著凱恩斯主義的流行，國際收支吸收分析法風靡一時，在西方學術界占據了支配地位，20世紀60年代末和70年代初貨幣主義盛極一時，因而貨幣分析法廣泛流傳。以上是當代西方三種主要的國際收支調節理論，另還有結構理論等。這些理論不僅豐富了國際經濟理論，而且為各國政策調整國際收支、維護內外經濟的均衡與協調發展提供了理論依據。現分別介紹如下：

一、國際收支調節的彈性分析性（彈性論）

彈性論（Elasticity Approach）主要是由英國劍橋大學經濟學院瓊·羅賓遜（Joan Rokinson）於1937年加以系統化的，這一理論著重考慮貨幣貶值取得成功的條件及其對貿易收支和貿易條件的影響。

1. 關於彈性的基本概念

價格變動會引起需求和供給數量的變化，需求量變動的百分比與價格變動的百分比之比，稱為需求對價格的彈性，簡稱需求彈性。供給量變動的百分比與價格變動的

百分比之比，稱為供給對價格的彈性，簡稱供給彈性。在進出口方面，就有四個彈性，它們分別是：

①進口商品的需求彈性（E_m），其公式為：

$$E_m = \frac{進口商品需求量的變動率}{進口商品價格的變動率}$$

②出口商品的需求彈性（E_x），其公式為：

$$E_x = \frac{出口商品需求量的變動率}{出口商品價格的變動率}$$

③進口商品的供給彈性（S_m），其公式為：

$$S_m = \frac{進口商品供給量的變動率}{進口商品價格的變動率}$$

④出口商品的供給彈性（S_x），其公式為：

$$S_x = \frac{出口商品供給量的變動率}{出口商品價格的變動率}$$

由上可知，所謂彈性，實質上就是一種比例關係。這種比例關係的值越高，彈性越高；反之，比例關係的值越低，就稱彈性越低。

2. 馬歇爾—勒納條件（Marshall-lerner Condition）

瓊·羅賓遜在一定的假設條件[①]下，探討了匯率變動時國際收支的調節作用。由於其理論主要是圍繞進出口商品的供求彈性展開的，所以被稱為彈性分析法。瓊·羅賓遜把調整匯率作為調節國際收支的手段，而考察匯率變動對國際收支的影響，即考察匯率變動對出口總值和進口總值的影響，出口總值等於出口價格乘出口數量，進口總值等於進口價格乘進口數量，進出口值者都是用外幣表示的。

貨幣貶值能否改善貿易收支，取決於需求與供給的彈性，這裡要考慮四個彈性：①出口商品的需求彈性（E_x）；②出口商品的供給彈性（S_x）；③進口商品的需求彈性（E_m）；④進口商品的供給彈性（S_m），假定供給具有完全的彈性，那麼，貶值的效果取決於需求的彈性。

馬歇爾—勒納條件研究的就是在什麼樣的情況下，貶值才能導致貿易收支的改善。馬歇爾—勒納條件指出：當進出口商品的供給彈性無窮大時，一國的貨幣貶值要取得成功的條件是：

$E_m + E_x > 1$

即出口商品的需求彈性和進口商品的需求彈性之和大於 1，舉個例子，假設一國出口的需求彈性小於 1，比如說 1/3，即出口量的增加只有價格下降的 1/3。如果價格下降 3%，出口數量僅增加 1%，結果出口總值將減少 2%，又假設進口貨的需求彈性為 2/3，那麼，國內價格上漲 3%，進口數量就會減少 2%，進口值也減少 2%。由於這裡的兩種彈性之和等於 1（1/3+2/3＝1），進出口總值按同一方向同一數量變動，所

---

① 陳彪如. 國際金融概論［M］. 上海：華東師範大學出版社，1996.

以，貿易差額保持不變。如果兩種彈性之和大於1，貿易收支可以改善。調節過程是這樣的：一國貨幣貶值後，從出口商品來看，以外幣表示的價格下跌，於是出口增加。如果出口數量是增加抵銷出口價格下降而有餘，則出口總值增加，其增加的程度取決於國外的需求彈性，國外的需求彈性越高，出口總值增加得越大。從進口商品來看，貶值後國內價格上漲，進口數量減少，以外幣表示的進口總值隨之下降。其結果是出口總值增加，進口總值減少，從而貿易收支得到改善。若 $E_m + E_x < 1$，貿易收支惡化。發展中國家的進出口多是低彈性的商品，所以，貨幣貶值的作用不大。改變進出口的商品結構，由出口低彈性的初級產品轉為出口高彈性的製成品，才是改善國際收支狀況的根本途徑。

3. J 曲線效應

從長期來講，在一般情況下馬歇爾-勒納條件是成立的，但從短期來看也許不能得到滿足，可能會出現 J 曲線效應（J-curve effect），如下圖：

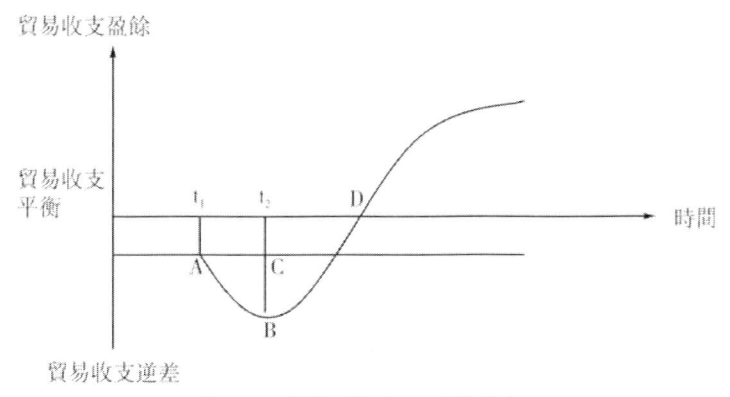

圖 5-2 貨幣貶值的「J 曲線效應」

J 曲線效應揭示了一國貨幣貶值後，貿易收支變動對匯率變動做出反應的過程或變動的軌跡。在貨幣貶值的「J 曲線效應」圖中，$Bt_2 > At_1$，表示貶值後貿易收支首先惡化，逆差擴大，然後，隨著時間的推移，再經過 C 點和 D 點逐步得到改善。

為什麼貶值對貿易收支的有利影響要經過一段時滯後才能反應出來呢？經濟學家的理由主要有三個：

（1）消費者反應的時間滯後。匯率變化後，消費者還需要花費時間來調整自己的消費行為。比如，當一國貨幣貶值後，國內消費者除了考慮貶值因素外，還把變得較貴的外國商品與變得較便宜的國內產品在貿易可靠性和信譽等方面進行比較後，才會逐漸轉向購買國內產品。

（2）生產經營者反應的時間滯後。首先，貨幣貶值增強了本國出口商品的競爭優勢，然而，國內生產經營者需要時間來調整以達到擴大商品生產經營的目的。其次，在貶值之前已簽訂的貿易協定仍然必須按原來的數量和價格執行。貶值後，凡以外幣定價的進口，折成本幣後的支付將增加；凡以本幣定價的出口，折成外幣的收入將減

少。換言之，貶值前已簽訂但在貶值後執行貿易協議下，出口數量不能增加以沖抵出口外幣價格的下降，進口數量不能減少以沖抵進口價格的上升。最後，即使在貶值後簽訂的貿易協議，出口增長仍然受認識、決策、資源、生產週期等的影響。至於進口方面，進口商有可能會認為現在貶值是以後進一步貶值的前奏，從而加速訂貨。

（3）不完全競爭。在國外市場上獲得一席之地需要耗費時間和成本，在這種情況下，外國出口商就不會輕易放棄它在貶值國家已經佔有的市場份額。它們也許會通過降低出口商品的價格來對他們可能喪失的競爭力做出反應。與此類似，外國進口競爭行業也會針對貶值國可能增加對它的出口的威脅，而做出降低在國內市場上出售商品的價格的反應。從某種程度上講，這些努力取決於不完全競爭狀態，即外國廠商是否有超額利潤可以削減，以使它能降低商品的價格。如果廠商處在高度競爭狀態而僅能獲得正常利潤，那麼，它就無力降低商品的價格。

4. 貶值對貿易條件的影響

貿易條件（Term of Trade）又稱交換比價，是指出口商品單位價格指數與進口商品單位價格指數之間的比例，用公式表示：

$T = P_x / P_m$

其中，T 為貿易條件，P_x 為出口商品單位價格指數，P_m 為進口商品單位價格指數。貿易條件表示的是一國對外交往中價格變動對實際資源的影響，當貿易條件 T 上升時，我們稱該國的貿易條件改善，它表示該國出口相同數量的商品可換較多數量商品的進口；當貿易條件下降時，我們稱該國的貿易條件惡化，它表示該國出口相同數量的商品可換較少數量商品的進口，因此，當貿易條件惡化時，實際資源將會流失。

一般情況下，本國貨幣貶值以後，一方面以本國貨幣表示的進口商品價格可能上升，而以外幣表示的出口商品價格可能下降，以本幣表示的國內商品的價格也會上升。因此，貨幣貶值後，該國的貿易條件是改善、不變、還是惡化需要比較進出口價格各自的變化幅度才能確定，而進出口價格的變動幅度是由商品的供給和需求彈性決定的。經數學推導，可得出以下幾種情況：

① $S_x S_m > E_x E_m$，貿易條件惡化

② $S_x S_m < E_x E_m$，貿易條件改善

③ $S_x S_m = E_x E_m$，貿易條件不變

上述結論是同以下四個假定情況有關的：①在供給彈性趨於無限大時，以本幣衡量進口價格上漲，出口價格不變，以外幣衡量進口價格不變出口價格下降，貿易條件將惡化；②在供給彈性無限小時（等於零時），進口價格不變，出口價格上升，貿易條件可以改善；③當需求彈性趨於無限大時，出口價格上升，進口價格不變，貿易條件可以改善；④當需求彈性無限小時，出口價格不變，進口價格上升，貿易條件將惡化。需要指出的是，貨幣貶值對貿易條件的上述影響，是理論推導的結果，它有待更充分的實際檢驗。事實上，貨幣貶值對貿易條件的影響，在不同的國家和同一國家的不同發展階段是不一樣的，很難做出一般的判斷。

5. 彈性分析法的局限性

（1）對彈性分析法的批評主要在於彈性分析法是建立在局部均衡分析法的基礎上的，它僅局限於分析匯率變化對進出口市場的影響，而忽視了匯率變化對社會總支出和總收入的影響，因而具有很大的局限性。當然，這一局限是與這一理論出現的歷史背景分不開的，彈性分析法出現在 20 世紀 30 年代，當時，宏觀經濟學體系尚未建立，因此，這一理論以微觀經濟學為基礎是必然的。

（2）彈性分析法的彈性值難以計算。這不僅在於進出口商品種類繁多，而且也在於彈性值會隨著時間的推移而發生變化。

（3）彈性分析法忽視了預期的作用。該理論事實上假定貶值是一次性的，但是在現實生活中，一旦政府採取貶值政策，便會造成人們對匯率變動的預期，這會對貶值的效力發生很大影響。

（4）馬歇爾—勒納條件關於貿易收支期初平衡的假定完全不符合實際，在這種情況下政府沒有必要採取貶值措施；關於供給彈性無窮大的假定條件也不大符合實際情況。

（5）彈性分析法沒有明確區分不同貨幣可能帶來的不同結果，結果常常使人迷入歧途。

二、國際收支調節的吸收分析法

吸收分析法（Absorption Approach）又稱支出分析法，它是詹姆斯·米德（James Meade）和西德尼·亞歷山大（Sidney Alexander）等經濟學家在凱恩斯宏觀經濟學的基礎上提出的。這一理論從凱恩斯的國民收入方程式入手，著重分析總收入與總支出對國際收支的影響，並在此基礎上，提高了相應的政策主張。

1. 吸收分析法的基本理論

按照凱恩斯的理論，國民收入與國民支出的關係可以表述如下：

國民收入（Y）＝國民支出（E）

在封閉經濟的條件下：

國民支出（E）＝消費（C）＋投資（I）＋政府支出（G）＝國民收入（Y）

在開放經濟條件下，如果把對外貿易也考慮進去，則：

國民收入（Y）＝消費（C）＋投資（I）＋政府支出（G）＋［出口（X）－進口（M）］

移動等式兩邊得：

X－M＝Y－C－I－G＝Y－（C+I+G）

上式中，X－M 為貿易收支差額，以此作為國際收支差額代表。C+I+G 為國內總支出，即國民收入中被國內吸收的部分，用 A 表示。由此可見，國際收支差額實際上就可由國民收入（Y）與國內吸收（A）之間的差額來表示。設國際收支差額為 B＝X－M，則有：

B＝Y－A

當國民收入大於總吸收時，國際收支為順差；當國民收入小於總吸收時，國際收支為逆差；當國民收入等於總吸收時，國際收支平衡。

2. 吸收分析法的政策主張

根據上述理論公式，國際收支的吸收分析法認為國際收支的調節政策，無非是改變總收入與總支出（總吸收）的政策，即支出轉換政策與支出增減政策。

按照米德的兩種目標兩種工具的理論模式，內部均衡就是非貿易商品市場處於供求相等的均衡狀態，外部不均衡（外貿逆差）意味著貿易商品的需求超過供給，因而一國的總需求超過總供給，也就是總吸收超過總收入，要同時達到內部均衡與外部均衡這兩種目標，就必須同時運用轉換政策和支出（吸收）政策這兩個工具，即通過緊縮性的貨幣政策和財政政策來減少對貿易商品的過度需求，糾正國際收支逆差。但吸收政策也會減少對非貿易商品的需求，由於價格剛性，需求的減少將導致供給過多，所以還要運用轉換政策消除非貿易商品的過度供給，抵銷吸收政策的不利影響。這樣，貿易商品的供求相等，非貿易商品的供求也相等，就整國家而言，總吸收等於總收入，從而實現內部平衡與外部平衡。

亞歷山大認為，貶值對貿易收支的實際效果取決於三個因素：①貶值對實際國民收入所引起的變化；②邊際吸收傾向①的大小；③貶值對吸收的直接影響。貶值改善貿易收支的條件是，不用於吸收的收入變化必須超過直接吸收的變化。在考察這個條件能否滿足時，要區別兩種經濟情況。一方面，在非充分就業的條件下，貶值可以刺激國外對出口商品的需求，使閒置資源轉向出口部門，從而擴大出口，改善國際收支。另一方面，出口增加會引起國民收入和國內吸收的增長，只要邊際吸收傾向小於1，即吸收的增加小於收入的增加，國際收支就可改善。在這裡，吸收分析法還強調「乘數」作用。它認為，增加一個單位的出口，可以使國民收入增加若干個單位，即成倍增加。

當一國達到充分就業水平時，沒有閒置資源用來擴充生產，因而國民收入不能增加，則貶值只能通過壓縮直接吸收來改善貿易收支。吸收減少的結果，一方面使進口商品的國內需求下降，從而減少進口，另一方面使出口商品國內需求下降，從而增加出口數量。但吸收政策會減少對非貿易商品的需求，這就需要採取支出轉換政策使非貿易商品的供求平衡。亞歷山大認為貶值之所以能引起吸收的直接變化，是因為當一國經濟處於充分就業時，貶值雖然不可能使國民收入增加，但卻可以引起以本幣表示的進口品價格上漲，進而引起國內物價水平上漲，導致該國總吸收減少，貿易收支改善。具體來說有以下四種直接吸收效應：

（1）現金餘額效應。假定貨幣供給不變，貨幣持有者總想把自己的實際資產的一部分以貨幣形式持有。這樣，隨著物價的上漲，他們將持有更多的現金。這樣做的結果是：①減少消費；②出售其他資產以便持有更多的現金，這又會使其他資產的價格下跌。其他資產價格下跌，意味著利率上升，這又會影響人們的消費和投資。這樣，

---

① 邊際吸收傾向，指每增加一個單位收入中，用於吸收的百分比。

現金餘額效應或者直接影響收入-支出，或者通過利率影響收入-支出。

（2）收入再分配效應。貶值導致的物價上漲能促進收入再分配。這表現在以下幾個方面：①物價上漲先於工資的提高，從而增加了企業家的利潤；②物價上漲使收入從固定貨幣收入集團轉移到社會的其他集團手中；③物價上漲使更多的實際收入轉變為政府稅收。當收入從高邊際吸收傾向集團向低邊際吸收傾向集團轉移時，對外貿易差額將得到改善。但也要看到，第一個轉變並不會減少吸收，因為，利潤的增加使吸收中的投資增加。政府總希望邊際吸收低，因此，稅收的增加可以極大地影響吸收與收入的關係，從而影響對外貿易的差額。

（3）貨幣錯覺。在貨幣貶值的情況下，人們總是更多的注意物價而不是注意貨幣收入。儘管人們的貨幣收入按比例上升，但在物價上漲的情況下，人們總是減少購買和消費。這顯然有利於對外貿易差額的改善。

（4）其他各種直接吸收效應。它們中有的對改善外資差額有利，有的不利。例如，當一國的投資品大量來自國外，那麼，本幣貶值後會比貶值前減少進口，其他進口品也是如此。

綜上所述，貨幣貶值只有在它增加產量（收入）或減少吸收（支出）時，才是有效的。一般地說，貶值一定要通過貨幣政策和財政政策的配合來壓縮國內需求，把資源從國內吸收中解放出來轉向出口部門，才能成功地改善國際收支，保持內部和外部均衡，所以吸收分析具有強烈的政策配合含義。這對決策者來說是具有重要意義的。如果一國政府配合以適當的經濟政策措施，提高國民收入，約束吸收，那麼貨幣貶值就可以改善貿易收支狀況。伴隨貶值所採取的經濟政策，在非充分就業時，應以膨脹為主，盡量擴充生產；在充分就業時，則應壓低國內吸收，減少逆差。

3. 吸收分析法的理論意義與局限性

吸收分析法的主要理論貢獻在於把國際收支當作宏觀變量，從總收入與總吸收（總支出）的相對關係中來考察國際收支失衡的原因並提出國際收支的調節政策，而不是從相對的價格關係出發。這是它與彈性分析法的重大區別。就理論基礎與分析方法而言，吸收分析法是建立在凱恩斯的宏觀經濟學之上的，它採用的是一般均衡的方法；而彈性論則是建立在馬歇爾等人建立的微觀經濟學基礎之上的，採用的是局部分析法。

當然，吸收分析法也有其理論局限：首先，亞歷山大分析貶值對貿易收支的影響時作了兩個假定：一是貶值是出口增加的唯一原因，他認為，貶值引起進出口價格的等比例上漲，從而導致國內物價水平提高，總吸收水平下降，國際收支改善；二是生產要素轉移機制平滑，這些假定並不符合實際情況。其次該理論僅分析了貿易收支而忽視了資本流動，不夠全面。自20世紀70年代以來，國際遊資急遽增長，資本流動日益頻繁，資本帳戶在國際收支中起著重要的作用，吸收分析法沒有分析資本流動對收入和吸收的影響。最後，在吸收分析法中，相對價格的變動對貿易收支的影響沒有受到重視。

三、國際收支的貨幣分析法

貨幣分析法（The Monetary Approach）是隨著貨幣主義的興起而出現的，其主要代表人物是芝加哥大學的羅伯特・蒙代爾（Robert Mundell）、倫敦經濟學院的哈里・約翰遜（Harry Jonhson）和他的學生雅各布・福蘭科爾（Jacob Frenkel）。貨幣分析法從貨幣的角度而不是從商品的角度，來考察國際收支失衡的原因並提出相應的政策主張。

1. 貨幣分析法的三個基本經驗假定

（1）在充分就業均衡狀態下，一國貨幣需求是收入、價格和利率等變量的穩定函數，在長期內實際貨幣需求是穩定的。

（2）貿易商品的價格是外生的，從長期來看，一國的價格水平和利率水平接近世界市場水平。

（3）貨幣供給不影響實物產量[①]。

2. 貨幣分析法的基本理論

在上述假定下，貨幣分析法的基本理論可以用以下公式表述：

MS＝MD

其中，MS 表示名義貨幣供應量，MD 表示名義貨幣需求量。從長期看假定貨幣供應等於貨幣需求。

MD＝pf（y，i）

其中，P 為本國的價格水平，f 為函數關係，y 為國民收入，i 為利率（持有貨幣的機會成本）。Pf（y，i）表示對名義貨幣的需求；f（y，i）表示對實際貨幣存量（餘額）的需求。

MS＝m（D+R）

其中，D 指一國貨幣基數的國內來源，即中央銀行的國內信貸或支持貨幣供應的國內資產；R 是一國貨幣基數的國外來源，它通過國際收支盈餘獲得，以國際儲備作為代表；m 為貨幣乘數，指銀行體系通過通過轉碾存貸創造貨幣，使貨幣供應基數多倍擴大的系數，貨幣基數又稱為強力貨幣，若將 m 忽略，則 MS＝D+R，因為 MS＝MD，所以 MD＝D+R，移項可得：

R＝MD－D

上式是貨幣分析法最基本的方程式，它告訴我們：①國際收支本質上是貨幣現象。②國際收支不平衡反應的是國內名義貨幣供應與名義貨幣需求的不一致。國際收支逆差，實際上就是一國國內的名義貨幣供應量（D）超過了名義貨幣需求量

---

① 這裡（2）、（3）相當於假定「一價定律」（即國際間套購活動使各國利率和商品價格趨於一致）和充分就業成立，這是國際間貨幣流動的前提條件。因為一國貨幣量增加時，在充分就業狀態下生產無法增加，在「一價定律」的作用下，國內價格也無法上升，過度的貨幣需求只能通過大量購買國外商品和勞務而消除，從而引起國際收支逆差。

（MD）。由於貨幣供應不影響實物產量，在價格不變的情況下，多餘的貨幣就要尋找出路。因為一國貨幣量增加時，在充分就業狀態下生產無法增加，在「一價定律」的作用下，國內價格無法上升，過度的貨幣需求只能通過購買國外的商品和勞務來消除，從而引起國際收支逆差。對個人和企業來說，就會增加貨幣支出，以重新調整它們的實際貨幣餘額；對整個國家來講，實際貨幣餘額的調整便表現為貨幣外流，即國際收支逆差。反之，當一國國內的名義貨幣供應量小於名義貨幣需求量時，超額的貨幣需求不能從國內來滿足，就必須從國外吸收資金滿足，即通過向國外出口較多的商品勞務，吸引外國直接投資和長短期證券投資等方式使貨幣流入，從而使國際收支出現順差，國際儲備增長。在價格不變的情況下貨幣的缺口就要尋找來源。對個人和企業來講，就要減少貨幣支出，以便使實際貨幣餘額維持在所希望的水平；對整個國家來說，減少支出維持實際貨幣餘額的過程，表現為貨幣內流，國際收支盈餘。③國際收支調節過程是把實際貨幣餘額調整到理想水平的過程，它反應的是實際貨幣餘額（貨幣存量）對名義貨幣供應量的調整過程。當國內名義貨幣供應量與實際經濟量（國民收入、產量等）所決定的實際貨幣餘額要求一致時，國際收支便處於平衡狀態。

3. 貨幣分析法的政策主張

貨幣分析法的政策主張，歸納起來有以下幾點：

（1）所有國際收支失衡，都可以用國內貨幣政策來對付，因為國際收支差額意味著官方儲備的增減，它等於名義貨幣的需求量減去國內提供的貨幣供應基數（R＝MD－D）。

（2）所謂國內政策，主要是貨幣供應政策。因為貨幣需求是收入、利率的函數，而貨幣供應則在很大程度上可由政府操縱，因此，緊縮性的貨幣政策（使D減少）可以減少國際收支逆差，而膨脹的貨幣政策（使D增加）可以減少國際收支順差。貨幣分析法認為，貶值相當於國內信貸緊縮，升值相當於國內信貸擴張，因為：①在充分就業情形下，貶值意味著商品價格的變動，貶值國的國內價格上漲，升值國的國內價格下跌；②物價變動意味著實際現金餘額的變化，貶值國的餘額減少，因而壓縮支出，升值國的餘額增加，因而擴大投資和消費；③實際現金金額的變化將通過貿易差額而逐漸消失，即由貶值國的貿易盈餘補充短缺的現金餘額，由升值國的赤字壓縮過多的現金餘額，從而恢復平衡。從這裡我們可以看出，貨幣分析法的國際收支理論與匯率理論是統一的。

（3）關稅、進口配額、外匯管制等方法可能限制進口數量，提高進口商品價格乃至國內其他商品的價格，從而提高貨幣需求量，產生國際收支盈餘。

（4）貨幣分析法認為，在固定匯率制下，國際收支平衡就是自主性項目的平衡，儲備項目沒有變化。儲備貨幣國只要遵守貨幣主義者所提出的「單一規則」，將貨幣供給的增加率穩定在國民收入的平均增長率的同一水平上，就能經常保持各國國際收支的穩定，不會發生儲備的移動。弗里德曼長期主張浮動匯率製度。在自由浮動制下，沒有儲備的轉移情形，貨幣供給完全是在各國金融當局的控製之下。匯率是否變動，取決於兩國各自的貨幣增長與真實國民收入增長的差距是否相等。如果相等，匯率不變，如果不相等，差距大的一國貨幣下浮，差距小的一國貨幣上浮，於是國際收

支自動達到平衡。這樣，各國就可以根據國內需要執行穩定的貨幣政策，而不必考慮國際收支問題。

4. 對國際收支貨幣分析法的評價

（1）國際收支的貨幣分析法在一定程度上反應了經濟對外開放過程中，客觀存在的國際收支與國內名義貨幣供求等經濟變量之間的關係，具有一定的現實意義和參考價值。但是影響國際收支的因素是多方面的，它把貨幣因素看成是絕對性的，而把收入水平、支出政策、貿易政策和其他實物因素看成是次要的，認為只有通過對名義貨幣供求的影響才能發生作用，這在認識上是片面的。

（2）貨幣分析法的假定前提難以成立。首先是充分就業的假定在現實生活中難以成立，各國都或多或少地存在資源閒置。其次，一國商品的價格和利率也因為各國政府的干預以及各國的關稅和非關稅壁壘，商品和資本難以在各國間自由流動，而與其他國家存在差異。再次，貨幣供應對實物產量和收入沒有影響，也不盡切合實際。最後，貨幣論認為貨幣需求是收入和利率的穩定函數，但如果它不是穩定的，那麼，國際收支就不能僅僅從貨幣供應的變化中預測出來。

（3）對它有關貶值效應論述的評價，彈性論認為，在進出口需求彈性之和大於1時，貶值能改善貿易收支，從而對經濟具有擴張性影響。吸收論認為，當存在閒置資源時，貶值能擴大出口，增加民國收入，從而對經濟具有擴張性作用。儘管彈性論和吸收論都給出了一定的條件，但它們都認為成功的貶值對經濟增長具有刺激作用。但貨幣分析法則認為貶值僅有緊縮性影響，貶值能暫時地改善國際收支，是因為它減少了對實際貨幣餘額 f（y，i）的需求和增加了對名義貨幣的需求。這是貨幣論與彈性論和吸收論的一個明顯的區別。實際貨幣餘額減少，意味著消費、投資、收入的下降，這無法解釋為什麼許多國家把貶值作為刺激經濟增長的手段。

（4）對貨幣分析法政策主張的基本含義的評價。貨幣分析法認為，國際收支逆差的基本對策是緊縮性的貨幣政策。這個政策結論的一個重要前提是價格不變，通過緊縮貨幣政策來消除貨幣供應大於貨幣需求的缺口，然而，事實上，當名義貨幣供應大於貨幣需求時，價格必然上漲，從而名義貨幣需求 Pf（y，i）也會上升。在這種情況下，降低名義貨幣供應，在價格剛性的條件下，只能導致實際貨幣金額需求的下降；另外，貨幣分析法還提出當採用貶值來改善國際收支時，必須結合緊縮的貨幣政策。因此，無論從哪個方面看，貨幣政策主張的含義或必然結果，就是以犧牲國內實際貨幣餘額或實際消費、投資、收入和經濟增長來糾正國際收支逆差。這一點，曾受到許多國家，尤其是發展中國家經濟學家的嚴厲批評。

四、國際收支的結構分析法（結構論）

結構論（Structural Approach）的有關分析，散見於 20 世紀 50 年代和 60 年代的西方經濟學文獻中。作為比較成熟和系統的獨立學派，結構論是 20 世紀 70 年代形成的。倡導和贊成結構論的經濟學家，大多來自發展中國家或發達國家中從事發展問題研究的學者。因此，結構論的理論淵源同發展經濟學密切相關。

1. 結構分析法的基本理論

由前述可知，貨幣分析法政策的必然結果是以犧牲國內經濟增長來換取國際收支平衡，這在國際收支普遍發生困難的 20 世紀 70 年代得到了印證。當時，許多國家執行了國際貨幣基金組織的國際收支調節規劃，而這一個調節規劃是以貨幣分析法為理論基礎的，其結果是經濟活動受到抑制，有的甚至因過度削減預算和貨幣供應而導致國內經濟、社會甚至政治動盪。

在這種情況下，結構論有針對性地提出：國際收支失衡並不一定完全是由國內貨幣市場失衡引起的，貨幣論乃至以前的吸收論，都是從需求角度來制定國際收支的調節政策，忽視了經濟增長從供給方面對國際收支的影響。就貨幣論來講，它主張的實際上是通過壓縮國內名義貨幣供應量來減少實際需求，就吸收論而言，它主張的實際上是通過緊縮性財政貨幣政策來減少國內投資和消費需求。結構論認為，國際收支逆差尤其是長期性的國際收支逆差，即可能是由長期性過度需求引起的，也可能是由長期性供給不足引起的，而長期性供給不足往往是由經濟結構問題引起的。這表現為：

(1) 經濟結構老化

這是指由於科技和生產條件的變化及世界市場的變化，使一國原來在國際上具有競爭力的商品失去了競爭力，而國內資源沒有足夠的流動性等因素，使經濟結構不能適應世界市場的變化，由此造成出口供給長期不足，進口替代的餘地持續減少，結果是國際收支的持續逆差（或逆差傾向）。

(2) 經濟結構單一

經濟結構單一往往會導致國際收支的經常逆差：一方面，單一的出口商品，其價格易受國際市場價格波動的影響，因而國際收支難以穩定。在出口多元的情況下，一種出口商品價格的下降，會被另一種出口商品價格的上升所抵銷，整個國際收支呈穩定現象。而在出口單一的情況下，價格任何程度的下降，都會直接導致國際收支惡化。另一方面，經濟結構單一，意味著經濟發展將長期依賴進口，進口替代的選擇餘地幾乎為零。比如一個只生產錫礦的國家，其經濟發展所需要的採礦機械、電力設備、交通運輸等，只能依靠進口。經濟發展的速度越快、願望越高，國際收支逆差或逆差傾向越嚴重。

(3) 經濟結構落後

這是指一國產業生產的出口商品需求對收入的彈性低和需求對價格的彈性高，進口商品的需求對收入的彈性高和需求對價格的彈性低。當出口商品的需求對收入的彈性低時，別國經濟和收入的相對快速增長不能導致該國出口的相應增加；當進口商品的需求對收入的彈性高時，本國經濟和收入的相對快速增長卻會導致進口的相應增加，這樣，就會發生國際收支的收入性逆差。當出口商品需求對價格的彈性高時，本國出口商品價格的相對上升會導致出口數量的相對減少；當進口商品需求對價格的彈性低時，外國商品價格的相對上升卻不能導致本國進口數量的相對減少，在這種情況下，貨幣貶值不僅不能改善國際收支，反而會使國際收支惡化。

2. 結構分析方法的政策主張

既然國際收支失衡的原因是經濟結構的老化、單一和落後，支出增減型政策和支出轉換型政策對此無能為力，那麼，政策調節的重點應放在改善經濟結構和加速經濟發展方面，以此來增加出口商品和進口替代品的數量和品種。改善經濟結構和加速經濟發展的主要手段是增加投資，增加資源的流動性，使勞動力和資金等生產要素能順利地從傳統行業流向新興行業。經濟結構落後的國家要積極增加國內儲蓄，而經濟結構先進的國家和國際經濟組織應增加對經濟結構落後國家的投資，經濟結構落後的國家通過改善經濟結構和發展經濟，不僅能克服自身的國際收支困難，同時，也能增加從經濟結構先進國家的進口，從而有助於經濟結構先進國家的出口和就業的增長。

3. 對結構論的批評

結構論出現後，受到了許多批評。批評者認為：結構性失衡的原因同進出口商品的特點及現實與願望之間的差距有關。如果一國的出口商品沒有能滿足國際市場的特點，那麼，出口商品需求對收入的彈性就會低。這種問題與其說是缺乏價格競爭力，不如說是缺乏非價格因素的競爭力，比如，產品質量的低劣、售後服務質量太差、產品包裝和款式不能滿足消費心理等。對於經濟結構單一和經濟結構落後引起的國際收支困難，結構論的批評者認為：所謂國際收支結構性失衡，實際上是願望與現實之間的失衡。國際收支困難有兩種不同的概念，一種是事先的概念，另一種是事後的概念。事先的概念是指國際收支失衡的壓力，而不是指失衡本身。只要財政與貨幣政策適當，就能避免失衡的發生，批評者認為，國際收支制約力是無處不在的，它的存在，對於維持一國經濟長期均衡的發展和世界貨幣金融秩序是必要的。結構論實際上講的是經濟發展問題，而不是國際收支問題。經濟發展政策對國際收支失衡的調節，常常是行之無效的或收效甚微的。另外，要求以提供暫時性資金融通為主的國際貨幣基金組織，向經濟結構落後的國家提供長期的國際收支貸款而同時又不施予必要的調節紀律和恰當的財政貨幣政策，尤如把資金填入一個無底洞，既不有利於國家經濟的均衡發展，又違背了國際貨幣基金組織本身的性質和憲章，同時，也是國際貨幣基金組織在客觀上無力做到的。

基本概念：

國際收支　國際收支平衡表　經常項目收支差額　基本收支差額　官方結算差額　綜合差額　國際收支的被動平衡　國際收支的主動平衡　物價-鑄幣流動機制　外匯緩衝政策　需求管理政策　直接管制政策　外匯管制　國際收支的財政管制　貿易管制　匯率調整政策　需求對價格的彈性　供給對價格的彈性　貿易條件　吸收分析法　貨幣錯覺　收入再分配效應

思考題：

1. 簡述國際收支平衡表的記帳方法。
2. 國際收支平衡表的基本帳戶有哪些？各帳戶記錄的內容各是什麼？

3. 短期資本的流動主要包括哪些內容？
4. 官方儲備是由哪四個部分組成的？
5. 國際收支平衡表中的錯誤與遺漏發生的原因是什麼？
6. 簡述國際收支的差額結構？
7. 為什麼說持續大量的順差和逆差對一國的經濟發展都是不利的？
8. 國際收支平衡的標準是什麼？
9. 國際收支失衡的原因有哪些？
10. 國際收支失衡對一國的經濟有什麼影響？
11. 試述國際收支的自動調節。
12. 國際收支自動調節成立的條件是什麼？
13. 國際收支自動調節帶來的兩個主要問題是什麼？
14. 政府調節國際收支的政策和措施有哪些？
15. 商品市場、貨幣市場和國際收支均衡的條件是什麼？
16. 試述「J曲線效應」及其形成原因。
17. 為什麼貶值對貿易收支的有利影響要經過一段時滯後才能反應出來？
18. 貶值對貿易條件的影響是什麼？
19. 彈性分析法的局限性有哪些？
20. 吸收分析法的基本理論和政策主張是什麼？
21. 吸收分析法的理論有何意義和局限性？
22. 貨幣分析法的基本理論是什麼？
23. 貨幣分析法的政策主張是什麼？
24. 如何評價貨幣分析法？
25. 國際收支結構分析法的基本理論和政策主張是什麼？
26. 對結構分析法的批評有哪些？

網路資源：

Data on the international transactions and the international investment position of the United States are found on the Bureau of Economic analysis website：

http：//www. bea. gov [by clicking「international data」]

Data on current account balances and ratio of current account balance to GDP for each nation are found in the World Economic Outlook, published in April and October of each year by the International Monetary Fund, whose website is：

http：//www. imf. org [by clicking on「World Economic Outlook」]

The Survey of Current Business with data onU. S. international transactions and U. S. international investment position are found in the July issue of each year at：

http：//www. bea. gov/scb/index. htm

Information and data on the international investment situation of theUnited States and other nations, as well as on foreign direct investments is published in the World Investment Report. For the 201 Report, see:

http://www.unctad-docs.org/files/UNCTAD-WIR2016Full-en.pdf

Data on foreign direct investments are also published by OECD at:

http://www.oecd.org/statisticsdata/0,3381,en_2649_34863_1_119656_1_1_1,00.html

Data on exchange rates (daily, monthly, and trade-weighted average from 1971 or 1973) for the United States and the world's most important currencies, as well as data on current account balances, that can be used to find the effect of exchange rate changes on the trade and current account balances of the United States and other nations are found on the Federal Reserve Bank of St. Louis web site at:

http://research.stlouisfed.org/fred2

Some recent studies on the effect of international trade and finance on the U. S. economy are found on the web site of the Institute for International Economics and the Council of Foreign Relations at:

http://www.iie.com

http://www.cfr.org

Data to examine the effect of changes in the trade and current account balances on the economy of the United States are found on the Bureau of Economic Analysis and the Federal Reserve Bank of St. Louis websites, respectively, at:

http://bea.gov

http://www.stls.frb.org540

The Price Adjustment Mechanism with Flexible and Fixed Exchange Rates Trade data to examine the economic impact of a change in the trade and current account balances on the economics of the European Monetary Union and Japan are found on the web sites of their central banks, respectively, at:

http://ecb.int/home/html/index.en.html

http://www.boj.or.jp/en/index.htm

Data for measuring the effect of exchange rate changes on trade and current account balances and inflation in Latin American and Asian countries are found on the web sites of the Inter-American Development Bank and the Asian Development Bank, respectively, at:

http://www.iadb.org

http://www.adb.org

第六章　國際貨幣體系與匯率製度

在這一章，我們將從理論與現實結合的角度，對國際貨幣體系及匯率製度的歷史演變、現狀特點以及發展趨勢作較全面的考察，並就不同匯率製度安排的利弊及其與開放條件下宏觀運行調整的關係加以分析。

第一節　國際貨幣體系及其歷史演變

本節將介紹國際貨幣體系的概念及其作用，並從國際金本位制和布雷頓森林貨幣體系的產生、發展和瓦解，對國際貨幣體系的歷史演變作了回顧。

一、國際貨幣體系概述

國際貨幣體系（International Monetary System），是指為適應對外經濟關係的需要，各國政府對貨幣兌換、國際收支的安排、調節等所確定的原則，以及為此建立的組織形式的總稱。主要內容有：各國貨幣比價的確定依據，包括比價的市場波動界限、調整幅度；各國貨幣和可兌換性，對國際支付所採取的措施；國際儲備資產的確定和供應方式；國際金融事務的協調、磋商和有關管理工作；國際收支的調節方式，包括逆差和順差國所承擔的責任。國際貨幣體系是歷史的產物，它伴以貨幣為媒介的國際經貿往來的產生而出現，只是在早期，它主要是依靠約定俗成的做法而形成。隨著資本主義生產方式的確立和世界市場的形成，國際經濟交往日益密切，國際貨幣體系的法律和行政色彩也相應增加。現代國際貨幣體系，就是這樣一種既包括有法律約束力的有關貨幣國際關係的規章製度和相應的國際貨幣金融機構，並包括具有傳統約束力的由各國約定俗成的某些規則、做法的整合體。

圍繞著促進世界經濟和各國經濟的平衡發展及穩定這一中心任務，國際貨幣體系的作用主要表現為以下幾個方面：

（1）確定國際清算和支付手段來源、形式和數量，為世界經濟發展提供必要充分的國際貨幣，並規定國際貨幣及其同各國貨幣相互關係的準則。

（2）確定國際收支的調節機制，以確促世界的穩定和各國經濟的平衡增長。該調節機制涉及匯率機制、對國際收支逆差國的資金融通機制，以及對國際貨幣（儲備貨幣）發行國的國際收支紀律約束機制等不同方面。

（3）確立有關國際貨幣金融事務的協商機制及建立相應的組織機構。

國際貨幣體系在不同的歷史時期有著不同的類型。按國際貨幣體系的基礎即本位

貨幣來劃分，可分為國際金本位制、黃金一美元本位制，以及與黃金完全脫鈎的多元信用紙幣本位制；按國際本位貨幣與其他貨幣之間關係的劃分，可分為固定匯率制、浮動匯率制、以及介於這兩者之間的可調整的釘住匯率制或管理浮動匯率制等多種類型。

二、國際金本位條件下的國際貨幣體系

國際金本位制始於 19 世紀 80 年代，是一種隨著各國普遍採用金本位而自發形成的國際貨幣製度，也是人類歷史上最初的國際貨幣製度。

1. 金本位制的概念與形式

金本位制是以一定重量和成色的黃金為本位貨幣，並建立起流通中各種貨幣與黃金間固定兌換關係的貨幣製度。金本位制有廣義與狹義之分。廣義的金本位制是指以一定重量和成色的黃金來表示一國本位貨幣的貨幣製度，包括金幣本位制、金塊本位制和金匯兌本位制。狹義金本位制僅指金幣本位制。

（1）金幣本位制（Gold Specie Standard）。這是金本位制的最初形態。其特點是：銀行券可自由兌換金幣；金幣可自由鑄造；黃金可自由輸出入；貨幣儲備全部使用黃金；國際結算使用黃金。在這種位制，貨幣等同於黃金，與黃金直接掛鈎，價值比較穩定。

（2）金塊本位制（Gold Bullion Standard）。這是在金幣本位制崩潰以後出現的一種貨幣製度。其主要內容是：金幣雖然是本位貨幣，但在國內不流通，只流通銀行券，不允許自由鑄造金幣，但仍規定貨幣的含金量，並規定有黃金平價；銀行券不能自由兌換金幣，但在國際支付或工業方面需要時，可按規定數量向中央銀行兌換金塊。

（3）金匯兌本位制（Gold Exchange Standard）。這又稱「虛金本位制」，是與金塊本位制同時盛行的貨幣製度。其主要內容是：國內不流通金幣，只流通不能直接兌換黃金，只能兌換外匯的銀行券；本國貨幣與另一實行金本位制的國家貨幣保持固定比價，並在該國存放外匯和黃金作為儲備金；通過買賣外匯來穩定外匯行市。

金幣本位制始於 1816 年的英國，此後其他歐美國家紛紛效仿；到 1914 年，由於第一次世界大戰爆發而終止。「第一次世界大戰」結束後，金塊本位和金匯兌本位的貨幣製度開始流行。這個階段金本位制的基礎與戰前相比已被嚴重削弱。

1929—1933 年爆發的世界性經濟危機，使得西方國家統一的國際金本位制終於徹底瓦解。隨後，紙幣流通製度開始盛行，各西方主要發達國家與黃金不相掛鈎的紙幣流通製度開始盛行，各西方主要發達國家紛紛成立了以各自為核心的貨幣集團，如英鎊集團、美元集團、法郎集團。在貨幣集團內部，以該國的貨幣為中心，以這種貨幣作為集團內部的儲備貨幣，進行清算。集團內部外匯支付和資金流動完全自由，集團內部的貨幣比價、貨幣波動界限及貨幣兌換與支付均有統一嚴格的規定，但是對集團外的收付與結算則實行嚴格管制，常常要用黃金作為國際結算手段，發揮其世界貨幣職能。貨幣集團的形成和發展，加劇了集團之間的矛盾衝突以及整個世界經濟的不

穩定。

2. 國際金本位制的作用評價

國際金本位制對世界經濟的發展起到了積極的作用。

首先，有利於保持各國貨幣對外匯率和對內價值的穩定。在金本位制下，各國貨幣都規定有含金量。各國貨幣之間的匯率是建立在黃金平價基礎上的，即由各國本位貨幣所含純金數量之比決定的。外匯市場的實際匯率由於外匯供求關係的影響而圍繞黃金平價上下波動。但這種波動是有限制的，即不能超出黃金輸送點（黃金平價加運送費用），最低不得跌破黃金輸入點（黃金平價減黃金運送費用）。另外，各國發行貨幣均以一定的黃金作保證，因此，可限制政府或銀行濫發紙幣，這樣不易造成通貨膨脹，保持貨幣對內價值的穩定。

其次，為國際貿易和國際資本流動創造有利條件。在金本位制下，黃金能自由發揮世界貨幣職能，各國匯率的基本穩定可以保障對外貿易與對外信貸的安全，有利於國際貿易和國際資本流動。另外，也促進商品的流通和信用的擴大，從而促進各國經濟增長和充分就業。

最後，有利於各國經濟政策的協調。一國管理經濟的主要目標是盡量達到對內平衡和對外平衡的統一。對內平衡是指國內物價、就業和國民收入的穩定增長；對外平衡是指國際收支和匯率的穩定。但是內外平衡常常是矛盾的。當兩者發生矛盾時，實行金本位制的國家首先考慮對外平衡，而將對內平衡置於次要地位，因此，國際金本位制有利於這些國家經濟政策的協調。

當然，國際金本位制也存在缺陷，主要表現在以下兩個方面：

一是貨幣的供應受到黃金數量的限制，缺乏靈活性，不能適應經濟增長的需要。

二是當一國發生國際收支逆差，由於黃金輸出、貨幣緊縮以及有可能出現的國內經濟活動被迫服從外部平衡的需要而引起國內經濟的惡化。當失業增加和經濟增速下降時，一國國際收支的逆差需要長期的調整過程才能逐步改善。

三、布雷頓森林體系

與金本位制不同，布雷頓森林體系是一種人為的國際貨幣製度，而且運行的時間也不長，但是，對於戰後國際貿易和世界經濟的發展來說，卻是功不可沒。

1. 布雷頓森林體系的建立

第二次世界大戰結束前夕，為了改變由於國際金本位制的崩潰而出現的國際金融經濟秩序混亂局面，促進戰後經濟的恢復和貿易的發展，美、英等國經濟學家積極著手研究重建國際貨幣體系問題。

1943年4月7日，英、美兩國政府分別在倫敦和華盛頓同時公布了英國財政部顧問凱恩斯擬訂的「國際清算同盟計劃」（又稱「凱恩斯方案」）和美國財政部長助理懷特（H. D. White）擬訂的「聯合國平準基金計劃」（又稱「懷特方案」）。這兩個方案雖然都以「設立國際經濟合作機構、穩定匯率、擴大國際貿易、促進世界經濟發展」為目的，但由於各自體現其本國利益，內容大不相同。

凱恩斯方案，又稱「清算制」方案（Clearing System）。該方案的要點是：建立一個起世界中央銀行作用的國際清算同盟；各會員國同中央銀行在「同盟」開立往來帳戶，各國官方對外債權、債務通過該帳戶用轉帳辦法進行清算；當一國國際收支發生順差時，將其盈餘存入帳戶，當發生逆差，可按規定的份額向「同盟」申請透支或提取存款；各國在「同盟」帳戶的記帳單位為「班柯」（Bancor），「班柯」以黃金計值，「同盟」可調整其價值，會員國可用黃金換取「班柯」，但不得用「班柯」換取黃金；各國貨幣以「班柯」標價，非經「同盟」理事會批准不得變更；各會員國在「同盟」的份額按照戰前3年進出口貿易平均額的75%來計算；「同盟」總部設在倫敦和紐約，理事會議在英國和美國輪流舉行。這一方案反對以黃金作為主要儲備，還特別強調順差國與逆差國共同負擔調節的責任，這顯然對當時國際收支發生逆差的英國十分有利。此外，關於「同盟」總部與理事會會議地址的規定，更暴露出英國同美國分享國際金融領導權的意圖。

懷特方案由美國財政部長助理懷特於1943年4月提出。該方案採取存款原則，建議設立一個國際貨幣穩定基金，資金總額為50億美元，由各會員國用黃金、本國貨幣、政府債券繳納，認繳份額取決於各國的黃金外匯儲備、國民收入和國際收支差額的變化等因素，根據各國繳納份額的多少決定各國的投票權。基金組織發行一種國際貨幣名為「尤尼它」（Unita）作為計算單位。「尤尼它」可以兌換黃金，也可以在會員國之間互相轉移。各國要規定本國貨幣與「尤尼它」之間的法定平價，平價確定後，非經基金組織同意，不得任意變動。基金組織的主要任務是穩定匯率，並對會員國提供短期信貸以解決國際收支不平衡問題。可見，這個方案有利於美國操縱和控制基金組織，迫使其他會員國的貨幣「釘住」美元，剝奪其他國家貨幣貶值的自主權，解除其他國家的「外匯管制」，為美國的對外擴張與建立美元霸權掃清道路。

兩個方案提出後，英、美兩國政府代表團在談判中就國際貨幣計劃展開了激烈的爭論。由於英國經濟、軍事實力不及美國，雙方於1944年達成了基本反應懷特方案的「關於設立國際貨幣基金的專家聯合聲明」，遂於當年5月，參加籌建聯合國的44國政府代表在美國新罕布什爾州的一個小鎮——布雷頓森林舉行聯合國貨幣金融會議，史稱「布雷頓森林會議」。經過三周的激烈討論，會議通過了以懷特方案為基礎的《聯合國貨幣金融會議最後議定書》及兩個附件，即《國際貨幣基金協定》和《國際復興開發銀行協定》，總稱「布雷頓森林協定」。由此形成了戰後運轉達25年之久的以美元為中心的國際貨幣體系——布雷頓森林體系。

2. 布雷頓森林體系的主要內容

（1）建立兩個國際金融機構，即國際貨幣基金組織（IMF）和國際復興開發銀行（IBRD），維持布雷頓森林體系的運行。IMF屬於短期的融資機構，宗旨是重建國際貨幣秩序，穩定外匯，促進資金融通及推動國際經濟繁榮。IBRD屬於長期的融資機構，宗旨是從長期資金方面配合IMF的活動，促進國際投資，協助戰後受災國家經濟的復興，協助不發達國家經濟的發展，解決國際收支長期失衡問題。

（2）實行可調整的釘住匯率製度。各IMF會員國確定1934年1月美國政府規定

的35美元等於1盎司黃金的官價，美元的黃金平價為0.888,671克黃金，其他會員國按照本國貨幣平價與美元保持固定比價，這一比價不經基金組織批准不得變動，但當一國出現國際收支極度不平衡時，可向基金組織申請調整，經批准後可進行升值或貶值，這就是所謂的「可調整的釘住匯率製度」。

（3）美元等同於黃金，作為國際間主要清算支付工具和儲備貨幣，發揮國際貨幣的各種職能。美國政府承擔美元作為可兌換貨幣的義務，各國中央銀行可隨時申請用美元按官價向美國政府兌換黃金。

（4）通過基金組織和調整匯率來調節國際收支。會員國如果出現國際收支暫時不平衡，可向基金組織申請借款；如果出現長期持續的逆差，則要通過改變貨幣平價，即改變匯率的辦法加以調節。

布雷頓森林體系上述內容的核心是美元與黃金掛勾，各國貨幣與美元掛勾，因而又稱「雙掛勾」。

通過這一系列安排，確立了美元在世界貨幣體系中的中心地位，使它發揮著世界貨幣的職能，其他國家的貨幣則依附於美元。所以，有人稱「二戰」後以美元為中心的國際貨幣體系為「新金匯兌本位制」或「黃金-美元本位制」，以區別於20世紀20年代末30年代初曾實行的金匯兌本位制。

應當看到，布雷頓森林體系下的國際金匯兌本位制，同二戰前的國際金匯兌本位制是全然不同的。其一，戰前金匯兌本位制，是以英鎊、法郎、美元等多種貨幣為主導貨幣，而布雷頓森林體系下的主導貨幣僅美元一種。其二，戰前的金匯兌本位制缺乏一個全球性的協調機構，而布雷頓森林體系下的國際金匯兌本位制卻有IMF發揮這一職能。其三，與戰前相比，布雷頓森林體系下的國際金匯兌本位制中，美元的國際儲備貨幣的作用得到了靈活和加強。

3. 布雷頓森林體系的作用

布雷頓森林體系的建立和運轉，對戰後國際貿易和世界經濟的發展起到了一定的積極作用。這主要表現在：

（1）確立了美元與黃金、各國貨幣與美元的雙掛勾原則，結束了戰前國際貨幣金融領域的動盪無序狀態。

（2）實行的可調整的固定匯率製度，貨幣匯率保持相對穩定，有利於國際貿易的擴大以及國際投資和信貸的發展。

（3）美元成為最主要的國際儲備貨幣，彌補了國際清償能力的不足，在一定程度上解決了由於黃金供應不足所帶來的國際儲備短缺問題。

（4）使會員國國際收支困難得到暫時性緩解。IMF通過向會員國提供各種中、短期貸款，一定程度上緩和了會員國的國際收支困難。

最後，促進了國際貿易合作和多邊貨幣合作。該體系條件下，要求各成員國取消外匯管制，客觀上推動了戰後國際貿易合作、國際貨幣合作的建立和發展。

4. 布雷頓森林體系的缺陷及其崩潰

布雷頓森林體系從其產生伊始，就面臨著四個不可迴避的問題。

（1）各國政府必須有足夠的外匯與黃金儲備來緩和國際收支的短期波動，維持與美元的固定匯率。隨著二戰後世界經濟快速發展，國際貿易和國際投資的急遽擴大，趨於加大的國際收支差額的波動幅度，要求各國不得不加大本國的外匯及黃金儲備額。結果必然會對本國經濟宏觀調控的自主性和有效性產生不利影響。

（2）美國政府必須擁有足夠的黃金儲備，以保證美元與黃金的可兌換性。要維持布雷頓森林體系下金匯兌本位制的穩定，世界黃金產量的增長應能滿足黃金儲備需求的增長，其中尤其是美國的黃金儲備的變化應能適應世界其他國家持有的美元數量的變化。但是事實上，無論是全球範圍的黃金產量的增長，還是美國的黃金儲備量的變化，都遠遠不能達到上述要求。黃金在世界各國的國際儲備中的比重，由 1959 年的 66％下降到 1972 年的 30％；而美國 1960 年以來的常年國際收支逆差，導致美國黃金大量外流，其結果是，到 1971 年，美國黃金儲備下降到不足所欠外國短期債務的 1/5。

（3）布雷頓森林體系所奉行的固定匯率制導致的國際收支調節機制失靈。由於 IMF 貸款能力有限，匯率調整次數很少，各國國際收支失衡的調整，常常只能消極地以犧牲國內宏觀經濟政策自主權為代價。在這一國際貨幣體系下所出現的國際收支調節壓力的不對稱現象，導致了巨大的世界性國際收支失衡。

（4）對付由外匯投機引致的國際金融動盪或危機，成為各國政府的棘手問題。

除了上述存在的問題，作為建立在黃金-美元本位基礎上的布雷頓森林體系的根本缺陷還在於，美元既是一國貨幣，又是世界貨幣。作為一國貨幣，它的發行必須受制於美國的貨幣政策和黃金儲備；作為世界貨幣，美元的供給又必須適應於國際貿易和世界經濟增長的需要。由於黃金產量和美國黃金儲備量增長跟不上世界經濟發展的需要，在「雙掛鈎」原則下，美元便出現了一種進退兩難的境地：為滿足世界經濟增長對國際支付手段和儲備貨幣的增長需要，美元的供應應當不斷地增長；而美元供給的不斷增長，又會導致美元同黃金的兌換性日益難以維持。美元的這種兩難，是美國耶魯大學教授羅伯特·特里芬（Robert Triffin）於 20 世紀 50 年代率先提出的，故又被稱之為「特里芬兩難」（Triffin Delimma）。「特里芬兩難」指出了布雷頓森林體系的內在不穩定性及危機發生的必然性，該貨幣體系的根本缺陷在於美元的雙重身分和雙掛鈎原則，由此導致的體系危機是美元的可兌換的危機，或人們對美元可兌換的信心危機。

正是由於上述問題和缺陷，導致該貨幣體系基礎的不穩定性，當著該貨幣體系的重要支柱——美元出現危機時，必然帶來這一貨幣體系危機的相應出現。

布雷頓森林體系的危機及其瓦解，經歷了一個特定的歷史過程。1960 年二戰後首次爆發的美元過剩危機，是以當年美元對外短期債務首次超過它的黃金儲備額為條件的，它亦標誌著美元-黃金掛鈎機制的開始動搖。此後約兩年當中，美國分別與若干主要工業化國家簽訂的「互惠信貸協議（Swap Agreement）、借款總安排（General Arrangement to Borrow）以及「黃金總庫」（Gold Pool）等，無非是為使該貨幣體系擺脫困境所作出的非製度性的操作措施。由於這些措施的局限性，其作用是十分有限的。

第二次規模較大的美元危機發生在1968年。由於越戰戰況愈加激烈，美國財政金融狀況趨於惡化，美國國內通脹加劇，美元同黃金的固定比價再次受到嚴重懷疑。全球範圍的拋售美元風浪，使得繼續維持美元與黃金固定比價已無可能，美國政府不得不在當年3月宣布實行「黃金雙價制」（Two-tier Gold Price System），即在官方基金市場和私人黃金市場，實行不同的美元兌黃金比價。美國不再承擔維持後一市場美元兌黃金的固定比價。

　　此次美元危機的爆發後，各國已經認識到布雷頓森林體系的缺陷和危機的性質。為此，經各國長期商討，IMF於1969年創設了特別提款權（SDR），作為同黃金、美元和IMF頭寸並列的補充性國際儲備資產。SDR作為成員國在IMF特殊帳戶上的記帳單位，它不以黃金或其他貨幣為基礎，但代表了IMF創造的有價值的國際儲備，對此稱為「紙黃金」。SDR按各國在基金中的份額進行分配，可用作會員國國際儲備、歸還IMF貸款，以及中央銀行之間的國際結算。它的創立分配使用，一定程度上緩解了美元過剩危機及布雷頓森林體系危機。

　　儘管如此，美國國際收支狀況的惡化，特別是進入20世紀70年代後美國經濟的進一步衰落，使以美元為中心的布雷頓森林體系無可挽回地走向了全面崩潰。

　　1971年爆發的第三次美元危機，較之前兩次更為嚴重。在國際匯市拋售美元、搶購黃金和其他硬通貨風潮的衝擊下，美國尼克鬆政府不得不在1968年8月15日宣布停止美元與黃金兌換；並在1971年12月18日與主要工業化國家達成的史密森協議中，提出美元兌黃金貶值，日元、西德馬克、瑞士法郎等歐洲貨幣兌美元升值；擴大其他貨幣釘住美元的準固定匯率波動幅度等諸多措施。

　　史密森協議協定雖然勉強維持了布雷頓森林體系下的固定匯率，但美元與黃金的可兌換性的衝擊，意味著「雙掛鈎」的布雷頓森林體系的實質性瓦解。當1973年2月國際外匯市場美元危機再度出現時，這個協定便壽終就寢，布雷頓森林體系亦隨之徹底崩潰。

案例　布雷頓森林體系的衰敗與瓦解

　　固定匯率制使得許多國家難以在不進行匯率調整的狀態下同時實現內部和外部平衡。然而，隨著國際間資金轉移日趨容易，只要匯率有可能變化，不管這種可能性多麼小，也會導致投機性的資本流動，使得政策制定者們面臨的任務更為棘手。布雷頓森林體系崩潰的過程，也正是各國在其規則下試圖協調內外部平衡問題的一個不成功的例子。

　　暴風雨前的平靜：1958—1965年

　　1958年，即歐洲恢復貨幣可兌換性的那一年，美國的經常項目盈餘急遽下降。1959年，美國出現了赤字。雖然在1960年美國經濟進入衰退以後，經常項目的狀況有所改善，然而外國的中央銀行在那一年將它優將近20億的美元儲備都兌換成了黃金。在此之前的1958年和1959年，它們已兌換了大約30億美元。1960年標誌著

「美元短缺」時代的結束和一個害怕美國將美元相對黃金貶值時期的開始。

儘管一些歐洲國家，主要是英國，面臨著外部平衡的問題，但從總體上來說，1961—1965年對美國來說是一段平靜的時期。美國在此期間的經常項目盈餘增加了，外國銀行大規模擠兌黃金的威脅也降低了。但私人資本的持續外流和由此導致的外國官方儲備中美元的增加一直是肯尼迪與約翰遜政府擔心的主要問題。因此，從1963年開始，美國政府通過對美國人購買外國資產徵稅及其他的方法試圖減少美元外流。

在這一時期的初期，德國面臨著內部平衡和外部平衡的兩難抉擇，到20世紀60年代末這一問題越發嚴重。1960年，德國遇到一個就業高漲和國際儲備大量湧入的時期。政府實行緊縮性的貨幣政策以限制就業高漲的努力導致了德國中央銀行的國際儲備以更快的速度增加，而德國中央銀行為防止馬克升值，被迫出售德國馬克購買美元。1961年3月馬克的一次輕微升值（5%），使產出增長速度放慢，經常項目盈餘減少，經濟更接近於內外部平衡。雖然在德國問題上布雷頓森林體系成功地避免了一次大的危機，但部分原因是因為外匯市場認識到德國的貨幣升值反應的是德國的宏觀經濟問題而不是美國經濟問題。這種認識在下一個十年發生了變化。

越戰的軍事升級和「偉大社會計劃」：1965—1968年

許多經濟學家把1965—1968年間美國的宏觀經濟政策看做是導致固定匯率制度瓦解的一個主要因素。1965年，由於林登·B.約翰遜總統擴大了美國在越南衝突中的參與程度而使政府的軍事購買支出開始增加。同時，伴隨著總統「偉大社會計劃」（包括公共教育與城市重新建設基金）的實施，其他方面的政府開支也大大增加了。圖18-4（a）顯示了政府購買增長率是在1965年緩慢上升，接著在1966年大幅度上開。政府支出的增加並未輔之以稅收的快速增長。1966年是大選之年，約翰遜總統不願意因為增加稅收而招致國會對其開支的嚴密監督。

這樣做的結果是，巨大的財政擴張引起美國價格的上漲並使美國經常項目盈餘急足下降（見圖18-4（b）與18-4（c））。雖然貨幣政策（用貨幣供給增長率衡量）最初隨產出的擴張而轉向緊縮，但它所產生的高利率對建築業的負面影響使聯邦儲備不得不在1967—1968年選擇一個寬鬆得多的貨幣方案（圖18-4（d），這使得美國國內的價格水平進一步提高，以至於到20世紀60年代末，美國的年通貨膨脹率接近6%。

從黃金危機到整個體系的崩潰：1968—1973年

危機的跡象最早出現在倫敦的黃金市場。1967年年底與1968年年初，私人投機者由於預期黃金價格可能會上升而開始囤積黃金。當時的觀點認為這是由於英鎊在1967年11月的貶值所造成的，但1967年左右美國貨幣的急遽擴張與通貨膨脹率的上升也影響了投機者的預期。美聯儲與歐洲各國中央銀行大量出售黃金仍無濟於事。英格蘭銀行在1968年3月15日關閉了黃金市場，兩天後宣布實行黃金市場的雙軌制，即官方價格與私人價格並存。私人的黃金買賣可以繼續在倫敦市場上交易，不過價格將實行浮動。與此相反，各國中央銀行仍繼續以每盎司黃金35美元的官方價格進行黃金交易。

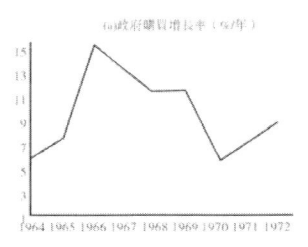

(a) 政府購買增長率（%/年）

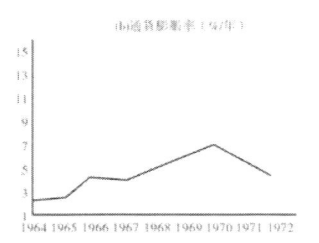

(b) 通貨膨脹率（%/年）

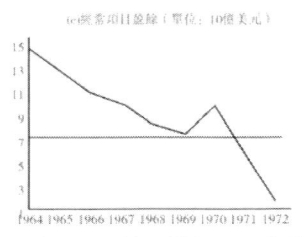

(c) 經常項目盈餘（單位：10億美元）

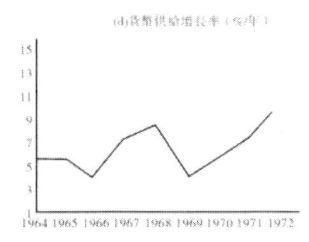

(d) 貨幣供給增長率（%/年）

圖 18-4　1964—1972 年美國宏觀經濟數據

資料來源：Economk Repert of the President，1985。其中貨幣供給增長率是當年 12 月份的 M1 相對於上一年 12 月份的 M1 的增長百分比。通貨膨脹率是當年的平均消費者物價指數相對於上一年平均消費者物價指數的增長百分比。

　　雙軌制的建立是布雷頓森林體系的一個轉折點。該體系實行金匯兌本位制的最初目標是通過固定美元與黃金的比價防止通貨膨脹，各國中央銀行割斷了美元與黃金的固定市場價格之間的聯繫，也就拋棄了布雷頓森林體系固有的反通貨膨脹的機制。雙軌制的實行從整體上來說並未消除對美國的外部限制，因為外國中央銀行仍保留以官方價格向美聯儲兌換黃金的權利。不過此時官方價格已經只是中央銀行結清帳目的一個虛假的機制，不再能自動地對世界的貨幣增長起制約作用。

　　如圖 18-4（b）所示，雖然 1970 年美國正處於經濟衰退中，通貨膨脹率仍然上升了。在那時，通貨膨脹的預期在經濟中已經普遍存在，並且即使在經濟增長放慢時期也影響到工資的確定。不過，總需求的減少確實使得美國的經常項目在 1970 年得以改善。

　　這種改善不久就被證明是暫時性的。美國 1971 年初公佈的國際收支不利的消息導致私人在外匯市場上大量購買德國馬克，因為人們相信馬克將在不久以後對美元升值。僅在 1971 年 5 月 4 日當天，由於對馬克的需求擴大，德國中央銀行不得不購進10 億美元以保持其固定匯率。5 月 5 日清晨，在外匯市場開盤交易的第一個小時內，德國中央銀行就買進了 10 億美元！此時德國中央銀行不得不放棄努力並允許其匯率浮動，以避免德國的貨幣供給以更驚人的速度增加。

　　幾周以後，市場越發相信美元將不得不對主要的歐洲貨幣貶值。1971 年美國失業率仍然很高，和前些年相比，價格水平猛增。為了恢復充分就業並保持經常項目平衡，美國政府不得不在一定程度上對美元進行實際貶值。

第六章　國際貨幣體系與匯率制度

175

美元實際貶值以兩種方式進行。第一種是以失業為代價的美國價格水平下降和讓外國中央銀行持續購買美元所造成的外國的價格水平上升。第二種方式是以外幣表示的美元名義價格的降低。第一種方式——美國的失業與其他國家的通貨膨脹，對政策制定者來說似乎是一個痛苦的選擇，因此，市場正確地猜到美元價值的變化勢在必行。這種認識導致外匯市場上新一輪的美元拋售，並在1971年8月達到了頂峰。

然而，貶值對於美國來說並非一件易事。對任何其他國家而言，它們只需重新制定對美元的比價就可改變匯率。但是對美元來說，只有其他國家同意將其貨幣在新的水平上釘住美元，貶值才可能實現。實際上，所有的國家都必須同時同意其貨幣對美元升值，因此，美元的貶值只能通過大量的多邊談判來實現。然而，有些國家並不熱衷於這種使本幣升值的行為，因為升值使其本國商品相對於美國商品價格上升，從而不利於其出口以及和進口競爭的行業。

理查德·M. 尼克鬆總統在1971年8月1日採取了強硬措施。首先，他宣布從此以後美國將不再自動地向外國中央銀行出售黃金換回美元，從而結束了美國黃金不斷外流的局面。這個措施實際上切斷了美元與黃金之間僅存的一點聯繫。另外，他宣布對所有美國進口的商品徵收10%的附加稅，直到美國的貿易夥伴同意其貨幣對美元升值為止。

1971年12月美國與其貿易夥伴在位於華盛頓特區的史密森學會達成了一個關于匯率重新調整的國際協定。美元對外幣平均貶值約8%，原徵收的10%進口商品附加稅被取消。黃金的官方價格上升到每盎司38美元，但這一上調其實對經濟並沒有產生什麼意義，因為美國拒絕繼續向外國中央銀行出售黃金。史密森協定使得金本位制的最後一塊陣地也丟失了。

該協定雖然被尼克鬆總統譽為「世界歷史上最有意義的貨幣協定」，卻還不到15個月就破產了。1972年美國經常項目急遽惡化，並且在那年大選之前貨幣增長率大大提高，使得市場相信史密森協定確定的美元貶值幅度還遠遠不夠。整個1972年，更多的投機資本由美元轉換為其他貨幣，尤其是德國馬克與日元。德國政府不得不控製資本流入，以抑制儲備流動帶來國內貨幣供給的增加。

1973年2月初，發生了另一次大的美元市場的投機性衝擊，使得外匯市場在美國與其主要貿易夥伴商議支持美元的措施期間關閉。2月12日，美元宣布進一步貶值10%，不過就在政府宣布恢復外匯市場交易後不久，投機資本又開始了對美元的衝擊。3月1日，在歐洲各國中央銀行被迫購買了36億美元以防止其貨幣升值之後，外匯市場再度關閉。

3月19日外匯市場又一次開盤交易，日本與大多數歐洲國家的貨幣價格相對於美元都開始浮動。工業化國家對美元匯率的浮動在當時被看作是對難以控製的投機性資本流動作出的暫時性反應。但是，1973年3月的這一系列暫時性調整最終變成了永久性的措施，標誌著固定匯率製度的破產和國際貨幣體系一個動盪的新時代的開始。

【案例來源】保羅·克魯格曼. 國際經濟學 [M]. 海聞, 蔡榮, 等譯. 北京：中國人民大學出版社, 2002.

第二節　當代國際貨幣體系

本節在對當代國際貨幣體系的形成及主要特點加以概括的基礎上，進一步就經濟全球化趨勢下當代國際貨幣體系的矛盾及改革趨向做了專門的分析。

一、當代國際貨幣體系的形成及主要特點

以美元為中心的布雷頓森林貨幣體系崩潰後，IMF 最高權力機構——IMF 理事會即著手研究國際貨幣體系的改革問題。早在 1971 年 10 月就提出修改 IMF 組織協定的意見；1972 年 7 月，又決定建立「20 國委員會」，作為 IMF 的諮詢機構，對這方面的改革進行具體研究。該委員會於 1974 年 6 月提出了一份「改革綱要」，對黃金、匯率、儲備資產和國際收支調節等問題提出了一些原則性建議，為後來改革的實施奠定了初步基礎。1974 年 7 月，IMF 成立的一個新的國際貨幣製度委員會，簡稱「臨時委員會」，接替「20 國委員會」，並於 1976 年 1 月在牙買加首都金斯敦舉行會議，討論 IMF 協定的修改。經過激烈的討價還價，終於就匯率製度、黃金處理、儲備資產等問題達成一些協議；同年 4 月，IMF 理事會通過《國際貨幣基金組織第二次修正案》，並於 1978 年 4 月 1 日正式生效。這樣，以「牙買加協定」為基礎的新的國際貨幣體系得以形成。

牙買加協定基礎上形成的新的國際貨幣體系，並非是對布雷頓森林體系的全盤否定。一方面，布雷頓森林體系建立的 IMF 組織仍在發揮著重要作用；另一方面，美元地位的大大下降，但尚未影響到它作為主要國際儲備貨幣的地位。與此同時，作為一種新的國際貨幣體系，牙買加體系也有著與布雷頓森林體系全然不同的特點。

（1）匯率安排多樣化，有管理的浮動匯率成為各國的主要選擇。在服從 IMF 指導和監督的前提下，各成員國可以根據本國的實際選擇各種不同的匯率製度，增強了各國宏觀經濟政策的自主性和靈活性。

（2）黃金非貨幣化。黃金與貨幣脫鉤，即不再是各國貨幣的平價基礎，也不能用於官方之間的國際清算。基金組織將其持有的黃金總額的 1/6（約 2,500 萬益斯）按市場價格出售，超過官價的部分成立信託基金，用於對發展中國家的援助；另外 1/6 則按官價歸還各成員國。

（3）國際儲備多元化，特別提款權（SDR）擬成為主要國際儲備手段。布雷頓森林體系美元一枝獨秀的局面被以美元為首的包括日元、西德馬克、英鎊等多種儲備貨幣本位所取代。這在相當程度上解決了過去國際貨幣儲備和國際清償手段提供對美國國際收支變動的過份依賴。

（4）國際收支調節機制多樣化。匯率機制、利率機制、基金組織的干預和貸款、國際金融市場的媒介作用以及有關國家外匯儲備、債權債務調整等多種調節機制的相機抉擇作用，一定程度上改變了布雷頓森林體系國際收支調節渠道有限、調節機制經

常失靈而導致的長期出現全球性國際收支失衡現象。

上述幾個方面與擴大基金組織份額、增加對發展中國家資金融通數量和限額等，共同構成了牙買加協定的主要內容，並成為當代國際貨幣體系的基礎。

二、當代國際貨幣體系面臨的主要問題

以牙買加協定為基礎的當代國際貨幣體系的實踐，對維持國際經濟的正常運轉，推動世界經濟的持續發展，其積極作用是應當肯定的。它基本上擺脫了國際本位貨幣國家與其他國家相互牽連的弊端，其匯率製度的多樣化安排亦使得各個國家的匯率政策能較靈敏和實際地反應不斷變化的客觀經濟情況，在一定程度上解決了布雷頓森林體系中面臨的特里芬難題，以及國際收支配置機制失靈的困難。但同時，該體系作用的結果也存在著消極的一面。這主要表現在它使得國際貨幣格局錯綜複雜，缺乏統一穩定性。國際金融的動盪加劇，國際貿易和金融市場受到嚴重的衝擊。

（1）匯率安排多樣化與匯率波動加劇，國際金融危機頻繁發生。以浮動匯率為主體的多樣化匯率機制，其最大弊端是導致國際貨幣體系缺乏穩定性。尤其是作為當代全球匯率體系基礎的美元、德國馬克（及後來的歐元）、日元等主要貨幣之間匯率的過度頻繁、大幅度波動，加大了國際貿易和國際投資的不確定性風險，有礙於世界經濟的健康發展。浮動匯率所導致的對各國財政政策約束的放寬，難免導致一些國家無限制地實行膨脹性的財政貨幣政策，從而加劇世界性的通貨膨脹壓力。除此而外，浮動匯率還為外匯市場的投機提供了活動的空間，亦成為20世紀90年代以來國際金融危機頻繁爆發的一個原因。

（2）國際儲備多元化與各國國際儲備資產管理難度的增加。當代以美元為中心的多元化國際儲備體系，固然有利於減少各國對單一基礎貨幣美元的過度單純依賴，進而降低國際儲備資產管理風險的一面，但同時這種建立在國際信用貨幣基礎之上的國際儲備，貨幣仍是來自這些儲備貨幣發行國的國際收支逆差，是在國際支付的過程中被創造出來的，其穩定性要以相關國家相互協調宏觀政策為條件。在這些被用作主要國際儲備貨幣之間尚缺乏統一的穩定貨幣標準，相互間匯率波動頻繁加劇的情況下，無疑加大了各國特別是發展中國家貨幣金融管理的難度。

（3）國際收支調節機制的多樣化與國際收支問題嚴重化。牙買加體系下的國際收支調節機制，主要包括匯率機制、國際金融市場和利率機制、國際金融機構調節，以及國際儲備資產運用等多個方面。其中浮動匯率條件下，匯率機制是國際收支調節的主要方式，但它要受到進出口商品的彈性等的限制；利率機制的使用，亦要受到各國宏觀經濟方面的制約；而國際收支逆差國和順差國的對稱性調節，則長期缺乏有權威和成效的引導監督。

（4）金融創新的紛紛湧現與國際金融風險的不斷加大。隨著金融全球化步伐的加快，金融市場的阻礙消除，銀行之間、銀行與非銀行金融機構之間的界限日趨模糊，業務交叉普遍。為規避金融風險而紛紛湧現的各種新的金融衍生工具或金融手段，其本身就蘊藏著巨大的潛在風險，在金融監管機制尚不夠完善的情況下，往往成了國際

金融外匯市場投機性交易的重要手段，因而使得國際金融市場風險進一步加大。

（5）金融全球化與國際貨幣金融監管協調機制不力。這首先表現在對國際金融市場的動盪乃至危機，缺乏行之有效的「預警」機制。當問題嚴重並引起普遍重視時往往已為時過晚，錯過了遏止危機的最佳時機。例如，IMF 在 1997 年 5 月出版的《世界經濟展望》中，對東南亞金融危機竟毫無覺察，其至還對「泰國出色的經濟運作情況和當局堅持正確的宏觀經濟政策」大加讚揚。亦表現在金融危機爆發時，傳統的處理危機的「一攬子」救助措施常常不能對症下藥，並且通常附帶有利於西方發達國家的經濟、社會和政治改革條件。此外，更表現在對金融全球化和自由化背景下每天活躍在世界市場上數以億萬計的龐大遊資，缺乏有效的監督和約束機制，使之成為國際金融市場動盪的一個重要因素。

三、當代國際貨幣金融體系的改革趨向

面對當代國際貨幣金融關係的矛盾衝突，尤其是 20 世紀 80 年代以來曠日持久的國際債務問題，以及二十世紀最後幾年相繼發生的國際金融的危機和動盪，如何改革現行的國際貨幣金融製度，使之能在盡可能大的程度上適應經濟全球化趨勢下世界經濟的健康發展，客觀上已成為包括發達國家在內的世界各國共同關注的問題。為此，國際金融界亦採取了許多措施，主要是從增加特別提款權的總份額、改進特別提款權的定值來擴大特別提款權作為國際貨幣的作用，從國際外匯儲備多元化、擴展貨幣集團化，以及發達國家政府聯合干預外匯市場等不同方面，對現行國際貨幣金融製度加以改善和調節。然而，這些改良性的微調措施並沒有達到預期的效果，致使現行國際貨幣製度業已存在的許多問題未能得到較好解決，而經濟全球化發展所帶來的許多新的矛盾還在不斷增加，並成為嚴重影響世界經濟發展的桎梏。

有鑒於此，對現行國際貨幣金融製度進行較徹底的改革乃至重建新的適應於經濟全球化趨勢下世界經濟發展的國際貨幣金融製度，已經成為國際金融界大多數國家所普遍認同或接受的主張。徹底改革或重建國際貨幣金融體系的建議與方案很多，概括起來主要有以下幾種：

1. 恢復國際金本位制。

持這種觀點者，主要以法國的呂埃夫和瑞士的海爾普林等為代表。而更多人則主張的是實行加以改進的金匯兌本位制，只是側重點有所不同，其代表人物包括：美國的伯恩斯坦（主張建立新儲備單位來增加世界清償能力）；英國的哈羅德等（主張提高金價來增強世界清償能力）；瑞士的拉茲等（主張建立多種通貨儲備體制）。恢復和揚棄國際金本位制的觀念在供給學派及美國共和黨內也有相當市場，在 1984 年 8 月於達拉斯召開的美國共和黨大會上通過的里根總統競選綱領中，便提出了用金本位制抑制通貨膨脹的主張。總的來說，這種將黃金作為基準貨幣的固定匯率體系的金本位，並非本世紀初流行的那種金本位簡單復興，而是所謂的「新金本位」（New Gold Standard）。這種新的全球金本位並不依賴實際存在的黃金儲備，而是以中央銀行發行保證本國貨幣按固定比率購回黃金的遠期合約（Financial Futures Contracts）的意願為

基礎。這樣一來，根據對未來的預期，金融市場力量便可被用來擴張或收縮一國的貨幣供應量，同時，投機者的行為便具有了一種穩定效應，因為他們買賣債券的活動將會導致貨幣與黃金的相對價格走向其均衡固定比率。

新金本位製度相對於布雷頓森林體系而言有它的優勢。因為黃金作為貨幣已有很長的歷史，它容易被接受，而且各國中央銀行仍能採取主動的貨幣政策。但是要看到的是，在現實經濟條件下，國際貨幣市場的自動調節機制及重歸金本位制，必然要受到各種因素制約。且不說黃金儲備分布的不合理，僅擁有世界黃金儲備20%的發展中國家自然首當其衝就缺乏貨幣穩定的基礎；即使世界黃金產量，也跟不上國際經濟增長對貨幣黃金的需求。此外，金本位制同各國國內的經濟政策目標也有其矛盾的一面。比如，在國際收支出現逆差的條件下，要維持金本位制，就得用黃金去進行清償。這不僅會出現黃金嚴重外流，引起國內貨幣量收縮，抑制著經濟增長，而且根本就沒有那麼多黃金用於這種清償。如果希望保持經濟增長，那就必須凍結黃金外流，但這不僅會加劇出現更嚴重的國際收支逆差，而且還從根本上動搖著金本位制的基礎。

2. 恢復布雷頓森林體系制

從本質上講，布雷頓森林體系與金本位類似，即所有國家的貨幣均與一核心幣掛勾，並在此基礎上確定各國之間的匯率且固定之一。布雷頓森林體系和金本位的區別僅在於核心貨幣：前者為美元，後者為黃金；同時全球的貨幣政策也就主要由美國聯邦儲備委員會來決定。1947—1971年間的國際貨幣體系便是如此。儘管它問題很多，但終究為全球貿易提供了一個穩定的貨幣基礎。在今天提出恢復布雷頓森林體系的主張，其理論依據是：

（1）從1944—1971年這段時間的國際貨幣製度來看，總的情況是穩定的，對世界經濟與國際貿易的發展是有益的。因此，從理論上來講，就應恢復布雷頓森林體制。關於矛盾問題，那只應想辦法解決，而不應否定這個體制本身。

（2）恢復了布雷頓森林體制，也就是恢復了美元等同黃金的地位，這樣，從理論上來講，國際貨幣就有了穩定的基礎。這對人們今天普遍過於重視黃金的保值作用來講，是有客觀意義的。

（3）現在，美國雖不是世界產金和儲金最多的國家，但卻仍是比較多的地方，這也是有利條件。當然，從當今世界經濟發展的規模來講，那是遠遠不相適應的。不過，這正是要各國來共同想辦法加以解決的。

（4）和二戰剛結束時類似，美國在冷戰後世界舞臺上一直扮演著舉足輕重的角色，東亞金融危機的爆發和20世紀90年代初期以來美國經濟近90個月的持續增長，乃至在可預見到的將來相當一個時期美國在世界經濟中的重要地位，均對該方案的提出起到推動作用。

這種方案儘管有其許多合理之處，但在具體的實行中困難也很多。首先，在20世紀70年代，美國的黃金尚且難以維持與美元的掛勾；而在世界經濟迅猛發展的今天，則更不用說了。其次，經濟全球化趨勢下世界經濟的多極化發展已成事實，美國

的近十年來的持續增長,並不能改變歐盟、日本及發展中的新興工業化國家經濟的崛起,國際基準貨幣及國際儲備的多元化趨勢亦難以逆轉。最後,讓美國獨家主導全球的貨幣政策,通過控製世界基礎貨幣發行,再次享有向全球徵收鑄幣稅和轉嫁其國內通脹壓力的權力和機會,也難以為包括南北方在內的大多數國家所接受。

3. 創建單一世界貨幣和世界中央銀行的國際管理通貨本位制

建立世界中央銀行並讓其發行統一貨幣的思想,最初源於哈耶克1937年出版的一本題為《貨幣的民族主義與國際穩定》的著作。哈耶克指出,貨幣改革者的理性選擇只有兩種:建立國際貨幣政策的「世界中央銀行」(A World Central Bank)和與通常理解的貨幣政策毫不相關的「完全自由的銀行」(Full-fledged Free Banking)。哈耶克的第一種方案認為,與其由民族國家執行貨幣政策,不如由一個單一的世界中央銀行負起責任。哈耶克的這一思想,在後來美國的另一個經濟學家特思芬那裡得到進一步發展。他主張創建起國際中央銀行作用的世界中央銀行,其任務是建立世界儲備,控製國際貨幣發行,實行統一的國際通貨管理。這種世界中央銀行有協調各國央行業務的職能,在此基礎上世界主要經濟活動中心應採取措施實行固定匯率製度。

該方案較為理想,但其實施的困難在於,它與各主權國家利益密切相關,要想建立高度統一的世界銀行機構,統一行使權力,必然面臨著來自不同國家的眾多壓力。實行固定匯率,固然有助於發展中國家金融穩定,但推行固定匯率的弊端亦早已被許多發展中國家所領教過。此外,這種要在全球範圍內創造一種統一管理通貨的設想的實行中,也存在著許多具體的困難。

4. 建立區域性貨幣聯盟

根據地理和經濟的聯繫及特點,將世界分成若干貨幣區,貨幣區內各國實行固定匯率或準固定匯率制;各貨幣區之間的匯率則可據市場供求而自行變動。事實上,早在20世紀20年代國際金匯兌本位制瓦解之後,國際貨幣體系走向分散化,各種區域性貨幣組織,如西非貨幣聯盟、加勒比貨幣區、中美洲貨幣同盟、歐洲貨幣體系等相繼出現。其中,以20世紀70年代末開創的歐洲貨幣體系發展得最為完善,區域性單一貨幣——歐元的正式啓動,以及區域性歐洲中央銀行的建立,均已成為當代國際經濟中舉世關注的事實。面對20世紀90年代國際金融的動盪,建立類似歐洲貨幣聯盟式的區域性貨幣聯盟的構想,業已成為東亞國家近來常加討論的議題。其中,較為具體而現實的是馬來西亞總理馬哈蒂提出的那個旨在降低對美元依賴的貨幣聯盟方案,即在東盟的四個關鍵國家(馬來西亞、泰國、菲律賓和印度尼西亞)間進行貿易時,用新加坡元來取代美元,並使之成為東盟各國貨幣的標準。他的這一建議已經受到了泰國的歡迎,並將在其他東盟國家得到認真的討論。有些分析家指出,此方案實施後將會減少30%,甚至更多的對美元的需求,並且能緩和這一地區的貨幣波動。

儘管這一建議的實施面臨著不少的問題,但其建立區域性貨幣聯盟的動向已引起了國際金融界的廣泛關注。

5. 在現行國際貨幣體系的基礎上,進行較大幅度的改革

之所以繼續維持現行國際貨幣製度的基礎是因為:其一,到現在為止,各種建立

新的國際貨幣製度的主張都缺乏現實的可行性，無法很快就加以實現，這樣就只好在現行國際貨幣製度本身來想辦法。現實的出路，就是盡可能的加以改革，使之為各方面所接受。其二，美國的經濟現在仍是最發達的，其國民生產總值仍居世界首位，這是重要的物質基礎；美元現在仍然是國際上的關鍵貨幣和主要的世界貨幣。其三，其他國家的貨幣，如日元、歐元、瑞士法郎等，可以相配合同時起到世界貨幣的作用。雖然其間矛盾在深化，但經濟全球化和多極化已成定勢，歐元的啟動已經開始逐漸改變美元在國際貨幣金融體系中的傳統獨霸地位。因此，改革應是在現行國際貨幣金融體系的基礎之上進行，它包含諸多不同的方面和層次。

其中的一種意見，就是改革現有的國際貨幣基金組織和世界銀行以穩定國際市場。以索羅斯為代表的一批金融家認為，金融市場生來就是不穩定的，而國際金融市場尤其如此。與此同時，鑒於市場本身往往要作出過度反應，並且壟斷市場是所有競爭者的目標，故市場無法糾正其自身的錯誤。這樣一來，就需要一定程度的國家干預，而在經濟日益全球化的今天，更加密切的國際合作是必要的。在面對東亞金融危機時，索羅斯建議成立一個新的「國際信貸保險公司」（Intermational Credit Insurance Corporation）。按照他的設想，它將和國際貨幣基金組織一道，根據該機構官員認為安全的標準對國際貸款予以擔保。有人還進一步指出，與其建立新機構還不如改革舊體制方便。為此他們甚至建議，乾脆就把世界銀行改成國際信貸保險公司，讓其從一個貸款者轉化成為一個國際信貸的保險者，從而穩定國際金融市場。

立足現行國際貨幣金融體系基礎進行改革的另一種意見是，在現行的國際貨幣基金組織體系下繼續推行金融自由化。其具體涵義是，要求各國進一步開放金融服務業以及其他市場，減少政府管制，增加其透明度，並且力求憑藉國際貨幣基金組織等國際金融機構來完成上述目標。對此方案的支持，來自於1998年2月17日22個主要國家的官員在美國首都華盛頓就以下三個關鍵問題達成的共識：第一，解決目前的並且防止未來的金融危機的基礎是自由市場；第二，各國政府在提供金融信息時要增加透明度；第三，國際貨幣基金組織應該繼續發揮其不可或缺的作用。顯而易見，這是一個實現可能性最大的方案，因為它一方面顧及了金融家和國際金融機構等既得利益者的利益；另一方面又迎合了市場化和全球化的時代潮流。其所包含的邏輯是，金融自由化無疑對世界貿易和分工有著巨大的促進意義，但它本身卻不是無條件的；存在一個像國際貨幣基金組織這樣的國際金融機構，這是保證全球市場化的必要條件。

綜上而論，各種方案或主張均有其一定理論的、客觀的依據，但其具體付諸實施中亦都難免會有各種不同的困難或障礙。相對而言，第五種方案至少在今後的一段時期較為現實。不斷發現和探索解決當代國際貨幣金融體系中的矛盾和問題，努力尋求南北貨幣金融關係的相對平衡和諧點，經濟全球化趨勢下南北關係的進一步改善前景應是光明的。

結合經濟全球化的趨勢及當代國際金融的實際，可以認為，立足現行國際貨幣金融體系基礎之上的根本性改革是必要而可行的。這種改革之所以要立足於現行國際貨幣體系基礎之上進行，是因為1976年1月通過的「牙買加協定」為基礎的《國際貨

幣基金協定第二次修正案》所確定的當代國際貨幣體系的一些主要內容，如：匯率製度多樣化、國際儲備多元化、國際收支調節機制多樣化，以及擴大對發展中國家的資金融通等，仍將得到保留或發展。在此基礎上，改革可考慮從以下方面著手加以推進。

1. 根據經濟與金融全球化趨勢的要求，選擇合理的匯率製度

自20世紀70年代中期布雷頓森林體系解體後，傳統的固定匯率一統天下被打破，匯率製度安排的多樣化，使單獨的自由浮動、聯合浮動、盯住某一貨幣或籃子貨幣等的浮動匯率，以及仍保持固定匯率等多種形式的匯率製度，成為各主權國家的自行選擇或安排。就20世紀90年代以來的實踐來看，實行固定匯率或盯住固定匯率機制的國家和地區逐年減少，實行管理浮動匯率制的國家和地區明顯增多。到1998年年初，盯住美元的國家和地區約為23個，較之20世紀90年代初減少了10個；實行有限靈活盯住匯率制，即盯住一種貨幣或一組貨幣並在一定幅度內浮動的國家和地區，數量相對穩定無明顯變化；實行有管理的浮動匯率的國家則由23個上升到44個，同期實行單獨浮動匯率的國家和地區也由20個增加到53個。

上述實行固定匯率或釘住某一貨幣浮動的準固定匯率制的國家和地區，主要是發展中國家或地區。其中的相當一部分恰恰是受到20世紀90年代頻繁發生的國際金融動盪或危機衝擊的國家。這些國家匯率製度的這種安排，其出發點在於穩定匯率，促進貿易增長。但現實當中，隨著國際資本流動規模的增大，資本帳戶亦在匯率決定過程中的作用上升；特別是短期資本的急遽增大和頻繁流動，對匯率的穩定造成巨大衝擊，使得盯住某個單一貨幣的固定匯率難以維繫，浮動匯率制開始成為世界更多國家的選擇。然而，浮動匯率制的實踐表明，在資本帳戶充分開放的條件下，匯率的變化很難真實和有效地反應經濟基本變量的變化，而通常在很大程度上受短期市場心理預期及投機等因素的作用，並形成匯率的過度波動，進而無法有效地保證貿易和實際經濟的有效運行。相比之下，在有管理的浮動匯率製度下，匯率在貨幣當局確定的區間內波動，有助於消除短期因素的上述不利影響。只有當短期因素的作用導致匯率波動超出了確定區間時，才由貨幣當局對外匯市場進行必要的干預。同樣，對實行盯住匯率制的發展中國家，宜實行盯住一籃子貨幣的有管理的浮動，即選用與本國經濟聯繫較為密切，且在國際金融外匯市場有重要地位的若干種貨幣，各佔一定的比重或權數，組成本國貨幣所盯住的「籃子貨幣」進行浮動。這樣做有利於抵消或降低國際外匯市場主要國際貨幣波動對本國貨幣的衝擊。

2. 推動區域性國際貨幣合作，作為邁向世界單一貨幣和執行全球統一的貨幣管理體系的過渡

適宜世界經濟全球化、多極化的現狀，歐盟、北美自由貿易區以及亞太經合組織這三大區域性一體化經濟圈，責無旁貸地將成為21世紀範圍最為廣泛、經濟實力及影響最為強大的國際經濟一體化的代表，並以既相互聯繫合作，又鼎足對峙的態勢，把當代錯綜複雜的國際經濟關係帶入一個新的階段。作為一體化性質的經濟集團內部，隨著商品、勞務、資本與技術的跨國流動自由度的加大，為穩定成員國之間貨幣

匯率，減弱區域外其他國際貨幣波動的衝擊，建立一體化區域內貨幣的特定匯率機制顯得很有必要。歐盟經濟一體化進程中歐洲貨幣匯率機制（ERM）的成功經驗表明，這種特定匯率機制，是以區域內各國貨幣匯率實行可略有調整的準固定匯率，對外則實行區域貨幣「籃子」的聯合浮動為主要特徵。儘管這種區域性貨幣聯盟的實施，對該區域內成員國經濟發展水平差異及宏觀經濟政策的相互協調，有著較高的要求，但作為一個方向，區域性貨幣政策的推動，不失為介於由傳統國際貨幣體系走向未來的實現單一世界貨幣和世界中央銀行管理體系的一種可行的過渡形式。當然，適於不同區域經濟一體化水平的差異，區域性貨幣合作方式可以採取不同的選擇，如聯繫相對鬆散的貨幣區，或支付同盟等多種形式；在區域內經濟一體化達到較高程度時，再走向貨幣聯盟，即實現區域內的單一貨幣，並建立區域性中央銀行執行統一的貨幣政策。

3. 改革現有的國際金融組織，特別是國際貨幣基金組織，擴大基金組織在監督協調成員國貨幣、匯率政策及全球性國際收支調節中的作用

應給予發展中國家在基金組織中以平等地位參加重大事項討論與決定的權力。參照戰後建立的關貿總協定（GATT）及現在的世界貿易組織（WTO）所確定的多邊國際貿易體制，積極探索並尋求逐步建立相應的適應於經濟與金融全球化發展要求的現代國際貨幣金融體系。現行多元化國際儲備的結構調整，要逐步加大特別提款權（SDR）的權數比重，使之能盡快地擔負起主要國際儲備的職能，並作為未來全球性貨幣合作中統一的世界貨幣的前身。

4. 在微觀上循序漸進的繼續推進金融的自由化、國際化的同時，從宏觀上加強國與國之間全球性的國際金融監管

在這方面，重點要放在建立全球性的透明度高、公平公正的金融風險監控機制及管理體系，實現由傳統的對微觀金融企業或行為的直控管制，向以間接調控為主要方式的宏觀金融活動監管的轉換。各國政府和金融管理當局、國際金融組織應聯手抑制或打擊國際金融領域的過度投機活動，並採取有效措施來限制金融衍生資產的過度膨脹，緩解金融經濟與實際經濟的過度脫離。

第三節　歐洲貨幣體系及歐元

歐洲經濟一體化及歐元的問世，可以堪稱為 20 世紀下半期人類社會國際經濟合作的最為成功的典範。這一節將回顧歐元的前身或產生的基礎——歐洲貨幣體系（EMS）及起其主要內容，對歐元的產生及國際經濟影響作出分析。

一、歐洲貨幣體系（EMS）的建立及主要內容

1979 年正式建立的歐洲貨幣體系（European Monetary System，簡稱 EMS），既是西歐國家經濟一體化實踐的內在要求，是該地區已建成關稅同盟及其共同農業政策得以穩固和健康發展的重要保證，又是為了擺脫美元波動對該地區國家經濟衝擊而採取

的共同措施。

EMS 由三個有著有機聯繫的部分構成：

1. 歐洲貨幣單位（European Currency Unit，簡稱 ECU）

ECU 作為該貨幣體系運轉的基礎，是由 EMS 各成員國貨幣按一定比重構成的一籃子複合貨幣。

ECU 主要有三種作用：①確定成員國貨幣匯率的依據，各參與國貨幣與之保持固定比價，然後再據此套算出同其他成員國貨幣的比價；②歐共體的儲備手段及進行匯率干預的手段；③用於官方之間的清算和信貸手段。

2. 歐洲貨幣合作基金（European Monetary Cooperation Fund，簡稱 EMCF）

由各成員國繳納各自黃金外匯儲備的 20% 作為共同基金的資金來源，並以此作為發行歐洲貨幣單位的準備。共同基金主要用於干預匯率和向成員國提供相應的貸款，以穩定外匯市場，度過暫時性的國際收支困難，保證歐洲貨幣體系的運轉。

3. 歐洲貨幣匯率運行機制（Exchange Rate Mechanism，簡稱 ERM）

作為 EMS 的中心，以實行穩定的匯率體系。各參與國的貨幣之間保持一種可調整的固定匯率，允許相互間貨幣上下保持 2.25% 的波動幅度（義大利、葡萄牙等少數經濟承受力較弱國家貨幣的波幅可放寬為上、下各 6%）；對 ERM 以外國家的貨幣則實行聯合浮動。這當中，ERM 成員國貨幣間的固定（或準固定）匯率，是通過 ECU 所確定的中心匯率及規定的波動幅度，以及必要的外匯市場干預措施實現的。當干預措施不能奏效時，則調整中心匯率來達到新的穩定。

綜上所述，EMS 是一個以 ECU 為核心，以 ERM 為主體，以信貸體系為輔助手段的區域性可調整的固定匯率製度，它與國際金本位制下嚴格典型的固定匯率制的最大區別，一方面在於它是以特定經濟條件為客觀基礎，人為制定並共同執行的、為保持匯率穩定而形成的；另一方面在於它的這種固定匯率製度的可調整性，有別於國際金本位制的嚴格固定而有序變動特徵。

二、歐洲貨幣體系的發展及歐元的產生

EMS 的建立和運轉，對歐洲經濟一體化建設起到了顯然的積極作用。這尤為突出表現在：該貨幣體系當中加入 ERM 的各成員國貨幣匯率波動的幅度大大縮小，通貨膨脹率明顯降低，多數成員國際收支狀況總體趨於改善等不同方面；除此而外，該貨幣體系起到對國際金融市場的穩定作用，不僅使成員國受益匪淺，且對整個國際金融市場的動盪起到了一定的平抑作用。

正是基於這一現實，為鞏固和進一步推進經濟一體化的成果，1991 年 12 月，在荷蘭的小鎮馬斯特里赫特（Maastricht）召開的歐盟首腦會議上，就歐共體政治、經濟和貨幣同盟的深化所達成的《馬斯特里赫特條約》（Maastricht Treaty，簡稱《馬約》），進一步將建立歐洲經濟和貨幣聯盟（EMU）提到議事日程。按此條約關於貨幣聯盟的最終要求，至遲在 1999 年要在歐共體建立一個負責制定和執行歐共體共同貨幣政策的歐洲中央銀行（ECB），並實行單一貨幣。

《馬約》要求分三個階段來實施上述目標。

第一階段，從 1990 年 7 月 1 日到 1993 年年底，主要任務是實現所有成員國加入歐洲貨幣體系的匯率機制；實現資本的自由流動，協調各成員國的經濟政策；建立相應的監督機制。第二階段從 1994 年 1 月 1 日到 1997 年，進一步實現各國宏觀經濟政策的協調；建立獨立的歐洲貨幣管理體系，稱為「歐洲中央銀行體系」（European System of Central Banks，ESCB），作為歐洲中央銀行的前身；各國貨幣匯率的波動要在原有的基礎上（上、下 2.25%，義大利、西班牙和英國的幅度為上下 6%）進一步縮小並趨於固定。第三階段從 1997 年到 1999 年 1 月 1 日之間開始，其目標是在這段時間內最終建立統一的歐洲貨幣和獨立的歐洲中央銀行。在 1996 年年底的時候，由歐共體理事會對各國的經濟狀況按加入第三階段的條件進行一次評估。如果至少有七個（不包括英國）國家達標，並且當時歐共體的情況允許，則這些達標的國家將首先進入階段三，其餘國家則等到以後條件成熟時再加入。如果到 1997 年 12 月 31 日，達標的國家仍少於七個，或者歐共體理事會認為於 1997 年實施階段三不合宜，則改為於 1999 年 1 月 1 日起將已達標的國家先進入階段三，其餘國家待以後條件成熟時再加入。

為了保證上述目標順利實施，《馬約》還明確規定了進入第三階段的歐元區國家的經濟趨同標準，以此作為歐元成員國貨幣一體化的共同基礎。這些標準包括：①通貨膨脹率不能高於歐共體三個最低國家平均水平的 1.5%；②政府長期債券的利率不能高於歐共體三個通貨膨脹最低國家平均水平的 2%；③財政赤字占國內生產總值的比重必須小於 3%；④公共債務的累計額必須低於國內生產總值的 60%；⑤貨幣匯率必須維持在歐洲貨幣體系規定的幅度內，並且至少有兩年未發生過貶值；⑥其中，央行的法則、法規必同《馬約》規定的歐洲中央銀行的法則法規相兼容。

從實際情況看，經濟趨同的實施主要是從 1993 年以後開始的。絕大多數歐盟成員國為了趕上歐元頭班車，作了積極的努力，使上了種種絕招，在較短的幾年時間內，克服了重重困難，到 1998 年，除希臘外，都基本達到了《馬約》規定的趨同標準。1998 年 5 月 2 日，在布魯塞爾召開的歐盟特別首腦會議，正式批准除了不願首批加入歐元區的英國、丹麥和瑞典以及離達到趨同標準甚遠的希臘外的歐盟其他 11 個國家，比利時、德國、西班牙、法國、愛爾蘭、義大利、盧森堡、荷蘭、奧地利、葡萄牙和芬蘭首批參加歐洲貨幣聯盟，成為歐元的創始國。該次首腦會議經艱難的磋商，就歐洲中央銀行行長等主要人事安排達成了一致。歐元於 1999 年 1 月 1 日正式啓動，從這一天起，歐元和各參加歐元區國家貨幣間的兌換率不可更改地固定下來，並將以 1：1 的比價替代歐洲貨幣單位（ECU），成為各國企事業單位、政府部門以及個人標價核算交易的工具。從歐元啓動到 2002 年 1 月 1 日之間的貨幣轉換時期，個人可以使用本國貨幣進行日常交易。此後，歐元的紙幣和硬幣開始正式面市，並與歐元各國原有貨幣同時流通。經半年的過渡期，至遲到 2002 年 7 月 1 日，各成員國貨幣徹底退出市場，歐元成為歐元區國家市場交易唯一的價值尺度、流通手段和支付仲介手段。歐元的產生和運行，不論是對歐盟經濟一體化的深化，還是對當代國際貨幣金融

體系，乃至整個世界經濟，都產生了重要的影響。

第四節　經濟全球化趨勢下的國際貨幣匯率機制

本節將比較分析固定匯率與浮動匯率兩種匯率製度的特點，並就這兩類匯率製度各自的利弊，以及當代國際經濟現實中不同匯率製度的安排，進行歸納論述。

一、固定匯率與浮動匯率兩種匯率製度的特點

由前面的有關分析可見，匯率的變動對一國國際收支的調節，以及整個國際經濟的運行，都有著十分重要的意義。各國政府在匯率能否變動、如何變動等方面採取的基本規定和政策措施，既構成了該國或各國的匯率製度，又成為國際貨幣體系的一個重要組成部分。由國際經濟發展的歷史過程和製度安排的基本特徵區分，匯率製度大致上可劃分為兩種基本類型，即固定匯率製度和浮動匯率製度。

1. 固定匯率製度安排的特點

所謂固定匯率制，是指一國政府將本國貨幣與外國貨幣的兌換比例，以法定形式固定下來，並將匯率的波動限制在較少的範圍內。政府在對外宣布本國貨幣的法定平價的同時，還要承擔在外匯和貨幣市場上維持法定平價的責任。政府主要通過宏觀財政政策和利率、外匯儲備緩衝、外匯管制等貨幣政策手段來達到匯率穩定的目的。金本位條件下的固定匯率制和紙幣流通條件下的固定匯率的共同點表現在：兩者均有平價和波動範圍的限制。但兩者亦有明顯區別，主要表現在：金本位條件下，固定匯率所要求的平價和波動範圍是自發形成的；而紙幣流通條件下，固定匯率所要求的平價和波動範圍則是通過各國共同協商而人為建立起來的。金本位條件下，匯率受黃金輸轉送點的制約而波動幅度很小，十分穩定；而紙幣流通條件下，匯率受諸多因素影響而經常出現較劇烈的波動。

在資本充分自由流動的條件下，實行固定匯率製度，政府的財政政策和貨幣政策作用的力度有著很大的差別。這在標準的 IS-LM 模型的圖示中可以得到說明，見圖6-1（a）。

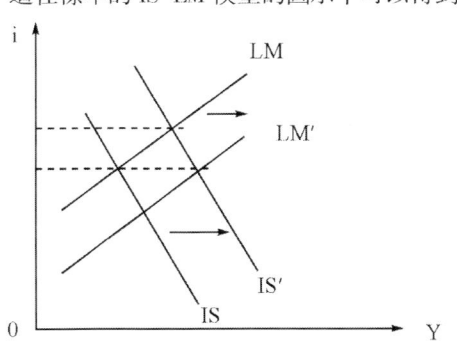

圖 6-1（a）　　固定匯率製度下的財政擴張作用

圖中，IS曲線向右移，利率上升導致資本內流，本國貨幣有升值的壓力，為維持固定匯率製度，政府當局將流入外資完全貨幣化，LM曲線相應右移，國內利率回落，產出增加。

固定匯率製度下，實施擴張性的貨幣政策，LM曲線右移，利率下降，資本外流，本國貨幣面臨貶值壓力；為維持匯率穩定，當局動用外匯儲備緩衝外匯市場，基礎貨幣投放相應減少，LM曲線重新左移，利率回升，擴張作用消失，產出恢復到原有水平，其結果只是改變了基礎貨幣的構成；國外信用收縮，國內信用擴張，見圖6-1（b）。

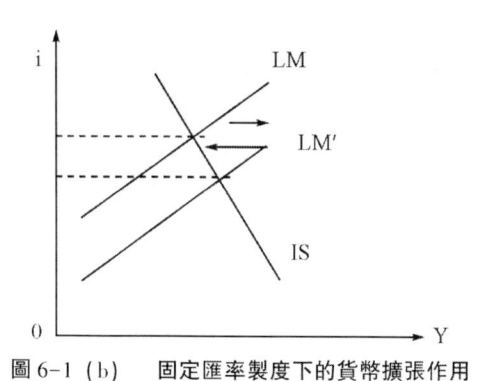

圖6-1（b）　　固定匯率製度下的貨幣擴張作用

由此可見，就對產出的影響效果看，固定匯率製度下的政府財政政策是相對有效的；而貨幣政策則相對無效，但可起到改變基礎貨幣構成的作用。

2. 浮動匯率製度安排的特點

所謂浮動匯率製度，是指匯率不受平價制約，主要以市場供求為基礎，由市場機制自行調節的匯率，政府既不規定本國貨幣與外國貨幣的兌換比例，也不限定匯率波動幅度。

在資本充分自由流動的條件下實行浮動匯率製度，政府財政和貨幣政策對產出的影響作用也有所不同。當著實施擴張性財政政策時，利率上升導致本幣升值，降低了本國商品國際競爭力，抑制了出口，刺激了進口增加，總支出下降，IS曲線向左回移，產出水平恢復到原有水平，其結果只是改變了總支出的構成：財政支出增加，淨出口減少。而擴張性的貨幣政策時，LM曲線右移，利率下降，本幣貶值導致本國商品國際競爭力的增強，出口上升，進口受到抑製，總支出增加，IS曲線右移，貨幣擴張的作用得以加強，見圖6-2（a）和圖6-2（b）。

可見，就對產出的效果而言，浮動匯率製度下，貨幣政策相對有效，而財政政策相對無效，但可起到改變總支出構成的作用。

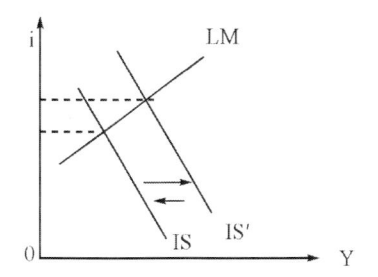

圖 6-2（a）　浮動匯率製度下的財政擴張 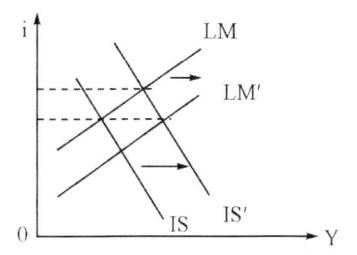　　圖 6-2（b）　浮動匯率製度下的貨幣擴張

二、固定匯率與浮動匯率兩類匯率製度優劣的爭論

浮動匯率和固定匯率這兩類匯率製度，各自有著不同的優點和弊端。究竟哪類更適合國際經濟運轉的要求，是國際經濟學界一個長期爭議的問題。

主張浮動匯率制的觀點認為，浮動匯率制有著許多固定匯率制所沒有的優點。

1. 自動的調節機制

浮動匯率製度下，匯率由外匯市場供求關係決定，能真實地反應國際經濟交往的實際。當外匯供過於求時，外匯匯率下降，本國貨幣匯率上升，相應地本國進口增加，出口減少，外匯需求上升，國際收支得以恢復平衡；反之，當外匯供不應求時，外匯匯率上升；本國貨幣匯率下降，進口減少，出口增加，外匯供給增加。浮動匯率可以自行地調節國際收支，使外匯匯率達到大致上的均衡。

2. 明顯的政策優勢

浮動匯率制下由於外部經濟的均衡可以通過匯率的變動，自行加以調節，因此，政府一般不再依賴貿易管制和外匯管制來解決國際收支問題，而能夠充分運用其他可以使用的各種政策措施，集中力量實現經濟增長、充分就業和公平分配等國內的經濟目標。

持這種觀點的人認為，浮動匯率能增強貨幣政策的功能。例如浮動匯率制下政府所採取的反通貨膨脹措施往往會導致本國貨幣升值，進而起到鼓勵進口、抑制出口的作用，從而加大降低國內通貨膨脹的力度。

浮動匯率制下的政策優勢還表現在它能防止匯率被人為地扭曲而造成利益的再分配，避免政府為某一部門或某些利益集團利益，而作出不公平的政策決策。比如，在固定匯率制下，當一國政府為了提高發展速度而鼓勵資本品進口時，可能有意讓本國貨幣匯率高估，進而對本國出口部門產生不利影響；與此同時必將出現國內外匯的過量需求，又會導致政府外匯管制等途徑的政策干預，結果使各種尋租行為應運而生，腐敗現象難以消除，而這些情況在浮動匯率制下卻難以呈現。浮動匯率制通過市場機制的作用，將外部均衡調節的負擔較為均等地分攤到逆差國和順差國，因而亦有著其合理性。

3. 較高的市場效率

浮動匯率制下，政府主要是以外匯市場活動的觀察、協調者而不是以直接參與者身分出現。一個匯率能夠自由升降、具有充分競爭性的外匯市場的存在，其效率或非扭曲性遠比在固定匯率制下政府為糾正國際收支失衡，維持匯率穩定而做出的種種努力要高得多。這對各國參與國際分工、擴大對外貿易有著重要意義，因為只有當匯率本身是合理的時候，才能正確地確定一國商品的比較優勢，形成合理的貿易模式，實現生產資源的有效配置。除此而外，浮動匯率制下匯率的自發調節，使得各國國際收支的差額及持續時間相對減少，因此，理論上可以降低平衡國際收支和干預外匯市場對各國中央銀行所需持有的國際儲備數量的要求以及進行外匯市場干預的操作成本。這有助於緩和國際清償力不足的矛盾，客觀上使得資源的配置和使用更加合理化。

4. 對外匯市場和國際金融市場動盪的制約

浮動匯率制對外匯市場匯率的調節進程帶有連續性、漸進性的特點，匯率上下浮動所代表的是由市場供求力量變化帶來的價格的邊際移動，這在一定程度上避免了固定匯率制下偶爾發生的平價變更對經濟造成的強烈衝擊，同時，還能減輕外匯市場上因貶值預期而導致的大規模短期投機資本的衝擊。浮動匯率還能起到阻礙通貨膨脹和經濟週期國際傳遞的作用。匯率的變動可以在一定程度上抵消固定匯率制各國貨幣和商品市場因固定匯率而相互聯結的副作用，通貨膨脹和經濟週期具有的國際傳遞機制。

主張固定匯率制的觀點，其主要根據在於：

1. 較低程度的不確定性

針對浮動匯率制下匯率的頻繁變化，固定匯率的擁護者認為這實質上是不斷改變著國際相對價格體系，從而擾亂了對國際貿易和國際投資決策來說至關重要的價格信號。因為匯率波動的不確定性，加大了經營性風險，不利於人們對國際經營活動成本和利潤的準確估價，嚴重妨礙了生產的國際分工和專業化發展。雖然在外匯市場上可以通過套期保值、匯率互換、掉期交易等金融創新工具來減少外匯市場風險，但這些交易的費用支出，無疑成為經營者的額外負擔。相比之下，固定匯率則可在相當程度上避免匯率的頻繁波動所帶來的不確定性，以及由此帶來的國際經濟活動的風險。

2. 較少的不穩定投機

外匯市場存在著不穩定性，這為投機提供了條件。如果投機能促使外匯市場走向穩定，則稱之為穩定投機；否則則稱之為不穩定投機或破壞性投機。在固定匯率制下匯率的波動有上下界限的限制，當匯率波動接近上下界限時，投機者多會預測匯率將反向變動，因此，投機通常是穩定性的。在浮動匯率條件下，投機往往是破壞性的。這是因為此時的投機會使匯率波動幅度大於原有的可能幅度。由於沒有匯率波動的限制，出於對匯率變動的可能性產生更大的預期，投機者往往是在匯率上升時加速買進，因為他們的預期匯率還會上升；而在匯率下跌時大量拋出，因為他們預期匯率還將下跌。這種破壞性投機可用圖 6-3 加以表示。

圖6-3　投機引起的匯率波動

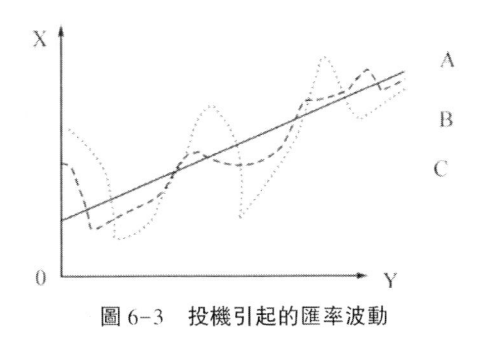

圖中縱軸R代表匯率，橫軸J代表時間，曲線A代表伴隨商業循環而來的匯率波動，並不存在投機現象；曲線B表示存在穩定投機情況下匯率較小的變動；曲線C表示有不穩定投機時匯率發生的較大變動，這種伴隨不穩定投機而產生的大幅度匯率變動增加了國際貿易的風險和不確定性。這種情況在固定匯率制下則較少發生。

3. 規範政府宏觀經濟政策

固定匯率制下，如果一國的通貨膨脹率高於其他國家，就會面臨持續的國際收支逆差和本國貨幣貶值壓力，進而導致外匯儲備的流失。因此，政府必須重視對通脹的控制，這就是說，固定匯率實際上起著規範一國政府物價紀律的作用，過度擴張的財政政策和貨幣政策的運用受到了制約。相比之下，浮動匯率制下各國政府則沒有相應的約束機制。當一國內部發生較高通脹而引起國際收支赤字時，匯率會自動發生變動以消除這種失衡的後果。因此，可能為追求國內就業持續實行擴張性的財政和貨幣政策，由此出現的通脹還會傳遞到其他國家。不僅如此，浮動匯率還容易使各國濫用匯率政策，通過干預匯率，形成貨幣競爭性貶值，或聽任貨幣匯率朝有利於本國的方向變動，形成以鄰為壑的匯率政策和國與國之間的匯率戰，從而影響國際經濟的運行。

三、當代匯率製度的安排

理論上的爭論並沒有也很難對浮動匯率和固定匯率孰優孰劣作出完全肯定或完全否定的結論。在現實國際經濟領域，像金本位制時期那樣嚴格的固定匯率制，或者完全自由的浮動匯率制，幾乎都只是一種理論上的假定。傳統上，匯率製度一般被分為自由浮動、有管理的浮動和固定匯率三大類。其中，自由浮動和固定匯率是兩種極端情況。前者，官方基本不干預；後者，官方承諾維持特定的匯率水平。因此，它們被視為匯率製度的「兩極解」。有管理的浮動匯率製度則介於兩者之間，被稱作匯率製度的「中間道路」。事實上，自從布雷頓森林體系，世界上這種與黃金掛勾的以美元為唯一基礎貨幣的可調整的固定匯率制瓦解以後，在匯率安排多樣化的基本趨勢下，如何在將固定匯率制和浮動匯率制的優點加以提煉結合，同時，又盡量避免兩者的缺陷或不足，便成為世界各國競相考慮和嘗試的傾向。由此產生了多種不同的匯率製度安排，其中不少兼有兩種基本匯率制的特性。根據IMF在亞洲金融危機發生以後對成員國匯率安排的研究、分類，將匯率製度細分為八種類型，見表6-1。

表 6-1　　　　　　　　IMF 對世界上現行匯率製度安排的分類

| | | 自由浮動 | 有管理的浮動 | | | | 固定匯率 | | | 合計 |
			平行釘住	爬行釘住	爬行區間浮動	無區間浮動	無法定貨幣	貨幣發行局	傳統的釘住匯率安排	
遠期交易	有 無	32 16	8 3	2 4	7 2	13 14	24 13	4 4	25 14	115 70
結匯要求	有 無	24 24	3 8	3 3	6 3	16 11	18 19	2 6	29 10	101 84
第八條款	有 無	37 11	10 1	5 1	8 1	16 11	37 0	7 1	30 9	150 35
匯回要求	有 無	26 22	3 8	4 2	7 2	21 6	18 19	2 6	29 10	110 75
合計		48	11	6	9	27	37	8	39	185	

資料來源：IMF<各國匯率安排與匯兌管制年報>，1999 年版

其中實行自由浮動的國家最多，共有 48 個；實行傳統的釘住匯率製度的其次，共 39 個國家；實行無本國法定貨幣的固定匯率製度的再次，共 37 個國家。這三類國家合計占到成員國總數的 67%。此分類方法突出了匯率的形成機制和以及政策目標的差異。例如，歐元區國家被列入無獨立法定貨幣的匯率製度，原來實行管理浮動制的中國、埃及、伊朗以及單獨浮動的瑞士等因為匯率基本釘住美元，波動幅度很小而被列入固定釘住制。

IMF 所界定的上述 8 種匯率製度，有著各自的不同特點。其中較為普遍或有代表性的包括：

1. 可調整的釘住匯率制

可調整的釘住匯率製度，是指政府預先確定，公開承諾，並用干預市場的方法而得到的本國貨幣與某種（或某些）主要外幣的法定平價和允許匯率上下波動的幅度，但是可以定期地調整法定的平價，以利用貨幣的貶值或升值來校正國際收支的不平衡，這是根據布雷頓森林體系建立的一種國際匯率製度。政府對外公布法定的平價和允許匯率波動的幅度，意味著要為此而承擔在必要時進行市場干預的責任。不過，當本國的國際收支出現根本性失衡時，政府就會對法定的匯率平價進行調整，而不會死死地守住固定的匯率平價。至於什麼是根本性失衡，大體上是指持續幾年中都存在較大規模的逆差或順差。

很明顯，可調整的釘住匯率屬於固定匯率製度的變形，目的在於利用固定匯率製度的優點來促進國際分工的發展，避免過多的外匯投機行為。同時，又保留通過貨幣貶值來實現對外均衡的選擇。因此，匯率的走勢可用圖 6-4 來示意。在開始的一段時間裡，平均的匯率 R 保持固定不變，市場的實際匯率在政府限定的狹窄的範圍內（圖中以虛線表示）波動。到時間 T_1 點，該國政府發現自己面臨著根本性國際收支失衡，

於是就改變法定的平價。如果是順差,就讓本國貨幣升值,規定匯率為 R_1;反之,就讓本國貨幣貶值,規定匯率為 R_2。當然,在新的匯率公布之後,政府又繼續承擔進行市場干預的責任。

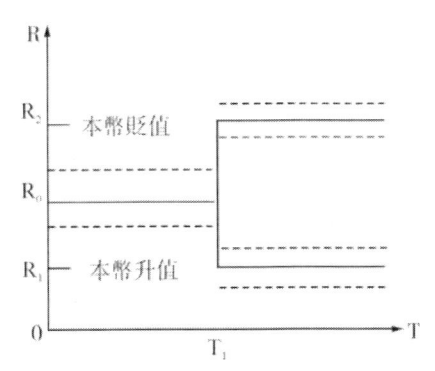

圖 6-4　可調整的釘住匯率制下的匯率變動

在建立起可調整的釘住匯率製度之後,相當長的時期內各國都較少改變法定的平價,使其運行起來很像是真正的固定匯率製度。也許貨幣當局擔憂的是改變法定平價會損害國家的威信,引起破壞性的外匯投機。當然,這種匯率製度在實施中一直有某些難點未能解決。例如,政府究竟在什麼條件下應當對匯率進行調整?沒有明確的規則在操作上就有很大的隨意性,而公布這類規則又會引起嚴重的投機。

2. 爬行釘住匯率制

一次性地大幅度調整匯率平價的缺點是很明顯的。除了破壞性投機,對實際經濟部門的衝擊也不少,於是,人們設計出一種幅度較少的「滑動平價」方式,即爬行釘住匯率製度。在這種匯率製度下,法定平價每一次變動的幅度較少,但變動的次數較多,以逐漸地達到通過改變法定平價來校正國際收支失衡的目的。一種常見的方法是,貨幣當局宣布對法定平價進行定期的連續性的小幅度調整,直至將法定匯率調整到位。例如,貨幣當局預期需要將法定平價下調 8%,但不是一次就宣布貶值 8%,而是在 4 個月內每月貶值 2%。

小幅度貶值的好處是降低市場的震動,操作得好甚至能對市場的實際匯率不形成明顯的影響。例如,如果某次貶值的幅度剛好等於匯率波動的上限,在貶值後又允許匯率在規定的範圍內波動。第二次再將貨幣貶值到匯率波動的上限,以此類推。這樣,匯率就緩慢地爬行變動,如圖 6-5 所示,外匯市場的供求關係受人為因素影響的痕跡就比較少。

在爬行釘住匯率的條件下,貨幣當局可能運用調整利率等手段來對付投機,防止外匯市場出現混亂。例如,在宣布本國貨幣貶值 2% 時,同時將短期利率提高 2%,減少套匯者能夠獲得的利潤。顯然,爬行釘住匯率比可調整的釘住匯率有更大的靈活性,巴西、智利、哥倫比亞等國家在 20 世紀 80 年代運用這一製度,取得了比較好的效果。

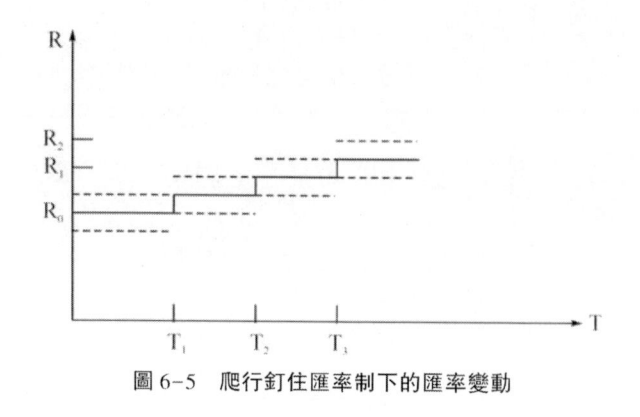

图 6-5　爬行钉住汇率制下的汇率变动

3. 货币局汇率制

又称货币局制，是一种严格的钉住汇率制度，具有以下特征：①选定一种外币作为锚货币（Anchor Currency），本币对锚货币的汇率锁定。这要求锚货币币值稳定，信誉良好，具有完全的可兑换性并被国际社会广泛接受。目前，拉丁美洲国家大多选择美元。过去，东欧和俄罗斯一般以德国马克为锚货币。本币与锚货币之间的汇率由法律规定，例如港币与美元之间的法定汇率为 7.8∶1；阿根廷比索兑美元固定比价是 1∶1；②本币完全可兑换，无论经常项目下的货币流动还是资本项目下的货币交易均不受限制；③在既定汇率下，本币的发行量必须有足够的外汇、资产储备予以支持，本币准备率一般达100%；④货币局对本国货币的发行量、名义利率和名义汇率没有决定权，对货币局来说，其任务就是在法定汇率下随时进行本币与锚币的公开市场操作，保证法定汇率的稳定；⑤货币当局不能向政府融资，不得持有商业银行的债券，作为银行系统最后贷款人的作用受到限制。

目前，有14个国家（地区）实行货币局制度。从现实情况看，货币局制度对于抑制通货膨胀、实现金融稳定具有一定的效率。但是其成本也是显著的，如放弃中央银行职能、货币政策的独立性丧失等。固定的汇率无法对一些周期性因素做出调整；当著汇率不等于均衡水平汇率时，国家改变现有真实汇率水平的唯一方法是改变国内价格水平，而国内价格水平的变化可能会引起失业等问题。

案例　中国香港的联系汇率制

联系汇率制指一国或地区流通的法定货币不是由中央银行发行，而是由独立的通货发行局发行。这种货币的发行有完全的资金保证，即必须有一种可以作为国际储备的货币，按照一个事先预定的比价进行无条件的兑换。因此，联系汇率制的物质基础是外汇储备。它是货币局制度的派生形式。

联系汇率制几乎是除政治一体化之外的单向货币联盟，也是除货币联盟之外的最严格的固定汇率形式。在一个运行良好的联系汇率制中，即期汇率和远期汇率均是固

定的，而利率則與直接掛勾貨幣的利率相一致。在純粹的聯繫匯率制條件下，中央銀行的貨幣發行完全是以外匯儲備為支撐，也就使這種匯率安排因投資有息的外匯資產（如美國國庫券）而喪失了鑄幣稅。

目前，採用聯繫匯率制的國家和地區主要有與美元掛勾的香港地區、拉脫維亞、阿根廷以及與德國馬克掛勾的愛沙尼亞等。

香港地區是實行聯繫匯率制比較成功的地區。香港地區的聯繫匯率制實質上是美元匯兌本位制。1987年7月，其通過了關於金融管理體制與運行機制的「新會計安排」。確定的港元與美元掛勾的聯繫匯率制的主要內容是：發鈔銀行新發行的港元要向外匯基金繳納等值的美元作為保證，以獲取外匯基金無息的負債證明書。而持牌銀行要獲得港元也同樣要有等值的美元存入發鈔銀行。當港元回籠時，發鈔銀行可以同樣的匯率獲得美元，同時交回外匯基金的負債證明書。發鈔銀行向持牌銀行回籠港幣時的做法與外匯基金與發鈔銀行之間回籠港幣的做法相同。同時，外匯基金與發鈔銀行有義務通過外匯公開市場操作和調整利率來維護1美元兌換7.8港元的預定官價，使公開市場的匯率在官方匯率的2%幅度上下浮動。

港元在香港地區外匯市場上則是公開浮動，港幣的匯率是由市場供求來決定的。聯繫匯率與市場匯率、固定匯率與浮動匯率並存，是香港地區聯繫匯率制的最重要特點。一方面，外匯基金通過對發鈔銀行的匯率控製，維持著整個港幣體系對美元的穩定聯繫；另一方面，通過銀行與公眾的市場行為與套利活動，使市場匯率在一定程度上反應現實資金供求狀況。

香港地區的聯繫匯率制有兩個內在的自我調節機制：①美元流動均衡機制。就是當港元被拋售或資本流出導致美元減少時，由於美元減少，發鈔銀行不僅不能增發貨幣，還須向外匯基金交回負債證明書贖回美元，導致基礎貨幣減少。由於貨幣的乘數效應，貨幣供應量將倍數減少。而貨幣供應量減少導致利率上升，物價趨於下降，最終港元趨於穩定。②套利機制。香港的發鈔銀行由三家商業銀行組成，商業銀行必然具有追逐利潤的動機。假設美元匯率上升到1：7.9港元，所有發鈔銀行都會向外匯基金交回負債證明書，而以1：7.8港元的匯率贖回美元，再以1：7.9港元的比價在市場上拋出，結果使美元供應增加和港元供應減少，最終導致市場匯率與官方匯率趨同。

港元聯繫匯率制使港元匯率保持了相對穩定。當然，聯繫匯率制使香港地區貨幣政策的制定必須以美國的貨幣政策為依據，使貨幣政策的制定失去了必要的獨立性。此外，匯率的長期固定不變會帶來貨幣價值的高估或低估，從而有可能引發貨幣危機。

4. 無區間浮動匯率製度

又被稱為有管理的浮動匯率（骯髒浮動）。前面的幾種匯率製度都屬於固定匯率或固定匯率的派生形式。與此不同，有管理的浮動匯率可以說主要是浮動匯率製度的變形。在有管理的浮動匯率製度下，各國的貨幣當局並不規定法定的平價，而只是對

外匯市場進行必要的干預，使匯率的短期波動保持在一定的範圍內，匯率的長期走勢不受政府管理的影響。也就是說，這裡匯率水平的決定是由市場供求關係所決定的，但匯率的短期波動受到貨幣當局干預的影響。

有管理的浮動匯率的特點，首先在於它保留了浮動匯率製度下由市場供求決定匯率高低這一基本的機制，也就是要繼續發揮匯率變動在校正國際收支失衡中的主導作用。前面的分析已經指出，當一國的國際收支出現根本性失衡時，最終總是要求助於對匯率的調整來加以調節。平常要判斷一國是暫時性失衡還是根本性失衡存在許多困難，所以，固定匯率製度下對匯率進行的調整往往滯後，即國際收支失衡問題往往相當嚴重，而浮動匯率有利於防止類似問題的累積。當貨幣當局能對短期的匯率波動幅度加以有效的控製時，市場的不穩定也就大大降低了，這樣對貿易和投資就比較有利。可見，有管理的浮動匯率制在力圖綜合兩種匯率製度的優點時，側重點與前面的兩種匯率製度明顯不同。

從實際生活中來看，把匯率固定下來本身也是不合理的。因為實際的經濟因素不斷變化，它不僅取決於本國的條件和意願，亦受制於其他國家的情況，把不同國家之間的貨幣兌換比例嚴格限死顯然是不合實際的。可調整的釘住匯率有了彈性，但前提是政府能對匯率的長期變動趨勢作出準確的和及時的判斷，不幸的是，政府往往缺乏這方面的必要知識和手段。職業投機者、投資商和貿易商對外匯長期變動趨勢的估計，常常要比貨幣當局更準。所以，對長期匯率的趨勢不加干預，也許是明智的選擇。政府如能真正把短期匯率的波動限制在較小的範圍內，就能為貿易和投資提供相當有利的市場環境。

在有管理的浮動匯率製度下，需要政府進行必要而適時的市場干預。當市場存在對外匯的過度需求時，政府必須運用外匯儲備來支持市場；而當外匯出現短期的供給過剩時，政府就應當將多餘的外匯儲備起來。除了要有相當規模的國際儲備，貨幣當局還需要相應的組織機構、必要的知識和領導決策的能力。有管理的浮動匯率製度能否正常的運轉，政府的職能是很關鍵的。

許多國家在1973年後逐步實行了有管理的浮動匯率製度，應當承認這不是出於各國貨幣當局的審慎選擇，而是在外匯市場混亂、破壞性外匯投機達到不可忍受的程度，布雷頓森林體系崩潰後的無奈何的結局。初期，人們曾試圖為有管理的浮動匯率製度設計國際性的規則，但並沒有取得有效的成果。總的來說，有管理的浮動製度運行得還可以。據統計，到1999年，國際貨幣基金組織的成員國中約有1/3的國家選擇了有管理的浮動匯率或類似的製度。這些國家包括了所有的發達國家和一些最大的發展中國家，全球4/5的國際貿易是在這些國家之間進行的。

當然，有管理的浮動匯率製度也面臨一些重大的挑戰。例如，在有管理的浮動匯率製度下，一國匯率可能持續幾年地出現較大幅度的波動，以至於市場長期處於非均衡的狀態中，也很難判斷匯率的長期趨勢。一個國家的政府也可能有意地長期讓本國的貨幣貶值，以刺激出口，增加本國的就業，而當其他國家也面臨同樣的問題時，上述政策實際上就是以鄰為壑，可能引起國家之間的經濟衝突。缺乏明確的界限和可普

遍遵循的行為規則，是有管理的浮動匯率製度存在的一個內在的缺陷，這在一定的場合中可能導致嚴重的危機。

5. 無法定貨幣匯率制

無法定貨幣匯率製度又可稱為貨幣聯盟。在貨幣聯盟中，一國國內流通的貨幣與它的一個或多個鄰國所流通的貨幣是基本相同的。在貨幣聯盟內的國家放棄了自己的貨幣，並創造了新的貨幣聯盟內統用的貨幣，這樣在聯盟內，再無匯率的問題，但對外仍有匯率，同時，他們還限制了利率的差異。貨幣聯盟的地區包括巴拿馬和一些加勒比海國家使用美元，以前的歐洲貨幣聯盟（EMU）使用歐元。

這種製度的優點在於減少了交易成本，促進了聯盟內的資本流動。缺點是在有衝擊或週期變化時，限制了國家採取有益的利率和匯率的調整。因此，只有當放棄獨立的利率和匯率的代價不高時，貨幣聯盟才是有利的。

最近，幾個拉美國家正在探討美元化的可能性。美元化製度一般都是因為公民對中央銀行完全失去信心，也不期望中央銀行將來會變好的情況下才實行的，其動機是通過採取堅強的匯率保障來提高反通貨膨脹政策的資信度。貨幣聯盟保證採取單一的固定匯率。但是，如果需要的話，它也有可能解體。例如，捷克和斯洛伐克克郎的解體十分平穩，而蘇聯的解體就顯得相當的動盪不安。

6. 爬行區間浮動匯率製度

其類似於匯率目標區製度。在這種匯率製度中，既可以釘住單一貨幣，也可以釘住一籃子貨幣。

匯率目標區的涵義有多種界定。通常可定義為：有關當局設計一套可調整的匯率以便同國際收支的長期形態相適應，並且圍繞著這一整套可調整的匯率設立較寬的波動幅度。在這一製度下，政策當局承諾，當匯率達到中間平價的上下限時，它將進行干預。

最早提出「匯率目標區」這一匯制改革舉措的是荷蘭財政大臣杜森貝里（Duilsenbery）。他在1976年曾提出過建立歐洲共同體六國貨幣匯價變動的目標區計劃。1985年，美國著名學者約翰・威廉姆森（John Williamson）和伯格斯坦（Bergsen）共同又提出了詳細的匯率目標區設想及行動計劃。1987年2月，七國集團中的六國財長在巴黎會議上將匯率目標區思想寫入會後發表的《盧浮宮協議》。

匯率目標區的基本指導思想，是用在世界貿易中占最大比重的工業國家的貨幣來建立一個匯率目標區，在這個「區」內有一個中心匯率（基本匯率），並在中心匯率附近確定一個匯率波動的範圍，實際匯率對中心匯率的偏離幅度要確定下來，有關國家正力求使匯率的變動不超過這個區域。

其主要內容包括：首先，在美、英、日、德、法等主要工業發達國家的貨幣之間，建立一種相對均衡的匯率及其浮動幅度，作為「匯率目標區」的匯率和浮動幅度。其次，其他國家的貨幣匯率則釘住「目標區」的匯率和浮動幅度。最後，政策當局承諾，當匯率達到中間平價的上下限時，它將進行干預。

匯率目標區與現行管理浮動匯率制的區別在於，匯率目標區為一定時期內匯率波

動幅度設立了一個目標範圍,並且根據匯率變動的情況調整貨幣政策,防止匯率波動超過此目標區。匯率目標區與嚴格的固定匯率制也不同:實行匯率目標區的國家沒有通過市場干預以維持匯率穩定的義務,也不需要作出任何形式的市場干預的承諾,並且目標區本身也可以隨著經濟形勢變化而隨時作出調整。

匯率目標區方案包括了兩種匯率製度的優點,即浮動匯率的靈活性和固定匯率的穩定性。雖然這個方案不能徹底解決匯率不穩定的問題,但如果主要西方國家能在此基礎上協調宏觀政策,那麼這個方案還是有助於促進匯率的穩定,推動匯率製度的改革。

基本概念:

國際貨幣體系　國際金本位制　金匯兌本位制　布雷頓森林體系　特里芬兩難　特別提款權　牙買加貨幣體系　歐洲貨幣體系　歐洲貨幣匯率機制　固定匯率　浮動匯率　可調整的釘住匯率製度　有管理的浮動匯率　聯繫匯率　美元化　匯率目標區制

思考題:

1. 國際貨幣體系的主要內容及其作用是什麼?
2. 國際金本位制及其作用評價。
3. 布雷頓森林體系的基本內容及其崩潰的主要原因是什麼?
4. 當代國際貨幣體系(牙買加體系)的特點和面臨的主要問題有哪些?
5. 歐洲貨幣體系及其主要內容。
6. 《馬約》所制定的加入歐元區國家經濟的趨同標準是什麼?
7. 試析歐元產生的原因及對國際經濟的影響。
8. 試比較分析固定匯率與浮動匯率的利弊。
9. 試就當代國際貨幣體系的發展趨勢談個人見解。

網路資源:

Data and analyses of the operation of the present international monetary and trading systems are regularly conducted by the International Monetary Fund (IMF), the Organization for Economic Cooperation and Development (OECD), the Bank for International Settlements (BIS), the World Trade Organization (WTO), and the World Bank (WB). Many of these are posted on their web sites at:

http://www.imf.org

http://www.oecd.org

http://www.bis.org

http://www.wto.org

http://www.worldbank.org

For historical exchange rate, interest rate, and price of gold data during the gold standard, see:

http://www.nber.org/databases/macrohistory/contents/index.html

For the operation of the international monetary system and International Monetary Fund, as well as proposals for reforms of the international monetary system, see:

http://www.imf.org/external/pubs/ft/weo/2011/01/index.htm

To compare price discipline under fixed and flexible exchange rate systems, examine historical CPI data for various countries at:

http://www.economagic.com/blsint.htm

For the Special Drawing Rights (SDR) [valuation basket: percentage weights,] see:

http://www.imf.org/external/np/exr/facts/sdr.htm

GDP and trade data are found at:

http://www.worldbank.org

http://www.wto.org

Financial data on emerging markets and their crises are found at:

http://www.worldbank.org

http://www.emgmkts.com

http://www.roubini.com

The International Monetary Fund (IMF), the Organization for Economic Cooperation and Development (OECD), and the Bank for International Settlements (BIS) regularly review the monetary, fiscal, and exchange rate policies of various nations and other economic units and post many of their results on their web sites, which are:

http://www.imf.org

http://www.oecd.org

http://www.bis.org

The central banks of the leading nations (the Board of Governors of the Federal Reserve Bank and the Federal Reserve Bank of New York for the United States and the European Central Bank for the European Monetary Union) include on their web sites a great deal of information on national economic and financial policies. The web sites for the United States, the European Union, the Bank of England, the Bank of Japan, and the Bank of Canada are:

http://www.federalreserve.gov/policy.htm

http://www.newyorkfed.org/index.html

http://www.ecb.int

http://www.bankofengland.co.uk

http://www.boj.or.jp/en/index.htm

http://www.bankofcanada.ca/en/index.html

The link to most of the worlds' central banks is found on the web site of the Bank for International Settlements (BIS) at:

http://www.bis.org/cbanks.htm

Analyses of monetary and other economic policies of the leading nations are also provided in The Economic Report of the President, The Federal Reserve Bank of St. Louis, the European Commission (EC), National Bureau of Economic Research (NBER), and Institute for International Economics (IIE). The web sites for these organizations are:

http://www.gpoaccess.gov/eop

http://www.stls.frb.org

http://europa.eu

http://nber.org

http://www.iie.com

第三篇　國際經濟關係

國際經濟關係並非始於這一篇，實際上，前面兩篇都在講述國際經濟關係。第一篇講述了國際商品關係，各國在比較利益的驅動下參與商品的國際交換活動，表現為商品的國際流動；第二篇說的是國際貨幣關係，在抽象的層次上反應商品的國際交換活動，或者說是在貨幣出現以後商品標示價格的結果。但是，與上述兩篇有所不同，這一篇將要闡述的國際經濟關係帶有綜合的性質，也就是從整體的角度來研究國際商品貨幣關係的發展及其產生的影響。

　　第二次世界大戰前商品資本的國際化與貨幣資本的國際化，加上第二次世界大戰後跨國公司所推動的生產資本的國際化，促進了整個資本的國際化即資本國際總循環運動的形成和發展，這是戰後國際經濟關係中所出現的最為重大的變化。顯然，生產過程不同於流通過程，生產資本國際化對於推動整個資本的國際化來說，具有關鍵性的作用。當不僅僅是商品而且是各種生產要素都在跨國界流動的時候，國際經濟關係發生了重大的變化。各國經濟相互聯繫、相互依賴，這極大地推動了戰後世界經濟的發展。但是，國際經濟一體化和經濟全球化給各國經濟發展所帶來的不只是機遇，還有嚴重的挑戰。國際非均衡的傳導暢行無阻，世界經濟的發展顯得愈加不平衡，發展中國家與發達國家之間的差距在繼續擴大，南北關係的改善困難重重。

　　在這一篇中，我們將要討論三個方面的問題，一是生產要素的國際流動問題，二是非均衡的國際傳導問題，三是國際經濟一體化和國際經濟秩序問題。顯然，我們已從國際流通領域轉到了國際生產領域。第二次世界大戰後，隨著第三次科學技術革命的進行，生產力得到極大的發展，國際分工愈益超越國界在國際上深入普遍地展開，跨國公司的觸角伸展到了世界的各個角落，生產資本的國內循環運動也日益具有了國際性，正向著國際循環運動的方向演變。生產資本的國際化即生產的國際化不僅是建立在科學技術革命和生產力發展的基礎上，而且也是以商品資本國際化和貨幣資本國際化為其前提的。當然，這與科學技術革命和生產力發展這樣一個基礎不同。也就是說，即使沒有商品資本國際化和貨幣資本國際化，只要有科學技術革命和生產力發展這樣一個基礎，生產的社會化程度也會不斷提高，也會超越國界，從而實現生產的國際化。即是說，在科學技術革命和生產力發展強有力的影響下，生產資本的國際化也會是不可避免的。我們只是想強調這樣一個事實，以歷史的觀點來看，商品資本的國際化和貨幣資本的國際化是在生產資本的國際化之前發生的，而這並不改變商品資本和貨幣資本國際循環運動的地位。它們與科學技術的發展和生產力的發展之間沒有那麼緊密的聯繫，只與生產的發展之間有著直接的、緊密的聯繫。科學技術的進步與生產力的發展當然也會引起流通過程的變革，但流通過程更主要地是通過生產過程而較為間接地同科學技術的進步和生產力的發展相聯繫。因此，只能是生產資本的循環運動是商品資本循環運動和貨幣資本循環運動的基礎，而不是相反，即使是在國際上也是如此。

　　隨著商品資本、貨幣資本和生產資本的國際化，資本的總循環運動在國際範圍內形成了，也就是資本實現了國際化，即資本主義生產關係實現了國際化。

在上述背景條件下，生產要素的國際流動變得十分頻繁。但是，我們知道，李嘉圖的比較利益學說和俄林的資源稟賦學說，都是假定生產要素是不流動的。有人認為這些假定不符合事實，如果這些假定真的不符合事實，如果生產要素在國際間是可以自由流動的，那麼，比較優勢和國際分工就會是毫無意義的；因為，正如伊曼紐爾所說，在李嘉圖的經典模型中，那將不是由英國生產毛呢、葡萄牙生產酒，而是讓英國的生產要素統統流動到葡萄牙，在葡萄牙既生產毛呢也生產酒，以比較利益為基礎的國際分工將會統統消失。事實上，在戰前，包括勞動、資本、技術等生產要素基本上是不能自由流動的，這一方面與生產力的發展水平有關，另一方面又與國家民族的存在有關。第二次世界大戰後，生產力發展水平有了極大的提高，國家民族之間的關係也有了根本的改變：政治上已獨立、經濟上求發展的國家大批湧現，尤其是各國都逐步認識到經濟的發展、福利的增進在越來越大的程度上取決於相互合作和相互依賴這樣一種關係。

本篇另一章的內容是國際傳導機制。在生產國際化和資本國際化的條件下，國際經濟趨於一體化，到20世紀80年代中期又出現了經濟全球化問題。國際經濟一體化強調各國民經濟發展相互之間的依賴關係，而經濟全球化則強調資源的世界性優化配置。經濟全球化是在經濟一體化的基礎上發展起來的，但我們又很難把兩者截然分開。資源的世界性優化配置反過來必然會加深各國之間相互依賴的關係，而國際經濟一體化的深入發展又必然會有利於資源在世界範圍內的優化配置。在國際經濟一體化和經濟全球化不斷加深的過程中，各國民經濟愈益開放，各國經濟發展之間是相互影響的，這種影響既可以是積極的，也可以是消極的；一國經濟的景氣或不景氣，均衡或非均衡都會通過一定的渠道傳遞到另一個國家，從而使得後者國民經濟同樣呈現出景氣或不景氣、均衡或非均衡的景象。但通常的情況是，人們比較注意非正常情況及其消極影響，因而只談非均衡傳導問題。由於各國民經濟之間的聯繫廣泛而緊密，經濟問題的傳遞往往是迅速的、而且是難以避免的，其後果也是嚴重的。在國際經濟日益一體化的條件下，一國經濟一旦進入非正常狀態，其經濟問題的順利解決就有待於其他國家真誠的配合和良好的合作，否則，不僅本國的經濟難於恢復正常狀態，而且其他國家的經濟也會很快受到負面影響。這就是開放經濟所面臨的「一榮具榮，一損具損」局面。

本篇的最後一章涉及到製度問題，或國際生產關係方面的問題。我們將進一步分析國際經濟一體化問題，進而分析國際經濟秩序問題。區域經濟一體化是國際經濟一體化的一種特殊形式，是與國際經濟一體化並行不悖的。第二次世界大戰以來特別是20世紀60年代以來，區域經濟一體化得到廣泛發展，區域經濟一體化組織如雨後春筍般建立起來，其中，關稅同盟是區域經濟一體化的一種最基本、最典型的組織形式。如果說區域經濟一體化只是涉及世界上的一部分國家，那麼，國際經濟一體化則涵蓋了所有國家。國際經濟一體化雖然還只是一種趨勢，但任何一個國家，無論其開放程度如何，都或多或少地同其他國家、同世界市場聯繫在一起，都

被捲入了國際經濟一體化的旋渦。

　　國際經濟一體化反應了第二次世界大戰以來世界科學技術的進步和世界生產力的發展。正如所有國家被卷進了國際經濟一體化的旋渦一樣，世界上所有的國家也都受到了科學技術進步和生產力發展的影響，都受惠於科學技術的進步和生產力的發展。但是，正如普雷維什所說，科學技術進步和生產力發展帶來的好處並不是在世界各國之間平均分配的，同樣，在國際經濟一體化的大趨勢中，它們也並不賦予各國以同等的地位與權利。適應世界生產力的發展，也由於眾多發展中國家的強烈呼聲，國際生產關係即國際經濟秩序也在不斷地進行調整，各種各樣的國際組織或國際經濟組織應運而生。毫無疑問，在促進世界經濟的發展過程中，在調節各國之間的利益衝突中，在調整國際經濟關係方面，這些組織都在不同的程度上發揮了作用。儘管如此，我們仍然應該看到，在南北關係方面，發達國家是處於主導地位的，發展中國家僅有有限的發言權。要真正打破國際經濟舊秩序，還需要各國長期的共同努力。

第七章　生產要素的國際流動

　　生產要素的國際流動是指資本、勞動力、技術等生產要素在不同國家之間的轉移，簡稱要素的國際流動或要素流動。在國際貿易部分，我們研究的是商品的國際流動。在那裡，李嘉圖的比較利益學說和俄林的資源稟賦學說都假定，生產要素在一國內部是可以自由流動的，但在國際間卻是不能自由流動的。這雖然只是假定，但在李嘉圖和俄林那個時代，生產要素在各國之間缺乏流動性大體上還是符合事實的。國界的存在、國家和民族利益的存在，以及生產力發展的實際水平，都使國民經濟具有相對的孤立性。正是這種孤立性，才使比較利益理論具有了現實意義，才使得參與國際分工和實行國際生產專業化成為可能。

　　我們說，生產要素在各國之間缺乏流動性，但這又不是絕對的，即便是在戰前，我們也不能如此絕對地來看待。生產要素在國際間缺乏流動性是相對於它們在國內具有充分的流動性而言的。事實上，除土地資源以外，資本、勞動、技術等生產要素總是在某種程度上以某種方式進行著跨越國界的流動，如國際間的借貸、移民、技術傳播等，在歷史上始終是存在的。因此，有時在國際經濟交往中，採用國際商品交換的方式，或者採用國際要素流動的方式，都可以達到相同的經濟目的；這就是說，在一定的程度上和一定的條件下，商品的國際交換和要素的國際流動是可以相互替代的。例如，美國是一個資本要素相對豐裕和勞動要素相對稀缺的國家，那麼，美國既可以輸出資本密集型產品也可以直接輸出資本，既可以進口勞動密集型產品也可以雇傭外國移民以便自己直接生產勞動密集型產品。反過來，如果一個國家缺乏資本這種要素而擁有豐富的勞動力資源，那麼，這個國家要獲得資本密集型產品也存在著不同的途徑：通過國際貿易這個途徑用本國的勞動密集型產品去交換它國的資本密集型產品，這是第一種途徑；第二種途徑，通過國際要素流動這個途徑引進外資自己生產資本密集型產品，這後一種途徑就是用資本要素的的國際流動取代了資本密集型產品的國際交換；當然，我們也可以通過移民或勞務輸出在它國生產勞動密集型產品，這樣我們又用勞動要素的國際流動取代了勞動密集型產品的國際交換。其他要素的國際流動同樣可以取代該種要素密集型產品的國際交換。生產要素從相對豐裕、報酬較低的國家流向相對稀缺、報酬較高的國家，不僅有助於增進各國的福利，而且也有助於各國之間要素報酬的均等化。

　　由此看來，就經濟結果來說，國際要素流動與國際商品流動非常相似。不僅如此，在基本原理方面，國際要素流動和國際商品流動也沒有本質上的差別。國際商品交換之所以發生，那是因為存在著比較利益；國際要素流動之所以出現，那是因為存在著資源稟賦差異。不過，我們仍然不能忽略它們之間的區別。至少，比起要素的國

際流動來，商品的國際流動要容易得多，而國際要素流動更容易引發政治問題，從而招致更多的約束。跨國公司的直接投資要經過層層審批，國際移民更是困難重重，技術轉移也和經濟安全甚至國家安全聯繫在一起。凡此種種，構成了國際要素流動的巨大障礙，從而使得國際要素流動顯得不如國際商品交換那樣重要。另外，我們也應該看到，戰後特別是20世紀60年代以來，由於科學技術的進步和生產力的發展，作為資本、勞動、技術等生產要素國際流動載體的跨國公司的經營投資活動表現得十分活躍，因而，國際要素流動也在繞過層層障礙，以越來越大的規模展現在我們的面前，其發展前景尤其是它對各國經濟的影響是值得我們重視的。能夠在國家之間流動的三類生產要素中，資本的流動性最強，勞動力的流動性較為明顯，技術的國際間流動具有特別重要的意義。

本章分為四節。第一、二、三節將分別分析資本的國際流動、勞動力的國際流動和技術的國際轉移的基本原因和基本模型。第四節將在前述分析的基礎上進一步探討國際要素流動與引進外資問題。

第一節　資本的國際流動

資本有著不同的形態，商品資本、貨幣資本和生產資本就是資本的三種基本形態。廣義地講，資本的國際流動是指三種形態資本的跨越國界的流動，而不是單單一種資本的國際流動。不過，早在戰前，商品資本的國際流動就已實現，貨幣資本的國際流動也在一定程度上得到了實現，因此，我們這裡將主要涉及生產資本也包括貨幣資本的國際流動。

這一節將主要就資本國際流動的形式與內容、資本國際流動的原因以及對外直接投資理論展開分析。

一、資本國際流動概述

資本的國際流動，即資本在國際間的轉移，是指作為生產要素的資本跨越國界，從一個國家或地區轉移到其他國家或地區。從生產要素國際流動這個角度來看，資本的國際流動只不過是生產要素國際流動的一種情況而已。資金在各國之間的轉移是十分頻繁的，但並不是所有的資金國際轉移都是國際資本流動。只有那些以獲取利潤為目的的資金國際轉移，才能稱為資本的國際流動；它既包括投資資本和借貸資本的輸出輸入，也包括黃金、外匯等方面的資本流動。國際收支平衡表經常項目中的資金往來，顯然不是我們這裡討論的對象。這裡所說的資本國際流動，主要是指國際收支平衡表資本項下的直接投資、證券投資、信貸和短期資本流動；其中，直接投資包括本國對外國的直接投資和外國對本國的直接投資；證券投資也一樣，包括本國對外國的證券投資和外國對本國的證券投資；而信貸則包括本國對外國的貸款和外國對本國的貸款；短期資本流動也有兩類，即本國對外國的短期資本流動和外國對本國的短期資

本流動。總的來說，資本的國際流動包括資本的流出、流入兩個方面。資本的流出是指本國的資本輸出，包括本國在外國的資產增加，或對外負債減少；外國在本國的資產減少，或在本國的負債增加。資本流出表示本國資本的減少，因此，在國際收支平衡表中要用「−」號表示，也就是要記入本國國際收支平衡表的借方。資本流入是指本國的資本輸入，與資本輸出剛好相反，它包括本國在外國的資產減少，對外負債增加；或外國在本國的資產增加，或在本國的負債減少。資本流入表示本國的資本增加，國際收支平衡表中要用「+」號表示，也就是要記入本國國際收支平衡表的貸方。資本項目不僅反應著國際間以貨幣表示的債權債務關係的變動，而且起著平衡國際收支的重要作用。

1. 資本國際流動回顧

即使用今天的標準來衡量，作為生產要素的資本的國際流動，在歷史上也早已存在。19世紀中後期和20世紀初期，不僅是資本主義在世界上蓬勃發展的時期，而且也是資本國際流動十分活躍的時期。至1914年，各主要工業國對外長期投資總額已達400億美元以上，如果以其在各自國民收入所占的比例作比較，其規模甚至不亞於今天的對外直接投資。但與今天的情況不同。當時，國際投資的主要形式是間接投資，國際資本流動的主要原因是利潤率的差異，而且英國是最大的對外投資國，它在國際對外投資總額中所占的份額高達50%以上。

此後，直至第二次世界大戰結束，國際投資沒有明顯的發展，經濟大蕭條、政局動盪以及由此引起的日益增多的風險，是國際投資停滯的基本原因。如1938年，到期債務不予履行的就占當時未清償證券總額的40%。

第二次世界大戰後，各國之間和各地區之間的經濟聯繫日益密切，國際經濟一體化的趨勢不斷加強。首先是美國，然後是歐洲和日本，其跨國公司的對外直接投資迅速發展起來，資本的國際流動便呈現出急遽增長的趨勢。以對外直接投資為例，國際直接投資累計額，1960年還只是1,053億美元，1990年就急遽增加到16,676億美元；發達國家對外直接投資的增長更為迅速，同期由580億美元增加到12,834億美元。每年的國際投資額也能表明資本的國際流動加速了。發達國家的私人對外直接投資，19世紀60年代初期每年約為30億美元，20世紀70年代中期約為100億美元，而1999年的全球國際直接投資額就超過了2,300億美元，2014年的跨境投資雖然不及2007年巔峰時期的3,820億美元，但依然高達2,620億美元[1]。假如我們再把短期資本的國際流動考慮在內，每年資本國際流動的數額更是成了天文數字。

2. 資本國際流動的類型

資本國際流動的類型，從不同的角度出發，有不同的劃分方法。如果依據時間長度來劃分，一年以內的資本流動屬於短期資本流動；與此相對應的是，一年以上的資本流動屬於長期資本流動。如果依據資本的性質來劃分，我們可以將資本流動分為借貸資本流動和生產資本流動。我們也可以將資本流動分為國家資本流動和私人資本流

---

[1] http://house.hexun.com/2015-03-13/174014064.html

動，這是從資本所有者的角度來說的。我們採用通常的做法，即依據時間長度來劃分，將資本流動分為長期資本流動和短期資本流動，這也附合國際收支平衡表中有關資本項目的表述。

長期資本流動包括對外直接投資、對外間接投資和國際信貸三種。

對外直接投資的載體通常是跨國公司。跨國公司憑藉其自身優勢，以獲取利潤為目的，將資金投入海外，設立分支機構，從事生產經營性活動。這種行為，被稱為對外直接投資。跨國公司在海外創辦的企業可以是獨資的，也可以是合資的，但對於這些企業，無論其創辦方式如何，也不管其生產經營的具體內涵如何，跨國公司的追求卻始終如一，那就是對企業的實際控製權，這是它們獲取利潤的基本保障。

對外間接投資是指證券投資，或是在國際債券市場上買賣中長期債券，或是在國際股票市場上買賣外國企業股票。證券投資者可以是各國政府、金融機構、公司企業或個人，他們通過在國際債券市場和國際股票市場上購買債券或股票進行投資，以獲取利息、股息、紅利等相應收益。與對外直接投資不同，對外間接投資但並不參與有關企業的經營管理，一般也不謀求有關企業的控製權；此外，這也是一種比對外直接投資更為靈活的投資方式，通過證券轉讓，投資者可以隨時收回投資。

國際貸款是指各國政府、國際金融機構、國際銀行在國際金融市場上的信貸活動。國際貸款特別是政府和國際金融機構的貸款一般具有期限長（中期信貸 1～5 年，長期信貸 10 年左右，最長可達二三十年，甚至四五十年）、數額大、利率優惠等特點，但貸款條件較為嚴格。戰後，適應於國際經濟一體化發展的需要，國際信貸發展很快，其規模急遽擴大；其中，中長期信貸對於各國經濟的發展以至整個世界經濟的發展發揮著越來越大的作用。

短期資本流動是指一年期以下的貨幣資金、財務資金和信貸資金，通常借助於各種信用工具——票據而進行的流動。政府短期債券、可轉讓銀行定期存單、銀行票據、商業票據、銀行活期存款憑證等，是常見的信用工具。

短期資本流動通常含有三種形式的資本流動，即貿易資金流動、銀行資金流動和投機性流動。

貿易資金流動是短期資本流動的重要形式，它是指國際貿易過程中的資金結算以及國際貿易正常往來必需的資金融通所引起的國際間的貨幣資金流動。國際間的商品交換活動是經常性的，貿易參與國之間的債權債務關係隨時都會發生。國際貿易資金結算的目的是結束、清償原有的債權債務關係，而國際貿易往來中的資金融通則會形成新的債權債務關係。

銀行資金流動是指各國經營外匯業務的銀行因正常外匯業務或牟取利潤的需要而引起的頻繁的資金調撥。引起銀行資金流動的原因包括：套匯、套利、掉期交易、多、空外匯頭寸的拋補調撥，短期外匯資金的拆進拆出，國際間銀行同業往來的收付結算，等等。

投機性流動是指投機者利用國際市場行市實際出現的或有可能出現的漲落差異進行投機活動以牟取預期利潤而引起的短期資本流動。引起投機性流動的國際市場行市

漲落差異，主要表現為匯率、利率、證券價格和商品價格的變動。投機性的資本流動對國際市場行市波動可能產生積極的抑制、穩定作用，也可能產生推波助瀾的消極影響，使行市波動進一步加劇。

另外，政局動盪、經濟狀況惡化等因素，會給資本帶來安全問題，由此導致的資本國際轉移，也是短期資本流動的一種形式。

3. 資本國際流動的構成

如前所述，第二次世界大戰以後，隨著發達國家經濟實力的增強，國際經濟一體化和經濟全球化的發展，資本的國際流動性顯著增強，流動速度大大加快，不僅如此，其流動規模也前所未有，資本國際流動的構成也因此出現了一些變化。

對外間接投資仍為資本國際流動的主要方式，但對外直接投資增長迅速。

戰後特別是20世紀60年代以來，對外直接投資的載體——跨國公司的發展異常迅速，發達國家的跨國公司尤其如此。西方發達國家的跨國公司，20世紀60年代末期還只有7,000家左右，到20世紀90年代初期，其數量已經達到37,000家，其子公司已遍布世界各地；其業務活動範圍廣闊，從生產到銷售、從金融到勞務的各個領域，無不見其活動的蹤影。這種國際性的生產經營體系，對於生產和資本的國際化，對於國際經濟一體化和經濟全球化，有著不可低估的、不可替代的巨大推動作用。然而，與戰前一樣，對外間接投資在戰後仍然是資本國際流動的主要方式。如1982年，美國在國外的投資總額為8,342億美元，其中，6,129億為間接投資；同年，外國在美國的投資總額為6,653億美元，其中5,635億為間接投資；只是對外間接投資對世界經濟發展的重要性已大不如前，而對外直接投資的地位則大為上升。

在資本國際流動中，私人資本已經取代國家資本成為資本輸出的主導。

戰後，相對於私人資本輸出，國家資本輸出的總趨勢是日益萎縮，這不僅表現在其比例上，而且也表現在其數量上。造成這種狀況的基本原因：一是戰後發達國家實行凱恩斯主義，加強了國家對國民經濟運行的宏觀調控，政府的注意力更多地放在了國內經濟問題上，財政安排因此發生變化；二是戰後發達國家的政治、軍事、經濟實力大為增強，加之發展中國家擺脫了西方國家的殖民統治，政治上取得了獨立，對於發達國家來說，發展中國家的戰略地位日趨下降，經濟援助也隨之減少。與此相反，私人資本卻愈益活躍，成了資本國際流動的主流和國際經濟一體化的主要力量。

資本國際流動的地區結構在戰後也發生了顯著變化。以第二次世界大戰為界，此前，先進國家的資本主要是輸往落後國家和地區，輸往西方國家的殖民地和半殖民地；而此後，發達國家的資本流向發生了變化，資本的國際流動主要變成了發達國家相互之間的對外投資，這是資本追逐其安全性和收益的穩定性的結果。

在資本的國際流動中，發達國家，特別是美國，不僅是國際資本的最大吸收國，而且也是國際資本的最大來源國。但20世紀70年代以來，情況有了一些變化，發展中國家的對外投資發展很快，其速度甚至超過了發達國家，如中東石油生產國輸出國的對外間接投資、亞洲四小龍的對外直接投資，其發展速度都是非常快的。

二、資本國際流動的原因與意義

戰後，科學技術取得了巨大進步，國際經濟和國際經濟聯繫發生了顯著變化。科學技術革命帶來了大量的科學技術成果，包括生產技術、工藝流程和經營管理方法，生產力水平因此大為提高，國際分工日益深化，各國之間的經濟聯繫越來越緊密，國際經濟一體化的進程明顯加快。這些構成了包括資本在內的生產要素國際流動的物質基礎。

1. 資本國際流動的原因

資本國際流動的原因是多方面的，不同類型的國際資本流動，其原因也不盡相同。但從根本上說，無論是對外直接投資，還是對外間接投資；是長期資本流動，還是短期資本流動，其基本原因都是，在國外可以獲得更高的報酬，能夠滿足收益的最大化的要求。一般來說，資本總是從收益率低的地方向收益率高的地方流動，如果某個國家債券的報酬率高於其他國家，那麼，其他國家的居民就會購買這個國家的債券。因此，資本在不同國家之間收益率的差異是促使資本跨國流動的根本動因。

另外，風險的存在及其規避也是資本國際流動的重要原因。投資不僅和收益相連，而且也和風險相連。收益與風險一般是正相關關係，即高收益與高風險、低收益與低風險是相伴而生的。這些風險可能是經濟方面的，如市場風險、匯率風險、企業經營不良甚至倒閉，等等，也可能是政治方面的，如政策風險、政局不穩等。風險的存在及其變動影響著資本的收益率。我們前面所說的「資本總是從收益率低的地方向收益率高的地方流動」事實上暗含著一個前提，那就是風險既定。在風險一定的情況下，資本將流向收益率高的地方；在收益不變的情況下，資本則流向風險較小地方。歐、美之間的雙向交叉投資，一方面是追求高收益，另一方面也是利用資產組合的辦法，以規避和分散風險。

匯率變動和國際收支差額是造成資本國際流動的原因之一。當國際收支為逆差時，貨幣對外貶值的可能性較大；當國際收支為順差時，貨幣對外貶值的可能性較小；匯率是本幣與外幣之間的相對價格，匯率的變動將直接影響資本的相對價值，從而引起資本的國際流動。匯率下降將減弱對資本的吸引力，引起資本流出；匯率上升則會增強對資本的吸引力，造成資本流入。

除上述原因外，對外直接投資還有一些比較特殊的原因，如跨國公司佔有全新的工藝技術、先進的經營管理經驗、龐大的銷售網路，這是跨國公司對外直接投資的現實基礎；繞過關稅和非關稅壁壘，直接到東道國投資設廠，這顯然是一種擴大市場份額的行為；東道國改善基礎設施條件，給予稅收優惠或其他變項的直接投資補貼，這會增強對國際資本的吸引力；對外直接投資也有可能是跨國公司深化國際分工，提高資源配置效率的必要手段。

最後，投機活動也是引起資本國際流動的重要原因。投機活動能在較短時期內造成頻繁的資本國際流動，嚴重的甚至能夠引發經濟危機。

2. 資本國際流動的一般模型

資本國際流動的一般模型又稱麥克杜格爾模型，用於描述在完全競爭條件下資本國際流動的機制。在完全競爭條件下，資本國際流動的主要原因就是資本收益率的國際差異，如前所述，資本總是從收益率低的地方流向收益率高的地方。

如圖 7-1 所示，我們假定世界上只有 A、B 兩個國家，且 A 國是個資本這種要素較為豐裕的國家，資本報酬較低，而 B 國則是資本較為稀缺的國家，資本報酬較高。在框形圖中，我們以橫軸表示世界資本的總量，其中 OA 為 A 國擁有的資本量，O'A 為 B 國擁有的資本量；兩縱軸分別代表 A 國和 B 國資本的邊際產值或邊際生產力，在競爭條件下，資本的邊際產值代表資本的報酬或收益。曲線 FA' 為 A 國的邊際產量曲線或邊際生產力曲線，曲線 JB' 為 B 國的邊際產量曲線或邊際生產力曲線。

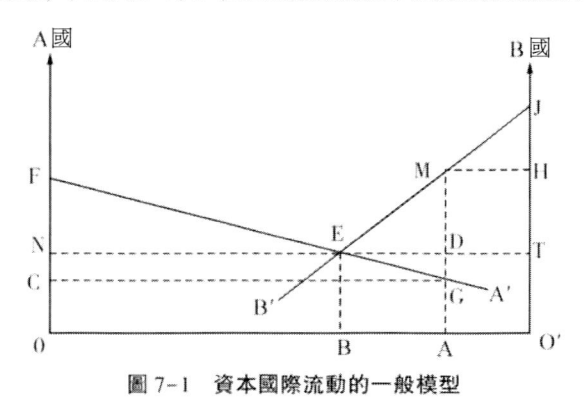

圖 7-1　資本國際流動的一般模型

當兩國的國民經濟處於封閉狀態時，兩國各自擁有的資本將全部用於各自的國內投資。當資本邊際收益為 OC 時，A 國資本 OA 的總收益為 OCGA，其他生產要素如勞動、土地等的收益為 CFG，A 國的總產出或總收入為全部生產要素收益之和，即 OFGA；當資本邊際收益為 O'H 時，B 國資本 O'A 的總收益為 O'HMA，其他生產要素如勞動、土地等的收益為 HJM，B 國的總產出或總收入為 O'JMA。

上述情況表明，B 國資本的邊際收益高於 A 國資本的邊際收益。

在開放條件下，資本將會從比較豐裕的 A 國流向比較稀缺的 B 國，也就是從資本收益較低的 A 國流向資本收益較高的 B 國。隨著資本的流動，A 國的資本存量逐步減少，而資本的邊際收益會沿邊際產量曲線 FA' 逐漸提高；B 國的情況則相反，隨著資本的流入，B 國的資本存量將逐步增加，其資本的邊際收益會沿邊際產量曲線 JB' 逐漸下降。只要兩國的資本邊際收益還有差異，資本就會繼續在兩國之間流動；只有當 A 國資本的減少使其邊際產量上升至 E 點，而 B 國資本的增加使其邊際產量下降至 E 點時，也就是只有當從 A 國流向 B 國的資本數量達到 AB 時，兩國的資本收益才會相等，資本的國際流動才會停止。

上述分析告訴我們，資本的國際流動，也就是直接投資和間接投資，改變了資本的存量，即資本輸出國的存量減少，而資本輸入國的存量上升；在其他條件不變的情

況下，資本的國際自由流動，將會導致資本邊際生產力的均等化，即資本要素價格的均等化。

3. 資本國際流動的利益及其分配

資本收益的差異導致資本的國際流動，而資本的國際流動又會使資本的這種差異歸於消失。AB 數量的資本從 A 國流入 B 國，使 A、B 兩國的邊際產量在 E 點實現均衡，也就是使兩國的資本報酬相等於 EB；A 國的資本邊際收益從 OC 增加至 ON，B 國的資本邊際收益從 O'H 下降至 O'T。

資本國際流動的結果不僅使兩國資本的邊際收益發生了變化，同時，也使得兩國各自的產出發生了變化。A 國的產出減少到 OFEB，其中國內投入資本的收益為 ONEB，國內其他要素收益為 NFE；B 國的產出增加到 O'JEB，其中國內外投入資本的收益為 O'TEB，國內其他要素收益為 TJE。

真正具有意義的是世界總產出和總收入的變化，由原來的 OFGMJO' 增加到 OFEJO'，增長了 EGM。增長部分中，EDM 屬於 B 國，是 B 國由於外資的到來而增加配套的其他要素的收益；EGD 屬於 A 國，是 AB 數量的資本從效率低的 A 國重新配置到效率高的 B 國所獲得的增益，而 BEDA 為 A 國對外投資所獲得的全部收益。因此，在資本國際流動的情況下，國民產值與國民收入是不相同的。A 國的國民收入等於其國民產值 OFEB 加上對外投資收益 BEDA，即 OFEDA；而 B 國的國民收入則等於其國民產值 O'JEB 減去 A 國的對外投資收益 BEDA，即 O'JEDA。

資本國際流動有著重要的政策含義。首先，它可以使世界上有限的資源得到更為有效的利用，使世界的總體福利水平得到提高；戰後，急遽增長的對外直接投資和間接投資對世界經濟的高速發展產生著極積的影響。其次，資本國際流動會影響有關國家的利益分配格局。在資本輸出國資本收益增加的同時，非資本要素的收益可能減少；在資本輸入國資本收益下降的同時，非資本要素的收益可能增加。之所以說是「可能」，是因為這並非現實中的必然，假如輸出的資本屬於過剩資本，假如資本輸出國的其他生產要素在一定的程度上分享了資本的收益，假如在東道國獲得的利潤超過甚至遠遠超過了均衡利潤，假如東道國的收入分配極端不公而特別有利於資本所有者，那情況就可能完全相反了。最後，資本的國際流動也會對國際貿易、貿易條件、國際收支平衡產生一定的影響，人們談虎色變以及頻頻出現的泡沫經濟、金融危機，就是很好的例證。

三、資本國際流動的一般理論

前述資本國際流動的一般模型就是完全競爭條件下資本國際流動的一般理論模型。

但是，資本國際流動的理論，多指對外直接投資理論，或跨國公司理論。由於戰後美國跨國公司發展最早且在對外直接投資中占據主導地位，所以，國外闡述跨國公司理論的學者，又多以美國的情況作為立論依據。

1. 壟斷優勢理論

壟斷優勢理論，亦稱國際寡占論，為20世紀60年代美國經濟學家海默（Hymer）所首創，後為金德伯格等人所完善，是研究對外直接投資最早和最有影響的理論。壟斷優勢理論試圖運用西方微觀經濟學中關於廠商壟斷競爭的原理來闡釋跨國公司對外直接投資的行為。在不完全競爭為基本的假設前提下，壟斷優勢理論認為，商品市場、要素市場、規模經濟、經濟製度以及經濟政策所造成的不完全競爭，導致了市場結構和認知的不完全性；而國內外市場的這些不完全性，造成了企業對外直接投資的社會經濟基礎。願意而且能夠從事跨國經營的企業，需要具備東道國廠商缺乏的獨占優勢，以抵銷跨國競爭和國外經營所帶來的額外成本費用。跨國公司主要是以美國為基地的寡頭壟斷，由於它們具有種種壟斷性優勢，如掌握著先進技術、巨額資金、廣告策劃、市場網路、規模優勢以及先進的經營管理經驗等，因而它們能夠到海外設立子公司，可以從事國外生產，獲得較高國內市場並超過東道國當地競爭對手的收入。

事實上，在海默看來，對外直接投資只不過是跨國公司在利用市場缺陷。這個市場缺陷就是非完全競爭，就是寡頭壟斷，只有那些具備種種壟斷性優勢的公司企業，才可能進行對外直接投資。因此，壟斷優勢理論強調的是對外直接投資的實力基礎和前提條件。壟斷優勢理論的缺陷也因此而十分明顯：比如，擁有獨占技術優勢的企業可以通過有償轉讓技術來獲取其潛在的收益而不一定要到國外投資設廠。反過來，那些不具備種種壟斷性優勢的公司企業特別是發展中國家的公司企業不是也有大量的對外直接投資嗎？

2. 生產週期論

生產週期論是由哈佛大學跨國公司研究中心負責人維農（Vernon）教授提出的。按照維農的觀點，產品的生命週期一般可分為三個階段：新產品創始階段、產品成熟階段、產品標準化階段。

在新產品創始階段，國內市場大、研究發展資金多的國家，在發展新產品、新工藝方面居於優勢。壟斷技術訣竅的廠商，由於國內市場大，將產品安排在國內生產特別有利，並通過出口滿足國外市場的需要；廠商在新產品創始階段的行為目的是獲取高額壟斷利潤。在產品成熟階段，產品的技術趨於成熟，樣型已經穩定，國外市場日益擴大，技術訣竅擴散的可能性也日益增大。壟斷優勢喪失的危險迫使跨國公司到收入水平、技術水平、消費模式接近母國的國家去建立子公司，以防止或阻止東道國的競爭者進入市場，維護自己的壟斷利益。在產品標準化階段，生產技術已成為常規技術，競爭主要表現在成本和價格上。這時，跨國公司必然將標準化的產品轉移到技術水平低、工資低和勞動力多的發展中國家進行生產。我們看到，生產週期理論所演繹的是技術寡占、市場壟斷、價格競爭三部曲，其中，市場壟斷和價格競爭都會迫使跨國公司到海外投資設廠。

像多數對外直接投資理論一樣，解釋跨國公司行為的產品生命週期理論也是以美國為藍本的。美國是當然的產品創新國，其他發達國家則是美國跨國公司對外直接投資的第一站，而發展中國家則只有接受成熟技術即常規技術的資格和能力，因而只能

充當美國跨國公司對外直接投資的第二站。

3. 市場內部化理論

市場內部化理論由巴克萊（Buckley）和卡鬆（Casson）首先提出。市場內部化理論試圖從另一角度解釋跨國公司對外直接投資的動機。

傳統理論認為，市場機制可以通過價格信號、交易手段最有效地配置資源。但按照科斯的觀點，市場配置資源方式並不是在任何時間、任何領域都是配置資源的最佳方式，這也正是企業產生和存在的原因。市場交易必然導致交易費用的產生，以企業代替市場進行資源配置就可以節約這些交易費用。巴克萊等人仍以市場的不完全性特別是中間產品市場的不完全競爭作為前提，將科斯的市場交易內部化理論引入對外直接投資理論。如果一個行業產品的生產過程是個多階段的生產過程，而中間產品即原材料又只能通過外部市場來供給，那麼，這很容易導致供需矛盾的出現和高昂交易費用的產生，從而使企業難於獲得穩定的高額利潤。外部市場難以做到在適當的時間、適當的地點以適當的價格提供產品生產過程所必需的原材料；外部市場內部化使產品的所有生產過程都放在企業內部來進行，使中間產品的外部交易變為內部交易，這就可以較好地協調供需關係，節約交易費用。市場內部化過程取決於下列四組因素之間的相互關係：行業特定因素——行業產品的特性、產品外部市場的競爭結構、規模經濟等，地區特定因素——地理距離、社會文化差異等，國家特定因素——政治環境、金融製度等，企業特定因素——內部交易能力、管理成本等；其中，行業特定因素和企業特定因素的影響具有決定性的作用。企業外部的競爭結構決定中間產品的交易費用，而企業內部的組織管理也必須付出成本，只有在外部市場內部化的成本低於外部市場交易費用的情況下，外部市場內部化才是一種可行的選擇。

外部市場內部化必然導致或具體表現為跨國公司的對外直接投資活動，在國外設立與產品相關的子公司。跨國公司利用外部市場內部化不僅可以較好地協調原材料的供需關係，節約交易成本，而且還可以獲得許多附加的好處：利用內部劃撥價格或轉移價格可以人為降低子公司的產出和收入，從而減少在東道國的稅收支出；通過內部轉移價格，降低子公司成本，可增加子公司利潤，以取悅東道國並利於子公司在當地籌資；通過內部轉移價格轉移資金，可以避免子公司所在東道國的通貨膨脹和外匯管制風險，等等。

4. 區位優勢理論

區位理論本來是研究一國內部資源區域配置的理論，艾薩德等人將區位理論的應用範圍加以擴展，用來解釋跨國公司的對外投資活動。企業的經營業績在一定的程度上取決於企業的外部環境，因而，投資地點的確定就不可能是隨意的。區位優勢理論認為，企業的對外直接投資，如同國內投資一樣，所選擇的投資地點必須具備一定的區位優勢，以盡量降低生產成本，提高利潤水平。

依據區位優勢理論，東道國阻礙進口的因素以及使對外直接投資比出口更為有利的各種因素，是對外直接投資的充分條件。因此，促使跨國公司對外直接投資的區位因素主要包括下述幾個方面：

（1）貿易壁壘。不同的國家，其關稅稅率的高低不同，非關稅壁壘的多少不同，因而其市場進入的難度也不相同。商品要出口到關稅稅率高、非關稅壁壘多的國家是十分困難的。因此，繞過這些貿易壁壘的最佳辦法，就是通過對外直接投資，在這個國家設立子公司，就地生產，就地銷售產品。

（2）要素價格。原材料的獲得和使用是生產得以進行的前提條件，而獲取原材料即要素的成本決定著產品的生產成本和產品的國際競爭力。跨國公司選擇特定的束道國投資設廠，不僅可以獲得在本國較為稀缺的資源並節約其運輸費用，而且能夠以低廉的價格獲得土地、勞動力等生產要素的使用權。

（3）市場距離。運輸成本是商品市場銷售價格的組成部分。商品生產地遠離商品銷售地，必然產生過多的運輸費用，增加商品成本，促使價格上升，商品競爭力減弱，或者是商品銷售價格不變，利潤減少，資本收益下降。跨國公司選擇束道國特別是市場較大的束道國投資設廠，就可以達到節約運輸成本、有效占領市場的目的。

（4）社會經濟環境。社會經濟環境也是跨國公司選擇束道國的重要因素。如政治是否安定、社會秩序是否良好、基礎設施狀況、稅收政策優惠程度，等等，都會影響跨國公司對外直接投資的區位決策。

實際上，區位優勢理論所要說明的是跨國公司選擇束道國的基本標準，不同的因素由於其影響不同而佔有不同的權重，通過綜合分析判斷，跨國公司就可以找到他們所認為的合適的束道國。

5. 國際生產折衷理論

前面介紹的各種對外直接投資理論都是從特定的角度來分析跨國公司的投資行為，而跨國公司的對外投資決策往往是多種因素作用的結果，很難用特定角度的理論加以說明。為此，鄧寧對前人提出的對外直接投資理論進行了綜合，形成了有關對外直接投資的國際生產折衷理論。

國際生產折衷理論把壟斷優勢理論、內部化理論和區位優勢理論緊密結合起來，將對外直接投資的決定因素概括為三類優勢，即所有權優勢、內部化優勢和區位優勢。只有擁有這三類優勢的企業才可能到海外投資。

（1）所有權優勢。所有權優勢主要是指企業在一定的時期在專利、技術等資產方面所擁有的排他性權利，它包括技術優勢、規模優勢、組織管理優勢和金融貨幣優勢。但是，所有權優勢僅僅是企業對外直接投資的現實基礎，並不一定導致對外直接投資，因為在缺乏其他兩種優勢的情況下，出口和技術轉讓也是實現所有權優勢的一種可行選擇。

（2）內部化優勢。所謂內部化優勢是指企業將其所擁有的各種所有權優勢加以內部化使用而帶來的優勢。內部化可以避免外部市場不完全所導致的弊端，減少交易費用，提高利潤率，並有利於繼續保持所有權優勢的獨占地位和繼續獨享其帶來的好處。不過，即便擁有所有權優勢和內部化優勢，企業也不一定會作出對外直接投資的決策，因為在國內擴大規模和增加出口同樣可以獲得壟斷性利潤和收益。

（3）區位優勢。區位優勢是指跨國公司在投資區位選擇方面所具有的優勢。區位

優勢包括直接區位優勢和間接區位優勢，前者如東道國廣闊的市場前景、低廉的要素成本、優惠的外資政策等，後者如高昂的運輸成本、難以逾越的貿易壁壘等。區位優勢的有無、大小直接影響著跨國公司的海外投資決策以及對東道國的選擇，因此，區位優勢也就構成了跨國公司實施對外投資的充分條件。

國際生產折衷理論強調資金、技術和經濟發展水平的相對優勢，認為一個國家的企業是否到海外投資不是由其絕對優勢而是由其相對優勢決定的。因此，儘管這一理論在很大程度上是前人理論的綜合與折衷，並沒有很重要的理論突破，但它在較大程度上反應了國際經濟發展的新格局，能夠解釋像發展中國家對外直接投資這類新的國際經濟現象，因而仍然具有重要的政策意義。

第二節　勞動力的國際流動

勞動力也被視作重要的生產要素。勞動力的國際流動在歷史上早就存在，但其內涵、規模與影響遠不如國際經濟一體化和經濟全球化條件下的今天。同資本的國際流動一樣，勞動力國際流動的基本原因也是報酬問題，即收入差距問題；但不同的是，報酬的差異總能引起資本的跨國流動，而工資收入的差異卻不一定能夠造成人口的跨國遷移，這是因為人口的跨國轉移還需要具備其他一些特殊的條件。這一節將主要闡述勞動力國際流動的基本情況、基本原因及其國際經濟效應。

一、勞動力國際流動概述

勞動力的國際流動是生產要素國際流動的一種類型，是勞動力這種生產要素跨越國界而被優化配置到世界的其他地方。與資本這一生產要素相比，勞動力的國際流動性要小得多。但從國際經濟一體化和經濟全球化的角度來看，作為各國之間聯繫的一種紐帶和資源世界性優化配置的方式，勞動力國際流動和資本國際流動似乎又沒有什麼區別。

1. 勞動力國際流動的歷史回顧

勞動力的國際流動是以人口國際遷移的方式進行的，但勞動力國際流動與人口國際遷移是兩個不同的概念。人口國際遷移一般與政治、宗教、經濟方面的因素有關，帶有強制性；而勞動力國際流動通常是非強制的，而且僅與經濟利益有關聯。顯然，雖然兩者的產生都與經濟利益有關，但人口國際遷移的原因要複雜得多，因而，人口國際遷移這個概念涵蓋的範圍也要廣泛得多，它包含了勞動力的國際流動，即勞動力國際流動是人口國際遷移的組成部分。

人口的國際遷移由來已久。美國、加拿大、澳大利亞這些國家在其形成過程中都伴隨著大規模的人口跨國遷移，它們是主要由移民或移民的後裔所組成的國家。歷史上最早的大規模的人口國際遷移就發生在臭名昭著的「三角貿易」時期，估計有1,000萬~1,500萬黑人從非洲販賣到美洲，這還不包括更多的死於販運途中的黑人，

加上這部分，從非洲販運出的人口近一億。發生大規模人口國際遷移的第二個時期是19世紀中葉至20世紀初，遷移人口達4,000多萬，遷移方向基本上是從歐洲到美洲。戰後是人口國際遷移的第三個時期，其規模仍然是巨大的，單是1950—1974年的25年間，就有近1,600萬人遷入北美和大洋洲。而一直到今天，人口的國際遷移並無止息的跡象。不過，現在的情況有所不同，由於各種各樣的原因，各國對移民的限制越來越嚴格，人口國際遷移的難度越來越大，人口的跨國遷移已經成為一個敏感的話題。

儘管勞動力的國際流動同人口的國際遷移不是同一個概念，但兩者出現的最基本、最主要的原因卻是相同的，這就是經濟利益的驅使。國際遷移人口中最基本的部分是勞動力，因此，在一定的程度上，人口的國際遷移同時也是勞動力的國際流動。經濟活動是人的活動，人口遷移總是同經濟活動聯繫在一起的。實際上，前述三個時期的人口大規模遷移都是以人口遷入地區經濟活動的大規模擴張為前提的。

2. 勞動力國際流動的形式

勞動力國際流動的形式大致可以分作兩類，永久移民式的勞動力國際流動和中短期的勞動力國際流動。

永久移民式的勞動力國際流動一般是同人口的國際遷移結合在一起的，也就是遷居國外，一般不再返回。歷史上三次大規模的人口遷移大多屬於這種情況，即使在今天，勞動力跨國流動中的永久性移民仍然佔有很大比例。

中短期的勞動力國際流動是指一國根據國際間簽署的有關合同派遣有關人員到勞動力輸入國履行合同，一完成合同規定的任務後即刻返回。中短期勞動力國際流動，顧名思義，勞動力在國外的滯留時間不像移民那樣長久，更不像移民那樣一去不復還，而是在或長或短的時期之後又會返回國內。這種形式的勞動力國際流動涉及的範圍較廣，它包括與工程、服務等有關的國際勞務出口、留學人員的派遣、根據國際經濟技術合作協定進行的人員派遣，它甚至還包括雖未跨出國門但在外國機構或外資機構工作的人員流動，等等；總之，但凡外國雇傭本國勞動力，都可納入中短期勞動力國際流動的範圍。

中短期的勞動力國際流動在第二次世界大戰以後特別是20世紀80年代以來發展很快，它對世界經濟的發展具有特殊的意義。隨著國際經濟一體化和經濟全球化的進一步發展，它的規模將會不斷擴大，並將受到人們越來越多的關注。

3. 勞動力國際流動的方向

勞動力國際流動的方向與勞動力國際流動的原因密切相關，即主要與經濟因素相聯繫。即使是「三角貿易」中的奴隸販運，經濟方面的考慮也是其重要原因之一。

從總體上看，在特定的時期，勞動力國際流動的方向具有單一性的特點，特別是從歷史上看，缺乏雙向交叉流動的特徵。「三角貿易」中黑人奴隸是從非洲販運到拉美地區；19世紀中葉至20世紀初，大量的歐洲移民流向美洲和大洋洲，主要是從西歐、北歐流向美國；二戰以後尤其是20世紀60年代以來，勞動力國際流動的方向主要是從發展中國家到發達國家。因此，歷史地看，勞動力國際流動的方向尊循著一定的規律，即

從經濟發展停滯的地區流向經濟發展欣欣向榮的地區，從非工業化地區流向工業化地區，從經濟低速增長的地區流向經濟高速增長的地區，從低工資地區流向高工資地區。一句話，從勞動力過剩的地區流向勞動力需求旺盛的地區。顯而易見，勞動邊際產出的地區差異，即勞動報酬的地區差異，構成了勞動力國際流動的根本原因。

但是，我們也應該看到，戰後以來尤其是 20 世紀 80 年代以來，隨著資本國際化的發展和國際經濟技術合作的開展，中短期勞動力國際流動的方向也有所改變。勞動力特別是其中的熟練勞動力和科學技術人員也從發達國家流向發展中國家，包括發展中國家外出人才的回流，而且這種流動規模正在不斷擴大，這是當代勞動力國際流動的新趨勢。

二、勞動力國際流動的原因

前面已經涉及勞動力國際流動的一些原因，這裡我們就勞動力供求狀況、收入差異和國際經濟合作方面作些具體分析。

1. 勞動力供求失衡

與勞動力的國際流動有直接關係的不是人口密度，而是勞動力的供求狀況。勞動力的供求狀況是決定勞動力國際流動的根本原因。非洲勞動力被販運到拉美地區，不是因為非洲黑人太多，也不是因為拉美地區的印第安人太少，而是因為在西班牙和葡萄牙殖民主義者的殖民奴役和掠奪下，為滿足西班牙、葡萄牙特別是英國國內對菸草、大米以及藍靛等的需要而大力發展種植園經濟的結果。也就是說，除了政治方面的原因之外，從經濟方面分析，種植園的大量建立引起了對勞動力的大量需求，這種需求必然引起黑奴的販運。19 世紀中葉至 20 世紀初從歐洲到美國的移民潮更能說明經濟發展對勞動力的需求制約著勞動力國際流動的方向。第一次產業革命發生在英國，資本主義制度首先在英國確立起來，這時的美國經濟遠遠落在了英國的後面。通過長期的追趕加上貿易保護，到 19 世紀末，美國經濟終於後來居上，超過英國這個老牌工業帝國，成為世界上第一工業大國。經濟的高速發展需要大量的勞動力來支撐，急遽增長的勞動力需求引來了大批的歐洲移民。戰後的情況也是如此。第二次世界大戰不僅給受侵略國家的經濟造成了嚴重的破壞而且也摧毀了發動侵略的國家的經濟，但戰後經濟的重建以及後來資本主義經濟增長的所謂黃金時代卻面臨著勞動力的嚴重短缺，正是這種情況決定了勞動力國際流動的方向，即從發展中國家流向歐美發達國家。

20 世紀 80 年代以來勞動力國際交叉流動的新趨勢實際上也受到了勞動力需求的制約，只是這裡涉及勞動力的技術結構問題。在當代，熟練勞動力或技術人才的國際流動性是最強的。發達國家的熟練勞動力或技術專家來到發展中國家，固然與跨國公司的活動和國際經濟一體化有關，但也是因為發展中國家缺乏這方面的人才，雖然他們並不缺乏普通勞動力。

2. 收入差異

各國經濟的發展從來就是不平衡的，加之歷史上殖民主義的統治和掠奪以及由此

形成並發展至今的國際經濟舊秩序的統治，世界經濟的發展就更加不平衡了，各國之間的收入差距仍然在繼續擴大。這種收入差異的存在推動了勞動力的國際流動，收入差異是勞動力國際流動的基本動力。

19世紀中葉至20世紀初美國經濟的快速發展，為美國較高的工資水平奠定了堅實的物質基礎。在這一時期，英國的工資水平在歐洲各國中算是最高的，而美國的工資水平還在英國的兩倍之上，工資水平的這種差異決定著歐美之間勞動力的流動方向，即大量的歐洲勞動力流向美國。第二次世界大戰以後的情況更是如此，因為發達國家的經濟發展水平要比發展中國家高得多，與19世紀中葉至20世紀初美國同英國之間的工資差異比起來，他們之間勞動報酬的差異還要大得多，因而對勞動力國際流動的影響也就更大。發達國家的高收入對於發展中國家的勞動力始終保持著巨大的吸引力。

3. 經濟週期的影響

經濟週期的存在引起經濟發展的週期性波動。一國經濟的繁榮、高漲時期通常也是國家和企業投資迅速增長的時期；在這一時期，不僅勞動力需求急遽增加，而且工資水平也較高，由此形成對本國勞動力外流的阻力以及對外國勞動力的巨大吸引力，外國勞動力大量流入。相反，當一國經濟處於危機、衰退時期，企業壓縮規模、縮減生產甚至停產倒閉，投資急遽下降，對勞動力的需求萎縮，工資水平也會下降，這種情況不僅使外國勞動力回流，也會使本國勞動力流向其他國家。

另外，農業生產的季節性也會造成對勞動力需求的週期性變動。農業生產的特點是忙閒不均，而任何一家農場都不會終年雇傭大量工人；種植和收穫的大忙季節對勞動力的需求十分旺盛，在其他季節對勞動力幾乎沒有什麼需求。農業生產對勞動力需求的這種特點是造成相鄰國家勞動力國際流動的重要原因。

4. 國際經濟合作

國際經濟合作是當代國際經濟關係中的一種十分普遍的現象，它是勞動力國際流動特別是交叉流動的重要原因。國際貿易必然伴隨著各國之間的頻繁持續的人員往來，對外直接投資則不僅僅是資本的流動，而且也伴隨著經營管理人員、技術專家和熟練工人的國際流動。隨著國際貿易和跨國公司對外投資的加速發展，發達國家相互之間、發展中國家相互之間和發達國家與發展中國家之間存在著越來越多的勞動力跨國流動。另外，各國之間包括發展中國家相互之間日益增多的工程承包和勞務合同，也會促使越來越多的勞動力加入到國際流動的隊伍中來。

應該指出，勞動力國際流動的原因多種多樣，如政治的、宗教的原因，或動亂、戰爭引起的；但這些原因造成的勞動力國際流動往往具有暫時的性質。我們這裡涉及的僅僅是經濟方面的一些主要原因，而這些原因是勞動力國際流動的長期性原因，在國際經濟一體化和經濟全球化的今天尤其如此；這就是說，勞動力國際流動是經濟利益所致，經濟方面的原因是勞動力國際流動的根本原因。

三、勞動力國際流動的經濟效應

勞動力的國際流動具有廣泛的影響。從經濟方面來說，勞動力的國際流動能夠引起國民生產總值、國民總收入、工資水平以至世界生產總值的變動。

1. 勞動力國際流動的圖形表述

這裡可以用一個兩國模型來說明勞動力國際流動之前和之後的基本情況。首先，我們假定，勞動力的國際流動不存在任何限制和障礙，他們的跨國流動是充分自由的，也是合乎理性的。在此情況下，勞動力會從工資低的國家流向工資高的國家，也就是說，如果在兩個國家，勞動的報酬是相等的，那麼，勞動力的跨國流動就沒有可能。

勞動力的國際流動可以用一個箱形圖加以說明，見圖7-2。我們假定世界上只有兩個國家，在圖中分別為A國和B國；另外，我們假定，每個國家只有兩種生產要素，即勞動和資本。圖中的橫軸代表世界勞動總量，縱軸為勞動的邊際產出。在封閉經濟條件下，A國佔有世界勞動總量的OA，餘下部分為B國所佔有，即B國的勞動量為O'A。就勞動的邊際產出而言，A國為OC，B國為O'H；因此，A國的勞動收入為OAGC，B國為O'AMH。其他要素收入即資本收入，A國為CGF，B國為HMJ。世界的總產出也是世界的總收入，為0FGMJO'。

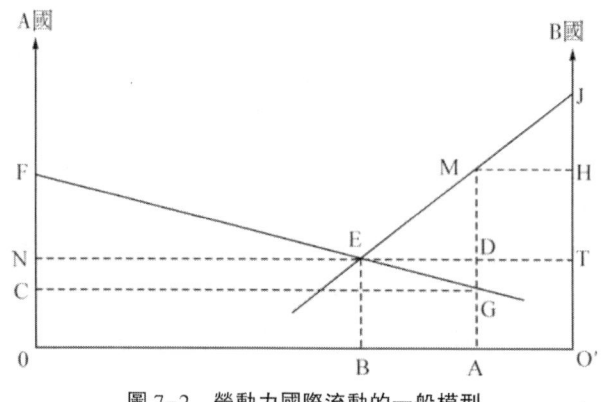

圖7-2 勞動力國際流動的一般模型

勞動的邊際產出就是勞動的收入。在開放經濟條件下，如果勞動力的國際流動是完全自由的，由於B國的工資比A國高，那麼勞動力將從A國流向B國，即由工資較低的A國流向工資較高的B國。其結果是，A國的勞動力供給減少，實際工資水平將提高，即隨著A國勞動力的逐步減少，A國的實際工資水平將沿著其邊際產出曲線或邊際收益曲線GEF逐漸上升；與A國的情況相反，B國的勞動力供給增加，實際工資水平將下降，即隨著B國勞動力供給的逐步增加，B國的實際工資水平將沿著其邊際產出曲線或邊際收益曲線JME逐漸下降。兩國工資水平的一升一降，必然導致兩國的勞動收益逐步接近，一直到兩國之間的工資水平相同時，也就是一直到兩國之間的

勞動邊際收益相等時，勞動力的跨國流動將停頓下來。在圖中，這種情況表現為：隨著勞動力國際流動的進行，A 國的工資水平 AG（＝OC）上升，B 國的工資水平 AM（＝O'H）下降，A 國的邊際產出或收益曲線 GEF 和 B 國的邊際產出或收益曲線 JME 將相交於 E 點，E 點就是兩國勞動邊際產出或收益的均衡點。在這個均衡點，兩國勞動邊際產出或收益同為 BE（＝ON＝O'T），勞動力將停止在兩國間流動。

2. 勞動力國際流動的利益分配

在勞動力國際流動的圖形表述中，我們已經看到，勞動力國際流動會帶來利益分配的變動，比如，A 國的實際工資水平提高，而 B 國的實際工資水平下降。在這裡，我們將對勞動力國際流動所帶來的利益分配變動作一全面分析。

至均衡點 E，勞動的國際流動總量為 AB；在世界勞動總量的分配上，A 國的勞動量減少，從 OA 減少到 OB；由此帶來了一系列的變化。

首先是勞動邊際收益即實際工資水平的變動。B 國的勞動量增加，從 O'A 增加到 O'B。在均衡點 E 上，勞動的邊際收益發生了變化，勞動力國際流動之前兩國之間存在的勞動邊際收益差異在勞動力國際流動過程中逐漸消失，最終都等於 BE（＝ON＝O'T）。

其次是勞動與資本收益分配的變動。資本收益在兩個國家都發生了變動，但變動方向相反。在 A 國，資本收益減少，從 CGF 減少到 NEF，而勞動收益增加；在 B 國，資本收益增加，從 HMJ 增加到 TEJ，而勞動收益減少。

再次是世界總產出的增加。由於勞動這一資源得到了更好的配置，即從效率較低的 A 國重新配置到了效率較高的 B 國，使得世界的總產出增加，從勞動重新配置之前的 OFGMJO'增加到重新配置之後的 OFEJO'，增加了 EGM。新增 EGM 部分中的 EGD 部分歸於跨國流動的勞動者，EDM 部分歸於 B 國的新增資本。

最後，A、B 兩國各自的總產出和國民收入產生變動。現在，A 國的產出為 OBEF，同原來的 OAGF 相比是減少了，其國民收入則在 OADEF 和 OBEF 之間變動，其國民收入的大小在一定程度上取決於出國勞動者匯回收入的多少；B 國的產出則是增加了，現在為 O'BEG，與原來相比，增加了 ABEM，其國民收入可能小於 O'BEG，這取決於外國勞動者匯出收入的多少。

3. 勞動力國際流動的政策含義

上述分析已經完全表明，勞動力的國際流動，從總體上能夠增進世界的福利水平。因此，從理論上來說，無論是發達國家還是發展中國家，都應當予以鼓勵。

在發達國家中，有的人口增長速度緩慢，有的是零增長，還有的甚至是負增長，但他們的經濟發展水平高，經濟發展速度快，加之勞動成本較高，因此，他們都在不同的程度上存在著對普通勞動力的需求。事實上，第二次世界大戰以後，各發達國家都先後制定了相關政策，利用發展中國家的移民來解決他們勞動力短缺問題，至今沒有停止過，這對於發達國家各產業部門之間的協調和國民經濟的發展，有著重大的積極影響。20 世紀五六十年代，西歐一些主要國家的經濟增長，在一定程度上應歸功於廉價的外籍工人所作出的貢獻。

發展中國家儘管情況比較複雜，但有一個共同點，就是相對來說，經濟發展過慢，而人口增長過快，勞動力市場供大於求，失業問題比較突出。不過，發展中國家勞動力市場供大於求的狀況掩蓋著熟練工人、專門人才特別是科技人員嚴重不足的情況。我們知道，在一定條件下，勞動力的素質要比勞動力的數量重要得多。在科學技術高度發展的今天，一國經濟的發展在更大的程度上取決於科學技術的含量，這不僅是指生產資料中的科技含量，更是指勞動力本身的科學技術素養。因此，發展中國家要改變自己落後的面貌，加速經濟的發展，很重要的一條途徑就是增加熟練工人和專門人才的數量，而其中的措施之一是通過國際經濟合作引進專門技術人才，學習、借鑑發達國家先進的工藝、技術和經營管理經驗。

　　我們已經提到，今天，科學技術對於一國經濟的發展具有決定性的作用，因而，各國對勞動力國際流動的關注，不如說是對人才國際流動的關注。勞動力國際流動對於流入國是吸收人才，對於流出國是智力外流。正因為如此，勞動力的國際流動至今都是一個極為敏感的問題，它不僅涉及國家民族的形象問題，更涉及經濟利益在各國之間的分配問題。在這一問題上，發達國家和發展中國家的態度有一些基本的區別。表面看來，發達國家鼓勵勞動力的國際流動，而發展中國家則限制勞動力的國際流動；其實，發達國家只是鼓勵高素質勞動力的國際流動，而且是鼓勵高素質的勞動力從發展中國家流向發達國家，而發展中國家所限制的也只是限制自己高素質的勞動力流向發達國家；而對於一般勞動力，即使發展中國家願意大量輸出，發達國家也絕不會樂意大量吸收。

第三節　技術的國際轉移

　　戰後的科技革命即第三次科學技術革命極大地推動了世界經濟的發展，科學技術的作用因此受到普遍關注。20世紀80年代新技術革命以來的情況更是如此。創新力被視為一國最根本的國力，一國真正的國際競爭力，是第一生產力，科學技術因此得到各國政府異乎尋常的重視。投入巨資發展新技術、引進新技術已成為世界各國政府的通行做法，國際專利技術轉讓發展迅速。這裡，我們首先簡要地闡述國際技術轉移的情況，接著說明國際技術轉移的原因，最後對國際技術轉移做一些經濟分析。

一、技術國際轉移概述

　　技術的國際轉移主要發生在第二次世界大戰以後。它的發展與戰後科學技術的進步、專利製度的日益普及特別是跨國公司愈益頻繁的對外投資活動密切聯繫在一起。技術的國際轉移與資本的國際流動和勞動力的國際流動一起，共同構成生產要素國際流動的主要內容。

　1. 國際技術轉移的含義

　國際技術轉移，如第一、二節中所講的資本的國際流動和勞動力的國際流動一

樣，也可以稱為技術的國際流動，或如平常我們所說的國際技術轉讓，它是指技術通過某種方式從一個國家或地區向其他國家或地區轉移的過程。

技術是科學理論的物質表現，但它不是有形的物質產品，從這個意義上講，它是無形的、非物質的知識。技術具體指可以傳受並產生一定經濟效果的生產和銷售產品的工藝、流程、方法等系統知識。因此，確切地講，技術的國際轉移並不包括含有技術內容的物質產品的國際轉移。根據聯合國貿易會議的定義，「國際技術轉讓是指製造產品、應用生產方法或提供服務所需的系統知識的轉讓，並不延伸到貨物的單純買賣或租賃」。

與資本國際流動和勞動力國際流動的數量相比，特別是與國際貿易額相比，國際技術轉移的數量也許是微不足道的，但國際技術轉移絕不因此而失去其重要性。在一定的意義上，相對於其他生產要素的國際流動和國際貿易來說，國際技術轉移對於經濟增長具有更為重要的作用。在發達國家，經濟增長主要是依靠技術進步和技術成果的有效利用來實現的，其技術進步對於經濟增長的貢獻率一般都在70%上下；即使在發展中國家，經濟增長也越來越依賴技術的進步和技術成果的有效利用。正因為如此，各國之間的競爭已演變為主要是科學技術實力的競爭和科學技術成果應用的競爭，誰能佔有科學技術成果，誰能積極有效地利用這些科學技術成果，誰就能在國際競爭中處於優勢地位，誰就能在國際競爭中取勝。

戰後特別是20世紀60年代以來，隨著國際投資活動日益廣泛的開展，國際經濟一體化和經濟全球化的深入發展以及各國政府對科學技術作用認識的加深和對科學技術成果應用的愈益重視，技術跨國轉移的速度大大加快了。技術的國際轉移已經成為世界經濟增長的有力槓桿。

2. 國際技術轉移的歷史回顧

科學技術在各國之間的轉移並不是戰後獨有的現象，而是在歷史上早就存在了。遠的如中國的四大發明和絲綢技術在世界上的傳播，近的如16世紀眼鏡製造技術從義大利傳入日本，以及18世紀蒸汽機技術、煉鐵技術、機械製造技術等從英國引入美國，等等，這種情況在歷史上是舉不枚舉的。

然而，儘管有第一次科學技術革命和第二次科學技術革命，戰前科學技術的發展速度在總體上卻是相對緩慢的，由此帶來的必然結果是，戰前國際技術轉移的數量和種類，尤其是轉移的方式，難以同戰後相提並論，戰後國際技術轉移規模空前。根據聯合國統計，國際技術貿易額1965年為30億美元，1975年為110億美元，1985年為600億美元，其增長速度令人驚異。

利用國際技術轉移，發展本國經濟，日本非常典型。第二次世界大戰，日本是發動戰爭的國家之一，日本摧毀了許多國家的經濟，但日本自身的經濟也遭受到戰爭的嚴重破壞。戰後，與其他先進的西方國家相比，日本的科學技術水平落後了20~30年。從1952年開始的二十多年裡，日本大量引進國外先進技術，先後引進技術38,000多項，支付引進費用上百億美元。先進技術的引進，對於日本經濟的騰飛和日本經濟奇跡的出現，起到了至關重要的作用。現在，日本成了僅次於美國的世界第二

經濟大國,在很多科學技術領域也處於世界領先地位。

但是,我們不能因此認為只有落後國家才會引進技術。事實上,科學技術的重大經濟價值吸引著所有的國家,無論是落後的,還是先進的。日本已經成為經濟大國,但現在每年仍花費約十億美元引進國外先進技術;就連美國這樣的經濟和技術的超級大國,現在仍然在不斷引進技術,每年在這方面的對外支付也達數億美元。

發展中國家也十分重視國際技術轉移,通過引進國外的先進技術以加速發展自己的民族經濟和提高本國的科學技術水平。據估計,引進先進科學技術特別突出的國家如巴西、墨西哥、阿根廷、巴基斯坦,每年支付的技術引進費用均超過一億美元。印度、新加坡、韓國也高度重視國外先進技術的引進,這是他們經濟發展較快的重要原因。就整個發展中國家來看,技術引進費用在逐年增加,而且速度也越來越快。據估計,發展中國家技術引進費用在 1975 年僅為 11 億美元,1985 年就躍升到 60 億美元,年均增長達 18%。

引進先進技術、利用先進技術,是一個開放經濟的基本內涵。隨著經濟發展過程中科學技術作用的不斷加強,國際技術轉移必將進入一個大發展的新時代。

3. 國際技術轉移的方向與形式

國際技術轉移就其方向而言,取決於技術轉移國和技術受讓國的具體情況。因此,從理論上來說,世界各國之間都有可能進行技術的國際轉移。但鑒於科學技術成果主要掌握在西方發達國家特別是美國手中,故國際技術轉移主要是在西方發達國家相互之間以及西方發達國家與發展中國家之間展開。在西方發達國家相互之間的國際技術轉移稱為同等水平或相似水平的技術流動;而發達國家與發展中國家之間的國際技術轉移稱為級差型的技術流動。

國際轉移的技術依據不同的標準可以劃分為不同的類別。按技術的公開程度劃分,可以分為公開的技術、半公開的技術和秘密技術;按是否屬於工業產權來劃分,可以分為具有工業產權的技術和不具有工業產權的技術;按技術的發展階段來劃分,可以分為未來技術、尖端技術、應用技術、改良提高技術、生產管理和銷售管理技術;按技術的表現形態來劃分,可以分為軟件技術和硬件技術。

國際技術轉移屬於軟件技術的國際流動,包括專利的使用、技術秘密的使用、製造技術的傳播、專有技術的轉讓,等等。國際技術轉移是在不同國家的企業、經濟組織或個人之間進行的,包括技術使用權的授予、出售或購買,也就是技術的輸出和輸入。一般來說,國際技術轉讓的形式可分為兩種:商業性技術轉讓和非商業性技術轉讓。非商業性技術轉讓是無償的或轉讓條件極為優惠的,如友好國家的政府援助、技術情報交換、學術交流、技術考察等;而商業性技術轉讓,顧名思義,是按一般的商業條件,在不同國家經濟主體之間進行的有償的技術轉讓,這種有償的技術轉讓,也稱為國際技術貿易。

技術貿易並非國際技術轉移的唯一渠道。國際技術轉移最初也是最基本的渠道是國際商品交換。隱含在日用品和資本品中的技術,會通過國際貿易在世界各國或早或遲地傳播、擴散開來。因此,戰後迅速發展的國際貿易構成了國際技術轉移的重要推

動力量。國際直接投資是國際技術轉移的另一條重要渠道。通過合資、合作，東道國企業能夠接觸和學習跨國公司的先進技術。即使是獨資企業，東道國方的員工也會受到跨國公司先進技術的熏陶和訓練。

二、國際技術轉移的原因

戰後，國際技術轉讓以越來越大的規模進行，這是由多種因素促成的。其中，最重要的兩個因素是國家競爭力問題和科學技術發展不平衡問題。

1. 國家競爭力問題

第二次世界大戰後尤其是20世紀80年代以來，科技革命以空前未有的速度向前發展，所取得的成果超過了人類有史以來的所有科技成果。這些成果的廣泛應用，新的勞動工具、新的材料、新的運輸載體的大量湧現，人才培養、訓練的手段和方式愈益完善，勞動者的素質大大提了，這就使得勞動生產率能夠成倍、成十倍甚至成百倍地提高。不僅如此，科學技術的發展及其成果的廣泛應用還有利於提高利潤率，加快資本的累積；有利於新興產業部門的建立，促進經濟結構的轉換升級；有利於勞動分工的深化，促進生產的組織形式和管理體制的變革。科學技術以及用科學技術武裝起來的勞動力已經成為世界經濟增長的新源泉。科學技術如此重大的經濟影響及其在經濟發展中所起的關鍵作用，使得各國政府意識到，一個國家的競爭力，說到底，是表現在科學技術創新能力和科學技術成果應用能力方面。各國之間的競爭，主要表現為科學技術的競爭，能夠創新的人才的競爭，能夠有效利用科學技術成果的競爭；以經濟特別是科學技術為基礎的綜合國力的競爭已經成為世界範圍國際競爭的主要領域，經濟特別是科學技術的發展水平決定著各國在世界力量對比和世界格局中的位置。在全球競爭的大環境下，無論發達國家還是發展中國家，在積極爭取自己科學技術的進步和大力培養人才的同時，都在千方百計爭取技術國際轉移的好處。對於發達國家來說，引進技術可以節約時間、節約資金，彌補特定方面科技人才資源的短缺並加速科學技術的進步。對於發展中國家來說，一方面可以利用發達國家的科技進步成果，把有限的資金用於技術引進，並直接用於生產，利用「後發效應」，加快本國經濟的發展；另一方面，可以利用技術國際轉移的機會，積極培養、訓練自己的技術人才，著力消化、吸收已經引進的技術，並在此基礎上進行複製、創新，推動本國科學技術的發展。

2. 科學技術發展的不平衡

國家競爭力問題的考慮，表明技術的國際轉移存在著旺盛的需求。科學技術發展不平衡的現實，則可以進一步從供給和需求兩個方面，說明科學技術成果國際轉移的可能性。

科學技術發展的不平衡性源自兩方面的原因。一方面，科學技術的發展具有連續性和繼承性。在生產過程和經濟活動中，人們不斷總結經驗，改進技術，知識會變得越來越豐富，對自然界及其發展規律的認識日益深入，到一定的程度就會出現科學技術的創新甚至科學技術革命。但是，任何科學技術進步都是建立在繼承前人研究成果基礎上的，歷史上累積的科學技術成果構成了新的科學技術產生的理論基礎和物質條

件。如果沒有人類歷史上的三次科學技術革命，尤其是如果沒有戰後 20 世紀五六十年代計算機科學、微電子學、光電子學、生物分子學、現代數學等學科的巨大發展及其重大影響，就不會有 20 世紀 80 年代以來的新技術革命。因此，原來科學技術基礎較好的國家，如發達國家，在科學技術的發展過程中佔有較強的優勢，其他國家要趕上去是相當困難的。

另一方面，科學技術除了它自身的原因可以造成其發展不平衡之外，還有別的原因也可以導致相同的結果，這就是經濟發展水平和經濟實力。當代的科學研究，除了需要一支實力雄厚的研究隊伍外，還需要巨額的經費預算和具備極強的抗風險能力。顯然，較高的經濟發展水平和較強的經濟實力就成了當代科學技術發展的基本條件。在這一點上，與發展中國家相比，發達國家仍然處於優勢地位，發達國家的政府和企業都更有發展科學技術研究的經濟實力和承擔巨大研究風險的能力，這已為戰後以來情況所證明。

不過，不能據此認為，技術跨國流動是純粹單向的流動。其實，雙向流動始終是存在的，這在發達國家之間尤其如此。

三、國際技術轉移的經濟分析

國際技術轉移與經濟利益密切相關。我們在這裡介紹西方經濟學家的三種理論，從經濟利益的角度，分別說明技術進步的作用、技術的選擇原則和技術跨國轉移的原因。

1. 中性技術進步說

關於中性技術進步，有兩個不同的定義。根據希克斯的定義，如果隨著兩個生產要素的無偏投入，勞動和資本的邊際產品以相同的比例增長，那技術進步就是中性的；而哈羅德認為，如果資本的利息率和利潤率不變，資本-產出比率也保持不變，那技術進步就應該是中性的。兩者的主要區別在於它們的適用範圍，希克斯的定義更適合於評價某一部門技術創新的作用，而哈羅德的定義更適合於對整個經濟技術進步的評價。

依據資本-產出比率的變化來判斷技術進步的作用，資本-產出比率既可以反應資本本身的變化，也可以間接地反應出勞動供給的變化。這裡會出現三種情況。我們先假定，在圖 7-3 中，橫軸表示勞動（L），縱軸表示資本（K），經過原點的射線表示資本-勞動比率（K/L），F 為等產量線，P 為資本的相對價格。

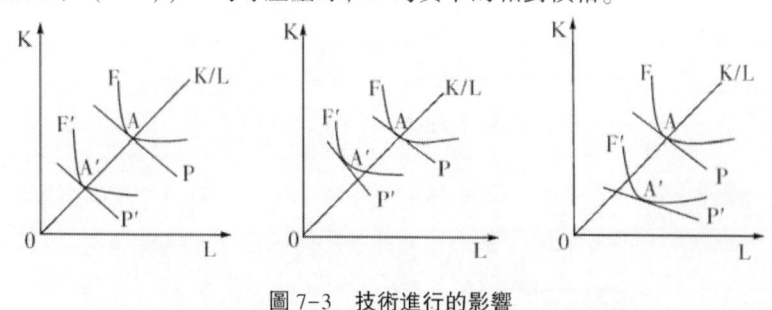

圖 7-3 技術進行的影響

左圖表明，與新技術使用前相比，如果要素相對價格不發生變化，即，所需的資

本投入和勞動投入都比以前減少，並且要素比例沒有發生變化（即 A 和 A' 都位於從原點出發的同一條射線上，故 A 點的 K/L = A' 點的 K/L），或者說資本邊際生產力與勞動生產力的比率保持不變，那麼，這種技術進步就屬於中性技術進步。在中性技術進步情況下，技術進步的作用反應在代表性生產的等產量曲線的移動（從 F 移動到 F'）上，即產出保持不變而投入減少。此為第一種情況。

第二種情況如中圖所示。與中性技術進步相比，這裡發生了一些變化。技術進步產生的經濟影響仍然是明顯的，即產出不變而投入減少；但要素投入比例發生了變化，A' 點發生偏移，移動到了射線的左上方，這是因為資本邊際生產率的增長率高於勞動邊際生產率的增長率，資本相對價格下降，致使 K/L 比值上升，即人們願意更多地使用資本而更少地使用勞動。這種技術進步稱為勞動節約型技術進步。

右圖顯示的是第三種情況。與第二種情況不同的是，A' 點往射線的右下方偏移，要素投入比例發生變化，K/L 比值下降。其原因是資本邊際生產率的增長率低於勞動邊際生產率的增長率，資本相對價格上升，較多地使用勞動而較少地使用資本在經濟上顯得更加合算。這種技術進步稱為資本節約型技術進步。

2. 新古典價格刺激模型

國際轉移中的技術是各種各樣的，比如說有的是資本密集型技術，有的是勞動密集型技術，有的是土地密集型技術，等等；此外，世界各國的資源稟賦也存在著差異，有的國家資本這種要素相對更多一些，有的國家勞動這一要素可能更多一些，還有的國家土地資源相對較多，等等。這就提出了一個問題，每個國家應該盡可能地根據本國的具體國情，選擇適合自己的技術。

假定世界上供轉讓的技術只有兩種，一種是資本密集型技術，另一種是勞動密集型技術，且兩者相互間具有可轉換性；假設橫軸代表勞動（L），縱軸代表資本（K），資本和勞動均無價格扭曲，F 為等產量線，P_1 和 P_2 為要素的相對價格（K/L），見圖 7-4：

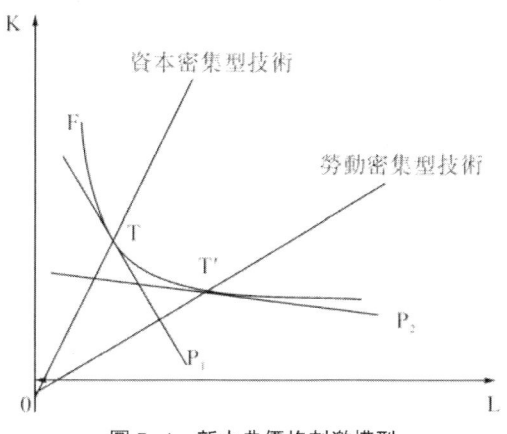

圖 7-4　新古典價格刺激模型

在價格無扭曲的情況下，T 點的資本更廉價，而 T′點的勞動更廉價，這是因為 P_1 意謂著這個國家的生產要素中資本更為豐裕，因而資本較便宜，而 P_2 意謂著這個國家的生產要素中勞動更為豐裕，因而勞動較便宜。因此，在 T 點，這個國家應該選擇資本密集型技術；在 T′點，則應選擇勞動密集型技術。這兩種選擇都可以達到投入減少而產出不減的目的，因為 T 點和 T′點都處在等產量線 F 上。

我們特別強調價格無扭曲這種情況。如果價格發生扭曲，即由於人為的原因，利率太高或太低，工資過分抬高或過分壓低，要素的相對價格就會變得不真實，資本和勞動這些生產要素豐裕或短缺的真實情況就會被掩蓋起來，從而導致錯誤的技術選擇。這種錯誤的技術選擇只對微觀有利，但宏觀上會造成資源的浪費。

3. 技術轉移的週期理論

新技術從出現到發生國際轉移需要一個過程，這個過程大致可以分為三個階段。如圖 7-5 所示，橫軸代表時間（T），縱軸代表收益（R）。

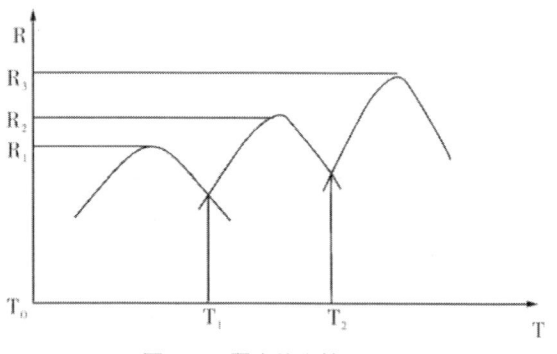

圖 7-5　國際技術轉移週期

技術創新能力和經濟實力強的國家，在技術創新的初期，通常不會將新技術轉讓給其他國家。最好的對外經濟戰略是，利用新技術的獨占優勢，製造新產品，並主要在國內市場銷售；對於國外市場的需求，通過出口部分產品加以滿足，這樣做的目的是為了降低成本和運輸費用，尤其是便於防止新技術洩密。這是對外經濟戰略的第一個階段。在第一個階段，技術創新國顯然是利用壟斷新技術的優勢獨占市場。

但是隨著出口的增加，外國終將模仿、掌握新技術並製造新產品。這時，為了繼續利用新技術牟取利潤，最為有利的做法是到出口對象國進行直接投資，利用東道國的資源，加上自己的創新技術，就地生產，就地銷售。由於東道國是該產品市場的新進入者，因而無法與技術創新國抗衡。在第二階段，技術創新國的對外經濟戰略目標是，通過對外直接投資以阻止別國進入市場。對外直接投資總是伴隨著技術的輸出，雖然這時的技術輸出還只是跨國公司母公司與子公司之間的技術轉移；從這個意義上來說，第二階段已是技術跨國轉移的階段。

隨著時日的推移，創新技術就會變為標準化技術，變為普通技術，技術創新國的壟斷優勢消失，技術摹仿國的生產規模已經擴大，使得投資國利潤下降。這是因為這

時世界市場的競爭已經不是有無創新技術的競爭，而是價格的競爭；但價格水平主要取決於成本水平，特別是取決於勞動成本水平，在這方面，投資國原有的優勢喪失殆盡。因此，在第三階段，技術創新國的企業不得不依靠技術輸出來維持其收益。由於不同國家的需求與資源的關係不同，就是在同一個國家，不同發展階段的需求與資源的關係也不同，這在發展中國家表現得特別明顯，因此，技術的國際流動也就成了必然。

世界經濟能夠發展到今天這樣的水平，科學技術的進步是關鍵。在未來，科學技術還將在經濟發展過程中發揮越來越重要的作用，各國政府也會愈益重視科學技術。但是，科學技術的發展並不需要也不可能完全依靠自己的努力，國際技術轉移是發展科學技術和利用科學技術成果的重要途徑。技術轉移可以獲得利益，技術引進可以加速經濟發展，技術貿易在國際貿易中的比重迅速擴大就是一個有力的證明。國際技術轉移對於發展中國家具有特別重要的意義。發展中國家不僅資本不足，而且還缺乏必要的科學技術知識，這後一點比起資本不足來更是經濟發展的障礙。因此，發展中國家應重視國際經濟技術合作，積極利用國際技術轉移，引進與消化、吸收並重，並在此基礎上加快自己的科學技術研究，以盡早趕上世界先進水平。

第四節　國際要素流動與引進外資

在前幾節中，我們已經分別就資本、勞動力和技術的國際流動作了分析。從這些分析可以看出，生產要素的國際流動具有重要的政策含義，對發展中國家來說尤其如此。在發展中國家，資本稀缺，科學技術落後，勞動力素質也較差，因此，以生產要素的國際流動為契機，引進外資，利用後發優勢，加速經濟的發展，縮小與發達國家之間的差距，這對發展中國家來說，具有特別重要的意義。

一、兩缺口模型

兩缺口模型是發展經濟學中一個頗為著名的模型，又稱兩缺口理論或外匯瓶頸論，是由美國經濟學家錢納里和斯特勞特在20世紀60年代《對外援助與經濟發展》一文中首先提出的。這個模型試圖闡釋國際要素流動特別是資本國際流動的原因和發展中國家引進外資以彌補國內資金短缺的必要性。

1. 缺口的含義

在宏觀經濟學中，$S = I$（即儲蓄等於投資）是經濟增長的基本條件。如果一個國家每年的國民收入都被全部消費掉，沒有剩餘，沒有儲蓄，那也就不會有累積，也就不會有投資，也不會有經濟增長。不過，這種國家在世界上並不存在，即便有也是例外。一般來說，即使是經濟發展水平比較落後的國家，消費總是小於國民收入的。

但是，有無儲蓄、有無投資與儲蓄額、投資規模的大小並不是一回事。在一種比較極端的情況下，比如在一個封閉經濟中，由於受到一些因素如資源、市場、科學技

術發展水平、生產力發展水平從而國民收入水平等的限制，儲蓄率不會很高，累積有限，投資就會被控製在一個較小的規模上，或者說投資就只能在一個較小的規模上進行。這時，雖然做到了S＝I，經濟也會增長，但由於擴大再生產的規模有限，經濟的增長幅度就會受到限制。假如要追求一個理想的增長速度，就會出現各種資源缺口，如儲蓄缺口、政府收入缺口、技術缺口、等等。也就是說，封閉經濟中的資源難以支持這一理想的增長速度。顯然，這裡所謂的缺口是指不能滿足經濟增長需求的資源相對短缺。

假如這個經濟對外開放，缺口就比較容易得到彌補，儘管開放又可能帶來新的缺口，如外匯缺口。因為一個開放的經濟既可以利用國內資源來發展自己的經濟，又可以利用國外資源來發展自己的經濟，當國內資源不能滿足經濟增長的需要時，可以引進、使用國外的資源來填補國內的資源缺口，以順利實現經濟的增長。

2. 兩缺口模型

根據凱恩斯的國民收入均衡分析和哈羅德-多馬經濟增長模型，發展中國家要實現經濟增長，首先得有足夠的資本形成，即為實現既定的經濟增長目標所需要的足夠數量的追加資本。錢納里等人認為，根據發展中國家的經驗來看，發展中國家的經濟發展主要受到三種形式的約束：一是儲蓄約束或投資約束，指國內儲蓄難以滿足投資需求；二是外匯約束或貿易約束，指外匯收入難以滿足資本品進口需求；三是吸收能力約束或技術約束，指對資源的吸收控製力差，難以有效利用資源。在經濟發展過程中，發展中國家一般都會依次出現吸收能力約束的發展階段、儲蓄約束的發展階段和外匯約束的發展階段。錢納里和斯特勞特研究的重點是後兩個階段的約束。

利用凱恩斯宏觀均衡理論，即總需求必須等於總供給的理論，我們可以得出一個儲蓄約束和外匯約束的模型。假定C表示總消費，S表示總儲蓄，I表示總投資，X表示出口總值，M表示進口總值，並假定政府稅收等於政府支出，則：

總需求＝C+I+X

總供給＝C+S+M

總需求等於總供給則可表示為：

C+I+X＝C+S+M

將上式適當整理，可得：

I-S＝M-X

等式左邊（I-S）是投資與儲蓄之間的差額，為儲蓄缺口；等式右邊（M-X）是進口與出口之間的差額，為外匯缺口。如上式成立，則表明國內儲蓄缺口等於外匯缺口。這就是著名的兩缺口模型。

兩缺口模型主要考慮了儲蓄缺口和外匯缺口，強調儲蓄和外匯是經濟增長的兩個約束條件。投資大於儲蓄會限制資本形成，外匯短缺會限制資本品的進口能力，這將阻礙經濟的增長。由於投資、儲蓄、進口、出口是四個獨立的變量，因此，儲蓄缺口應與外匯缺口相等只是一種事後的平衡，要使儲蓄缺口和外匯缺口隨時隨地都相等是不可能的。正因為如此，加強政府宏觀經濟調控就是十分必要的。

調整缺口的方法有兩種。如果國內儲蓄缺口大於外匯缺口，那麼，政府就只能實施減少投資、增加儲蓄的政策；反過來，如果外匯缺口大於儲蓄缺口，那麼，政府就必須實施減少進口、擴大出口的政策。上述調整沒有利用外資，減少投資或減少進口顯然會減慢經濟增長速度，而增加儲蓄或擴大出口又不是一時可以辦到的，因此，這是一種消極的調整方法。此其一。其二，是一種利用外資的積極調整方法。在兩個缺口不具互補性的情況下，採用壓縮投資和削減進口的辦法是不恰當的，而應該積極調動國外資源，既要促進經濟的增長，又能使兩個缺口實現平衡。因為引進外資既可以減輕國內儲蓄不足的壓力，又可以減輕國內外匯不足的壓力，既可以填補儲蓄缺口，又可以填補外匯缺口，做到在經濟的較快增長中實現缺口的平衡。

兩缺口理論對促進發展中國家利用外資產生了積極影響。在此之後，西方一些經濟學家又進一步發展和完善了兩缺口理論，提出了三缺口理論和四缺口理論，即增加了兩個缺口：技術缺口和稅收缺口。這些發展經濟學家認為，資本稀缺固然是個重要問題，但還不是一個關鍵的制約因素，對發展中國家來說，經濟增長最關鍵的約束條件是發展中國家缺乏技術。因為發展中國家單純依靠自身的努力難以解決技術缺口，而在沒有解決技術缺口的情況下，他們又難以有效地利用國外資源。稅收缺口的重要性在於，發展中國家的經濟發展需要國家干預，而實施國家干預需要足夠的財政手段。因此，發展中國家在積極引進外資的同時，還需要引進技術和人才，需要主動參與外資企業在當地的生產經營活動，通過徵稅、入股經營、財政參與等形式，增加政府收入和干預投入。

3. 兩缺口模型的政策含義

兩缺口模型採用結構主義的分析方法，分析發展中國家經濟發展過程中的資源不足、經濟結構不平衡等問題，為發展中國家實施對外開放、積極利用外部資源的政策提供理論依據。

首先，模型強調了利用外部資源的必要性。封閉經濟的發展速度有限，實施對外開放、利用國外資源、衝破資源約束，資源的使用變得更有效率，勞動生產率得到提高，這不僅可以促進整個世界福利水平的提高，而且可以使本國經濟獲得較快的增長。同時，由於發展中國家一般勞動力資源豐富但資本和技術缺乏，利用外部資源就可以使本國資源得到更充分的利用和有效配置，這有利於增加國民收入，提高儲蓄率，增加資本形成。此外，勞動生產率的提高有利於降低生產成本，提高產品的國際競爭力，增加出口，這不僅可以增加外匯收入，而且還可以帶動經濟的增長。

其次，模型說明實施經濟計劃和政府調節是有效利用外部資源的前提。利用外部資源固然是重要的，但外部資源的利用應該具有計劃性，使引進外部資源的數量恰到好處，以避免引進不足而缺口難以得到彌補以及引進過度而造成資源浪費。這種計劃性，正是國家干預或政府調節的表現形式之一。除經濟計劃之外，國家干預還表現在對外部資源的分配管理、匯率調整、法規制訂等方面。

最後，模型揭示了發展中國家調整經濟結構，實行經濟改革的重要意義。為了適應引進外部資源的要求，發展中國家有必要根據自己的具體情況，對自己的經濟結構

進行適當調整。這對於發展中的大國來說尤為重要。一個國家通過引進外部資源，填補缺口，是為了推進經濟的高速增長，形成高收入高儲蓄的良性循環，但不能因此造成對外部資源的依賴。這並不意謂著經濟發展了就可以閉關自守了，而是說，經濟的持續發展應該主要依靠經濟內部的力量，外部力量只能起到一種輔助性的作用。為此，經濟體制也應該進行改革，以利於經濟結構的調整，以便於更多地借助於市場的力量來解決缺口的平衡問題。

兩缺口模型的理論價值和政策含義是顯而已見的，但它的缺陷也是不容忽視的。比如，對於所引進資源的結構及其數量、償債能力、挖掘本國資源的潛力等方面，兩缺口模型都未給予適當的關注。另外，儲蓄缺口是否就決定著國際資本流動的方向，儲蓄率高的國家是否就不需要引進外部資源，這些都還需要作出細緻深入的分析。

二、引進外資的經濟分析

外資只是外部資源的一種，但它最具代表性，是外部資源中最重要的一種，其他外部資源往往會伴隨著外資的引進而被一同引進。這裡，我們僅就有關引進外資中的一些問題作出分析。

1. 國際因素的惡性循環

在歷史上，大部分現在的發展中國家都是西方國家的殖民地或半殖民地，經濟上長期遭受掠奪，這是發展中國家經濟普遍落後的歷史根源；而現在，在現行的國際經濟製度下，發展中國家貿易條件不斷惡化，加之國際上其他不平等因素，發展中國家的經濟發展困難重重，其經濟發展水平與發達國家之間的差距難以縮小甚至擴大。正如繆爾達爾在其《富國與窮國》一書中所說，「市場力量趨向於累積地加劇國際的不平等，在一方為工業國而另一方為不發達國的兩類國家間自由貿易的十分正常的結果，就是後一類國家走向貧困和停滯的累積過程的開始」。發展中國家不僅經濟不發達，教育與科學技術也比較落後，勞動生產率低下，經濟增長速度緩慢，人均收入低，相應地，儲蓄率也較低，資本形成嚴重不足。反過來，資本形成不足又導致勞動生產率和人均收入的低下，周而復始，這就構成了供給方面的惡性循環；從需求方面看，低收入意謂著較低的購買力和有效需求不足，投資失去動力，由此引致新一輪的投資不足和收入水平低下，這又形成了需求方面的惡性循環。這兩個惡性循環形成了一個解不開的連環套，致使發展中國家長期處於經濟停滯和貧窮落後的困境之中。

要打破這種反覆的約束和惡性循環，引進外部資源特別是引進外資是一條十分重要的途徑。引進外資可以對缺口的平衡產生積極而持續的影響，因為引進外資可以解決儲蓄率低和資本形成不足的問題，進而使勞動生產率得以提高，人均收入增加，需求增加，儲蓄增加，投資增加，勞動生產率再次提高，最終使經濟的發展出現良性循環。

2. 最佳外資引進

引進外資既可以填補儲蓄缺口，也可以填補外匯缺口，還可以增加就業機會，提高勞動生產率，增加國民收入，提高整體福利水平。然而，引進外資卻有一個數量問

題，即有一個引進外資的最佳規模問題。對此，我們利用一個圖形來加以說明如圖7-6，假定橫軸代表引進外資的數量（Q），縱軸代表邊際成本與收益（P），其中，邊際收益為MR，邊際成本為MC，並假定它為一條直線。

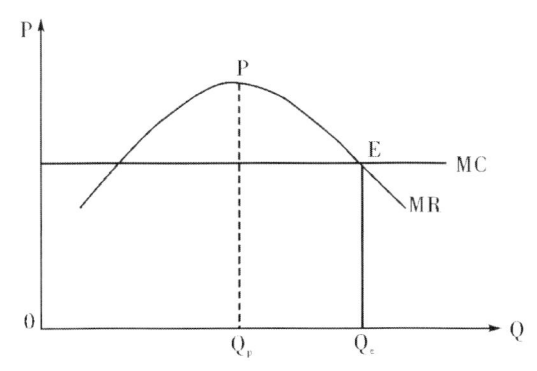

圖7-6 外資引進的最佳規模

外資的進入使發展中國家原來因投資不足而沒有得到利用的勞動力和其他資源得到利用，資本這一生產要素也得到了優化配置，資本邊際收益上升，至P點達到最高水平。P點相對應的引進外資數量為OQ_p。如果繼續引進，使引進的外資數量超過OQ_p，邊際收益將下降。邊際收益儘管下降了，但它仍然還高於邊際成本，另外，尚有勞動和其他富裕的資源未加利用，那是一種浪費，因此，這時還可以繼續引進外資，直至引進的外資數量達到OQ_e。當引進的外資數量達到OQ_e時，邊際成本曲線與邊際收益曲線相交於E點，即邊際成本等於邊際收益，總收益達到最大。超過E點，邊際成本將超過邊際收益，也就是說，當引進外資的數量超過OQ_e時，那將出現得不償失的情況，總收益反而會減少。OQ_e即為引進外資的最佳規模。

3. 引進外資與債務控製

引進外資能夠促進發展中國家的經濟發展，但在同時也會產生債務問題，債務的過度累積又會使債務問題演變為債務危機。從20世紀80年代初期墨西哥的債務危機開始，人們日益關注發展中國家的債務問題。如何把握引進外資的「度」？如何把債務問題控製在安全的範圍內？我們可以用一些指標來加以說明。

其中，靜態債務指標有三個，分別為：

（1）經濟債務率：未償還外債餘額/國民生產總值，即債務總額與國民總產值之間的比率，應小於30%~40%。這一指標顯示一國的債務負擔狀況。除了屬於贈予的無需償還的國際援助外，所有借入的外國資本都必須到期還本付息，也就是每年必須拿出一部分國民生產總值來償還到期本息，這就在客觀上為借債規模設置了一個界限。借債規模是否合理，有無借債能力和償債能力，用這一指標可以加以衡量。

（2）償債率：當年還本付息/出口收入，即到期債務與出口的比率，應小於12%~20%。外債一般需要用外匯來償付，而外匯的真實來源是出口收入，因此，一個國家償還債務的能力取決於該國的出口能力和外匯收入狀況。償債率過高，則償債能力

低下，外匯短缺，由此影響國際收支平衡，最後不得不借新債還舊債。

（3）出口債務率：未償還外債餘額/出口收入，即債務總額與出口總值之間的比值，應小於100%。這是一個與償債率密切相連的指標，但其含義又與償債率有所不同。償債率用以衡量當年的償債能力，是一個短期指標；而出口債務率則用來衡量未來的償債能力，是一個長期指標。一國的出口能力固然會發生變化，時高時低，但一般不會出現大起大落的情況。因此，我們可以使用這一指標對未來的借債規模加以控制。

由於幣值、匯率變動等因素的影響，上述指標有時不能準確地反應真實情況。從1995年起，世界銀行開始採用現值法，用債務的現值代替債務名義值來衡量債務水平：

經濟現值債務率：未償還債務現值/國民生產總值，80%為臨界值。

出口現值債務率：未償還債務現值/出口，20%為臨界值；實際指標超過臨界值60%的國家，為中等債務國家，以下則為輕度債務國家。

除了上述指標外，還要注意債務結構指標，即債務的幣種結構、債務的期限結構、債務的來源結構、債務的利息結構，等等。

一般來說，外債的償還率應低於投資增長率，否則就會出現入不敷出的情況，即還債數量大於新的借債數量，造成資本的「淨外流」，成為「資本輸出國」；這將造成經濟增長率的下降，對經濟的發展十分不利。因此，發展中國家減輕債務償還負擔的辦法，不是削減投資，而是設法降低外債利息，或利用本國商品或貨幣來償還外債。

三、拉美債務危機

發展中國家大量借用外債，如果使用不當，就會帶來極其嚴重的後果。一些發展中國家無力償還到期債務的情況不斷增多。1956—1974年，有11個發展中國家先後30次進行債務重新安排，涉及債務70億美元；1975—1980年，有9個發展中國家先後16次債務重議，涉及債務90億美元。然而，到了20世紀80年代初，發展中國家的債務問題嚴重惡化。僅僅是1981—1982年，債務重議就有27起，涉及16個國家150億美元；而1983年一年，債務重議竟然超過30起，涉及29個國家688億美元。拉美國家債務負擔是發展中國家中最沉重的，並最終演化為債務危機，其中又以巴西、墨西哥最為典型。

1. 拉美債務危機概述

拉美國家經濟的發展與引進外資密切相關，但負債發展經濟的副產品則使拉美國家背上了沉重的債務包袱。拉美國家的負債額，1970年為556億美元，1975年為685億美元，1980年猛增至2,427億美元，1982年更高達3,335億美元。其中，1982年，阿根廷所欠外債近400億美元，墨西哥和巴西的外債均在800億美元左右。在20世紀80年代，巴西和墨西哥是世界上最大的兩個債務國，到1989年，各自的債務都超過1,000億美元。

拉美債務危機發端於債務大國墨西哥。墨西哥是一個石油資源豐富的國家，歷來是一個石油輸出國。在20世紀70年代兩次石油危機之後，國際市場上原油價格猛漲，墨西哥趁機大力發展石油工業，石油工業的股票炙手可熱，墨西哥股市隨之飆升，從1978—1981年，墨西哥股價持續上漲30個月，累積漲幅達785%。受股市繁榮景象的刺激，墨西哥除迅速擴大消費水平外，還大興土木，房地產市場異常活躍；政府行政費用和社會福利費用等公共開支大幅增長，國營企業虧損嚴重，財政赤字越積越高。債務危機悄然而至。

　　從1981年起，墨西哥的股市行情連續狂瀉18個月，泡沫經濟崩潰了，企業宣告破產，銀行呆帳、壞帳湧現，貨幣比索貶值40%，近300億美元的資金外逃，國民經濟衰退，失業率上升，人均收入下降。1982年8月，墨西哥外債已經高達876億美元，佔當年國內生產總值的53%。經濟泡沫的破裂尤如黑洞的出現，財富瞬間化為烏有。1982年8月12日，墨西哥不得不公開宣布無力償還外債，金融危機終於爆發。

　　緊接墨西哥之後，巴西、委內瑞拉、阿根廷、秘魯、智利等債務大國先後宣布暫時無力償還外債，債務危機迅速蔓延，除哥倫比亞之外，拉美國家無一幸免。這場一直延續到20世紀80年代末的債務危機，進一步加劇了拉美國家的債務負擔，每年還本付息加本國資金外逃在200億美元以上。1980—1989年國內生產總值年均增長1.1%，工業產值年均增長0.5%左右，人均收入下降10%。通貨膨脹率從1983年的平均130.5%、1985年的274.1%，上升到1989年的1,161%。拉美國家的經濟、社會發展遭到債務危機的嚴重破壞。

　　2. 拉美債務危機產生的經濟原因

　　拉美債務危機產生的原因比較複雜，既有歷史的，也有現實的，既有政治的，也有經濟的。我們這裡主要從經濟方面作一些簡要的分析。經濟方面的原因，歸納起來，大致可以分作外部原因和內部原因。

　　從外部環境來看，主要出現了兩個不利於發展中國家經濟發展的因素。其一是發展中國家的貿易條件惡化。20世紀70年代經歷滯脹危機之後，以區域經濟集團化和非關稅壁壘泛濫為主要特徵的新貿易保護主義漸漸興起，發達國家在要求發展中國家開放市場、實行貿易自由化的同時，卻通過各種新貿易保護措施，限制進口發展中國家的商品，使許多發展中國家的出口一直處於萎縮狀態，從而導致國際收支經常項目的赤字。拉美地區主要債務國國際收支中所出現的盈餘，主要是資本項下外資流入特別是短期資本流入的結果。另外，由科學技術所引起的經濟調整和產業結構變動，發達國家減少了對發展中國家初級產品的需求，而發展中國家卻增加了對發達國家工業製成品的需求，這就使得製成品與初級產品之間的價格剪刀差進一步擴大，發展中國家的貿易條件更行惡化。在20世紀80年代，初級產品平均價格在10年間下降了40%多，與此同時，國際市場上工業品平均價格卻上漲近40%，發展中國家出口產品的相對價格大為下降，使以初級產品出口為主的發展中國家蒙受了巨大損失。其二是，發展中國家的借款成本過高。20世紀70年代的滯脹危機以後，為了壓低通貨膨脹率，西方國家普遍實行以緊縮信貸為主要內容的貨幣政策，使國際金融市場上的利率大幅

度提高。發達國家的高利率政策加重了發展中國家舉借私人貸款的還本付息負擔，使到期債務的償還成為困難，而私人資本外逃則加劇了這種狀況。

內部經濟發展戰略和政策的某些失誤和偏差也是拉美債務危機的重要原因，甚至是主要的或根本性的原因。例如，在墨西哥、巴西等國，違背經濟規律，忽視社會經濟穩定和協調發展，片面追求工業發展的高速度，錯誤估計國內外經濟形勢，盲目制訂經濟發展戰略，造成政策上的偏差和失誤，最終將國民經濟的發展引入了泥潭。拉美主要債務國，尤其是巴西、墨西哥這些最大的債務國，為了加速工業的發展，追求經濟的快速增長，不顧本國可能的還款能力，向國外大量舉債，加之國民經濟各部門發展不平衡，比例失調，使得過量的投資不能被國民經濟正常吸收，造成資源浪費；為謀求經濟的高速增長、縮小與發達國家的差距，濫用財政政策和貨幣政策，膨脹性的財政政策使財政入不敷出，赤字累累，再加上狂熱的消費，最終導致國際收支失衡，而為了平衡國際收支，又不得不提高利率，吸引外資流入，其結果主要是短期資本大量湧入，可惜政府對這些流動性極強的短期資本又缺乏管理。此外，經濟發展戰略失當還造成了資源配置的不合理、股市的狂熱和房地產的畸形發展，大量的資金被引入股市和房地產，致使經濟充滿了泡沫，掩蓋了實際經濟發展中存在的嚴重問題。其他如分配不公、兩極分化等問題也使社會經濟的發展失去了穩定的基礎。所有這些因素的積聚和發展，不僅使得拉美國家喪失了還款能力，而且也使公眾對未來喪失了信心，債務危機最終必然爆發。

3. 拉美債務危機解決方案

墨西哥金融危機產生連鎖反應，最終釀成拉美債務危機。由於墨西哥和其他拉美國家的債主主要是發達國家的銀行，因此，拉美債務危機的爆發引起西方各大銀行的一片恐慌。如果發達國家任何一家銀行因收不回貸款而倒閉，那麼，多米諾骨牌效應就會難以避免，這將對發達國家造成災難性影響。為此，西方國家各大銀行和政府提出了最初的解決方案，即共同籌款，重新組合債務，允許拉美國家延期支付到期本息。

但是，這一方案對於拉美國家走出危機幾乎沒有什麼幫助。該方案實質性的內容就是延期支付債務，但債務終究還是債務。不僅如此，由於沒有減債壓息，即使不再借新債，高達20%的高利率也會使拉美國家的舊債只需要幾年就會翻一番。正因為如此，在債務危機爆發之後的幾年裡，拉美經濟仍無好轉的跡象，還債變得遙遙無期。於是，美國財政部長貝克在1986年提出「貝克計劃」，主張在1986年到1988年的三年裡由西方各大商業銀行提供200億美元的資金，幫助債務國恢復生產，發展經濟。但貝克的建議沒有得到西方各大銀行的支持。1987年貝克又提出補充方案，其核心內容是債務資本化。所謂債務資本化，就是將債務在國際二級市場上以債券方式折價出售，債券持有人可直接投資於債務國，折扣率取決於債務國經濟形勢、股票行情和具體的投資項目。後來，到了1989年，美國新任財政部長布雷迪還提出了「布雷迪計劃」，建議削減債務國本金和減輕利息負擔。

其實，無論是債務國還是債權國，是國際貨幣基金組織還是世界銀行，都在積極

探索解決債務問題的新途徑。比如，早在 1982 年，巴西就以債轉股的方式將 18 億美元的對外債務轉換為對國內的投資；其後，智利、委內瑞拉、阿根廷、墨西哥等國也利用了這種方式，如智利資本化的債務近 100 億美元，占其外債總額的 50%。應該承認，減債壓息、債務資本化是解決發展中國家債務問題的有效途徑之一，它對債務國和債權國以及投資者都能帶來利益。進入 20 世紀 90 年代後，拉美國家的投資恢復增長，經濟重現生機，1990—1996 年，拉美地區經濟年均增長 3.5%，宏觀經濟形勢穩定，通貨膨脹得到遏止。

基本概念：

生產要素國際流動　資本國際流動　跨國公司　對外直接投資　對外間接投資　國際貸款　短期資本流動　市場內部化　國際技術轉移　國際技術貿易　中性技術進步　兩缺口模型　經濟債務率　償債率　出口債務率

思考題：

1. 國際經濟分析從國際流通領域進入國際生產領域有何重要意義？
2. 何為生產要素的國際流動？
3. 為什麼比較成本說和資源稟賦說都假定在國際上生產要素不能自由流動？
4. 國際商品交換和國際要素流動的基本原理是什麼？
5. 國際商品交換和國際要素流動之間是否具有可替代性？為什麼？請舉例說明。
6. 簡述資本國際流動的定義與內含。
7. 簡述戰後以來，資本國際流動構成的特點。
8. 試析戰後資本國際流動的原因。
9. 請配合圖形，對資本國際流動進行經濟分析。
10. 試用產品生命週期理論說明資本國際流動的原因。
11. 市場內部化理論的基本含義是什麼？
12. 試析勞動力國際流動的原因。
13. 請用圖形說明勞動力國際流動的利益分配。
14. 簡述國際技術轉移的途徑。
15. 簡述國際技術轉移的基本原因。
16. 何謂兩缺口模型？其政策含義是什麼？
17. 國際因素的惡性循環的含義是什麼？打破這一循環的關鍵是什麼？
18. 拉美債務危機產生的原因是什麼？

網路資源：

The data on foreign direct investments are published by the United Nations in the World Investment Report (yearly), the OECD in the International Investment Statistics Yearbook, and by the Bureau of Economic Analysis in Survey of Current Business in the July and August issue of each year. The websites for these organizations are listed here. The United Nations makes available on the Internet only parts of the World Investment Report, as does the OECD for its International Investment Statistics Yearbook. The Bureau of Economic Analysis provides data on international direct investments on the web site indicated:

http://www.unctad.org and click on World Investment Report.

http://www.oecd.org and click on International Investment Statistics Yearbook.

http://bea.doc.gov and click on Survey of Current Business, July issue.

For articles on transfer pricing:

http://www.oecd.org and click transfer pricing

http://www.econ.iastate.edu/classes/econ355/choi/mnc.htm

Information on immigration to theUnited States is foundon the website of the U. S. Citizenship and Immigration Service (INS) at:

http://uscis.gov

第八章　宏觀經濟的內外均衡

　　在一個封閉經濟中，生產要素的流動和其他商品的流動被局限在其邊界之內；國外生產要素的流動和其他商品的流動也會被拒於國門之外。由於封閉經濟切斷了國內外的一切經濟聯繫，國外經濟發生的任何變化，都不會對其國民經濟的正常運行造成衝擊；同樣，國內的經濟問題也不可能對國外經濟的發展產生影響。

　　不過，絕對意義上的封閉經濟是不存在的。實際上，任何一個國家都直接或間接地廣泛參與了國際經濟活動，參與了國際分工和國際交換，只是他們在規模和程度上不同而已。從這個意義上來說，所有國家的經濟都是開放經濟；特別是在國際經濟一體化和經濟全球化日益深入發展的今天，各國的經濟發展之間的關係是一種互相聯繫、相互依存的關係，封閉經濟已經成為一個歷史概念。在這種情況下，一國經濟的發展狀況就會對其他國家的經濟發展產生影響，其他國家經濟的發展狀況也會對本國經濟的發展產生影響。當然，儘管影響是必然的，但在不同的國家，影響的程度是不同的、而且，這些影響可能是積極的，也可能是消極的。比如，經濟增長的影響就是積極的，經濟危機的影響就是消極的。我們在這裡主要研究宏觀領域中可能產生消極作用的經濟問題的影響。所謂經濟問題，是指經濟發展過程中的不平衡問題，如衰退、失業、通脹、順差、逆差等失衡問題。因此，國際傳導實指非均衡的國際傳導，即國際非均衡傳導，也就是宏觀經濟領域中的總量失衡通過國際經濟聯繫渠道從一個國家傳導到另一個國家這樣一種經濟現象。

　　一個國家從事生產，可能需要從其他國家進口生產資料；產品生產出來後，可能需要銷售到其他國家去；生產活動和商品的進出口活動又與貨幣發生聯繫，生產可能需要國際投資，對外貿易活動也可能需要信用支持。各個國家都在不同的程度上以不同的形式參與了國際分工和國際交換，而國際分工和國際交換則通過國際市場這個環節將各國的經濟活動緊密地聯繫在一起。

　　國際市場可以分為產品市場和金融市場；產品市場包括消費品市場和資本品市場，而金融市場則包括貨幣市場、資本市場和外匯市場。一個國家同外部世界的經濟聯繫，主要是國內消費、生產、投資和借貸四個方面，借助於國際外匯市場，分別與國際消費品市場、資本品市場、貨幣市場和資本市場之間的聯繫。之所以要借助於國際外匯市場，是因為每個國家都有自己單獨的貨幣，而一國的貨幣通常不能在他國流通，在經濟活動中產生國際收、付時，都必須使用外匯；同樣，只有通過即期外匯、遠期外匯等各種外匯買賣，國際間的相互結算、信貸融通和資本流動才有可能得到實現，上述四個方面的聯繫才成為可能。當然，外匯市場絕非只是扮演「侍者」的角色。匯率表面上是各國貨幣之間的比率，而實際上代表著各國商品交換的比率，因而

外匯市場上匯率的變動，意謂著世界財富在各國之間的重新分配。

國內消費與國際消費品市場之間的聯繫，實際上就是一種消費品進出口貿易的關係。一國消費品進出口貿易的規模既取決於國內供求的變動，也取決於國際市場上價格的變動。國內的供求與國外的供求是相互對應的，即是說，國內對國際市場的供給是為了滿足其他國家的需求，而國內商品的短缺則需要其他國家的供給來填補，國際市場價格一方面反應著雙方的供求，另一方面也影響著雙方的供求。同時，一國消費品進出口貿易的規模也與該國的國際收支狀況有關，因為進口需要支付外匯，出口則會收取外匯，從而對該國的國際收支產生影響。

國內生產與國際資本品市場之間的聯繫，與消費品進出口貿易關係十分相似，是一國與其他國家之間的資本貨物進出口貿易關係。資本品並非最終消費品，它是指機器、設備、原材料等生產最終消費品所需的中間消費品，因此，資本貨物的國際貿易在本質上是生產要素的國際流動和稀缺資源的國際配置，這對一國經濟的發展和整體福利水平的提高具有極為重要的意義。

國內投資、借貸和國際資本市場和貨幣市場之間的聯繫屬於長、短期資本國際流動的範圍。資本也是一種生產要素，但由於其他生產要素如勞動力、機器設備、原材料、專利技術等的國際流動往往是同資本的國際流動結合在一起的，因而，資本國際流動在世界性的資源配置中具有舉足輕重的作用。不言而喻，對於優化資源配置，提高一國的福利水平以至整個世界的福利水平來說，資本國際流動是一個關鍵的因素。

一個開放經濟同外部世界的上述經濟聯繫形成一種渠道，使得國內外經濟運行中出現的非均衡問題在各國之間的傳導成為可能。

這一章將分為四節，分別探討國際傳導機制、貿易乘數理論和宏觀經濟的對內、對外均衡問題，以及國際經濟非均衡傳導機制的案例分析。

第一節　國際傳導機制

國民經濟從封閉走向開放，不是一蹴而就的，它是一個或長或短的過程。隨著開放程度的不斷提高，國民經濟同外部世界的聯繫將日益增多，也將越來越密切。一個國家同世界上其餘國家之間經濟上互相聯繫、相互依存的關係狀況，主要取決於這種經濟聯繫的數量和質量，取決於這種聯繫的廣度和深度。由於開放經濟能夠獲得封閉經濟條件下不能獲得的稀缺資源或不能廉價獲得的稀缺資源，也就是相對於封閉經濟來說，開放經濟有利於資源在更大範圍內的優化配置，因而，國民經濟在開放條件下將會發展得更快、更好。不過，開放經濟也將為此付出一定的代價，因為國外發生的經濟問題也將以上述各種經濟聯繫為渠道傳播到國內，並在不等的程度上影響和制約國民經濟的發展和國民經濟的均衡。

這一節分為兩個部分。我們首先借助國民收入模型來分析在開放條件下各國之間的經濟聯繫，然後分析經濟問題即非均衡為什麼會從一個國家傳導到另一個國家。

一、國民收入模型的擴大

如上所述，一個經濟從封閉到開放，是一個逐步演進的過程。在這一演進過程中，該國的對外經濟聯繫將會越來越多，從而影響該國經濟發展進程和宏觀經濟均衡的因素也會日益增多。宏觀經濟學，也稱為國民收入理論，就是研究經濟中的總量方面，如國民收入、總消費、總投資以及國家貨幣供應的情況等；從政策角度來理解，宏觀經濟學涉及保持物價的全面穩定，實現充分就業，促進經濟增長等問題。因此，宏觀經濟均衡，是指總量的均衡，也就是總供給與總需求之間的均衡。外部因素可能有助於國內經濟達到均衡，但也有可能破壞一國經濟的宏觀均衡。國民收入模型的擴大主要反應一國經濟從封閉走向開放的過程，反應制約一國宏觀經濟均衡的因素日益增多的過程。

1. 封閉經濟國民收入模型

在一個簡單經濟即封閉經濟中，由於不存在國際經濟聯繫，國民經濟的運行不受外部世界的干擾。因此，在完全封閉經濟條件下，國民收入模型也最為簡化：

從供給方面來看：$Y = C + S + T$

從需求方面來看：$Y = C + I + G$

其中，Y 代表國民收入，C 代表消費，S 代表儲蓄，T 代表稅收，I 代表投資，G 代表政府支出，這表明，在總供給和總需求兩個方面，都不存在外部因素，這正好是封閉經濟的特點。我們假定 G 和 T 兩者相等，即政府的支出和政府的稅收相等，那麼，在封閉經濟條件下，宏觀經濟均衡的條件就是 I 必須與 S 相等，即投資必須等於儲蓄，投資不等於儲蓄必然會造成宏觀經濟的失衡。

正如我們一再說明的，完全封閉的經濟在世界上並不存在，在國際經濟一體化和經濟全球化的今天更不可能存在。儘管如此，封閉經濟條件下的國民收入模型仍然是我們理解開放經濟條件下國民收入模型的基礎。

2. 簡單開放國民收入模型

任何一個經濟都是開放程度不等的經濟，那麼，宏觀經濟的均衡就會受到更多因素的影響。歷史地看，各國之間最初的經濟聯繫，是國際商品交換；即是說，這時，一國與其他國家之間的經濟聯繫表現為商品的進口和出口。商品的進口增加了國民經濟的供給數量，從而使總供給增加；商品的出口則增加了國民經濟的需求數量，從而使總需求增加。總供給和總需求的增加使國民收入模型發生變化。假定 M 為進口，X 為出口，簡單的開放國民收入模型為：

從供給方面來看： $Y = C + S + T + M$

從需求方面來看： $Y = C + I + G + X$

我們已經看到，與封閉經濟條件下的國民收入模型相比，在簡單開放國民收入模型中，已經出現了國際經濟聯繫的因素，即進口（M）和出口（X）兩個因素。在這種情況下，即使實現了內部均衡，那也不能保證整個宏觀經濟實現了全面均衡，因為全面均衡不僅要求內部均衡，而且也同時要求外部均衡。由於進口被視為需求的「漏

出」,從而不可避免地對總需求產生影響;而出口則被認為是需求的「注入」,從而也必然要對總需求產生影響,因此,在總供給不變的情況下,宏觀經濟的均衡取決於總需求的變動是否均衡,即總需求的「漏出」與「注入」是否均衡,亦即出口是否等於進口。

簡單開放國民收入模型主要反應了第二次世界大戰前的經濟史實。戰後,國際貿易發展很快,而且,商品的進出口仍然是國際經濟聯繫最基本的方面,但是,隨著跨國公司和對外直接投資的發展以及國際經濟一體化的不斷深入進行,在國際之間流動的就不再僅僅是商品,生產要素也加入了國際流動,影響宏觀經濟均衡的因素就更多了。由於簡單開放國民收入模型僅僅涉及進出口這些在對外經濟聯繫方面的初步因素,不可能反應國際經濟聯繫中的這些新情況和新變化,從而顯示出了它的局限性。

3. 擴大的國民收入模型

擴大的國民收入模型既要考慮商品的國際流動,也要考慮生產要素的國際流動。一個國家既可能到海外投資,也可能接受來自海外的投資;其勞動力既可能流往國外,但也會出現相反的情況,即這個國家也可能接受來自其他國家的人力資源。因此,擴大的國民收入模型是在簡單開放國民收入模型基礎上加入了資本和勞動力流動的國民收人模型:

從供給方面來看: $Y = C+S+T+M+I_f'+R_f'+W_f'$

從需求方面來看: $Y = C+I+G+X+I_f'+R_f+W_f$

在供給方面,I_f'為本國在外國投資,R_f'為外國在本國的投資收入,W_f'為外國人在本國得到的工資收入。

在需求方面,I_f'為外國在本國的投資,R_f為本國在外國的投資收入,W_f為本國人得自外國的工資收入。

擴大的國民收入模型比較真實地反應了在國際經濟一體化和經濟全球化條件下一個開放經濟的對外經濟聯繫的全貌。實際上,在國際經濟一體化和經濟全球化條件下,資源是否優化配置不再以一國為範圍來衡量,而是以世界為範圍來衡量,國際交換中商品的內容、各國在國際分工格局中的地位,在很大程度上是由世界性的資源優化配置來決定的。以世界為範圍的資源優化配置,一方面加強了各國之間的經濟聯繫,有利於緩解一國資源的稀缺程度和促進經濟的發展;另一方面,對一個開放經濟來說,國際經濟聯繫日益緊密也意味著經濟問題的傳導渠道增多,非均衡的國際傳導變得更加容易,從而增加了一個開放經濟實現宏觀均衡的難度。

二、國際經濟的非均衡傳導

各國之間的經濟聯繫構成一種渠道,非均衡就是通過這些渠道從一個國家傳播到另一個國家。這裡,我們將具體分析非均衡是如何通過商品的國際流動、資本的國際流動、勞動力的國際流動和信息的國際流動進行傳播的。

1. 國際商品流動的非均衡傳導

一般情況下，國際經濟非均衡傳導，首先影響一國的開放部門，然後借助於產業鏈傳播開去，逐步波及到非開放部門。

假定一個開放經濟本來處於全面均衡的良好狀態，比如說實現了充分就業，物價穩定，國際收支平衡，總需求等於總供給。這時，恰好其主要夥伴國發生了經濟危機，其主要症狀是生產急遽下滑所引起的大規模失業和國民收入的減少，最終導致夥伴國進口需求下降。既然外部進口需求下降，那麼，必然的結果就是，本國出口受阻，生產出口產品的部門不得不縮減生產；進而，向生產出口產品部門提供生產設備和原材料的非出口產業部門也將隨之縮減生產，整個國家的生產下滑，失業大量增加，國民收入減少；如果情況很嚴重，本國最終也會爆發經濟危機。這樣，國外出現的非均衡通過國際貿易的渠道就被傳導到了國內。如果本國的經濟結構單一，其出口部門在國民經濟中又具有舉足輕重的地位，那麼，非均衡傳導不僅迅速，而且具有極大的破壞力。

非均衡傳導影響力的大小還跟其他一些因素有關，比如所出口商品的重要性，像石油價格上漲，就能直接推動石油進口國國內價格的上漲；另外，非均衡傳導的影響力也與一國的開放程度有關，開放程度較低的國家受非均衡傳導的影響就要小一些。

2. 國際資本流動的非均衡傳導

金融方面的國際聯繫也是非均衡國際傳導的重要渠道。其傳導機制在不同方面表現各異。在利率方面，當一國的宏觀經濟發生失衡時，總需求和總供給的不相一致也會表現為貨幣供求量的不相適應，這種情況將促使利率出現大幅度的升降變化，從而刺激資本的國際流動和國際貨幣市場以及國際資本市場利率的相應變動，而資本的國際流動和國際利率的變動會造成其他國家資金供求狀況和利率的變化，由此可能導致這些國家宏觀經濟的失衡。當然，是否出現如此嚴重的後果還跟其他一些因素有關，但無論如何，各國利差的存在導致資金的跨國流動卻是不可避免的。比如，在20世紀80年代初，由於通貨膨脹嚴重，美國不得不提高利率，美國的高利率使得來自歐洲等地區各國的大量資本蜂擁而入，而為了阻止資本的流出，這些國家也只好提高利率。在匯率方面，通過調整匯率以改善國際收支是通行的做法。如果一國發生嚴重的失業和國際收支逆差並採用調整匯率的通行做法，也就是將本幣貶值，刺激出口，抑制進口，在貿易夥伴國不實施報復的情況下，本國出口產業部門將得到發展，並由此帶動非出口產業部門的發展，這樣不僅可以解決失業問題，而且也可以解決國際收支逆差問題，將失業和逆差「輸出」到貿易夥伴國，使貿易夥伴國的經濟蒙受影響。此外，國際遊資的大量存在、極強的流動性以及由此產生的巨大衝擊力，不僅能夠擾亂國際金融秩序，而且還能嚴重影響各國的金融穩定，使金融危機和經濟衰退從一個國家迅速傳播到另一個國家。

3. 國際勞動力流動的非均衡傳導

國際勞動力流動的基本方向是，從低收入國家或地區流向高收入國家或地區，從發展中國家流向發達國家。結合這一基本特點，勞動力的國際流動，特別是較低素質

勞動力的國際流動，能夠相對減輕流出國勞動力之間的競爭而加劇流入國勞動力之間的競爭，從而對相關國家或地區的收入分配會產生一定程度的影響，即高收入國家或地區的收入水平或收入的增長速度將受到消極影響，而低收入國家或地區的收入水平或收入的增長速度將受到積極影響；可以認為，這是低收入國家或地區的低收入問題通過國際勞動力流動的渠道向高收入國家或地區的傳導。不過，這是國際勞動力流動非均衡傳導的非常次要的一面，我們不能過高地估計它，更何況，勞動力被視作人力資本，之前需要資金投入和培訓，之後具有創造財富的巨大能力，因此，我們更要重視勞動力國際流動另一方面的經濟影響。據估計，1953—1973年，聯邦德國因引進外籍工人而節省培養費用330億美元，也就是說，勞動力流出國因此損失330億美元；1952—1975年，美國引進外國專家22萬人，單是節約教育投資和有關開支就達200億美元。勞動力國際流動的經濟影響絕非只是淨流出國為淨流入國支付了千百億美元的人才教育培養費用，勞動力淨流出國損失更大的是這些人才巨大的創造能力及其創造的巨額財富。因此，對勞動力淨流出國來說，勞動力的國際流動意味著資本的流失。勞動力國際流動的經濟影響，即國際勞動力的非均衡傳導，除各國之間的工資差異外，還受制於一國的國民教育水平、勞動力在國外的就業結構、國家的勞動力政策、對於勞動力流動的態度與政策等。

案例　大規模移民時期的工資趨同

儘管在現代國家之間也存在大規模的人口移動，但勞動力流動真正宏大的時代是19世紀末20世紀初。那時，一些國家的入境移民是人口增長的主要源泉，而對外移民則使其他一些國家的人口出現下降。鐵路、輪船和電報、電纜正在開始把世界經濟聯為一體，而對移民嚴加限制的法律尚未出現。因此，成千萬居民為了謀求更好的生活長途遷移。許多中國人遷居到東南亞地區和加利福尼亞，印度人移居非洲和加勒比海地區，不少日本人移民去了巴西。尤其值得一提的是，大批來自歐洲外圍地區（如斯堪的納維亞、愛爾蘭、義大利和東歐）的居民移居到土地充足、工資較高的美國、加拿大、阿根廷和澳大利亞。

那麼，這個過程是否如我們的模型預計的那樣使各地的真實工資趨同呢？確實如此。附表顯示了四個主要「目的地國」和四個主要「來源國」在1870年的真實工資以及此日到第一次世界大戰前的變化情況。如表所示，在初期，目的地國的真實工資遠遠高於來源國。在接下來的40年裡，所有國家的真實工資都上升了，但是來源國的工資上升得比目的地國更快（加拿大工資出人意料的大幅上升除外）。這意味著移民的確使世界朝著工資均等化的方向發生了移動，儘管距這一目標還相去甚遠。

	真實工資， 1870年（美國=100）	1870—1913年真實工資 上升的百分比（％）
目的地國		
阿根廷	53	51
澳大利亞	110	1
加拿大	86	121
美國	100	47
來源國		
愛爾蘭	43	84
義大利	23	112
挪威	24	193
瑞典	24	250

資料來源：Jeffrey G. Willimson. The Evolution of Global Labor Markets Since 1830: Background Evidence and Hypotheses [J]. Explorations in Economic History, 1995（32）.

對美國經濟的個案分析顯示，第一次世界大戰後施行的限制性法律宣告了大規模移民時代的結束。此外，世界貿易的顯著下降和兩次世界大戰的直接影響也促成了工資均等化趨勢的停滯，一度甚至出現了逆轉的情形。直到第二次世界大戰結束後，這一趨勢才得以恢復。

【案例來源】保羅・克魯格曼. 國際經濟學 [M]. 海聞，蔡榮，等譯. 北京：中國人民大學出版社，2002.

第二節 貿易乘數理論

在附合凱恩斯主義模型且存在失業的一國經濟中，無論該國是封閉經濟還是開放經濟，任何額外的支出都會引起一個國民收入增加的乘數過程。但是，由於國際貿易包括出口貿易和進口貿易，而進口、出口貿易不僅對國際收支的影響是不同的，而且對國民收入的影響也是不同的，因此，封閉經濟條件下額外支出的乘數數值與開放經濟條件下額外支出的乘數數值之間存在著差異。在這一節中，我們將首先闡述封閉經濟條件下的乘數問題，然後再闡述開放經濟條件下的乘數及其意義。

一、乘數理論

在一定條件下，額外支出會引起一連串的額外支出，最終將引起數倍於額外支出的總收入增長或總產出增長，描述這一經濟現象的理論即為乘數理論。

1. 乘數理論概述

我們還是首先看看一個封閉經濟的情況。假定該國政府購買商品和勞務的支出增加 10，這個 10，就是我們前面所說的額外支出。由於這是一個封閉經濟，這額外的支出將全部用於購買國內的商品和勞務，那麼，相對於政府不增加支出，不增加購買而言，向政府出售這些商品和勞務的廠商或個人將獲得額外的收入 10；這額外的收入又會用於消費，無論誰去滿足這第二輪的消費，又都會獲得額外的收入。第二輪增加收入的多少，取決於那些向政府出售商品和勞務的廠商或個人如何分配他們的額外收入 10。也就是說，取決於他們將多大比例的額外收入用於消費（即邊際消費傾向），將多大比例的額外收入用於儲蓄（即邊際儲蓄傾向），稅收可包含在儲蓄中，因為稅收可視為政府的「儲蓄」。我們再假定其邊際消費傾向是 0.8，邊際儲蓄傾向為 0.2，這就意味著廠商或個人將 8 用於消費，2 用於儲蓄，那麼，8 用於消費引起的第二輪增加的收入即第二輪的額外收入為 8。假定邊際消費傾向和邊際儲蓄傾向不變，第三輪增加的收入為 6.4，等等。

額外的支出之所以能夠導致國民收入的增長，是因為額外的支出所轉化來的額外收入，除去用於儲蓄的部分外，又會作為新的支出回到國民經濟中去，成為另一種需求刺激，促使就業機會的增加和額外收入的產生。

上面所闡述的乘數過程可以用一個公式來表達。假定 $\triangle A$ 為額外支出，$\triangle Y$ 為收入增量或額外收入，c 為邊際消費傾向（$c = \triangle C/\triangle Y$），$s$ 為邊際儲蓄傾向（在封閉經濟中，邊際消費傾向和邊際儲蓄傾向之和為 1，即 $s = 1-c$），則：

$\triangle Y = \triangle A \times 1/(1-c)$

由於 $s = 1-c$，故：

$\triangle Y = \triangle A \times 1/s$

這個公式表明，額外支出的乘數是邊際儲蓄傾向的倒數，即額外支出引起的收入增量是額外支出的 $1/s$ 倍。在上述例子中，收入增量為額外支出的 5 倍，即收入增量（亦是產出增量）為 50。

2. 投資乘數

無論是簡單再生產還是擴大再生產，都必須進行投資，投資可以創造就業機會，可以帶來經濟的增長。投資乘數分析的是投資與國民收入、就業之間的相互影響與相互制約關係，其實質是描述經濟內部投資促進經濟增長傳導的動態過程。

投資乘數可簡單推導如下：

國民收入均衡意味著總需求等於總供給，即：

C+I+G=C+S+T

假定政府的支出與其稅收相等，即：

G=T

則上述等式可化簡為：I=S

I=S 就是國民收入均衡的條件。要想保持國民收入的均衡，投資和儲蓄的增量也必須保持均衡：

dI = dS

將等式右端乘以 dY/dY 並作適當調整，可得：

dI =（dS/dY）dY

則：

dY =〔1/（dS/dY）〕dI

其中：1/（dS/dY）就是所謂的投資乘數，它是邊際儲蓄傾向的倒數。假如邊際儲蓄傾向為 0.2，那麼，產出增量或收入增量就是新增投資數量的 5 倍。由於投資乘數是邊際儲蓄傾向的倒數，因此，邊際儲蓄傾向越小，即儲蓄增量越少，則投資乘數越大，新增的國民收入就越多；反過來，如果邊際儲蓄傾向越大，即儲蓄增量越多，則投資乘數越小，新增的國民收入就越少。

3. 投資乘數的政策含義

各個企業之間，國民經濟的各個部門之間，存在著縱橫交錯的複雜聯繫，一個企業、一個部門的投資會帶動更多企業、更多部門的投資，投資所引致的國民收入由此可以成倍地增長，因此，投資在國民經濟中的作用遠比投資本身要大得多。投資不僅可以擴張需求，而且能夠提供和增強下一期的生產能力，是再生產和擴大再生產必不可少的物質準備，是再生產和擴大再生產的必要條件，因而，投資在需求管理中處於十分重要的地位。

投資乘數在經濟不景氣的時候具有特別重要的意義。在市場蕭條、產品積壓、庫存增加、企業開工不足、失業嚴重的情況下，投資通過需求的擴張將為商品市場、勞動力市場和公司企業注入新的活力，為國民經濟走出蕭條提供動力。當然，一般來說，需求的擴張既有可能促使產出增加，也有可能刺激價格上漲，這兩種可能性都是存在的。不過，在經濟蕭條境況下，產出增加將是需求擴張影響的主要方面，而價格上漲或大幅上漲的可能性很小。

此外，我們還應注意，儲蓄作為一種資金累積，有其特殊的意義。但投資乘數與邊際儲蓄傾向呈反方向變化這一點告訴我們，儲蓄並不是越多越好，它尤其是對當前的需求擴張和經濟的增長是沒有好處的。因此，在特定的經濟形勢下，我們需要應用適當的貨幣政策和其他相關措施加以調節。

二、貿易乘數

與封閉經濟相比，在開放經濟條件下，國民收入均衡受到更多因素的約束，其中的約束因素之一就是對外貿易。由於對外貿易包括進口和出口兩個方面，因此，它對國民收入均衡的影響是一種綜合性的影響，可簡單地稱為國際收支差額的影響。

1. 貿易乘數理論的提出

如前所述，絕對封閉的經濟是不存在的，任何一個國家，都在不等的程度上保持著同國外的經濟聯繫。那麼，在對外經濟聯繫中是否也存在著乘數現象？也就是說，對外貿易，是否與封閉經濟中的情況一樣，也會引起一個增加國民收入的乘數過程？它對經濟的增長、國民收入水平的提高以及就業狀況有什麼影響？這些，就構成了貿

易乘數理論所要研究的問題。

在開放經濟中，國民收入均衡模型將受到對外貿易的影響，即在總需求方面，增加了出口這一新的因素，這時的總需求等於國內需求加上國外需求；在總供給方面，增加了進口因素，因而總供給也不再僅僅是國內的供給，它還包括國外的供給。但是，出口和進口對國民收入的影響是不同的，至少，從短期看是這樣。進口，作為國內支出流量中的一個「漏出量」，並不直接創造新的就業機會或收入，相反，它是替外國——出口國直接創造新的就業機會或收入。出口則不然，出口是外國對本國產品的需求造成的。外國的需求不僅直接促進出口部門生產的增長，而且通過出口部門與非出口部門之間的產業聯繫，間接地推動非出口部門生產的增長，並最終促進整個經濟的增長。這與封閉經濟條件下投資的影響相似，出口推動需求的擴張也是一個連續的過程：出口的增長引起出口部門投資的增長和生產規模的擴大，出口部門投資的增長和生產規模的擴大將首先帶動與該部門聯繫比較密切的非出口部門投資的增長和生產規模的擴大，後者又會對其他部門產生類似的影響。整個這一過程實際上就構成了貿易的乘數過程。

事實上，在開放經濟條件下，對外貿易的額外增長可以使國民收入獲得一個數倍於貿易增長額的增長額。對外貿易乘數研究的對象就是一國對外貿易與國民收入、就業之間的互相關係，研究開放經濟體系內部出口促進經濟增長的動態過程。

2. 貿易乘數公式

在開放經濟條件下，影響國民收入均衡的因素有所變化，即增加了進、出口因素，這樣，國民收入均衡的表述也發生相應變化，總需求等於總供給可表述為：

$C+I+G+X=C+S+T+M$

假定政府稅收與其支出相等，即 $T=G$，上式可簡化為：

$I+X=S+M$

再假定 dI 為投資增量，dX 為出口增量，dS 為儲蓄增量，dM 為進口增量，上式可變為：

$dI+dX=dS+dM$

將等式右端乘以 dY/dY，可得：

$dI+dX=(dS/dY+dM/dY)\,dY$

即：$dY=[1/(dS/dY+dM/dY)]\,(dI+dX)$

式中的 $1/(dS/dY+dM/dY)$ 就是貿易乘數。貿易乘數等於邊際儲蓄傾向與邊際進口傾向之和的倒數，它揭示了自發的出口變動（dX）與其引致的國民收入變動（dY）之間的關係。將這一公式簡化，可以更清楚地表明這種關係。

令 $dS=dI$，可得：

$dY=[1/(dM/dY)]\,dX$

在這個簡化的公式中，$1/(dM/dY)$ 就是貿易乘數，它是邊際進口傾向的倒數。由於新增的國民收入（dY）不可能全部用於進口（dM），因此，貿易乘數總是大於1，從而新增的國民收入也總是數倍於新增出口（dX）。

3. 貿易乘數的圖形表述

貿易乘數公式表明了國民收入與進、出口之間的關係，不僅出口能夠對國民收入產生影響，而且進口的多少也能對國民收入的增量產生影響，甚至可以說，邊際進口傾向對國民收入的影響更大。它們之間的這種關係可以用圖形加以表述。

圖 8-1 中，橫軸為國民收入，縱軸為進出口。當出口從 X 增加到 X′時，就會產生一個出口增量 △X。m 和 m′為邊際進口傾向，且 m′大於 m；M 和 M′為進口量；M_0 為截距，即收入為 0 時所需的基礎進口。

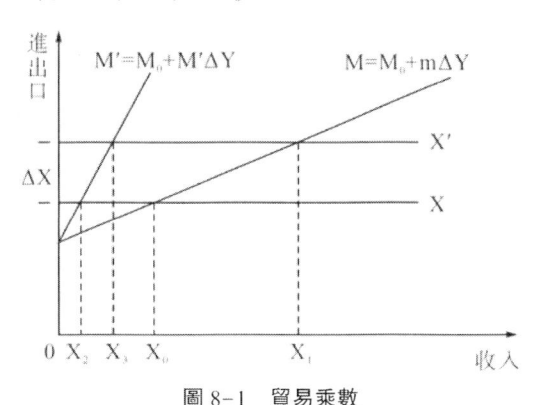

圖 8-1　貿易乘數

如前所述，當出口從 X 增加到 X′時，不同的進口，尤其是不同的邊際進口傾向，對國民收入的影響是不同的。當邊際進口傾向為 m 時，出口增量 △X 引至的國民收入增長量為 X_0X_1；如果邊際進口傾向變得較為強烈，達到 m′，這時，相同的出口增量 △X 引至的國民收入增長量則僅為 X_2X_3。出口、進口與國民收入之間的這種關係是很自然的，這是因為，邊際進口傾向較強本身就意味著國民收入增量中的較大部分花費在進口商品上了，從圖上看，就是 M′（＝M_0＋m′△Y）的增長要遠遠快於 M（＝M_0＋m△Y）的增長。

三、貿易乘數的意義

開放經濟有利於調動國內外資源，包括市場資源，以促進一國經濟的發展。貿易乘數理論的提出，從定量分析的角度，進一步闡明了開放經濟相對於封閉經濟的優越性。但這還不是貿易乘數理論的主要意義。

1. 貿易乘數的政策含義

貿易乘數表明了對外貿易在一國經濟增長過程中的積極作用。它在就業計劃和進出口安排方面具有重要的政策意義。

由於對外貿易乘數是邊際進口傾向的倒數，因此，貿易乘數最直接的政策含義是，一國的出口收入不應過多地用於進口外國的產品而應更多地購買本國產品，這有利於乘數的增大和國民收入水平的提高。如果不是這樣，而是將出口收入中較大的部分用於進口，則乘數變小，國民收入的增量也會變小。因此，在可能的情況下，出口

收入的增量部分應盡量少用於進口,以擴大出口對經濟發展的促進作用。

貿易乘數的政策含義並不完全在於增加出口、減少進口以促進經濟的發展和國民收入水平的提高,它所隱含的目標有時甚至更為重要。多少年來糾纏世界各國的貿易糾紛在很大程度上都源於貿易對就業問題的影響。生產萎縮意味著就業機會的減少,而生產規模的擴張則意味著就業機會的增多。進口和出口對就業產生的影響是不同的。進口將使生產同類產品的部門受到競爭,抑制這些部門以及與其關聯的其他產業部門的發展,甚至摧毀這些生產部門,從而減緩進口國就業機會的增加或減少就業機會,加劇進口國的就業矛盾。與此相反,出口能夠刺激出口部門以及與其相關聯的其他產業部門的生產,促進其生產規模的擴大,這有利於減少失業和增加就業機會。

本國的出口是他國的進口,而其進口則是他國的出口,因此,我們還應重視回應的貿易乘數或國外收入的反衝效應,這也具有重要的政策意義。當貿易乘數引起國民收入增加時,新增國民收入中的一部分將用於進口;進口的新增額也就是他國出口的增額,於是,他國也會出現一個乘數過程,其國民收入也會成倍增加,而增加的國民收入中的一部分也會用於進口,即本國再次獲得一個增加出口的機會,從而導致第二輪乘數過程。這種因相互激盪而產生的擴張效應會逐輪削弱,直至完全消失,但兩國國民經濟增長的總量最終仍然大於出口增長的總量。

2. 貿易乘數理論評價

貿易乘數首先向我們揭示了閉關鎖國對於一國經濟發展的危害以及對外貿易對於一國經濟增長的重要性。對外貿易被視作經濟增長的發動機不是沒有道理的,在存在需求約束的情況下尤其如此。此外,貿易乘數特別是回應的貿易乘數還表明,國際經濟的傳導不僅是經濟問題的傳導,而且也是經濟增長的傳導,各國經濟的發展之間是相互聯繫、相互依賴、相互促進的,不應把出口完全理解為「輸出」失業。

但是,我們也不能因此將貿易乘數的意義簡單化、絕對化。進、出口對於大國和小國,對於發達國家和發展中國家,其意義是不完全相同的。比如,小國的出口或進口對大國來說就談不上什麼影響,雖然他的出口也可以在國內產生一個乘數過程;大國則不同,大國的進口不僅能夠有效改善夥伴國的國民收入狀況,而且還能促使夥伴國更多地購買本國的商品,進而刺激本國的經濟發展。再如,發展中國家生產力落後,進口技術先進的機器設備,對於改善生產條件,提高生產力水平,促進國民經濟下一期的增長與發展,就具有特殊的意義,由此導致的國際收支逆差完全可以用其後的出口增額來彌補。

第三節　宏觀經濟的對內對外均衡

在開放經濟條件下,一國同其他國家之間在商品流通領域、金融領域、勞務領域和信息領域存在著廣泛而密切的聯繫。這些經濟聯繫,既有值得讚許的積極的一面,但也有應該加以防備的消極的一面。其他國家經濟發展過程中出現的問題,通過這些

聯繫渠道，將迅速傳播開來，嚴重影響、衝擊甚至破壞一國經濟的均衡與穩定。二戰戰後以來，經濟失衡已經在世界上無數次地發生，這說明在國際經濟聯繫普遍存在的情況下，非均衡在各國之間的傳導是難以避免的，各國應對非均衡傳導、保持經濟穩定增長的任務因此變得十分繁重。這一節，我們將先後考察宏觀經濟的目標、內部外部均衡的基本條件和實現宏觀經濟均衡的主要政策工具。

一、經濟的宏觀目標

影響一個開放經濟運行狀態的既有內部經濟變量，也有外部經濟變量，加之內、外變量兩方面的的交互影響，使得開放經濟的宏觀經濟目標有別於封閉經濟，即是說，開放經濟與封閉經濟在全面均衡的條件上存在著差異。一個開放經濟的穩定運行遠比一個封閉經濟要困難。

1. 宏觀經濟的四大目標

處於開放經濟條件下，在不同的國家，在不同的時期，各國所追求的宏觀經濟目標可能存在著差異。儘管如此，但在開放經濟中，特別是在市場經濟國家中，為大多數經濟學家所承認的宏觀經濟目標一共有四個，這就是充分就業、物價穩定、經濟穩定增長和國際收支平衡。充分就業並不意味著凡是能夠工作的人都有工作，與此相反，經濟實現充分就業時仍然存在一定比例的失業。失業分為志願性失業和非志願性失業，有就業機會但因不接受現行工資率或由於別的什麼原因而行成的失業被稱為志願性失業，因為沒有就業機會而形成的失業才是真正的失業，即非志願性失業。因此，一般認為，失業率在5%以下就算是充分就業了，因為這個比例中有相當一部分屬於志願性失業，而不是真正的失業。物價穩定意味著沒有通貨膨脹，這也是一個相對概念，一般認為，物價指數上升不超過3%就可以說是物價穩定了，更何況有人認為適度的通貨膨脹有利於經濟的增長。經濟穩定增長也不是直線式的增長，增長允許有曲折，但起伏波動不大。國際收支平衡是指包括經常項目和資本項目在內的國際收支相抵為零，其中經常項目的國際收支平衡尤為重要；但國際收支並不意味著國際收支隨時隨地都應該平衡，而只是要求在一定時期的期末（通常為一年）做到平衡。四大宏觀經濟目標表明了政府在經濟領域的主要任務是實現充分就業，控制通貨膨脹，維持經濟穩定增長和保持國際收支的平衡。四大宏觀經濟目標的提出，有利於政府將精力集中在問題的主要方面，有效地管理國民經濟的運行。

2. 經濟的對內對外均衡

上述四個宏觀經濟目標，其中前三個涉及一個開放經濟的內部均衡，最後一個目標涉及對外均衡。實際上，一個開放經濟是由國內部分和對外部分共同組成的，兩個部分之間相互聯繫、相互依賴、相互影響。因此，一個開放經濟的均衡運行既具有內部均衡的特徵，也具有對外均衡的特徵。內外均衡互相制約，缺一不可。

開放經濟的內部均衡是指一國經濟的總供給等於總需求，其基本特徵是實現了四大宏觀目標中的前三個目標，即國內實現了充分就業和經濟的穩定增長，價格走勢平穩，無通貨膨脹。而對外均衡，不是一種簡單的為平衡而平衡的國際收支平衡，而是

指實現了與國內經濟發展相適應的國際收支平衡。一個開放經濟的最佳運行狀態是全面均衡，即實現了開放經濟均衡運行所具備的兩個特徵，同時實現了內部均衡和對外均衡。

二、宏觀經濟內外均衡分析

世界上各國的情況千差萬別，經濟發展水平不同，開放的程度和實施的政策有異，各國都有各自的利益，而這些利益並不總是相同的，因此，一國宏觀經濟的一般均衡要受到國內、國外許多因素的制約。為方便起見，我們在這裡將較為抽象地闡述在實現宏觀經濟一般均衡的過程中各種因素相互之間的作用機制。

1. 斯旺圖示

一國宏觀經濟的一般均衡涉及到多重目標，後者又受到多種變量的不同影響。現實生活中所存在的經濟問題，其嚴重程度並不相同，在其治理過程中，不僅有輕重緩急的顧忌，也有政策實施力度的考慮，這是一個方面；另一方面，實現不同的目標需要不同的政策工具，而這些政策工具對於實現多重目標可能具有一致性，即它們都有助於各種經濟問題的解決和各個宏觀經濟目標的實現，但也可能具有衝突性，即一項政策有利於解決某一經濟問題，但卻無助於解決其他經濟問題甚至惡化其他經濟問題，有助於實現一個經濟目標卻無助於實現其他經濟目標，甚至阻礙其他經濟目標的實現；這就是說，一個開放經濟的內部均衡和外部均衡之間可能會有衝突。我們由此可以看出均衡的複雜性以及為實現宏觀經濟目標而進行政策選擇的兩難性。

斯旺所建立的一個模型清楚地反應了這種複雜性和兩難性。在圖 8-2 的斯旺圖示中，縱軸代表匯率 (e)，橫軸代表支出（即需求 D＝C＋I＋G），IB 曲線代表內部平衡，EB 曲線代表外部平衡。斯旺圖示說明在可調整釘住匯率製度下政府可能的各項政策選擇。

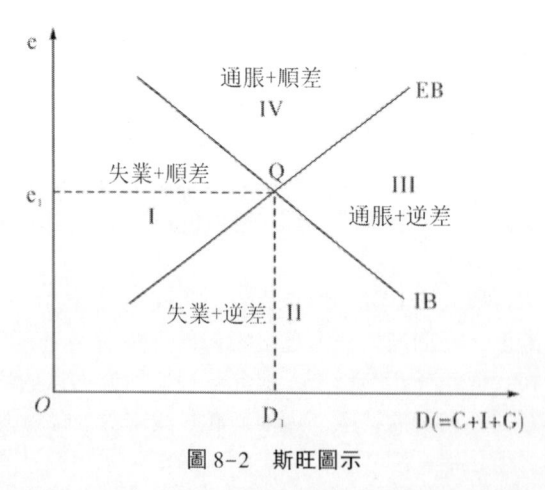

圖 8-2 斯旺圖示

內部平衡曲線 IB 表示在充分就業和價格穩定目標水平上的本國需求 D（亦即支

出）與匯率 e 的所有結合，也就是該曲線上的任何一點都實現了內部均衡。

內部平衡曲線 IB 是一條向右下傾斜的曲線，這是因為，當支出在 D₁ 點時，匯率必須在 e₁ 點才可能實現均衡；如果支出減少，那必然導致就業機會減少，失業增加（內部經濟狀況移向 IB 曲線左側），這時可以通過本幣的貶值（並假定符合馬歇爾—勒納條件）即匯率 e 的上升刺激出口、減少進口，使經濟狀況垂直迴歸 IB 曲線，或者說，e 的上升要求有政策誘導的支出減少與之相適應。因此，在 IB 曲線左下方，任何匯率（e）支出（C+I+G）組合都將導致失業；而在 IB 曲線右上方，任何匯率（e）支出（C+I+G）組合都將導致通貨膨脹。

外部平衡曲線 EB 是一條向右上傾斜的曲線。它代表保持經常帳戶平衡的匯率（e）和支出（=D=C+I+G）的所有組合，即 EB 曲線上的任何一點均實現了外部均衡。支出的增加將導致進口的增加和國際收支的惡化，出現逆差（這種狀況位於 EB 曲線右下方），為了消除逆差，維持國際收支平衡，應將本幣貶值，也就是讓匯率（e）上升，以刺激出口並達到外部平衡（即垂直上升以迴歸 EB 曲線）；反過來，支出的減少造成進口下降，國際收支出現盈餘，為了消除這一盈餘，必須調低匯率（e），也就是將本幣升值，以減少進口，從而實現外部平衡。EB 曲線右下方的所有匯率支出組合均意味著經常項目出現逆差，其左上方的所有匯率支出組合均意味著經常項目出現順差。

在斯旺模型中，唯有 Q 這個組合點能夠同時實現內部平衡和外部平衡，也就是只有支出為 D₁、匯率為 e₁ 的組合（Q）能夠實現四大宏觀經濟目標，達到全面均衡。其餘各種組合點，或者可以實現內部均衡，或者可以實現外部均衡，或者任何均衡都不能實現；其中，斯旺圖示中的第 I 區域的組合點都將導致失業和順差，第 II 區域中的組合點意味著失業和逆差，第 III 區域的組合將導致通脹和逆差，而第 IV 區域的組合則使通脹和順差同時並存。一國國內經濟狀況（用失業和通貨膨脹表示）和國際收支狀況（用順差和逆差表示）的典型變動就表現在這四種組合中。如果經濟狀況處於四個區域中的任何一個區域，那就必須進行政策調整，比如在第 I 區域，失業與順差並存，這就需要同時調低匯率和實施擴張性的經濟政策，使經濟狀況向 Q 點移動，以實現全面均衡。

2. IS/LM/BP 模型

我們已經看到，為了實現全面均衡，即既要實現內部均衡又要實現外部均衡，單獨採取一項政策是不可能的，多目標需要多項政策工具。這些政策工具之間既可能有相互協調的一面，但也可能有相互衝突的一面，因此，我們需要作出進一步的分析。

在一般宏觀經濟分析中，財政政策所針對的是產品市場，而貨幣政策則針對貨幣市場。如前述所指出的那樣，財政、貨幣政策在開放經濟中也是有效的，他們同樣有助於實現全面均衡。因此，我們有必要將產品市場的均衡、貨幣市場的均衡和國際收支的均衡放在一起來考慮，這就是開放經濟的一般均衡分析模型。

在圖 8-3 中，橫軸代表收入 Y，縱軸代表利率 i；產品市場均衡曲線 IS、貨幣市場均衡曲線 LM 和國際收支均衡曲線 BP 相交於 E 點。IS 曲線和 LM 曲線相交於 E 點

時，表明一國經濟實現了內部均衡；當 BP 曲線也通過 E 點時，這就意味著一國經濟在實現內部均衡的同時也實現了外部均衡，即該國經濟實現全面均衡。對應於三個市場均衡的收入水平為 Y_E，利率水平為 i_E。

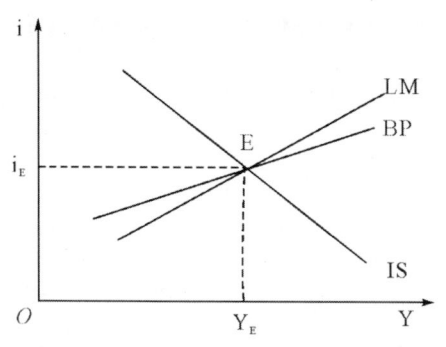

圖 8-3 開放經濟的一般均衡分析模型

這裡要特別說明的是，我們在前面所說的國際收支均衡只涉及經常項目，而這裡的國際收支均衡不僅包括了經常項目，而且也包括了資本項目。利率的變動會引起資本的流動，資本因利率的升高而流入，因利率的降低而流出。

LM 曲線和 IS 曲線都是宏觀經濟學的內容，我們不再重複，這裡僅就 BP 曲線作出說明。曲線 BP 顯示的是，能夠使國際收支均衡的所有利率水平（i）與國民收入水平（Y）的組合，其必然的推論是，假如利率水平和國民收入水平的任一組合點在 BP 曲線之上或之下，只要它不在 BP 曲線上，國際收支就不會處於均衡狀態。BP 曲線是一條向右上傾斜的曲線，這是由於當收入增加時，進口也會增加，於是會出現赤字，這就需要國際資本的流入以彌補赤字，使國際收支達至平衡，而唯有較高的利率水平才能使資本流入；相反的情況是，收入減少，進口減少，經常項目順差出現，這時就需要在資本項目上尋找出路，恰好較低的利率水平可以促使資本流出，從而實現國際收支的均衡。在 BP 曲線上，利率水平與國民收入水平是正相關的，較高的利率水平對應著較高的收入水平。至於 BP 曲線的斜率，它取決於資本的可流動性。如果資本完全不能流動，BP 曲線將是一條垂直向上的曲線；如果資本能夠完全自由流動，BP 曲線將是一條平行於橫軸的曲線；因此，資本越具有可流動性，BP 曲線就越顯得平緩。

開放經濟的一般均衡模型將國際收支均衡曲線同利率和國民收入這兩個因素聯繫起來，就為利用財政政策和貨幣政策來實現對內對外均衡提供了理論依據。在圖 8-3 開放經濟的一般均衡模型中，E 點雖然是全面均衡點，但並不一定是國民經濟的最佳均衡位置。在這種情況下，就需要進行一定的調整；比如，假定在 BP 曲線給定時，我們完全可以通過財政政策和貨幣政策的調整，使 LM 曲線和 IS 曲線發生移動，從而能夠在更高的國民收入水平上實現開放經濟的全面均衡。

三、宏觀經濟內外均衡的政策工具

開放經濟存在著開放程度的差異。就目前匯率製度的情況來看，世界上只有少數發達國家實行浮動匯率制，而大多數發展中國家則實行固定匯率制或釘住匯率制。在不同的匯率製度下，經濟政策的作用是不相同的。我們將首先闡述固定匯率製度下的情況，然後闡述可變匯率製度下的情況。

1. 固定匯率製度下的財政政策和貨幣政策

根據蒙代爾提出的一個早期的模型，無論是財政政策還是貨幣政策，它們對內部均衡和外部均衡都會產生影響，但是，它們的影響是很不相同的。

就外部均衡而言，如果一國實行擴張性的貨幣政策，即貨幣供給增加，利率必然下降，進而引起資本流出，造成國際收支赤字；如果該國實行擴張性的財政政策，比如增加政府支出，無論進口傾向如何，都會引起進口的增加，從而導致國際收支赤字。可見，相同方向的財政政策和貨幣政策，它們對國際收支平衡的影響是相似的；因此，在固定匯率製度下，由於貨幣貶值不能作為調整國際收支均衡的手段，要想保持國際收支均衡，就得使用方向相反的財政政策和貨幣政策，即擴張性的財政政策必須與緊縮性的貨幣政策相配套，或反過來，緊縮性的財政政策必須與擴張性的貨幣政策相配套。

在實現內部均衡方面情況也是如此。因貨幣供給增加而降低的利率，將促使實際投資增加；在需求和價格不變的情況下，投資的增加將為政府支出的減少所抵消，或者說為稅收增加而導致的消費支出減少所抵銷，這是為實現內部均衡而必然出現的擴張性的貨幣政策與緊縮性的財政政策相配套的情況。反過來也一樣，如果實施擴張性的財政政策，增加政府支出或者通過減稅增加消費支出，在這種情況下，若想避免通貨膨脹，就得採取緊縮性的貨幣政策，抑制投資需求。

不過，一個開放經濟面臨的宏觀均衡並不是要麼實現外部均衡，要麼實現內部均衡，而是必須同時實現外部均衡和內部均衡，即實現全面均衡。因此，蒙代爾認為，貨幣政策在平衡國際收支方面有著「比較利益」，而財政政策在增加就業方面具有較小的「比較劣勢」。財政政策和貨幣政策對內部均衡和外部均衡的不同影響源於它們作用機制的差異。在平衡國際收支方面，擴張性的財政政策和擴張性的貨幣政策，都會引起總需求的增加、進口的增加和出口的減少，從而都能逆轉國際收支，但這只是在進出口方面。它們對國收支中資本項目的影響卻有很大區別。擴張性的財政政策會造成財政赤字，政府為彌補赤字而大量借款，會促使國內利率上升，從而吸引國外短期資本流入。與此相反，擴張性的貨幣政策會導致國內利率下降，導致資本流出。顯然，在消除順差方面，擴張性的貨幣政策在經常項目和資本項目上的作用是一致的，而擴張性的財政政策在經常項目和資本項目上的作用卻是互相抵的。在消除國際收支逆差方面，緊縮性的財政政策和緊縮性的貨幣政策也會導致類似情況的發生，即貨幣政策在平衡國際收支方面在兩個項目上作用的一致性和財政政策的矛盾性。蒙代爾由此提出了把實現對內均衡目標的任務指派給財政政策，而把實現國際收支均衡目標的

任務指派給貨幣政策的分配法則,即「蒙代爾法則」,這是開放經濟宏觀決策的重要理論依據。

蒙代爾的上述政策分析可以用圖 8-4 表示出來。圖中,橫軸代表政府淨支出,縱軸代表利率。在其他條件不變的情況下,由於財政政策和貨幣政策反向配合才能實現內部平衡和外部平衡,因此,IB 曲線和 EB 曲線都自左下向右上傾斜;考慮到利率對資本國際流動的影響以及進口傾向較小的情況,EB 曲線應該比 IB 曲線更為平緩。兩條曲線相交於 E 點,表明一國經濟實現了全面均衡,此時的利率為 i_E,支出為 $(G-T)_E$。

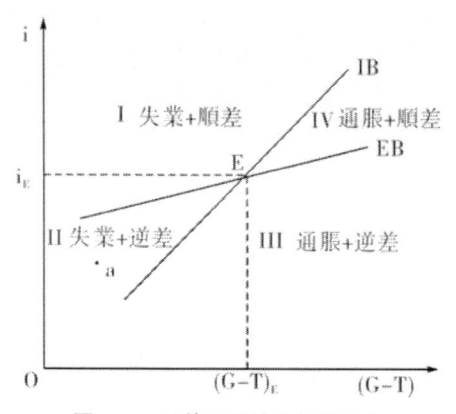

圖 8-4 政策工具的分類與配合

現在,我們假定一國經濟處於 a 點,即處於失業和逆差的內外失衡狀態。為了解決失業問題,應該採取擴張性的財政政策,而要解決逆差問題,則應該採取緊縮性的貨幣政策,通過這兩項政策的配合,逐步引導經濟從 a 點向 E 點移動,以同時實現經濟的內部均衡和外部均衡,即實現該國經濟的全面均衡。這是第二區域的情況。在其他區域,我們可以根據具體情況,並採用類似的方法,使財政政策和貨幣政策進行適當搭配,以改善經濟的非均衡狀況。比如,在第一區域,應是擴張性的財政政策和擴張性的貨幣政策相配合,用以解決失業和順差問題;在第三區域,應是緊縮性的財政政策和緊縮性的貨幣政策相配合,用以解決通脹和逆差問題;在第四區域,則應是緊縮性的財政政策和擴張性的貨幣政策相配合,以便解決通脹和順差問題。

我們可以用 IS/LM/BP 模型分別對上述財政政策和貨幣政策的作用作出進一步的分析。

如圖 8-5 所示,假定經濟最初處於 (Y_0, i_0) 點,處於全面均衡狀態,但這表面上顯示出來的全面均衡不一定是最佳狀態,比如,經濟未實現充分就業或者這還是一種低水平的全面均衡。為了充分使用資源,我們實施擴張性的財政政策,IS 曲線將因此移至 IS′;並與 LM 相交於 (Y_1, i_1)。

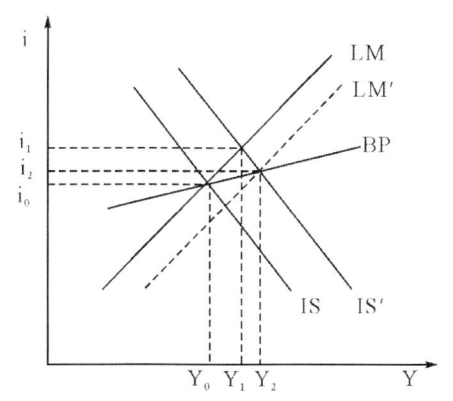

圖 8-5 　固定匯率制度下的財政政策

　　財政的擴張勢必引起利率水平的提高，但由於（BP 曲線較為平緩就意味著）資本具有較強的流動性，即國際短期資本對利率的變化較為敏感，因而利率的升高將引起大量資本流入，貨幣供給增加，LM 曲線往右下移動至 LM′，與 IS′ 相交於 BP 線上的（Y_2, i_2）。在（Y_2, i_2）點上，不僅實現了內部均衡，而且也實現了外部均衡，即實現了全面均衡。我們由此可以看到，在固定匯率製度下，如何利用財政政策和貨幣政策及其相互配合，以實現一個開放經濟的全面均衡。

　　但這只是一個全面均衡的簡要說明。事實上，一個開放經濟在固定匯率製度下的全面均衡與資本的流動性密切相關。比如，在上述例子中，如果資本的流動性較差（BP 曲線顯得更陡峭），擴張性財政政策所導致的較高利率將使 LM 曲線向左上移動而不是往右下移動，即是說，在這種情況下，擴張性的財政政策將會產生更大的投資擠出效應，從而使收入的增長變得十分有限。此外還應注意，在固定匯率製度下，無論資本的移動性如何，貨幣政策對於收入水平的高低都不會產生任何影響，這是因為，擴張性的貨幣政策會同時導致國際收支逆差，為穩定匯率又必需拋售外幣，本幣因而減少，這等於是實行緊縮性的貨幣政策；擴張與緊縮相互抵消，貨幣供求狀況又回到了初始狀態。

2. 浮動匯率製度下的財政政策與貨幣政策

　　20 世紀 70 年代初，以固定匯率製度為標誌的布雷頓森林體系崩潰，一些國家特別是那些主要貿易大國開始採用浮動匯率制。與固定匯率制相比，浮動匯率製度改變了財政政策和貨幣政策的運行環境和運行效果；同時，它也構成了宏觀經濟調控的又一工具。

　　我們這裡仍然假定外匯市場上馬歇爾-勒納條件成立。浮動匯率製度最直接的影響，從理論上來說，是外部失衡問題的消失，至少從長期來看是這樣。在固定匯率製度條件下，BP 曲線是不能移動的，而在浮動匯率製度下，BP 曲線卻會發生移動，因為任何對 BP 曲線上收入與利率組合的偏離都會導致外匯市場的失衡與調整，以達到外匯市場新的均衡。

這就意味著，不論收入與利率的組合點處於什麼位置，匯率都可以通過市場機制加以適當調整，從而保證國際收支的均衡，即自動實現外部均衡；比如，現在經濟失去外部均衡（即偏離 BP 曲線）而處於收入更高而利率更低的一個點上，這個點的出現完全是本幣貶值的結果，因為本幣貶值刺激了出口抑制了進口，收入得以提高，但這個較高的收入水平卻需要大量資本的淨流出以平衡國際收支，較低的利率水平正好適應了這種情況；相反的情況也會引起 BP 曲線的移動，只是移動的方向相反而已。總之，在市場機制的作用下，無論經濟處於哪種情況，一個開放經濟的外部均衡或遲或早都會得以實現。

但需要說明，BP 曲線的移動實際上與資本的可移動性無關。比如，在資本完全不能移動的情況下，擴大政府支出將導致貿易赤字和本幣貶值，而本幣貶值本身就能引起 BP 曲線的移動。資本可移動性的大小只能影響 BP 曲線的性狀，資本的可移動性越強，BP 曲線的走勢越是平緩；反過來，資本的可移動性越弱，BP 曲線的走勢則越是陡峭。

在浮動匯率製度下，財政政策的作用是比較複雜的，我們先給出兩幅曲線圖，即圖 8-6（1）和圖 8-6（2），以便說明這種情況。

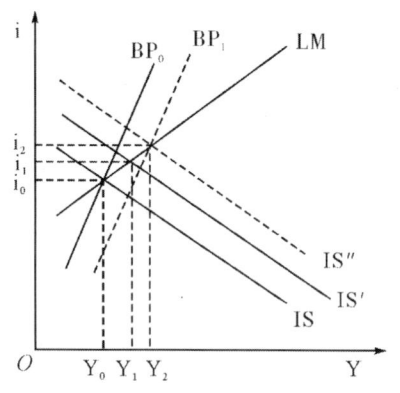

圖 8-6（1）　可變匯率製度下的財政政策 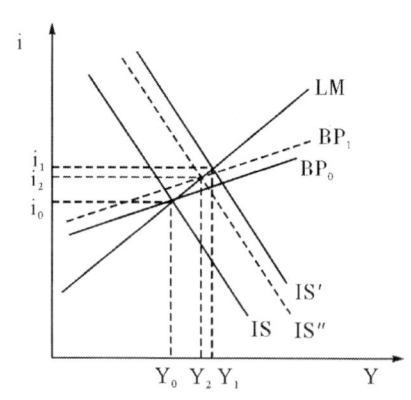　　圖 8-6（2）　可變匯率製度下的財政政策

在圖 8-6（1）可變匯率製度下的財政政策中，BP 曲線較陡，這表明雖然資本具有可移動性，但可移動性較小，即國際短期資本對利率的敏感程度較差，正因為如此，LM 曲線也就顯得更平緩一些。經濟最初處於（Y_0, i_0）這一均衡位置上，當實行擴張的財政政策時，IS 曲線將向 IS′ 移動，收入和進口都會增加，從而產生國際收支赤字，由此引起本幣貶值；本幣的貶值使得 BP_0 向 BP_1 移動，出口擴大，進口減少，收入增加，IS 曲線又會進一步向 IS″ 移動，於是，經濟在一個更高的水平上即（Y_2, i_2）達到均衡。

圖 8-6（2）可變匯率製度下的財政政策有所不同，在這裡，資本具有較大的可移動性，表明國際短期資本對利率的敏感程度高於國內金融市場；在這種情況下，財政政策的擴張（IS′）將導致國際收支盈餘和本幣升值，而進口的增加和出口的減少

又會使 BP₀ 向上移至 BP₁，並使 IS′ 往回移動到 IS」，從而實現新的均衡。上述情況說明，在可變匯率製度下，財政政策收入擴張效應的大小取決於資本可移動性的強弱，它們相互呈反向變化，即資本可移動性越弱，財政政策收入擴張效應越大；資本可移動性越強，財政政策收入擴張效應越小。如果資本具有完全的可移動性，那麼，財政政策對於收入的擴張將是毫無意義的。

3. 國際經濟政策協調

在絕大多數國家都實行開放政策的條件下，各國之間的經濟聯繫十分密切。正是這些密切的經濟聯繫構成一種傳遞渠道，一方面，使得各國經濟的發展相互依賴，另一方面，也使得各國的經濟問題相互傳導。因此，一國內外均衡即一般均衡，並非總是單純依靠國內經濟政策的實施就能夠實現，它的實現還有賴於各國之間的政策協調。

我們假定世界上只有兩個國家，A 國和 B 國，兩國的内部和外部都處於非均衡狀態，A 國表現為失業和順差，B 國則表現為通脹和逆差。為實現均衡，A 國實施膨脹性的政策，以刺激經濟增長和增加就業機會，但同時也會導致進口的增加，從而有利於 B 國增加出口、減少逆差；B 國實施的則是一種相反的政策，即緊縮性的政策，而緊縮性的政策不僅有利於 B 國消除通脹、控製需求、減少進口和逆差，而且也有助於 A 國減少順差。這是一種比較理想的情況，A、B 國各自所處的情況正好相反，就國內來說，實現內部均衡並不影響外部均衡的實現；在對國外的影響方面，A 國全面均衡的實現不但不影響反而有利於 B 國全面均衡目標的實現，因此他們為實現均衡所採取的經濟政策具有互補性、協調性，即既解決了本國的非均衡問題，又不妨害他國實現其宏觀目標。

但事情並非總是這樣，尤其是在短期。假定非均衡在 A 國表現為失業和逆差，在 B 國表現為通脹和順差，那麼，即使是在國內，A、B 兩國都處於一種政策困境狀況，實現內部均衡的政策對實現外部均衡是有害的，而就外部影響而言，一國實現均衡的政策必然會對他國實現均衡產生負面影響；如果兩國不實行政策協調，他們為實現各自均衡所採取的經濟政策就會發生衝突。比如 A 國實施擴張性的政策，這雖然有利於增加就業機會，卻會加劇本業已存在的逆差問題，並且還會阻礙 B 國走出通脹和順差的困境。反過來，B 國以緊縮性政策對付其通脹問題，這不僅會使本已不平衡的國際收支更為不平衡，而且還會使 A 國在失業和逆差的泥潭中陷得更深。顯然，A、B 兩國需要進行政策協調，當然，這不是一種自然的協調，而是人為的協調，比如，A 國實施貨幣貶值，刺激出口並吸引 B 國資本流入，而 B 國保證不採取報復措施，否則，兩國的內外均衡都難以實現。

事實上，國際經濟一體化和經濟全球化使得各國之間的經濟聯繫變得日益密切，世界貿易組織的建立大大強化了這種經濟聯繫；另外，20 世紀 70 年代中期的滯脹危機以及其後的歷次金融危機也給各國政府帶來了深刻的教訓。「七國首腦會議」「五國財長會議」的定期舉行以及中國在東南亞金融危機中穩定人民幣匯率穩定的做法，都充分說明，經濟政策國際協調的必要性已經為各國政府所認識。

第四節　國際經濟非均衡傳導案例分析

在一個開放的世界上，各個國別經濟通過世界市場（包括商品市場和金融市場）聯繫在一起，一國經濟的失衡尤其是一個大國經濟的失衡將對世界市場的供求狀況產生影響，進而對其他國家的經濟運行產生影響，使這些國家的經濟進入非均衡狀態。從這個意義上說，國際經濟的非均衡傳導並不是戰後才有的新現象，而是在戰前就早已存在了。但是，相對來說，戰前各國之間的經濟聯繫是有限的，遠不及戰後這樣廣泛和密切。正因為如此，戰後經濟危機對世界經濟的衝擊，其來勢之快，影響之廣，在戰前是少有的；尤其是，戰前主要是先進國家的危機對世界經濟的發展造成影響，而現在，不僅是發達國家的經濟危機對發展中國家的經濟發展會造成影響，就是發展中國家的危機同樣會對發達國家的經濟發展造成影響。上述情況，進入 20 世紀 90 年代和 21 世紀後表現得更為明顯，比如當前美國經濟的衰退，其傳導就十分迅速，致使國際貿易和世界經濟的增長立刻放緩。在這一節中，我們僅以 20 世紀 90 年代世界經濟中發生的數次金融危機之一的泰國金融危機為例，說明戰後國際經濟的非均衡傳導問題。

一、泰國金融危機概述

20 世紀 90 年代的金融危機，既未放過發達國家，也未放過發展中國家，但尤以發展中國家為甚；其中，以泰國為中心的東南亞金融危機特別典型。泰國金融危機爆發突然，造成的影響也十分嚴重。

1. 泰國金融危機的爆發

1997 年 5~6 月，泰國貨幣泰銖貶值的傾向已日益明顯，外匯市場上出現了大量拋售泰銖、購入美元的情況。其實，早在當年年初，國際投機者拋空泰銖就已引起泰國金融體系不穩，5 月，泰銖對美元的比價一度跌到 10 年來的最低水平。泰國是個實行釘住美元固定匯率制的國家，為了維護泰銖對美元的匯率，泰國貨幣當局拋出了 40 億美元的外匯儲備。但面對無限膨脹的美元需求，40 億美元已無濟於事。由於無力對抗強大的金融投機力量，迫於經濟與市場的多重壓力，1997 年 7 月 2 日，泰國中央銀行決定放棄釘住美元固定匯率制，宣布泰銖對美元自由浮動。改行浮動匯率制使得泰銖隨即大幅貶值，泰銖一夜之間就失去了 1/5 的國際購買力，金融危機正式爆發。

匯率製度的改變以及由此引起的泰銖大幅貶值，必然造成嚴重的社會經濟震盪。實際上，早在 7 月 2 日泰國中央銀行決定放棄釘住美元固定匯率制，實行浮動匯率之前，居民眼看手中存款急速變少，就已經失去了對泰銖的信心。由於擔心通貨膨脹突然來臨，避免不必要的損失並達到保值的目的，他們紛紛從銀行取出存款，瘋狂搶購黃金，並導致了泰國黃金價格猛漲。在 6 月底的短短數日內，曼谷金條零售價由每條（15.2 克）4,150 泰銖，飆升到 4,450 泰銖，漲幅高達 7.2%。但這個已經很高的上漲

幅度要比數字本身所顯示的還要嚴重，因為在同一期間，國際市場上黃金價格是不斷下降的。此後，泰銖持續大幅貶值，至 1998 年年初，泰銖已貶值 50% 以上。金融形勢的惡化對企業來說也是一場災難，因為泰銖的大幅貶值使企業對外債務驟然加重，相當於要償付一筆額外的、本來就不存在的債務。據估計，由於貨幣貶值，泰國 29 家最大的企業不得不籌措約 12 億美元支付利息和清償債務。最後的結果必然是，整個經濟受到金融危機的沉重打擊，增長率大幅下降。

泰國的金融危機貌似是因國際資本的投機活動而驟然發生的，其實並非完全如此，除了國際資本的投機活動以外，還有許多別的原因。

2. 泰國金融危機產生的原因

引發泰國金融危機的原因比較複雜，概括地說，我們可以將其分為外部因素和內部因素，但能否說外部因素是主要的而內部因素是次要的？或者相反，內部因素是主要的而外部因素是次要的？抑或是兩者扮演著同等重要的角色？我們覺得這要視具體情況而定。在國際經濟一體化和經濟全球化不斷加深的條件下，問題的出現不一定總是因為主、外因為輔，更何況，這時內因和外因之間的界限尤其是兩者作用機制之間的區別，已經不像從前那樣清楚了。

就外部因素來說，以美國著名的金融家喬治·索羅斯為代表的國際金融投機分子在泰國的金融投機，是引發金融危機的重要原因。索羅斯名氣很大，在世界金融界頗具影響力，而其巨額的投機資金令人生畏。國際投機家們在泰國股票市場和外匯市場上的巨額賭注迫使泰銖一步步走向貶值，即使泰國中央銀行拋出 40 億美元也未能使泰銖避免其厄運。實際上，當全世界的投機家都跟著拋棄泰國股票，賣掉泰銖，抽身外逃的時候，40 億美元顯然是難於滿足國際投機家們的胃口的，但要拿出更多的美元，泰國政府又無能為力，因此不得不在 7 月 2 日放開泰銖的匯價，而其結果就只能是泰銖大幅貶值，使泰國金融業陷入混亂。

就內部因素而言，經濟內外失衡是引發泰國金融危機的基本原因。首先，國內經濟過熱，主要表現為房地產市場供求失衡。泰國銀行和金融公司分別將其 20% 和 28% 信貸資金投入房地產部門。但是，在已建成的數十萬平方米的辦公樓中，半數以上找不到買主；他們在房地產領域的投資難以收回，上百億美元的貸款無力償還；大部分金融機構無法償還從國際市場上借來的資金。危機前夕，國內外投資者盈利的信心已經動搖。隨著經濟增長率的大幅度下降，國內外投資者收回投資的信心徹底消失了，並由此促成了金融危機的爆發。其次是經常帳戶收支惡化，外匯儲備難以應付到期外債。泰國出口商品大多為勞動密集型產品，面臨其他發展中國家同類商品的激烈競爭，加之泰銖隨著美元升值，出口競爭力下降，經常項目連年赤字，且數額巨大，約占 1995 年和 1996 年國民生產總值的 8%；另外，為發展經濟而大量向外舉債，外債負擔沉重，約占國內生產總值的 50%；外資結構又不合理，約 53% 的外資屬於短期資本，而短期資本具有極強的投機性和流動性；外資投向也有問題，大多投到了利潤高、風險也高的房地產業和證券業。這些都有助於泡沫經濟的形成，泡沫一旦形成，預期收益下降，外資就會撤離，從而造成金融市場的動盪。加之，泰國所實行的釘住

美元的匯率製度，雖然有利於穩定貨幣環境和吸引外資，但是匯率製度缺乏靈活性，限制了政府調節國際收支甚至調節宏觀經濟的能力，穩定匯率的義務還給有限的外匯儲備造成巨大的壓力。最後，開放資本項目和國內金融市場雖然方向正確，但開放得過早、過快卻會帶來弊端。泰國是從20世紀90年代初開放資本帳戶的，但由於開放的時機還不成熟，從而對國際投機資本的衝擊開啓了大門。

實行對外開放，不是一項發展經濟的臨時措施，而是加速經濟發展的長期戰略。但是，在開放條件下，一國的全面均衡既涉及內部均衡，也涉及外部均衡，加之影響內部均衡的因素同樣會影響外部均衡，影響外部均衡的因素同時也影響著內部均衡，因此，無論是外因還是內因，對泰國金融危機的爆發，都有著同等重要的催化作用。

二、泰國金融危機的傳導與治理

泰國金融危機爆發後，迅速傳播到了東南亞的其他國家，東南亞金融危機宣告全面爆發。國際經濟一體化和經濟全球化加深了各國民經濟之間的的相互依賴和相互聯繫，危機從一國傳導到另一國是難以避免的；同樣，治理危機也不是一國可以獨立承擔的，它需要各國之間的友好合作和積極協調。

1. 泰國金融危機的傳導

泰國是東盟成員國，他在國際貿易領域和國際金融領域與東盟的其他成員國之間存在著緊密的聯繫。正是通過這些聯繫渠道，泰國不僅將自己良好的經濟形勢，而且也把自己有害的金融危機傳遞到其他成員國，也就是說，成員國相互間的緊密經濟聯繫，為泰國金融危機在東盟各成員國之間的傳播提供了有利條件，其中，泰國金融危機對菲律賓、印度尼西亞、緬甸、馬來西亞等國貨幣市場的衝擊特別明顯。迫於對比索的投機壓力，菲律賓央行於7月11日宣布允許比索匯率在更大的範圍內波動，當天比索暴跌至29.45比索兌1美元，跌幅達11.5%，創4年來的最高跌幅。7月14日，印度尼西亞宣布放棄印尼盾與美元之間的固定比價，印尼盾大幅貶：從1997年5月份的2,240盾兌換1美元降至1998年初的10,550盾兌換1美元。7月11日，緬甸緬元也受到打擊，從160緬元兌換1美元下降到240緬元兌換1美元。馬來西亞中央銀行也於11日決定將銀行利率從前一天的9%上調至50%，以抑制猖獗的市場投機，試圖維護2.550林吉特兌換1美元的心理關口，阻止林吉特的進一步貶值；但是，林吉特還是貶值了22%，對美元的匯率跌至1973年以來的最低點，約3.23林吉特兌換1美元。即使是經濟發展比較好的新加坡，到1997年11月初，其貨幣也貶值5%左右，到12月底，貨幣貶值20%。與1996年12月的匯率相比，到1998年1月初，泰銖貶值52.02%，馬來西亞林吉特貶值45.98%，印尼盾貶值74.48%，菲律賓比索貶值41.32%。在東南亞貨幣貶值的同時，這些國家的證券市場也出現了動盪，泰國、菲律賓、印度尼西亞和馬來西亞的股市價格均告下跌。

泰國金融危機在東盟成員國中的傳播，是在短時期內迅速完成的，其傳導機制是什麼呢？

東盟全稱東南亞國家聯盟，成立於1967年，創始成員國有印度尼西亞、馬來西

亞、菲律賓、新加坡和泰國，後來，汶萊、越南、寮國和緬甸也先後加入了該組織。首先，泰國的金融危機是通過他與東盟成員國之間的貿易金融聯繫傳播的。以寮國為例，泰國是寮國最大的貿易夥伴和最大的投資者，投資項目近300項，投資總額近20億美元，泰國商品在老撾市場的佔有量超過70%。正因為如此，泰國金融危機很快波及寮國經濟。寮國貨幣大幅度貶值，建設工程項目，如南通河梯級電站、50萬噸水泥廠、市政改造工程、工路擴建工程、部分農林工程項目等大量下馬或延期，市場蕭條，商店倒閉。此外，由於寮國的主要出口對象就是東盟其他成員國以及日本、韓國、臺灣等這些已經發生金融危機或已經受到金融危機衝擊的國家和地區，寮國的出口商品市場急遽萎縮，整個經濟遭受沉重打擊。

其次，東盟各成員國所實行的經濟政策具有許多共同點，比如，都實行將本國貨幣與美元緊密掛勾的匯率製度，使本國難以依據宏觀經濟形勢靈活地應用調節政策；普遍利用高利率吸引外資，大量舉債，泰國在金融危機前的外債達到近900億美元，印度尼西亞更多，達1,361億美元，馬來西亞也達到了290億美元；外債在GDP中的比重，泰國為50%，菲律賓為53%，印度尼西亞為48%，馬來西亞為36%，過量借用外債，使風險陡增，加重了企業負擔，產品由此失去競爭力；在金融監管體系並不健全的情況下過早、過快開放國內金融市場，1996年，泰國和印尼股市的外來投資已經分別占到34%和59%，而且，多數成員國在20世紀80年代中期就放鬆了對外資流動的限制，菲律賓甚至在20世紀60年代初就取消了外匯管制。宏觀調控能力削弱，使得國家無法控製外匯的輸出輸入，這就為短期資本的衝擊提供了有利條件。東盟成員國經濟政策上的共同點，為國際投機資本的連續而廣泛的攻擊提供了良機。

最後，東盟成員國對美國以及歐盟各國市場的普遍依賴也是造成泰國金融危機產生多米諾骨牌效應的重要原因。東盟各國的外貿商品，一方面主要出口到美國和歐盟各國，而這些國家因種種原因而市場容量有限；另一方面，其出口商品結構又與其他許多發展中國家的出口商品結構相重疊，因而在國際市場上遇到激烈的競爭，尤其是在其失去工資成本優勢的情況下，東盟各國的產品競爭力相對下降。上述兩方面的因素，使得東盟各國出口額難以像往常那樣增長，其結果不僅僅是外匯儲備減少，而且嚴重影響了自身經濟的發展，抵禦外來影響的能力大大削弱。正是在這種特定的情況下，泰國金融危機才得以迅速波及開來，使東盟各成員國的經濟遭受沉重打擊。

總的來說，在國際經濟一體化和經濟全球化條件下，政府的干預作用大為減弱，自由化趨勢得到加強，商品以及資本、勞動等生產要素的國際流動性日益增強，特別是其中的短期資本在利益的驅使下在世界各地四處遊蕩；這一方面可以使資源配置更為合理，使要素生產率和整個世界的福利水平得以提高，但另一方面，也使得各國民經濟更加相互依賴因而也更為脆弱，任何一個國家的經濟問題都可以借助這些聯繫渠道傳播到另一個國家去。

2. 東南亞金融危機的治理與國際協調

泰國金融危機的影響所及決非僅僅是東盟各成員國。東南亞及亞洲的其他國家和地區、拉美地區、西歐發達國家，甚至整個世界經濟，都感受到了泰國金融危機的衝

擊及其傳導力量，國際貿易和各國經濟的發展受到嚴重阻礙。因此，協助和配合東南亞國家化解其金融危機，幫助這些國家擺脫其困境，是世界上其他所有國家和國際貨幣基金組織的的共同願望，特別是，發達國家和國際貨幣基金組織也負有特殊的責任。

從發生金融危機各國的情況來看，危機使外匯儲備大量流失。據統計，危機開始時，為維護本國貨幣穩定，東南亞各國動用了數百億美元的外匯儲備。其後，也就是在穩定匯率失敗之後，貨幣貶值又使各國的外債規模憑空大幅增加；同時，泡沫經濟的破滅和股市的暴跌使得股票市值的損失更是難以估量，大型基礎設施項目多數停建或緩建，社會固定資本投資大幅下降；不少公司紛紛倒閉，尤其是銀行業和房地產業的發展陷入了空前的困境。居民收入下降，社會購買力降低，出口受阻，內需不足，經濟發展減緩、停滯甚至負增長。經濟形勢的惡化以及對經濟發展前景的悲觀預期，使投資者的信心受到沉重打擊，外商投資減少甚至大幅撤資。根據國際金融協會報告，由於金融危機的影響，與 1996 年相比，印度尼西亞、菲律賓、馬來西亞等國 1997 年的私人資本流入減少了 1,000 億美元；1997 年泰國資本外流淨額達到 164 億美元。外資的減少甚至撤出無疑將會加劇東南亞國家的資金短缺程度，並將嚴重阻礙生產力和經濟的恢復與發展。因此，危機發生國也期望得到國際社會的幫助以重新啟動經濟。

正是上述情況，使得相互合作和國際協調變得既是十分必要，也是完全可能。為了盡快擺脫金融危機所帶來的困境，東南亞各國在調整本國政策的同時，一方面努力加強地區間的合作與協調，另一方面，也積極尋求國際支持。在泰國金融危機發生之後，危機的迅速蔓延和巨大影響引起了國際社會的高度重視，各國和國際金融機構立即採取了相互合作和協調的行動：泰國、新加坡等亞洲 10 國和地區金融當局簽訂了貨幣回購協議，以便共同防範金融風險，聯合對抗投機風潮；泰國和日本達成協議，日本同意將採取一攬子援助泰國貨幣的措施；東盟外長會議與亞太地區央行行長會議取得了一致意見，要求加強協調，支持東南亞國家的貨幣穩定；由國際貨幣基金組織和日本政府共同主持召開了有亞太 10 個國家和地區的國際會議，會議決定向泰國提供 160 億美元的緊急經濟援助計劃；為了幫助菲律賓央行維持比索的穩定，國際貨幣基金組織向菲律賓提供了 10 億美元的貸款；中國政府也採取了真誠的合作態度，一方面向危機受害國提供貸款，另一方面，也是更重要的，是穩定人民幣匯率，以幫助泰國等東盟國家盡早走出危機。

通過對泰國以及東南亞金融危機的分析，我們可以清楚地看到，在開放經濟條件下，不僅內部因素而且外部因素，它們都能夠使一國的經濟失衡；同樣，一國經濟的失衡，也能夠迅速傳導到其他國家，從而不僅使本國的經濟利益遭受損失，而且也能使其他國家的經濟甚至整個世界經濟的發展受到阻礙；在這種情況下，如果各國以及國際經濟組織不採取合作的態度並進行政策協調，失衡問題就有可能在各國之間反覆振盪、放大，從而造成更嚴重的危害。在國際經濟一體化的條件下，在一個相互依賴的世界上，國際經濟非均衡傳導是難以避免，對其化解來說，國際合作和政策協調

是必不可少的。

文獻擴展　國際經濟政策協調理論沿革與新進展

　　Fisher（1987）認為國際宏觀經濟政策協調的宗旨在於國家間通過對各自政策制定及其效果的協調而達成雙贏，其協調途徑主要通過外交談判、雙邊或多邊峰會以及國際組織等。伴隨著歐盟和歐元區的成立、美國與美元危機的不斷深化以及新興發展中國家的快速崛起，作為全球經濟協調機制，國際經濟政策協調理論也在實踐應用中不斷遇到新問題並形成新的研究熱點。因此，在闡述國際經濟政策協調機制最新進展之前，有必要先對其理論沿革進行分析。

理論沿革

（一）關於國際經濟政策協調必要性的爭論

　　關於國際經濟政策協調的必要性，學術界曾有過激烈的爭論。Vauble（1983）認為國際經濟政策協調在當前的國際環境中似乎是不被需要的，因為它限制了國家間的自由競爭，並且由於政府間的政策共謀反而會增加通脹的風險，貨幣發行當局發布通脹的可信度也大為降低。Feldat Ein（1988）也曾指出：「我相信國際經濟政策協調的諸多益處都是錯誤的和具有風險的，而且過多關注國家間的政策協調會削弱對本國政策進行調整的關注度。」

　　對於上述質疑，Kenen（1990）在隨後幾年的研究中進行了強有力的反駁。他認為：「在浮動匯率制下，各國自行制定經濟政策只有在各國的經濟體總量都相對較小的時候才是最優的，一旦小國變成經濟大國，國家間經濟結構的相互依存就會上升為政策的相互依賴，到那時，一國的經濟政策將必然影響到其他國家政策的制定與實施。」

　　除此以外，通過對文獻進行梳理，筆者發現更多的學者是從政策制定具有「溢出效應」這一視角出發去駁斥國家間無需進行政策協調這一觀點的。由於外部性和公共產品特徵的存在，一國的政策行為會對另一國產生溢出效應，這種溢出效應可能來自財政、貨幣、稅收、貿易、產業政策的變動，因此宏觀經濟政策的國際協調是必須的（喻國平，2009）。在前述學者所作研究的基礎上，Etro（2001）對溢出效應政策及其影響作出了更為精確的解讀。他認為溢出效應經濟政策包括負溢出效應政策（Beggar-thy-neighbor Policy）和正溢出效應政策（Prosper-thy-neighbor Policy）兩種形式。若一國制定的經濟政策給他國帶來了積極的影響，則稱之為正溢出效應經濟政策；反之則為負溢出效應經濟政策。並且他還指出，只要任何一種形式的溢出效應存在，那麼在不考慮他國經濟政策影響的前提下，一國單獨制定的經濟政策都將是低效的。

（二）博弈論成為促進國際經濟政策協調理論發展的重要工具

　　隨著國際經濟政策協調的深化，傳統一般理論分析的局限性日益顯現，因此博弈論被引入了經濟政策協調的分析中。王悅（2007）對博弈論在西方國際經濟政策協調理論中的應用作了較為詳細的闡述：「西方經濟學家中最先把博弈論引入國際經濟政

策協調分析中的是 Tibor Scitovsky 和 Harry Gordon Johnson，他們於 1942 和 1953 年從博弈論的角度對國際貿易衝突進行了探索性分析。在理查德·庫珀與日本經濟學家濱田宏一（Koichi Hamada）分別於 1968 年和 20 世紀 70 年代末從博弈論的角度對國際經濟協調進行了策略性的分析之後，Canzoneri 和 Gray（1985）等人也對此進行過研究。上述學者的研究結果都表明，合作的結果優於非合作的結果，政策協調對雙方經濟都是有益的。

但正如對國際經濟政策協調是否必要這一問題存在爭論一樣，基於博弈論方法是否能夠得出參與博弈一定比單獨行動更容易降低各自福利損失同樣存在質疑。Rogoff（1985）根據所建立的福利損失函數模型得出結論：「兩國間貨幣政策的協調博弈可能會造成央行與私人部門之間的互不信任，從而並不能自動增加兩國中任何一個國家的福利。」隨著 20 世紀 80 年代中期以後「跨期」研究在經濟學界的日益興起，基於博弈理論的國際宏觀經濟政策協調研究已經從靜態博弈轉向了動態博弈。由於預期的存在，政府會單方面調整其政策，從而使得政府在第 t 期時經過協調而達成的政策在 t+1 期可能已非最優政策，國際政策協調效力大減（McKibbin, 1997）。

（三）歐洲貨幣與經濟一體化豐富國際經濟政策協調理論的內涵與實踐

作為區域經濟一體化最為成熟的地區，歐洲貨幣與經濟一體化的加速，特別是歐元區的建立極大地豐富了國際經濟政策協調理論的實踐及內涵。歐元的推出以及歐元區的建立使得歐洲國家間經濟政策的協調突破了單一財政政策協調框架的束縛，轉而思考如何說服成員國在貨幣、稅收以及結構性政策工具等更廣泛的領域達成政策共識。Jacquet 和 Pisani-Ferry（2000）就此提出了政策「協調文化（Culture of Coordination）」這一概念，試圖從意識形態角度出發去最大限度地削減成員國之間在經濟政策上進行協調的障礙。不過，實踐表明，雖然歐盟成員國在經濟政策協調領域已作出了巨大努力，達成了若干共識，但始終沒有成功打造出一套真正的政策「協調文化」，結果導致成員國沒有足夠的動力基於共同利益去交換信息，進行談判並制定其國內經濟政策。對此，他們提出了幾項具體措施：發展超出一般程序與標準的經濟政策協調哲學；各國政府以及歐洲中央銀行的政策制定應更加透明，更具可預見性；實施統一經濟政策。

國際經濟政策協調的進展

（一）從 G7 到 G20——國際經濟政策協調體系格局發生變化

在應對這場自 20 世紀 30 年代大蕭條以來最嚴重的金融危機的過程中，由發達國家組成的七國集團（G7）所構成的國際協調框架顯得越來越力不從心，而包括了主要發達國家和主要新興國家的二十國集團（G20），則開始在協調全球應對金融危機方面發揮越來越重要的作用。Payne（2008）指出，G20 集團的作用毫無疑問是重要的，不僅因為它的人口占世界的 65% 以及 GDP 總量占世界的 87%，更是因為它是對傳統國際事務決策體系的一種擴展。在 2008 年 11 月中旬的金融市場與世界經濟峰會上，G20 國家領導人一致認為，為了更好地應對全球金融危機，國家間更緊密的政策協調是十分必要的。此次峰會的最重要成果《金融市場與世界經濟峰會宣言》（Declaration Summit On Financial Markets And The World Economy）不僅分析了金融危機的根源並提出了應對措施，而且還提出了未來改革全球金融系統的諸多可行方案。雖然此次峰會所達成的宣言只是框架性的，但是此次峰會意義重大。發達國家和發展中國家首次以首腦會議的方式共同應對全球金融危機並商討國際金融體系改革方案，這象徵著發展中國家在政策協調中的地位得到顯著提升，國際經濟政策協調格局正醞釀著根本性的改變。

（二）中美政策協調對危機後國際事務走向仍起「風向標」作用

在承認多邊協調機制效力的同時，不能否認大國間的雙邊政策協調仍將對當前國際經濟事務的決策施加最為直接的影響。其中，隨著中國經濟大國化趨勢的迅猛發展，中美之間的經濟政策協調在後危機時代將對國際事務的走向仍起到「風向標」的作用。G2概念的提出似乎印證了這種觀點，儘管過早扮演這樣一個角色對於目前的中國來講是不公平的，但兩國緊密的經濟聯繫的確決定了兩國經濟政策協調不可避免地成為全球的焦點。

後危機時代，國際貿易保護主義勢力抬頭，美國開動印鈔機大肆向其國內以及國際資本市場中注入流動性，貿易失衡問題仍未得到有效解決以及對中國匯率問題的持續關注等若干問題使得中美經貿關係更加緊密，從而加強中美宏觀經濟政策協調顯得更為迫切。Dumbaugh（2009）指出，中美目前的雙邊經貿關係比過去任何時期都更加緊密。中國是美國第二大貿易夥伴和第二大債券持有國；同時，中國的經濟增長也高度依賴美國的投資和進口。國內學者唐小鬆將中美經濟關係上升為「戰略共生」關係，這種關係決定了兩國的戰略佈局及實施需要互相配合，相互借重。

（三）現有國際宏觀經濟政策協調機構亟待改革

戰後建立的國際貨幣基金組織（IMF）、世界銀行（WB）、關稅與貿易總協定（GATT）以及後來的世界貿易組織（WTO）、聯合國（UN）的有關職能部門，一直以來都是全球宏觀經濟政策協調和監督的主要機構。其中，IMF在國際宏觀經濟政策協調中曾扮演著不可替代的角色（黃梅波，陳燕鴻，2009）。作為布雷頓森林體系重要組成部分的IMF在建立之初就將其追求的最終目標定義為「通過穩定的匯率與保護自由貿易促成全球的共同繁榮」。其主要職責在於通過收集和分析相關統計資料制定經濟報告為各國提供政策制定的建議和提供借款。然而，20世紀70年代中期以來，隨著世界主要發達國家向IMF借款的動機日益衰落，在這些國家眼中IMF所提供給他們的那些政策建議更像是一種「喋喋不休」，不再具有威懾力。「華盛頓共識」似乎已經被其他國家全盤採納了。從此，IMF的主要工作對象就從發達國家轉向了發展中國家，其主要職責也變成了通過向這些國家提供借款以緩和他們的債務危機，進而撫平世界金融體系的脆弱性。不過，西方主要發達國家的自滿和由西方發達國家構建起來的全球金融系統已經被證明是盲目的和不完善的。近些年來，隨著全球金融一體化進程的加快，各國股票和債券市場聯繫日益緊密，一旦一國產生金融危機，其他各國將無法獨善其身。此次發源於美國的次貸危機在短時間內迅速蔓延全球從而發展成為世界金融危機就是一個鐵證。可見IMF的監管不能過分強調對發展中國家和新興市場

經濟國家的監管，從而忽視對現有西方金融體系和主要儲備貨幣發行國的監管。

IMF管理改革委員會於2009年3月發布的《IMF改革最終報告》中指出，全球經濟已經進入了一個史無前例的混亂狀態，主要表現為全球經濟有持續低迷預期、金融脆弱性和社會不穩定性不斷增強以及世界主要經濟體之間宏觀經濟政策協調效率低下。因此，世界需要一個更加強勁有力的多邊協調機構去緊密聯繫各個國際組織和標準制定機構去監控風險、管理危機、協調政策、制定金融體系運行規則與標準。

最終報告進一步指出，IMF正是這樣一個協調機構，但其改革也勢在必行。最終報告建議的具體改革措施主要包括：設立部長委員會論壇去協調各國政策從而促進金融體系穩定；將監管範圍從匯率監管擴大到各國宏觀經濟政策的制定以及金融溢出效應；徹底改革現有治理結構，而非僅僅給現有管理部門重新「貼上標籤」；將重要決策的投票權由原來的85%投票權通過降低為70%~75%的投票權通過，旨在推進決策民主化進程等等。

(四) 歐債危機推動國際經濟政策協調向縱深發展

歐債危機使正在從全球金融危機陰霾中尋求崛起的世界經濟更加步履維艱。希臘主權債務危機爆發以來，經過一年多的努力，歐盟不但沒能順利解決希臘債務問題，反而使危機傳染至更多國家。究其原因，歐元區內不同經濟發展程度國家間缺乏經濟與貨幣政策的統一協調是不可否認的重要因素。歐元及歐元區誕生之初，人們對其經濟一體化的前途更多是持樂觀態度而非擔憂。正如筆者在上述分析中闡述的那樣，歐洲經濟一體化的進程確實給國際經濟政策協調理論的不斷豐富創造了現實基礎，但其區域內還沒有形成一種真正的「協調文化」。

協調文化發揮作用需要製度的保障。歐元區自誕生以來，從未設定應對債務危機的情景假設，因而既沒有建立一個統一的歐元區經濟政府，也沒有設立發行歐元區債券為政府融資的機制，顯然對未來可能產生的危機情況考慮不足。歐央行面對經濟發展程度差異較大的各成員國，很難制定統一協調的政策以滿足各成員國經濟發展需要。文學和郝君富（2012）認為，成員國經濟政策的不協調還嚴重影響了歐洲中央銀行的獨立性。按照歐盟條約的規定，歐洲中央銀行應該是具有高度獨立性的金融機構，它對歐元起到保證幣值穩定，抑制過高通貨膨脹的作用，是關係到歐元能否穩定運行的關鍵和基礎。但是從實際情況來看，利益的差異性使歐洲中央銀行運作的獨立性大打折扣。由於各國對貨幣政策的要求不同，因此都盡可能影響歐洲中央銀行採取對本國有利的貨幣政策，從而影響了歐洲中央銀行的獨立性。有些國家在失去貨幣調控的手段後，只能利用其他手段來適應本國經濟發展的要求，這些手段也經常與歐洲中央銀行的貨幣政策相抵觸，從而大大降低了貨幣政策的效果。

伴隨歐債危機的不斷升級與全球性蔓延，國際社會包括二十國集團成員要在歐洲自己加大努力，增強應對歐洲主權債務危機防火牆力度的基礎上，加強國際政策的協調，加強國際貨幣基金組織的融資能力，構築一道世界的防火牆。各國應保持主要儲備貨幣匯率穩定，減少國際資本套利流動，防範全球性通脹風險，為遏制危機蔓延，推動全球經濟強勁、可持續、平衡增長做出積極貢獻。

結論

本文梳理了國際經濟政策協調發展的主要歷史背景、理論沿革與最新發展。政策協調的有效性曾受到一些經濟學家和政策制定者的質疑，但正如對要自由市場還是要政府管制的討論一樣，歷史經驗和現實世界經濟發展的各個層面都呼喚國際間政策協調的進一步發展。理論層面，博弈論的成功引入無疑起到了助推國際經濟政策協調理論不斷向前發展的作用。

全球金融危機爆發以後，國際經濟政策協調發生了嶄新的變化，其協調格局與層次都得到了進一步的拓展和深化：經濟政策協調的格局從傳統的G7邁向了更具包容性和前瞻性的G20協調格局；中美兩國間的「大國協調」具有引領和導向作用；IMF等國際協調機構的現有運行機制與政策已經不能滿足當今世界經濟發展的需要而亟待改革；歐債危機不僅促進歐元區，更使得整個國際間經濟政策協調向縱深發展。

資料來源：http://www.lwlm.com/guojijingji/201205/650172.htm.

基本概念：

國際非均衡傳導　宏觀經濟學　貿易乘數　蒙代爾法則

思考題：

1. 何為國際經濟非均衡傳導？傳導的基本原因是什麼？傳導的渠道是什麼？
2. 請寫出簡單的開放國民收入模型。
3. 請寫出擴大的國民收入模型並說明其含義。
4. 請從國際商品流動這個角度，說明非均衡國際傳導的機制。
5. 貿易乘數的基本含義是什麼？請寫出其數學表達式並說明其含義。
6. 貿易乘數評述。
7. 國際經濟傳導的含義是什麼？
8. 簡述宏觀經濟目標。
9. 請用斯旺圖示說明宏觀經濟政策選擇的兩難性。
10. 請闡述蒙代爾法則。
11. 簡述國際經濟政策協調的原因。
12. 泰國金融危機產生的原因是什麼？
13. 泰國金融危機在東南亞迅速傳播的主要原因是什麼？

網路資源：

Data on the current account, budget balance, and growth of the GDP of the United States that can be used to examine the relationship among them are found on the Bureau of Economic Analysis, the Penn World Table, and the Federal Reserve Bank of St. Louis web sites, respectively, at:

http://www.bea.doc.gov

http://research.stlouisfed.org/fred2

Information and data on the conduct and effectiveness of fiscal and monetary policy in industrial nations can be found on the web sites of the Bank for International Settlements (BIS), the Organization for Economic Cooperation and Development (OECD), and the National Bureau of Economic Research (NBER), respectively, at:

http://www.bis.org

http://www.oecd.org

http://www.nber.org

Data on exchange rates (daily, monthly, and tradeweighted average from 1971 or 1973) for the United States and the world's most important currencies, as well as data on current account balances, that can be used to find the effect of exchange rate changes on the trade and current account balances of the United States and other nations are found on the Federal Reserve Bank of St. Louis web site at:

http://research.stlouisfed.org/fred2

Some recent studies on the effect of international trade and finance on the U.S. economy are found on the web sites of the Peterson Institute for International Economics and the Council of Foreign Relations at:

http://www.iie.com

http://www.cfr.org

Data to examine the effect of changes in the trade and current account balances on the economy of theUnited States are found on the Bureau of Economic Analysis and the Federal Reserve Bank of St. Louis web sites, respectively, at:

http://www.bea.doc.gov

http://www.stls.frb.org

Trade data to examine the economic impact of a change in the trade and current account balances on the economies of the European Monetary Union and Japan are found on the web sites of their central bank, respectively, at:

http://www.ecb.int

http://www.boj.or.jp/en/index.htm

Data for measuring the effect of the financial crisis in Mexico, Latin America, and other emerging markets are found on the web sites of the Inter-American Development Bank and the Asian Development Bank at:

http://www.iadb.org

http://www.adb.org

Data on the current account, budget balance, and growth of the GDP of the United States that can be used to examine the relationship among them are found on the Bureau of Economic Analysis and the Federal Reserve Bank of St. Louis web sites, respectively, at:

http://www.bea.doc.gov

http://www.research.stlouisfed.org/fred

Information and data on the conduct and effectiveness of fiscal and monetary policy in industrial nations can be found on the web sites of the Bank for International Settlements (BIS), the Organization for Economic Cooperation and Development (OECD), and the National Bureau of Economic Research (NBER), respectively, at:

http://www.bis.org

http://www.oecd.org

http://www.nber.org

Information on the specific monetary policies conducted by the world's most important central banks is found at:

http://www.federalreserve.gov/policy.htm

http://www.ecb.int

http://www.boj.or.jp/en/index.htm

On inflation targeting, see:

http://www0.gsb.columbia.edu/faculty/fmishkin/PDFpapers/01ENCYC.pdf

http://www.imf.org/external/np/seminars/eng/2011/res/pdf/go2.pdf

http://www.federalreserve.gov/boarddocs/speeches/20030325/default.htm

第九章　國際經濟一體化與國際經濟秩序

　　第二次世界大戰以後，隨著跨國公司和國際投資的發展以及要素國際流動性的不斷增強，各國經濟聯繫日益密切，國際經濟一體化隨即興起並迅速發展起來。國際經濟一體化的形式不僅有區域性的經濟一體化組織，如20世紀50年代的歐洲自由貿易區和歐洲經濟共同體、20世紀80年代的北美自由貿易區和20世紀90年代的亞太經合組織等；而且還有包括世界各類國家參加的國際經濟組織，如國際貿易組織、國際貨幣基金組織和世界銀行等。國際經濟一體化的發展，對國際經濟產生了巨大的影響。

　　與此同時，由於國際經濟不平衡的發展和各國經濟力量對比的變化，國際經濟關係隨之演變，整個國際經濟秩序也發生著實質性的轉換。一方是發達國家為尋求新的利益增長點，要求營造新的經濟聯盟，打破原有的格局；而另一方是廣大的發展中國家，其經濟發展水平與發達國家的差距逐漸拉大，他們也要求打破原有格局，建立新的國際經濟秩序。

　　因此，在國際經濟一體化條件下，如何使國際經濟向著開放、自主、相互依賴、相互制約的方向發展，同時又兼顧多方利益開展互惠互利的公平貿易，創造「大國不逞強，小國不言弱」的良好局面，已成為國際經濟研究的重要課題，值得我們廣泛地探索和深入地研究。

第一節　國際經濟一體化

　　各國經濟日益開放，商品貿易和要素國際流動日益自由化，國際經濟一體化已經成為一種非常普遍的經濟現象，並代表著國際經濟發展的一個重要方向。本節將詳細介紹國際經濟一體化發展的基本情況；著重分析區域經濟一體化條件下關稅同盟的經濟效應以及給成員國和同盟外國家帶來的經濟影響；介紹、分析歐洲經濟聯盟的發展進程及重要的經濟措施和手段。

一、國際經濟一體化概述（Economic Integration）

　　第二次世界大戰後，隨著各國經濟的恢復和發展，國際市場競爭更加激烈，國際投資活動中作為國際直接投資載體的跨國公司非常活躍，已成為資本國際流動和生產國際化的主要推動力量。不過，從根本上來說，經濟一體化的發展是與戰後第三次科學技術革命的開展和生產力水平的提高聯繫在一起的。

1. 國際經濟一體化辨析

如果一些國家結成了經濟一體化，即意味著這些國家部分地實現了貿易自由化。但究竟什麼是經濟一體化呢？這一概念至今都還未有統一的見解。由於經濟一體化正處在發展過程中，這一概念既是一種狀態，又可以是一個過程。作為一種狀態是指各相關國家在共同利益的基礎上，建立由各國政府授權的統一機構，根據平等、自由和互利原則，制定統一的經濟行為準則來規範和引導各國經濟的發展。而作為一種過程則指在一體化內部，各國之間的經濟關係逐步從低層次、小範圍、自由化程度低的經濟聯繫向高層次、大範圍、自由化程度高的經濟聯繫推進的過程。

從廣義上說，經濟一體化是指經濟在國際範圍的一體化。世界各國互相開放商品、投資、金融、服務等領域，形成一個相互依賴、相互聯繫的有機體，共同確定和維繫各國間的經濟秩序，如世界貿易組織（WTO）、國際貨幣基金組織等全球性的經濟組織。這種經濟一體化的形式，在多數情況下我們把它稱作國際經濟一體化。而狹義上的經濟一體化即區域經濟一體化，主要是由毗鄰的一些國家組成，有比較行之有效的管理機構，規定有比較具體的共同目標和實施步驟。在這種形式下，一體化的成員國一般都要讓渡一部分國家主權，如關稅政策的制訂權，以便為實現某些共同目標而制定一些共同的經濟政策或採取一些共同的經濟措施，如目前的歐洲經濟聯盟、北美自由貿易區等區域經濟一體化組織。

這種廣義和狹義的經濟一體化，與西方經濟學界製度派和功能派的觀點非常的相似。製度派認為，經濟一體化是包含著堅定的製度性目標的國際間的統一體，這個統一體是指僅在成員國之間實行減少或消除貿易壁壘的貿易政策，即認為它是地區性的自由貿易而非全球範圍的自由貿易；而功能派則認為經濟一體化是全球範圍的自由貿易和自由競爭。由此認為國際經濟一體化就是各國在自主自願的基礎上形成經濟聯盟的事態或過程。

實際上，經濟一體化存在著國際經濟一體化和區域經濟一體化兩種情況，而非製度派和功能派所認為的國際經濟一體化或區域經濟一體化的單一情況。國際經濟一體化和區域經濟一體化在戰後幾十年並行不悖，互相促進。兩者都積極倡導開放經濟、自由貿易，只是國際經濟一體化是力求在全世界範圍內實行經濟一體化、貿易自由化，而區域經濟一體化的經濟一體化和貿易自由化僅限於某一地區範圍內。但是區域經濟一體化的運行並不違背國際經濟一體化的精神和理念，凡是國際經濟組織所制定和簽署的條款與協議，區域經濟組織都執行不誤，比如關貿總協定主持下的關稅減讓一經確立，歐盟各成員國都必須按照關貿總協定的規定對非成員國實行關稅減讓。同時，區域經濟一體化與國際經濟一體化相比較，前者的一體化程度要高得多，它具有較嚴謹的機構體制和較明顯的強制性，而後者則主要是通過協議來約束成員國的經濟行為，其組織形式較為鬆散，一體化的程度相對較低。另外，這裡所說的國際經濟一體化組織與區域經濟一體化組織不具等同性。對於區域經濟一體化來說，其組織形式具有唯一性；國際經濟一體化則不然，其組織形式具有多樣性，或者根本無需什麼組織，因為隨著科學技術的進步和生產力水平的提高，各國之間的經濟聯繫必然越來越

密切，相互聯繫、相互依賴的關係不斷加強，國際經濟一體化的程度必然會不斷提高，然而，這並不一定有或必須得有相應的機構來加以表現或加以組織、引導和管理。

我們看到，國際經濟一體化和區域經濟一體化有著密切的聯繫，但是，國際經濟一體化並不等於區域經濟一體化，它們有著相似之處，但又是兩種不同的國際經濟現象。國際經濟一體化涉及全世界所有國家，它是指各國經濟發展之間互相聯繫、相互依賴這樣一種關係不斷加深的現象或過程；而區域經濟一體化僅僅涉及世界上的某一地區，是指地理位置鄰近的兩個或兩個以上的國家或地區，為適應經濟生活國際化的需要，在自願簽訂協議的基礎上結成的經濟聯盟。區域經濟一體化組織雖然執行內外有別的歧視性政策，存在著排他性，但國際經濟一體化與區域經濟一體化之間的關係，是一般與個別的關係，區域經濟一體化並不排斥國際經濟一體化，它們之間存在著加深各國之間經濟聯繫的共同性與一致性，區域經濟一體化的發展仍然有利於國際經濟一體化。這就是說，較之於世界各國之間的經濟聯繫，區域經濟一體化組織成員國相互之間的經濟聯繫更為密切，區域經濟一體化的一體化水平高於國際經濟一體化，否則，區域經濟一體化就沒有出現和發展的必要。因此，區域經濟一體化的普遍發展，勢必在總體上提高國際經濟一體化的水平和促進國際經濟一體化的發展。鑒於區域經濟一體化組織成員國相互之間的經濟聯繫要密切得多，國際經濟一體化的發展和一體化水平的提高，反過來也會促使區域經濟一體化的發展和一體化水平的提高。

另外，我們還注意到，區域經濟一體化是地理上相鄰各國為經濟利益而結成的一種經濟聯合體，但它又不僅僅是一個單純的經濟組織，很多時候區域經濟一體化都會表現出強烈的政治傾向和強大的政治勢力。以歐共體為例，它成立的一個重要原因是由於政治上的需要，而目前強大的歐盟在全球範圍內的實力和地位可謂不言而喻，它們經常利用其政治勢力為其經濟利益開道。

2. 經濟一體化的發展及其組織形式

經濟一體化在產生和發展的過程中形成了一些各具特色、影響廣泛的一體化組織，特別是20世紀80年代後，區域經濟一體化的影響不斷擴大和加深，引起了人們的密切關注。在這些組織中，區域一體化特徵較為明顯和突出的有歐洲的歐盟、北美的北美自由貿易區、亞太地區的亞太經合組織。同時，國際經濟一體化的經濟組織形式也有了新變化，這一內容我們將在本章的第二節中詳細介紹。下面我們將要介紹的是區域經濟一體化的形成發展及其特徵。

這裡首先涉及的是區域經濟一體化的形成與發展，我們重點對歐洲經濟聯盟、北美自由貿易區和亞太經合組織做具體的介紹和分析。

(1) 歐洲經濟聯盟

第二次世界大戰初期，西歐的一些國家因努力恢復經濟而擴大支出，造成了國際收入的不平衡，為解決一系列經濟問題，這些國家著手建立了一種自由化的體系，試圖解決貿易壁壘和數量限制等問題。1951年，法國、原西德、義大利、比利時、荷蘭和盧森堡六國決定建立煤鋼共同市場，簽訂為期50年的《歐洲煤鋼聯營條例》。整個

20世紀50年代，西歐國家在GATT的旗幟下，成功地進行了關稅減讓，極大地消除了貿易壁壘。

為了進一步放寬貿易限制，1957年簽訂了《羅馬條約》，歐共同體正式成立。其最初的成員國有：法國、原西德、義大利、比利時、盧森堡、荷蘭。歐共體成立之後，對內實行自由貿易，對外實施統一關稅。在20世紀五六十年代，這些國家的經濟發展水平及經濟實力有了很大提高。與此同時，歐洲的其他國家為抗衡歐共體，以英國為首，又組建了「歐洲自由貿易聯盟」。

到1973年，英國、愛爾蘭、丹麥也加入歐共同體，而希臘則在1981年成為歐共體的第十個成員國，到了1987年共同體又吸收了西班牙和葡萄牙。最後在1995年時，歐共體又同意奧地利、芬蘭、瑞士成為其成員國，形成了由15個國家組成的歐洲經濟聯盟。

在20世紀80年代前，歐共體致力於兩個方面的建設。一是努力促成工業產品的自由貿易，二是實行共同農業政策，保護農產品市場，促進農業發展。1987年，歐共體制定出《歐共體單一文件》，希望建立統一的內部大市場，在內部建立商品、人員、勞務和資本的自由流動機制。

1993年11月1日，歐共體正式成為歐洲聯盟，標誌著共同體經濟由單純的商品共同市場轉變為涵蓋各國經濟與政治關係的聯盟。

1999年，歐盟實現了它的最高目標，即在成員國內部發行統一貨幣——歐元（Euro）。歐元的出現是歐盟一體化程度加深的標誌。

（2）美加自由貿易區與北美自由貿易區

20世紀80年代，在歐共體進程蓬勃發展之時，美國和加拿大也開始努力尋求相互間的合作。1988年2月，美、加兩國政府簽署了「美加自由貿易協定」，旨在消除兩國間商品貿易、服務貿易和投資、商業、旅遊等方面的障礙。在雙方政府的統一行為準則下，規範私人企業的經濟行為，協調政府的總體經濟政策。核心內容是：從1989—1998年的10年內，逐步削減並取消雙邊貿易的全部關稅，而對外仍然適用各自現行的關稅，同時規定了原產地規則以防止第三國利用這一自由政策逃避關稅。

其後，兩國政府積極與墨西哥政府磋商，謀求建成更大範圍的聯合，組建北美自由貿易區，並於1992年在「美加自由貿易協定」的基礎上實施了「北美自由貿易協定」。「北美協定」的共同目的十分清楚：將貿易轉移到區域內進行，利用工業的互補性改進生產能力，增強競爭性，提高出口產品向其他國家或地區滲透的能力。為實現這些目標，三國經過談判，達到了在15年內逐步消除貿易壁壘的協議，包括：①完全取消進口關稅；②免除絕大多數的非關稅壁壘；③實施明確、有約束性的措施保護知識產權；④建立公平的、反應敏捷的貿易爭端解決機制。同時，要求墨西哥開放墨西哥的電訊、金融和保險業，允許美加兩國公司進行投資和競爭。

北美自由貿易區是發達國家和發展中國家首次建立的製度化區域經濟的聯合組織，是南北合作的一種新嘗試。在貿易區內，三國進行了部門內部、部門之間的國際分工。墨西哥向美加兩國開放了本國的服務市場，以換取其勞動密集型產品在整個北

美市場上的自由進入，並且還獲得了美加資本和技術從亞洲和東歐向墨西哥轉移的好處，在全球最大的、最富裕的市場上獲取利益。與此同時，美加兩國的資本、技術獲得低成本的擴張機會，獵取生產規模擴大的經濟利益，而且在新的貿易規則下，用北美零部件生產出來的最終產品使日本、歐洲跨國公司的最終產品在北美市場上無利可圖，削弱了競爭對手的勢力，使美國和加拿大獲取了雙重效益。

(3) 亞太經合組織

在歐洲和北美區域經濟一體化迅速發展的同時，亞洲經濟大國日本也加強亞洲各國磋合，建立了一個「亞洲經濟共同圈」。其結構設想為：日本領頭、亞洲四小龍和其他國家緊跟其後的「雁行」發展模式，但由於亞洲各國經濟發展水平的差距較大、文化各異，以及歷史原因等背景，這一構想僅停留在「紙上談兵」階段。

儘管如此，1989 年，亞洲及太平洋各國共同成立了鬆散的亞太經濟合作組織部長級會議（APEC），以定期舉行部長級會議商討經濟合作議題來加強各國之間的經濟聯繫。特別是 1994 年 11 月在印尼茂物舉行的亞太經濟合作組織非正式首腦會議發表了《茂物宣言》，明確了亞太地區經濟合作的發展方向和道路。1995 年 11 月，各國又通過了《大阪宣言》及《行動議程》。其核心內容是：發達國家在 2010 年前，發展中國家在 2020 年前，實現貿易和投資的自由化。1996 年的馬尼拉會議，各國通過了 APEC 在經濟技術合作方面的《框架宣言》，制定了經濟技術合作的目標及原則。各國一致同意在人力資源開發、基礎設施建設、環境保護、中小企業發展等領域加強合作。1997 年 11 月 APEC 的溫哥華會議吸收了俄羅斯、秘魯、越南成為新成員，使 APEC 在全球經濟中所占的地位更加重要。1998 年，APEC 吉隆坡會議真正啟動了 APEC 的經濟技術合作，各國之間的經濟技術合作從磋商走向了行動。

在一年接一年緊鑼密鼓的經濟合作磋商中，APEC 正逐漸由鬆散的「會議」形式向有議程、有綱領的一體化組織演變。我們相信，隨著亞太各國加強合作意願的增長，APEC 在促成經濟聯合和貿易自由化方向會取得越來越顯著的成就。

(4) 中國-東盟自由貿易區

中國-東盟自由貿易區，縮寫為「CAFTA」，是中國與東盟十國組建的自由貿易區。東盟和中國的貿易占到世界貿易的 13%，成為一個涵蓋 11 個國家、19 億人口、總 GDP（國內生產總值）達 6 萬億美元的巨大經濟體，是目前世界人口最多的自貿區，也是發展中國家間最大的自貿區。2010 年 1 月，中國-東盟自貿區如期全面建成。自貿區建立後，雙方對超過 90% 的產品實行零關稅。中國對東盟平均關稅從 9.8% 降到 0.1%，東盟六個老成員國對中國的平均關稅從 12.8% 降到 0.6%。關稅水平大幅降低有力推動了雙邊貿易快速增長。中國-東盟自貿區建成後，中國與東盟各國貿易投資增長、經濟融合加深，企業和人民都廣泛受益，實現了互利共贏、共同發展的目標。中國和東盟雙邊貿易總量快速增長。目前，中國已成為東盟第一大貿易夥伴，東盟成為中國第三大貿易夥伴。

建立中國-東盟自由貿易區是中國與東盟關係密切發展的需要，因為中國與東盟國家有著建自貿區的良好基礎：山水相連，息息相關，相互間有著悠久的傳統友誼和

相似的歷史遭遇；資源稟賦各具優勢，產業結構各有特點，互補性強，合作潛力大；在國際社會事務方面有著廣泛的共同語言和共同利益，對經濟發展有著對穩定和增長的共同願望；中國自改革開放以來，積極改善和發展與東盟及其成員國的友好關係，相互間政治關係、經濟關係不斷有新的發展，尤其是自1991年中國與東盟建立對話夥伴關係以來，相互間合作關係進入了一個新的發展階段。

為此，面對世界經濟全球化、區域一體化的快速發展，中國與東盟國家及時做出了正確的戰略決策：積極發展和密切相互間的經貿合作，建立自貿區。

建立中國-東盟自由貿易區，對中國與東盟都有著積極的意義。中國-東盟自由貿易區的建立，一方面有利於鞏固和加強中國與東盟之間的友好合作關係，有利於中國與發展中國家、周邊國家的團結合作，也有利於東盟在國際事務上提高地位、發揮作用。另一方面，有利於進一步促進了中國和東盟各自的經濟發展，擴大雙方貿易和投資規模，促進區域內各國之間的物流、資金流和信息流，促進區域市場的發展，創造更多的財富，提高本地區的整體競爭能力，為區域內各國人民謀求福利。與此同時，中國-東盟自貿區的建立，有利於推動東盟經濟一體化，對世界經濟增長也有積極作用。

最後，我們將簡要介紹一體化程度不同的區域經濟一體化組織形式。

20世紀60年代以來特別是20世紀80年代以來，區域經濟一體化發展迅速，在世界的各個地區，無論是發達國家還是發展中國家，都在積極推進區域經濟一體化進程，建立了許多區域經濟一體化組織。這些區域經濟一體化組織，其一體化程度有高有低。一體化程度的高低，既與現實有關，也與歷史有關；既與經濟有關，也與政治有關；既與成員國的經濟聯繫程度有關，也與成員國最初設定的共同目標有關。根據一體化程度的不同，區域經濟一體化的組織形式可分為優惠貿易安排、自由貿易區、關稅同盟、共同市場、經濟聯盟。

（1）優惠貿易安排（Preferential Trade Arrangement）

其是指在成員國之間通過協定或其他形式，對全部或部分商品規定特別的關稅優惠。優惠貿易安排是一體化程度最低和結構最為鬆散的一種區域經濟一體化組織形式。

（2）自由貿易區（Free Trade Area）

其是一種最普遍的一體化結構。貿易區的所有成員國削減或取消相互之間的關稅，並同時保留各成員國對貿易區外的獨立關稅和其他貿易壁壘，如「歐洲自由貿易聯盟」。在這種區域經濟一體化組織中，成員國自行制定對外關稅。自由貿易區沒有原產地規則的限制，非成員國可以借機躲避高關稅。比如，要將商品出口到一個高關稅成員國，他們可以首先將產品出口到某一低關稅水平的成員國，再經過這個國家轉口到高關稅水平的成員國，這樣就能躲避貿易壁壘的限制。

（3）關稅同盟（Customs Union）

在這一組織形式下，成員國之間全部取消關稅壁壘，實行統一的對外關稅，防止非成員國國家利用轉口貿易饒過貿易壁壘的限制，排除非成員國的競爭，因而關稅同

盟的實質是對內部實行自由貿易，對外實行更有效的貿易保護。但是關稅同盟比自由貿易區在自由化方向更進一步，更接近於經濟一體化的目標。如 1947 年，盧森堡、荷蘭、比利時組成的關稅貿易區和 1958 年建立的歐共體都屬於這一層次上的區域經濟一體化組織形式。

（4）共同市場（Common Market）

在共同市場中，取消了成員國之間的所有關稅和非關稅措施，實行統一的對外關稅，並採取統一的對非成員國的外部經濟政策，而且同盟代表各國與非成員國進行貿易談判。在這種一體化形式下，各成員國要讓渡一部分國家主權，使經濟一體化具有超國家的性質。歐洲經濟共同體可堪稱這一形式的典範。

（5）經濟聯盟（Economic Union）

其是目前一體化程度最高的區域經濟一體化組織。它不僅具有上述共同市場的所有特徵，而且在成員國之間要實行統一的經濟政策，維護成員國之間的貨幣穩定，協調和制定共同的經濟政策和社會政策，逐步廢除各國在政策方面的差異。儘管此時各成員國仍然具有獨立的政策體制，但經濟聯盟已建立了健全的超國家機構，決定成員國的對內、對外經濟政策和對外關係。這一形式意味著國家主權的進一步削弱。1999 年，歐盟建立了歐洲貨幣聯盟，意味著經濟聯盟的實現。但經濟聯盟要進一步發展，還存在著許多不確定因素，因為按照經濟聯盟的要求，要各成員國放棄國家經濟主權是極為困難的，甚至是不可能的。

我們已經看到，上述不同的區域經濟一體化組織，其一體化程度是不相同的，有的一體化程度較高，有的一體化程度較低。但正如我們在前面已經說過的那樣，一個區域經濟一體化組織一體化程度的高低取決於一系列的因素。因此，建立區域經濟一體化組織時，並不要求以一體化程度最低的一體化組織為起點；同樣，區域經濟一體化組織建立之後，也不存在由一體化程度較低的區域經濟一體化組織向一體化程度較高的區域經濟一體化組織過渡的必然性。

3. 經濟一體化的原因

經濟一體化是隨著生產力迅速提高，國際競爭日益激烈，各國經濟聯繫日益密切而出現的新的國際經濟現象。其產生和迅速發展有著多方面的原因。

（1）政治方面

第二次世界大戰後，世界政治領域形成了東西方嚴重對峙的冷戰局面。在歐洲以德國為界，美國和原蘇聯展開了激烈的爭奪，分別擴充勢力，囤積重兵。在東方有蘇聯領導的經互會和華沙組織，在西方，美國大力推行遏制政策，實施馬歇爾計劃，建立北大西洋公約組織，並同時在西歐實行經濟擴張，加強對西歐政治經濟的滲透。而西歐國家多是受第二次世界大戰侵害的小國，單獨一國實力十分薄弱，為了抗衡蘇美兩國的遏制，維護國家主權，西歐各國從經濟聯合入手，加強和擴大國家實力。這是歐共體和歐洲自由貿易區產生的重要原因之一。

20 世紀 80 年代，世界政治和經濟格局發生了重大變革和震盪。冷戰的結束使美國政治「領袖」的地位逐日削弱。同時日本和西歐在經濟上的崛起使它們在國際舞臺

的地位越來越顯要。同時，歐共體積極推動共同市場進程，日本加強在亞洲謀求「經濟圈」的建立。因此，美國努力地採取措施，與周邊國家聯合，以穩定和擴大自己的政治地位和勢力。

此外，發展中國家在政治上紛紛取得獨立，開始加快經濟的發展。由於歷史的原因，這些國家仍然保持著與原宗主國的依存關係，但為保持國家主權的獨立，這些國家紛紛尋求其他途徑發展經濟。因而加強彼此之間的經濟合作，走經濟一體化的道路成為它們的必然選擇。

(2) 經濟方面

第二次世界大戰後，社會生產力發生了深刻顯著的變化。科學技術蓬勃發展，生產能力大大提高，國際分工不斷細分，市場競爭加劇，各國經濟關係相互依賴，生產社會化跨越國界，但各國相對封閉，壁壘重重的市場保護卻限制了這一趨勢的發展。因而生產力水平的提高和生產社會化的發展要求廢除各國市場的壁壘限制，在更大的範圍內進行資源的重新優化配置。由此經濟的國際化趨勢為區域經濟一體化提供了客觀基礎。

同時，世界經濟的不平衡發展也成為推行區域經濟一體化的重要因素。20世紀70年代開始，特別是進入20世紀80年代，國際經濟中各國經濟力量對比發生了深刻變化。美國經濟力量嚴重削弱，喪失了其「世界經濟火車頭」的地位，而日本和西歐成為崛起的經濟強國。特別是西歐各國所依重的歐洲經濟共同體在許多經濟指標上超過了美國。這樣一來，在世界經濟領域就形成了「三足鼎立」的局面。為此，原先具有絕對優勢的美國為防止地位的下降努力尋求經濟合作，擴張和保持自己的實力。而新興崛起的日本和歐共體也不甘落後，紛紛想借助經濟一體化，打破原有格局，提高本國的經濟地位，和其他競爭對手抗衡。

另外，激烈的競爭也促使一些國家，特別是一些經濟小國和弱國，想通過區域經濟一體化的集團勢力來保護自己，免遭經濟強國的侵害。像東南亞、非洲和南美洲國家的經濟聯合往往都是出於這一目的。當然，大國也希望借助小國的力量來強化自己的地位。

組成經濟一體化可能帶來的經濟效益也是各國積極建立經濟聯合的動機之一。

一體化的經濟原則是對內實行自由貿易，對外實行貿易保護。它既加強了競爭，又加強了壟斷。這就使其一體化成員國，既可在內部獲得更大的市場佔有率，又可利用一體化貿易壁壘有效地保護本國的產業和市場。市場佔有率的提高，使規模生產得以實現，獲得規模經濟的效益，引致生產成本的降低。規模經濟的實行，是當今各經濟主體提高競爭能力，推進企業發展的主要競爭手段。

二、關稅同盟與國際貿易

關稅同盟的經濟政策，主要是成員國之間取消關稅，並逐步減少和削弱非關稅壁壘，實行統一的對外關稅。由此可見，關稅同盟主要是針對商品流動所採取的一體化形式，也是區域經濟一體化組織的一種主要形式，對其進行分析將具有典型意義。關稅同盟與國際貿易有著不可分割的聯繫。它究竟對國際貿易會產生什麼影響呢？我們

將結合圖形對關稅同盟產生的靜態效應和動態效應進行詳細分析。

1. 關稅同盟的靜態效應

關稅同盟意味著相對於非成員國，成員國享有不同的待遇。因此，關稅同盟會導致成員國和非成員國之間貿易模式的變動。當關稅同盟在成員國之間推行自由貿易的同時，它會促使國家間的貿易從低成本的非成員國向高成本的成員國轉移。因為前者面臨著關稅同盟的對外關稅，而後者則不會遇到任何關稅壁壘，國家間的貿易流向因此改變。這就是我們所說的關稅的靜態效應。關稅的靜態效應分為兩種情況：一是貿易創造效應（Trade Creation），二是貿易轉移效應（Trade Diversion）。

貿易創造效應是指通過自由貿易所增加的社會福利，即由於關稅同盟的實施，一成員國生產成本較高的生產商提供的產品被生產成本更低的成員國提供的產品所替代。這一替代表明資源因自由貿易而重新配置，生產效率得以改進，福利水平得到提高。

貿易轉移效應是指因對外實行貿易保護所引起的成員國社會福利水平的下降，即當實行關稅同盟後，原先由低成本的非成員國生產商提供的產品被替代為由生產成本更高的成員國的生產商提供。這是背離資源優化配置原則的，是資源的非優化配置過程，它會降低資源使用效率和成員國的社會福利水平。

這種社會福利的增加或減少究竟是如何發生的呢？我們用圖形來加以分析說明。

圖9-1清楚地表明了貿易創造效應的發生過程。在圖中，D是A國的消費者對商品X的需求曲線，S是A國生產者的供給曲線。假定A國在參加關稅同盟以前，A國從B國進口X產品，並徵收進口關稅t，因而當B國X產品的價格為P_b時，A國國內X產品的價格為P_t（$=P_b+t$）。這時，A國X產品的進口量為S_2D_2。當A國和B國結成關稅同盟後，由於關稅不復存在，而且因為B國成本低於A國，A國就會大量進口B國的X產品，並以P_b而不是P_t這樣的價格在其國內銷售X產品。在此價格下，A國總的進口需求將增加到S_1D_1。由於需求的增加和價格的下降，消費者剩餘將增加a+b+c+d；其中a部分是由生產者剩餘轉移給消費者的，c部分是政府的財政收入轉移給消費者的，而b+d部分則是A國參加關稅同盟得到的淨福利，即b部分是因資源節約而獲得的福利，d部分則是消費者增加消費而產生的淨剩餘。

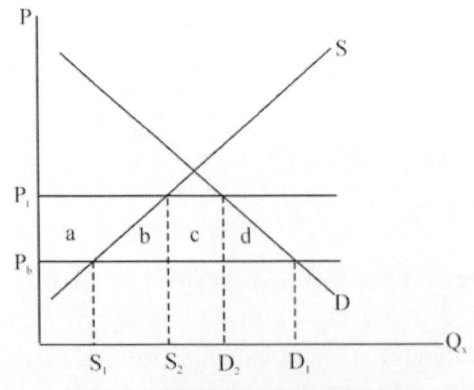

圖9-1 關稅同盟的貿易創造效應

由此可見，一國參加關稅同盟可以帶來貿易規模的擴大和福利水平的提高。相反，貿易的轉移效應則降低一國的福利水平。

同樣，我們也可以用圖形來分析貿易轉移效應。如圖9-2，假設世界上有A、B、C三個國家，同時生產一種產品X，價格分別為P_a、P_b、P_c。建立關稅同盟之前，A國徵收稅率為t的關稅。

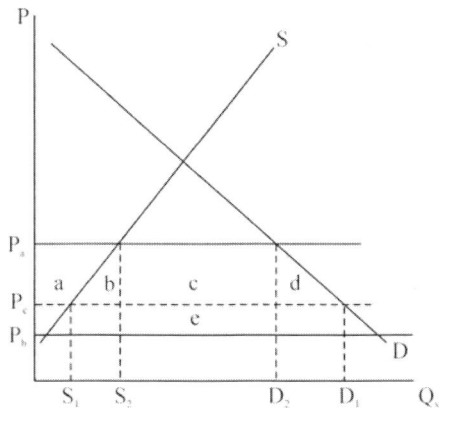

圖9-2 關稅同盟的貿易轉移效應

在自由貿易情況下，由於A國對外執行的是統一的關稅稅率t，而B國X產品的價格水平低於C國，A國就會從B國而不是C國進口X產品，並以P_t（$P_t = P_b+t$，且$P_t<P_c+t<P_a$）的價格在國內銷售。

假如A國和C國結成關稅同盟，C國商品進入A國將免徵關稅，但對非成員國B仍將徵收關稅t。在這種情況下，即使P_t（$=P_b+t$）低於P_c，由於共同體優惠，A國也不得不將X產品的進口從B國轉移到C國，儘管B國仍然是國際上成本更低的供應商。貿易轉移帶來的福利效應不易確定。如果$P_b+t=P_a$，則貿易轉移會給A國帶來b+d的福利收益；如果$P_b+t=P_c$，則貿易轉移不會產生福利效應或者說貿易轉移的福利效應為零；如果$P_b+t<P_c$，則貿易轉移將造成福利淨損失。由於貿易轉移是資源的非優化配置過程，是將進口從成本低的非成員國轉移到成本較高的成員國，因此，貿易轉移一般帶來負的福利效應，即福利水平的下降。

不過，關稅同盟究竟使A國的福利總水平上升還是下降，這不僅取決於貿易轉移的福利效應大小，而且還取決於貿易創造的福利效應大小。如果貿易創造所帶來的福利效應大於貿易轉移造成的福利效應，則關稅同盟將使A國的福利水平上升；反之，則使A國的福利水平下降。考慮到各種不同商品的進出口以及其他方面的利益，一般來說，關稅同盟將使A國的福利總水平上升，否則，A國就會對參與區域經濟一體化失去興趣。

參加關稅同盟產生的貿易的轉移效應，往往會帶來兩方面的損失，一是成員國貿易方向從低價格的非成員國進口轉移到從高價格的夥伴國進口，在進口量相同的情況

下，該成員國付出了較高的進口代價；二是政府失去了關稅收入，其中的一部分轉移給了本國消費者，但另一部分則支付給了夥伴國的出口商。可見貿易轉移將給參加國帶來福利的損失。但夥伴國的價格越是接近於世界最低價格，關稅同盟越有可能產生有利的影響，並且關稅越高、關稅同盟創造的社會福利越大；本國對商品的供給和需求彈性越大，貿易的創造效應也就會越大。

2. 關稅同盟的動態效應

關稅同盟的靜態效應是僅就關稅同盟導致的貿易結果本身而言的。它不討論資源重新配置過程，沒有考慮參加國因加入關稅同盟可能帶來的經濟結構和經濟增長的變化。關稅同盟建立後，參加國因市場擴大和資源重新配置所帶來的增長率的變化，就是關稅同盟的動態效應。主要表現為刺激投資、競爭加劇、規模經濟等方面。

首先，我們將用圖形分析來解釋規模經濟效應。

在圖 9-3 中，假設有 A 國和 B 國，兩國都消費 X 商品，而且需求曲線相同，即均為 D_{AB}；圖中的 AC_A 和 AC_B 分別表示 A 國和 B 國生產 X 產品的平均生產成本，而 S_W 代表世界的供給曲線。

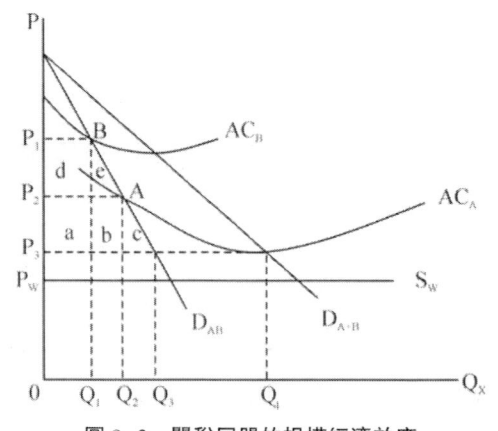

圖 9-3 關稅同盟的規模經濟效應

在沒有關稅同盟時，A、B 兩國都對 X 商品徵收關稅，分別為 P_1 和 P_2，A 國的供求均衡點為 A，生產量為 $0Q_2$、B 國的供求均衡點為 B，生產量為 $0Q_1$。

如果 A 國和 B 國組成關稅同盟，X 商品的市場需求擴大到 D_{A+B}，A 國和 B 國相互沒有關稅。由於 A 國屬於低成本國家，因而 A 國是共同市場上 X 產品的提供者，A 國生產因此擴大規模，即 A 國生產量擴大到 $0Q_4$。在這個生產規模下，X 產品價格為 P_3，A、B 兩國在此價格上，需求分別增至 $0Q_3$，使 A 國福利增加 a+b+c，B 國福利增加 a+b+c+d+e。在這些增加的福利中，B 國的 a+d 部分和 A 國的 a+b 部分來自於生產規模擴大帶來的成本下降收益，B 國的 e+b+c 和 A 國的 b+c 是因價格下降而引至需求擴大的效應。除此之外，A 國因生產規模擴大還存在生產者的收益，而 B 國則因被迫放棄生產而遭受剩餘損失。因此，A 國在關稅同盟中獲得淨收益，而 B 國既有消費者

剩餘的獲得，又有生產者剩餘的損失。由此可見，關稅同盟的規模經濟是否帶動資源的優化配置取決於規模經濟效應的大小。

其次關稅同盟另一個重要的動態效應就是可能導致競爭的增加，也就是說，在沒有關稅同盟前，生產者因本國貿易壁壘的保護而缺乏促進技術進步和提高生產能力的積極性，而關稅同盟建立之後，生產者失去了保護，就必須提高生產率來對付其他成員國的競爭。市場的重新整合，會使低效率的生產廠商退出市場。因此競爭的加劇會促進廠商的技術創新，最終提高同盟內成員國的福利水平。但是由於關稅同盟是對內貿易自由，對外貿易保護，低成本的競爭強者有可能從原來的壟斷一國市場擴大為壟斷同盟市場。競爭促進發展，而壟斷則阻礙發展，所以關稅同盟需要協調競爭，防範壟斷，才能更有效地擴大經濟效益。

最後，關稅同盟的建立還有助於刺激投資增長。

關稅同盟的對外貿易壁壘阻礙了非成員國的產品流動，迫使這些國家以增加對同盟內的投資來替代產品的出口，如1960年，歐共體成立後，美國對西歐市場投資激增。1980年，歐洲統一大市場建立以後，日本紛紛投資歐盟以繞開貿易壁壘。同時，在同盟內部，擴大生產規模，應對競爭的加劇，都需要成員國擴大投資，而且，為了有效地應對激烈的競爭，成員國還必須更新產業結構，增加技術投入。這些無疑都極大地促進同盟內的投資增長。

關稅同盟的靜態效應和動態效應都是關稅同盟成立的原因。靜態效應主要分析關稅同盟在消費和生產方面帶來的增長，而沒有考慮經濟結構和成本的變化。但一國的比較優勢也應該是一個動態的概念，會隨著時間的推移而改變。比較優勢所導致的動態效應比靜態效應對經濟的影響要大得多。

三、國際經濟一體化案例

1. 歐盟的工業品共同市場

「羅馬條約」的關稅同盟是歐盟（當時的歐共體）建立的主要支柱，它的最初目的是在成員國內實現工業產品的自由流動。

根據1957年的《羅馬條約》的規定，在成員國之間廢除關稅、配額及其他貿易限制；對來自非成員國的商品實行統一關稅。

根據《羅馬條約》的時間表，要在12年內，基本建立工業產品的自由貿易區，即1968年，成員國之間基本消除在製成品上的所有貿易壁壘，但非關稅的保護措施依然存在。1970年，又開始實行對非成員國的統一關稅。1973年前，即英國、丹麥、愛爾蘭加入歐共體前，六國就已經實現沒有關稅和非關稅壁壘的工業品共同市場，1977年，又實現了九國範圍內工業品的完全自由流動。

整個20世紀60年代和20世紀70年代，歐共體在製成品貿易上獲得了巨大的貿易創造效益，提高了整個區域內的社會福利。儘管如此，在製度建設和政策完善上，都沒有取得什麼進展。直到1985年，歐共體才宣布要制定詳細計劃，著手建設共同體的統一大市場。1987年的《歐洲一體化文件》提出了要實現沒有內部邊界的大市

場，允許商品、人員、勞務和資本的自由流動。

根據這一文件的設想，1989年，共同體開始了統一工業產品市場的建設。1993年，歐洲統一大市場建成。這就意味著歐共體不僅實現了工業產品本身的市場統一，而且還促進了與工業品相關的生產要素的完全自由流動。

2. 歐盟的共同農業政策

歐盟在成立之時，根據「羅馬條約」宗旨制定了共同農業政策，確立了農產品的市場統一性、共同體優先性和財政支持的發展原則，旨在促成共同體農業的一體化。

具體措施體現在：

一是取消各成員國對農產品的限制，用共同農業政策替代各成員國原有的農業政策，在成員國之間逐步實現農產品流動的自由化，即建立農產品共同市場。

二是實行農產品支持價格。即對內穩定農產品價格，對外限制農產品進口，抬高進口農產品價格。

三是成立共同農業基金，對農業進行財政支持。

其中非常重要的政策是對農產品價格的管理。這一政策就是確定「目標價格」和「保證價格」。當價格波動時，歐盟隨時收購或投放農產品，以確保農產品價格的穩定，同時對區域外進口的農產品實行浮動徵稅的政策，即參照共同農產品價格，徵收差價稅，由此確定進口產品的「門檻價格」，而對於同盟內的農產品出口則實行出口補貼，使得成員國的農產品在區域內外市場上處於競爭優勢地位。

共同農業政策的運作是非常有成效的。共同農業政策對農產品價格的支持，刺激了農民生產的積極性，農產品的生產迅速增長。20世紀60年代末70年代初至20世紀80年代初，首先是奶製品，然後是其他主要農產品，由原來的供不應求迅速轉變為全面過剩。由於國際農產品價格一般都低於歐洲經濟共同體農業生產成本，歐盟向農民提供出口補貼，使其能將過剩農產品以低於世界市場的價格出口到國際市場上去。而農民獲利越大，農產品過剩越多，歐共體要麼以高價格收購，要麼提供出口補貼。這種高成本的保護政策，使農產品貿易轉移的負面效應突顯。歐共體花費巨額財政支持農業，這已經成為歐共體經濟的一大結症和負擔。

歐盟的農業共同政策嚴重依賴財政的高支出，形成了工業「養」農業的局面。共同農業政策的費用占歐盟總預算的70%左右，而農業本身提供的資金不足10%，加之共同農業政策費用又絕大部分用於市場價格支持，用於結構政策的則微乎其微。這不僅不利於扭轉歐共體內農業發展的不平衡，而且導致成員國負擔的不合理，出現了一些國家的消費者出錢支持另一些國家的農業生產者的情況。這在歐盟內部產生了較大的矛盾和分歧，成為歐盟一體化進程的潛在危險。

共同農業政策使歐盟內部高效率的農業國（如法國）獲得的補貼較小而低效率的國家（如德國）則獲得高補貼，刺激了低效率生產，同時還限制了成員國從同盟外的高效率國家進口農產品，使整個歐盟的農產品貿易產生了較大的貿易轉移效應，降低了歐盟的社會福利水平。

因此，一些獲利較小的成員國強烈批評歐盟的這一政策，一些低補貼的國家也指

責歐盟實行的過高的貿易保護主義政策。在包括多邊貿易談判達成的協議中，發達國家在六年內要削弱 36% 的出口補貼，並且補貼的產品數量要減少 21%，取消農產品上的非關稅壁壘，包括浮動關稅。這些規定限制了歐盟共同農業政策一系列措施的實施，歐盟的農業在失去政策保護後，必然遭到區域外農產品的激烈競爭。

3. 歐盟的貨幣一體化

歐盟的貨幣同盟要追溯到 20 世紀 70 年代，美元危機頻繁發生，使西歐深受其害。為增強同美元抗衡的力量，共同體決定建立歐洲貨幣體系。歐洲貨幣體系的主要內容包括：

一是歐洲貨幣單位。以「一攬子」九種貨幣來確定歐洲貨幣的價值，其主要作用在於：作為確定成員國貨幣中心匯率的標準；作為成員國中央銀行在外匯市場上干預匯率、相互給予信貸及援助的計算單位；作為成員國相互記載債權債務的貨幣單位和結算支付手段。

二是匯率和干預製度。各成員國以歐洲貨幣單位為標準確定中心匯率，允許蛇形浮動範圍為 ±2.25%，超過 2.25% 各國中央銀行必須進行干預。

三是建立歐洲貨幣基金。歐洲貨幣基金的主要作用在於維持各國貨幣匯價的穩定，向成員國提供信貸、資助國際收支出現困難的成員國。

歐洲貨幣體系的建立促使成員國放棄外匯限制，允許資本自由流動，有助於成員國貨幣匯價的相對穩定和經濟貿易政策的相互協調。但歐洲貨幣單位在成員國的經濟活動中所起的作用依然有限，無法起到中心貨幣的效用，聯合浮動制的穩定性不夠。

1989 年，德洛爾報告提出建設貨幣聯盟的構想。根據報告，貨幣聯盟分三階段實現。第一階段：在 1990 年 7 月開始建設歐洲統一內部大市場。第二階段：1994 年開始建設歐洲中央銀行體系，實現各個成員國貨幣間的固定匯率，為過渡到統一貨幣做準備。第三階段：1999 年發行統一貨幣並逐步過渡到取消各成員國貨幣、實行單一貨幣的最終一體化。

經過 10 年努力，掃清了實現單一貨幣的技術障礙。1999 年 1 月，統一貨幣——歐元（Euro）終於正式發行。歐元要完全取代各歐盟成員國的貨幣需要經過三個階段：①從 1999 年 1 月 1 日至 2001 年 12 月 31 日是歐元的轉換期，期間歐元和成員國貨幣將同時存在於流通領域；②從 2002 年 1 月 1 日起，歐元的紙幣和硬幣開始流通，並逐漸取代各成員國的流通貨幣；③2002 年 7 月 1 日，將取消各成員國的紙幣和硬幣，在歐盟區域內只存在歐元，完成歐元取代成員國原有貨幣的過程。

歐洲貨幣聯盟的建成標誌著歐洲經濟聯盟的最高階段的實現。歐元是歐盟經濟一體化進程的必然產物，也是歐盟一體化程度加深的標誌。歐洲貨幣聯盟的實現鞏固了聯盟作為世界上一體化程度最高的區域經濟一體化組織的地位。

第二節　國際經濟組織

　　國際經濟組織是各國自願參與經濟合作而組建的一種世界性組織，也是二戰後出現的一種重要的國際經濟現象。這些國際經濟組織的出現是國際經濟一體化的一種表現。

　　在二戰結束後的經濟背景下，由於經濟的恢復和發展，加之促進自由貿易的需要，主要發達國家尤其是美國為自身經濟的擴張，積極倡導建立自由開放的經濟環境，提議組建國際貨幣基金組織、世界銀行和世界貿易組織來管理各國在金融、投資和貿易方面的事務，以推動各國經濟的自由化傾向。到目前為止，在世界各國的努力下，已建成了以國際貨幣基金組織、世界銀行和世界貿易組織為中心的國際經濟組織。

　　本節的內容就是介紹和分析這些國際經濟組織的成立，評價它們在國際經濟發展中的地位和作用。

一、世界貿易組織

　　世界貿易組織的出現經歷了由《哈瓦那憲章》的流產到《經濟聯合國》誕生的漫長過程。二戰戰後初期，在世界貿易組織的籌建中，各國對世界貿易組織的章程《哈瓦那憲章》產生了分歧，使這一組織的建立擱淺而遺留下關稅與貿易總協定（簡稱關貿總協定）這一臨時協議。關貿總協定。但是，自滯漲危機之後，特別是21世紀80年代以來，國際經濟形勢發生了很大的變化，關貿總協定已不能引領世界經濟大局，因此新的經濟環境呼喚涵蓋各經濟領域和更具號召力的經濟組織，世界貿易組織應運而生。

　　1. 關貿總協定（GATT）回顧

　　GATT產生於1948年，當時正值戰後不久，各國正努力恢復生產，重建經濟，而20世紀二三十年代經濟危機的影響依然困擾著各國的經濟復甦，國際貨幣體制崩潰，國際金融秩序一片混亂，外匯投機盛行，資本市場遊資泛濫，國家間的經濟貿易關係矛盾重重，高關稅壁壘叢生，各國竭力推行貿易保護主義政策以維護本國經濟。

　　1944年6月，44個國家在美國召開會議，簽署了《布雷頓森林體系協定》，決定成立國際貨幣基金組織、國際復興開發銀行（世界銀行）、國際貿易組織三大組織，作為調節世界經濟貿易關係的三大支柱。即：

　　①建立國際貨幣基金組織，管理國際貨幣體系，維持國家間的匯率穩定和國際收支平衡；希望借此將戰後的貨幣製度穩定下來，從而實現國際匯兌自由化，以平衡各國之間的貨幣收支問題。

　　②建立國際復興開發銀行，鼓勵對外投資，促進戰後經濟的復甦與發展；其目的是著眼於國際投資，想通過一個銀行把現有的國家資金籌集起來，然後援助一些國家

的經濟發展和建設。

③建立國際貿易組織，遏制日益盛行的高關稅貿易保護主義和泛濫成災的歧視性貿易政策，決定著手解決二戰前遺留下來的高關稅和數量限制問題，以推動國際貿易向自由貿易方向發展。因為 1929—1933 年的經濟大危機使得主要國家的經濟發展受到很大影響，國內市場大大萎縮，為了限制進口，很多國家對進口商品徵收非常高的關稅，同時在高關稅失效的情況下採取數量限制的辦法來限制商品進口。

1946 年，世界貿易和就業會議成立了組建國際貿易組織的籌備委員會，討論了美國提出的《國際貿易組織憲章》。1947 年 10 月在哈瓦那審議並通過了《國際貿易組織憲章》（即《哈瓦那憲章》）。但由於一些國家議會抵制《憲章》的實施，最後，建立國際貿易組織的努力遂告失敗。

在《哈瓦那憲章》起草和審批的同時，這些參與國已著手進行了一些多邊談判，以作為《哈瓦那憲章》的具體實施條令。1947 年 10 月，23 個國家進行了關稅減讓談判，達成了《關稅及貿易總協定臨時適用議定書》，宣布關貿總協定自 1948 年 1 月 1 日起臨時生效。《關貿總協定》原本是想作為世界貿易組織的一部分，但由於國際貿易組織中途夭折，這個臨時生效的協定竟一直「臨時」了將近五十年。不過，關貿總協定通過多輪關稅減讓談判，在解決國家間貿易分歧與糾紛，特別是促進國際貿易自由化過程中仍然發揮了極為重要的作用。

2. 世界貿易組織的建立（World Trade Organization）

根據關貿總協定烏拉圭回合達成的《建立世界貿易組織的協議》，1995 年 1 月 1 日起「世界貿易組織」正式成立並運轉。1995 年 1 月 31 日，世界貿易組織舉行成立大會，取代了 1947 年就存在的關稅與貿易總協定。

在關貿總協定運行的四十幾年中，各締約方經過多輪貿易談判，戰後初期阻礙國家間貿易順利發展的高關稅壁壘已得到根本扭轉，關貿總協定成員國的平均關稅已處於正常水平（發達國家的平均關稅由原來 40% 下降到 3.5%，發展中國家則由 70%～80% 降到了 11%），但是 20 世紀七八十年代世界經濟出現了衰退與停滯，消費增長有所下降，市場基本飽和，各國政府一方面鼓勵企業加大出口的力度；另一方面，面對外國的競爭和保護國內市場的需要，各國改而採用非關稅措施。同時，國際貿易的範圍已遠遠超出了傳統的貨物貿易，更多地涉及服務貿易、知識產權保護和投資以及環境保護等領域。因此，為了適應日益變化的世界經濟貿易環境，在 GATT 新一輪「烏拉圭回合」談判的 15 項議題中，不僅包括了傳統的貨物貿易問題，而且還涉及與貿易有關的知識產權、投資措施、服務貿易及環境新議題；同時對農產品及紡織品和服裝貿易也提出了貿易自由化的目標。這些廣泛的領域，幾乎與《哈瓦那憲章》關於國際貿易組織的最初設想一致，因此，建立國際貿易組織的問題引起了普遍關注，各締約方普遍認為有必要在關貿總協定基礎上建立一個正式的國際經貿組織，以便更有效地協調、監督和執行烏拉圭回合的政策主張。

1990 年年初，歐共體以 12 個成員國的名義向烏拉圭回合體制職能談判小組正式提出這一倡議，建議達成一個不帶實質性條款、純粹性的協定。同年 4 月，加拿大也

非正式地提出過建立一個體制機構。瑞士、美國也曾於同年 5 月 17 日和 10 月 18 日向 GATT 談判委員會正式提出提案。於是，1990 年 12 月烏拉圭回合布魯塞爾部長會議正式做出決定，責成 GATT 體制職能小組負責「多邊貿易組織協定」的談判。該小組經過一年的緊張談判於 1991 年 12 月形成了「關於建立多邊貿易協定」草案。經過兩年的修改和各方討價還價後，於 1993 年 11 月烏拉圭回合結束前原則上形成了「多邊貿易組織協定」。在美國代表的提議下，決定將「多邊貿易組織」易名為世界貿易組織。

所以，世界貿易組織的成立並不是 1993 年的協議一拍即合的結果，也不是一朝一夕的合併組合，更不是個意外變故，而是二戰後對自由貿易長期不懈追求的一種結果。

由於世界貿易組織的宗旨以及世界貿易組織運作這幾年來，管理的貿易往來涵蓋了經濟生活的各方面，因此也被人們稱為「經濟聯合國」。

3. 世界貿易組織作用的不同評價

從 WTO 運行的情況來看，它為推動世界經濟自由發展所作的一切，贏得了人們的讚譽；但它能起到的作用由於受各方面因素的制約而存在許多不足。

其積極評價有：

（1）主持繼續談判，並取得一定成果。世界貿易組織結束了關貿總協定主持階段性談判的慣例，根據烏拉圭回合最後文件包括的今後繼續進行談判的日程，組織進行了烏拉圭回合未能完成的談判，如，金融服務、自然人流動、基礎電信、海運服務、政府採購、服務緊急保障條款的談判等，達成了一些協議，取得了一定成果，並就世界貿易組織的一些協議的具體條款和規定進行了定期審議。

（2）爭端解決機制和貿易政策審議機制發揮了作用。世界貿易組織在調解和處理國際貿易爭端方面發揮了其權威性和重要的「仲裁員」作用。至 1996 年，世貿組織受理了 60 多件世界貿易爭端訴訟案件，幾乎是原關貿總協定處理的貿易爭端的 1/3，受理案件中有 48 起涉及美、歐、日等貿易大國。發展中成員方比以前更積極地利用世貿組織爭端解決程序來維護自己的經貿權益。

世界貿易組織在貿易政策評審機制方面發揮了重要作用，評審範圍擴大到烏拉圭回合協議所涉及的服務貿易、知識產權、投資等其他方面。

其不足方面有：

（1）烏拉圭回合協議的執行不夠平衡。發達成員國努力推動執行與自己利益相關的協議，還通過了「信息技術產品貿易部長宣言」，但卻拖延發展中國家與利益有關的紡織品和服裝協議的貫徹實施。

（2）貿易大國繼續掌握決策過程的主動權。在新加坡部長級會議上，貿易大國堅持把貿易與勞工標準掛勾。根據這個精神，在進口產品系由違反勞工標準的成員國生產製造時，它們便有權徵收高關稅或者禁止進口。儘管發展中國家極力反對，但是，相關內容最後還是寫進了「部長宣言」。

（3）新一輪多邊貿易談判分歧較大。發達國家對世界貿易組織成立後採取什麼樣的談判模式意見有分歧。歐盟主張繼續採用一攬子的談判模式，但是美國不同意，主

張按部門有步驟地進行談判，談成一個，簽署一個，實施一個。而發展中國家對採用什麼談判模式反應冷漠。他們普遍認為當前應有效地執行烏拉圭回合協議，特別是與發展中國家利益相關的協議。所以，發展中國家對於舉行新一輪多邊貿易談判不感興趣。

世界貿易組織在被稱為「經濟聯合國」的同時，也被稱為「富國俱樂部」，這不是沒有道理的。

二、國際貨幣基金組織

國際貨幣基金組織是二戰後在聯合國主持下建立的一個重要的國際金融組織。1944年，儘管戰爭還沒有結束，但美國已極力想改變由於貿易壁壘和世界經濟混亂給它的對外擴張和爭奪世界市場帶來的不利，因而憑藉其軍事、政治、經濟的絕對優勢，倡導組建了國際貨幣基金組織（IMF）。在幾十年的運行中，國際貨幣基金組織對穩定國際金融秩序做出了卓著的貢獻。但也不可否認國際貨幣基金組織被少數發達國家操縱，為發達國家服務，忽視發展中國家利益的事實。

1. 國際貨幣基金組織的建立（International Monetary Fund）

二戰期間，由於國際貨幣製度的崩潰，國際金融秩序一直處於混亂之中，並由此帶來經濟的不穩定。美國和英國分別提出了確立新的國際金融秩序的「懷特計劃」和「凱恩斯計劃」。「懷特計劃」的主要目的是想穩定成員國之間的貨幣兌換匯率，減輕各國的國際收支失衡，消除貿易壁壘和外匯管制，而凱恩斯則提出要建立一個廣泛的國際貨幣聯盟，創立一種統一的國際貨幣從而作為計帳的貨幣單位，各成員國的匯率與該國際貨幣掛鉤。

1944年的布雷頓森林體系會議決定成立國際貨幣基金組織，提供調整國際收支平衡的短期貸款，維護國際金融秩序。1946年3月國際貨幣基金組織正式成立。其主要目的在於：第一，以成員國提供常備貨幣的方式，促進國際貨幣合作；第二，促進國際貿易發展和建立多邊的國際支付體系；第三，促進匯率穩定，努力消除阻礙國際貿易發展的外匯管制；第四，在臨時性基礎上向成員國提供短期資金，改善國際收支的不平衡狀況。同時，又不必採取限制本國經濟繁榮的措施。

國際貨幣基金貸款的資金主要來源於兩個途徑：份額和借款。成員國繳納的份額成為國際貨幣基金組織資金來源的主要保障。

加入基金組織的成員國每年都要向國際貨幣基金繳納一定比例的份額，份額每5年審定一次，對個別國家的份額進行調整。份額的貨幣計算單位以前主要是美元，現在是特別提款權，並規定各國認繳額的25%以黃金繳納，75%以本國貨幣繳納。現在既可以用特別提款權，也可用本國貨幣或其他成員國貨幣繳納。

在必要時，國際貨幣基金組織還可以向成員國的中央銀行或私人機構等借入資金，以保證資金的充足。例如1962年，基金組織向「十國集團」借入60億美元。20世紀70年代中期，又向石油輸出國國家和發達國家借入69億特別提款權。

此外，基金組織出售其擁有的黃金建立起的信託基金、成員國捐款以及基金貸款

利息等也構成基金組織資金來源的一部分。

2. 國際貨幣基金組織與特別提款權（SDR）

特別提款權是 1970 年國際貨幣基金組織創立的一種新的儲備資產。其目的是建立除美元、黃金外，能在成員國之間流通的新的支付方式，以解決國際收支赤字問題。

特別提款權具有以下特徵：

(1)「儲備資產」特徵

與黃金和其他儲備資產不同，SDR 與美元掛勾，一個 SDR 相當於 1/35 盎司的黃金，即與一美元等值。20 世紀 70 年代，在管理浮動匯率貨幣體系實行後，SDR 採用「籃子貨幣」定價；按五種主要貨幣即美元、馬克、英鎊、日元和法國法郎加權平均定值。每 5 年對籃子中的貨幣進行一次調整，維持 SDR 的穩定性和真實性。

(2) 平衡收支的特徵

SDR 與其他儲備資產一樣可以用來平衡一國的國際收支。國際收支赤字國家可提取 SDR 換成外匯平衡收支，而盈餘國家則可用其貨幣或外匯交換赤字國家的 SDR。例如，法國需要馬克來平衡收支，它就可以用其在基金組織中擁有的 SDR 去向其他國家（如日本）交換馬克。

(3) 支付利息的特徵

SDR 的另一個特徵是支付利息。如果一個成員國擁有的 SDR 超過它在基金組織中應繳納的份額，這個國家可獲得基金組織的利息支付。那麼，基金組織支付的利息來自於什麼地方呢？它主要來自於 SDR 使用國向基金組織支付的利息，也就是說，SDR 是一種記息資產，使用或擁有 SDR 都相應地要支付或獲得利息。這個規則提醒成員國在使用 SDR 時要特別謹慎。

SDR 是國際基金組織與成員國之間最直接的聯繫，它通過 SDR 來調節成員國的國際收支平衡，穩定成員國經濟的發展。

3. 國際貨幣基金組織作用的評價

國際貨幣基金組織自建立後，一直處於國際貨幣體系的核心地位，其作用是其他任何機構都無法替代的。在國際經濟的進程中，其扮演了一個「滅火員」的角色，這無疑對世界經濟穩定發揮了重要作用。

在新的國際經濟條件下，國際貨幣基金組織的地位不再那麼牢固，特別是 20 世紀 90 年代爆發的國際性金融危機，使得 IMF 所能發揮的作用越來越受到人們的懷疑。從中，不難看出 IMF 的內在缺陷：

(1) 由於 IMF 選用少數國家的信用貨幣充當儲備貨幣，使國際貨幣體系具有內在的不穩定性。匯率的頻繁波動，更加劇了國際收支失衡，這容易引發國際金融危機，使國際金融市場時刻存在著巨大風險。特別在金融市場出現危機時，IMF 難以有效地進行調節。

(2) 國際貨幣基金組織的運行由少數國家控制和操縱，不能體現發展中國家的經濟利益。因此，IMF 對發展中國家的經濟支持不可避免附加了政治條件，損害了 IMF

與發展中國家的關係。

隨著 IMF 在國際金融體系中作用的減弱，國際社會強烈呼籲改革國際貨幣基金組織，以加強 IMF 在國際經濟中的地位。

三、世界銀行

世界銀行也是 1944 年布雷頓森林體系會議協議下建立起來的三大國際經濟組織之一，即戰後初期的國際復興與開發銀行，其宗旨在於幫助各國恢復經濟，提供資金援助，鼓勵經濟投資，尤其是對外投資。世界銀行已成為當今世界上最大的國際性機構，對世界經濟的發展無疑有著重要的作用，對發展中國家經濟的支持也是顯而易見。

1. 世界銀行的建立及宗旨

世界銀行於 1945 年 12 月正式成立，1947 年起正式成為聯合國的專門金融機構，總部設在華盛頓，並在紐約、日內瓦、巴黎、東京等地設有辦事處。33 個國家成為世界銀行的創始國，此後只要是國際貨幣基金組織的成員國就可申請成為一般會員國，目前世界銀行已有 183 個會員國。

世界銀行賴以成立的協議《國際復興開發銀行協定》明確規定了世界銀行的宗旨：

（1）協助會員國的復興與開發經濟，為其生產性投資提供長期貸款，並促進不發達國家資源的開發與利用。

（2）利用擔保或參與私人貸款和私人投資的方式，促進私人對外投資。

（3）用鼓勵國際投資以開發會員國生產資源的方法，促進國際貿易的長期平衡發展，維持國際收支平衡。

（4）幫助會員國提高生活水平和改善勞動條件。

隨著世界經濟的發展，世界銀行的業務逐步擴大和加深，在此基礎上又先後成立了國際金融公司、國際開發協會、多邊投資擔保機構等組織，共同組成世界銀行集團。

世界銀行的發展原則是只與會員國發生經濟關係，不干預任何會員國的內政，也不受其他會員國的政治影響。

2. 世界銀行與世界經濟

世界銀行是以股份公司形式建立起來的機構。各會員國都應認繳規定的份額，其依據是根據會員國在國際貨幣基金組織中的份額來分配各國應認繳的股份數。根據協定，每一會員國均享有 250 票基本投票權，每認繳一股股份，就增加一票，一股股份最開始規定為 10 萬美元，後改為 10 萬特別提款權。各會員國認繳股份的多少，決定其在世界銀行的投票權。

世界銀行提供貸款的資金主要來自四個方面：會員國實際繳納的份額；國際金融市場的借款和發行的債券；出讓債權和存留業務的淨收益。會員國實際交納的資金不到 5%，但世界銀行擁有會員國巨額的待繳股金，使其很容易在各金融市場籌借資金。

近年來，世界銀行每年貸款的 3/4 都是從金融市場籌借來的。

世界銀行的主要作用是向會員國，尤其是低收入的發展中國家提供長期貸款，解決發展經濟的資金需要，以促使會員國的經濟發展和生活水平的提高。它作為國際經濟發展的主要資金來源，對促進世界經濟和協調發達國家與發展中國家的經濟關係起到了非常重要的作用。這主要表現在：

（1）促進戰後國際經濟的恢復和發展。世界銀行成立之初的主要目的是幫助遭受戰爭損失的國家盡快恢復經濟，為此美國制定和出抬了馬歇爾計劃，使得戰後歐洲和日本的經濟得到迅速恢復。

（2）對發展中國家的經濟援助。為幫助發展中國家經濟發展，世界銀行直接為發展中國家提供優惠貸款和擔保，支持發展中國家的農業、基礎設施、教育衛生等部門的發展，並幫助發展中國家制訂發展計劃和實施宏觀經濟改革。

（3）積極參與世界經濟的地區性和全球性協調，充分利用中間融資者的作用，促進多渠道的資金運用，穩定發展中國家的經濟秩序。

3. 對世界銀行作用的評價

世界銀行運行 50 多年來，對經濟的影響不僅涉及世界各國，而且延伸至經濟的各個方面。世界銀行在世界經濟中的作用一直是毀譽參半。具體來說：

（1）對其多邊援助的有效性存在爭論。批評者認為，世界銀行在多邊援助發展中國家的 50 多年中，非但沒有減輕貧困，反而擴大了發展中國家與發達國家之間的貧富差距。支持者認為，世界的貧困不能歸罪於世界銀行的援助不當，而是世界經濟秩序等多方原因造成的。

（2）世界銀行控製在少數發達國家手中，而非廣大發展中國家手中。加權投票機制賦予了發達國家較大的權力，使其在向發展中國家貸款時不斷提出附加條件，干擾了發展中國家的經濟獨立。

（3）關於環境問題。非政府組織指責世界銀行忽視了發展中國家的環境保護問題，損害了世界經濟的可持續發展，而發展中國家也對世界銀行在環境問題上的指手畫腳強烈不滿。

總之，世界銀行在當前世界經濟發展中面臨著許多問題和挑戰，但世界銀行對世界經濟的協調和影響將會隨著經濟的發展而有所加強。

四、亞洲基礎設施投資銀行

亞洲基礎設施投資銀行（Asian Infrastructure Investment Bank，簡稱亞投行，AIIB）是一個政府間性質的亞洲區域多邊開發機構，重點支持基礎設施建設，總部設在北京。亞投行法定資本 1,000 億美元。2013 年 10 月 2 日，習近平主席提出籌建亞投行的倡議。2014 年 10 月 24 日，包括中國、印度、新加坡等在內的 21 個首批意向創始成員國的財長和授權代表在北京簽約，共同決定成立亞洲基礎設施投資銀行。2015 年 3 月 12 日，英國正式申請加入亞投行，成為首個申請加入亞投行的主要西方國家。2015 年 4 月 15 日，法國、德國、義大利、韓國、俄羅斯、澳大利亞、挪威、南非、

波蘭等國先後同意加入亞洲基礎設施投資銀行，已有 57 個國家正式成為亞投行意向創始成員國，涵蓋了除美國之外的主要西方國家以及除日本之外的主要東方國家。2016 年 1 月 16 日至 18 日，亞投行開業儀式暨理事會和董事會成立大會在北京舉行。

作為由中國提出創建的區域性金融機構，亞洲基礎設施投資銀行主要業務是援助亞太地區國家的基礎設施建設。在全面投入營運後，亞洲基礎設施投資銀行將運用一系列支持方式為亞洲各國的基礎設施項目提供融資支持——包括貸款、股權投資以及提供擔保等，以振興包括交通、能源、電信、農業和城市發展在內的各個行業投資。

1. 亞洲基礎設施投資銀行運行機制

2015 年 6 月 29 日，亞洲基礎設施投資銀行的 57 個意向創始成員國代表，在北京出席了《亞洲基礎設施投資銀行協定》簽署儀式，標誌著成立亞投行及其日後營運有了各方共同遵守的「基本法章」，邁出了籌建最關鍵的一步。

亞投行協定詳細規定了亞投行的宗旨、成員資格、股本及投票權、業務營運、治理結構、決策機制等核心要素，為亞投行正式成立並及早投入運作奠定了堅實的法律基礎。

亞投行法定股本為 1,000 億美元，域內成員和域外成員的出資比例為 75：25，域內外成員認繳股本參照各國國內生產總值比重進行分配，並尊重各國的認繳意願。

按照協定規定的原則計算，中國以 297.804 億美元的認繳股本和 26.06% 的投票權，成為現階段亞投行第一大股東和投票權占比最高的國家。印度、俄羅斯分列第二、三大股東。

2015 年 11 月 4 日閉幕的第十二屆全國人大常委會第十七次會議審議通過了《亞洲基礎設施投資銀行協定》，標誌著這一關係亞投行能否順利成行的法律協定已獲中國立法機構批准，向最終生效邁出關鍵一步。

2. 亞洲基礎設施投資銀行創立意義

亞洲基礎設施投資銀行（AIIB）不僅將夯實經濟增長動力引擎的基礎設施建設，還將提高亞洲資本的利用效率及對區域發展的貢獻水平。基礎設施投資是經濟增長的基礎，在各類商業投資中潛力巨大，增長帶動力強。「研究如何將亞洲的高儲蓄變成高投資」將是籌建亞洲基礎設施投資銀行的任務之一。

中國提倡籌建 AIIB，一方面能繼續推動國際貨幣基金組織（IMF）和世界銀行（WB）的進一步改革，另一方面也補充當前亞洲開發銀行（ADB）在亞太地區的投融資與國際援助職能。

AIIB 的建立，將彌補亞洲發展中國家在基礎設施投資領域存在的巨大缺口，減少亞洲區內資金外流，投資於亞洲的「活力與增長」。

AIIB 是繼提出建立金磚國家開發銀行（NDB）、上合組織開發銀行之後，中國試圖入主國際金融體系的又一舉措。這也體現出中國嘗試在外交戰略中發揮資本在國際金融中的力量。更值得期待的是亞洲基礎設施投資銀行將可能成為人民幣國際化的製度保障，方便人民幣「出海」。

2014 年 4 月 10 日，中華人民共和國財政部部長樓繼偉參加博鰲論壇時透露，在

亞投行的機制下，中華人民共和國也將推動建立一個投資基礎設施的信託基金，充分接納社會資本。樓繼偉表示，投資基礎設施在當前經濟較低迷的情況下具有特別的現實意義。「美國現在的基礎設施投資需要 2 兆美元，歐洲和亞洲也差不多。」他認為，推動亞洲的基礎設施建設缺乏動員能力，因此，「我們正在籌備亞洲基礎設施投資銀行，目前已建立機制並且召開了兩次會議」。

第三節　國際經濟秩序

本節所論述的國際經濟秩序主要是指發達國家主導和控制國際經濟事務，發展中國家依附其中的國際經濟關係。發達國家與發展中國家由於經濟實力的不同，在國際經濟事務中所處的地位也不同，由此形成了他們在處理國際經濟關係與事務時各自的行為準則和價值標準，雙方都努力想要建立一種有利於自己的國際經濟秩序。

本節從分析發達國家與發展中國家的收入差距入手，論述國際經濟舊秩序的經濟背景，著重強調發展中國家因歷史原因和現實原因所造成的不平等、不發達的貧困現象；分析發達國家與發展中國家的矛盾衝突以及發展中國家為改變其經濟地位，要求建立國際經濟新秩序所進行的努力。

一、世界經濟中的收入與財富

世界經濟的發展帶來了社會財富的巨大累積和居民收入的空前增長。但這並非有助於貧困國家消除貧困和落後的努力，相反，在那裡卻出現了與這種社會財富和收入增長極不相容的現象，富裕國家與貧困國家的收入差距不是在過去幾十年中得到消除，反而越拉越大。在近 20 年中，富裕國家與貧困國家在經濟上有著更加廣泛的交往，相互間經濟的進步與發展都更加依賴對方的經濟穩定。貧困國家的經濟問題對整個世界經濟的穩定和未來的發展產生著巨大影響，富裕國家與貧困國家的經濟關係和經濟穩定成為影響世界經濟發展的重要因素。

1. 發達國家

發達國家是指科學技術先進、經濟發達，在國際經濟關係中居於主導地位的國家。這些國家的生產能力、消費能力占了世界總額中的絕大部分，貿易和投資也具有絕對優勢。他們管理和控制著主要的國際經濟組織和機構，並由此形成了一套有利於自己的國際經濟關係。

儘管這些國家占世界國家的少數，但它們無論在國民生產上，還是社會財富上都占據著世界的絕大部分。發達國家又分為一般工業化國家和最發達的工業化國家。其中，最具影響力的又是以美國為代表的西方七大工業國，他們在世界經濟中處於壟斷和控制地位。

2. 發展中國家

發展中國家是指經濟發展水平落後，在國際經濟關係中處於依附、從屬地位的國

家。這類國家是世界的絕大多數。他們大多是二戰後從原來的殖民體系中獨立出來的國家，在國際經濟中實力相當弱小。由於歷史原因，他們長期以來在國際經濟中受到不公正、不平等的待遇，經濟不能獲得正常的、迅速的發展，整個社會發展水平和生活水平都處在比較落後的狀況中。

發展中國家是世界的多數群體，但其擁有的社會財富極少。這些國家往往又被劃分為最不發達的國家、貧窮的發展中國家、一般發展中國家和新興的發展中國家。這些發展中國家的經濟發展及經濟結構有著巨大的差異。

3. 世界收入與財富的分配

在過去 50 多年中，隨著世界經濟的持續增長，全球財富急遽增加，但貧富差距卻在不斷拉大。據世界銀行統計，1982 年，最不發達國家的人均國民生產總值為 280 美元，1992 年增至 390 美元，僅增加 39%，而同期發達國家的人均國民生產總值從 1.1 萬美元增加到 2.2 萬美元，增加了 100%。十年間，雙方之間的貧富差距從 9 倍擴大到 56 倍。

在 1950 年到 1997 年之間，全球經濟年度總產出從 5 萬億美元擴展到了 29 萬億美元，增長了近 5 倍。但是，占世界人口 20%的富人所佔有的財富在世界總產值中的比重由 20 世紀 60 年代的 70%上升到目前的 85%；最貧窮的 20%的人口占世界收入的比重由 2.3%下降到了 1.4%。世界最富的 20%的人口與最貧困的 20%的人口之間的收入差距從 1960 年的 30：1 擴大到 1997 年的 74：1。

聯合國開發計劃署的報告也顯示，在 1998 年，占世界人口 20%的富人消費了全球產品和服務的 86%以及能源總量的 58%。他們擁有的電話和汽車分別占全球總量的 74%和 87%。與此形成鮮明對比的是，世界最窮的 20%的人口僅消費全球產品和服務的 1.3%。在全球近 60 億人口中，有 26 億人缺少最基本的衛生設施，20 億人無法喝到符合標準的飲用水，世界 20%的兒童受教育時間不足 5 年。

這些數據只說明了一個嚴酷的事實，發展中國家的貧困在加劇，南北之間的貧富差距在拉大。這個事實也警醒人們，消除貧困、縮小貧富差距是當今世人應當關注和亟待解決的重大問題。

二、國際經濟秩序概述

由於發達國家和發展中國家的貧富差異，這兩類國家的經濟發展和經濟實力存在極大的差距，力量對比懸殊，發達國家有著較為相同和一致的經濟特點與經濟利益；而發展中國家也有其自身的經濟特點和經濟發展道路，因而，這兩類國家對經濟環境和世界市場的要求明顯不同，處理國際經濟關係的觀點和標準不同，希望和要求建立的國際經濟體制也不相同，並時常發生矛盾衝突。這就形成了一種特定的國際經濟秩序。

1. 國際經濟秩序的含義

國際經濟秩序是指各國在國際經濟結構中的地位和相關關係所決定的國際經濟體制以及與此相適應的國際經濟生活準則。

國際經濟秩序包括國際經濟舊秩序和國際經濟新秩序。國際經濟舊秩序是建立在殖民時代國際經濟秩序基礎之上的一種國際經濟關係，是以發達國家為中心，按發達國家的利益而形成的世界經濟的生產和分配關係。它嚴重損害了發展中國家的經濟利益，因此，這種舊秩序遭到了發展中國家的強烈反對，發展中國家為打破國際經濟舊秩序，建立國際經濟新秩序而進行著長期不懈的鬥爭。

2. 國際經濟秩序的歷史回顧

國際經濟秩序的建立是以二戰後三大國際經濟組織及條約的形成為標誌，到目前為止，它大致上經歷了以下幾個階段：

（1）舊秩序時期（二戰後—20世紀50年代中期）

以不等價商品交換為特徵，發達國家占據著世界經濟的絕對主導地位，發展中國家開始推動民族經濟的發展。

（2）新秩序提出和形成時期（20世紀50年代中後期—20世紀70年代）

20世紀50年代中後期，發展中國家提出了改革舊的國際經濟關係。20世紀60年代，發展中國家第一次提出建立新的國際經濟秩序。20世紀70年代，發展中國家通過多方努力，明確形成了建立國際經濟新秩序的基本目標和重要原則。

（3）新秩序建設停滯時期（20世紀80年代）

20世紀80年代區域經濟一體化的發展趨勢使南北關係發生了微妙變化，發達國家否定了與發展中國家達成的一些協議，南北對話陷於僵局。

（4）建立新秩序呼聲高漲時期（20世紀90年代）

進入20世紀90年代，南北關係重點由南北政治關係向南北經濟關係轉變，經濟因素地位上升，謀求經濟優先發展已成為不可逆轉的世界潮流，因而發展中國家和發達國家也由矛盾鬥爭走向經濟協作；同時發展中國家由於經濟條件的變化，越來越強烈地呼籲建立新的國際經濟秩序。

國際經濟秩序的演變反應了發展中國家經濟發展的過程，而建立國際經濟新秩序則是一個長期的過程，公正、合理的國際經濟新秩序很難在短期內實現。

3. 七國首腦會議與國際經濟秩序

20世紀70年代初，西方國家正面臨「美元衝擊」「石油衝擊」「布雷頓森林體系」瓦解和1973—1975年的資本主義滯漲危機等一系列經濟問題，經濟形勢嚴重惡化，各國政治動盪不安。為了共同商討對策，協調立場，重振西方經濟，1975年，法國倡議舉行了由法國、美國、西德、日本、英國和義大利六國首腦參加的會議。1976年，加拿大的參加使會議由六國擴大到七國，一年一度的七國首腦會議就作為一種製度固定下來。1991年，俄羅斯開始參與其框架外會談，形成了「7+1」模式。1997年，俄羅斯正式參與會議，延續了23年的西方七國首腦會議，也就從此稱為「八國首腦會議」。

七國首腦會議的主要內容是磋商國際經濟問題，協調各國的宏觀經濟政策。這些經濟行為歷次都是以西方國家的經濟利益來制定和調整國際經濟關係，它對待國際經濟秩序的態度：一是積極維護和鞏固原有的國際經濟舊秩序；二是主張建立以西方國

家的價值觀和製度為中心的國際經濟新秩序。

20世紀七八十年代，七國首腦會議制定出了一系列維護、加強西方國家利益的經濟政策，利用他們把持的國際貨幣基金組織、世界銀行和關貿總協定三大機構，推行強權政治和經濟霸權，使南北差距不斷擴大。他們對發展中國家實行扶持、限制、制裁的政治經濟政策，要求發展中國家按照他們的價值觀來處理政治經濟關係。

根據決議，這些發達國家每年應拿出其國民生產總值的0.8%用於對窮國的發展援助，但卻很少有發達國家達到這一標準，連美國提供的發展援助資金都只占到其國民生產總值的0.2%左右。而減免發展中國家的債務問題，20世紀70年代就已成為西方七國首腦會議的議事日程，只是這個富國俱樂部年年討論，年年都「只聽打雷，不見下雨」罷了，而且他們還炮製了一系列「標準」，與所謂的「人權狀況」以及國家「民主化」程度掛勾。

進入20世紀90年代，七國首腦會議的中心議題是如何按照西方的政治模式和社會價值觀來「改造」南方國家，使之「西化」。特別是其中的美國更是把對付南方的「不穩定」作為它的戰略中心，西方七國明確提出它們的經濟援助必須以接受北方式的「人權、民主、自由」為先決條件，其實質是將經濟問題政治化，推行「新干涉主義」。

近年來，七國首腦會議的作用有日益加強的趨勢，特別是美國在聯合國等國際組織中的地位有所下降後，更是想通過七國首腦會議大力推行其霸權主義。

綜合觀之，七國首腦會議的作用就是維護舊的國際經濟秩序，實現發達國家的政治經濟利益。

三、國際經濟新秩序

殖民體系下的南北劃分在20世紀60年代開始越來越多地導致對抗和矛盾衝突。到了20世紀70年代，發展中國家對發達國家的「依賴」有了潛在的實質性變化。進入八九十年代，「相互依賴」成為形容和描述發達國家和發展中國家經濟關係的主導詞，發展中國家基本上擺脫了單方面依賴發達國家的格局，發達國家的經濟發展已較廣泛地依賴發展中國家持續穩定的經濟環境。在新的經濟背景下，發展中國家提出要打破發達國家主宰世界經濟格局，犧牲、損害發展中國家經濟利益的舊秩序，建立平等、公正、充分考慮和維護發展中國家經濟利益的新型國際經濟關係。

1. 南北問題

南北問題是指發展中國家與發達國家之間存在的矛盾衝突問題。南北問題的實質是剝削與被剝削、掠奪與被掠奪的矛盾衝突。

進入20世紀90年代，南北關係總的態勢是由日益減少的對抗逐漸走向對話，鬥爭與合作相互交融。目前南北矛盾主要表現在：

（1）政治、意識形態領域：冷戰結束後，政治製度意識形態的衝突逐漸弱化，國際競爭從「權力遊戲」轉向「財富遊戲」，但世界霸權和強權政治依然存在。發達國家依然通過經濟手段干涉發展中國家的內外政策，指責發展中國家的人權、民主、意

識形態問題，企圖將自己的價值觀強加給發展中國家。

（2）經濟貿易領域：南北經濟矛盾從傳統的不等價交換演變為初級產品與資本的矛盾、勞動力與技術的矛盾。首先國際資金分配出現了嚴重的分歧和衝突。在全部流動資金總額中，流向發展中國家的資金不足20%，發達國家相互投資額達80%，並且出現資金大量從南方國家流回北方國家的現象。其次，貿易摩擦與競爭日趨激烈。貿易壁壘增多，貿易保護主義抬頭。最後，還有環境和發展問題，南北雙方都意識到維護地球的生態環境、實現可持續發展是人類的共同利益，大家應共同承擔環境與發展的責任。但在保護途徑、環保標準上，雙方的觀點卻大相徑庭，因而成為日益突出的問題。

儘管矛盾依然存在，甚至尖銳，但各國都認識到經濟關係的相互依賴日益加深，對抗只會導致經濟衰退。為此，發達國家和發展中國家逐漸從日益減少的對抗走向日益擴大的合作。這種合作更多地表現在國際經濟一體化和區域經濟集團化中，典型的例子就是北美自由貿易區中的美國、加拿大與墨西哥，以及亞太經濟組織中的美國、日本等與廣大發展中國家之間的經濟合作。

2. 不結盟國家首腦會議與國際經濟新秩序

二戰戰後50年，發展中國家與發達國家在國際經濟領域展開了打破舊的國際經濟秩序和建立新的國際經濟秩序的鬥爭。

1955年4月，亞非萬隆會議召開，確立了國家不分大小一律平等的原則，各國應在互利和互相尊重國家主權的基礎上實行經濟合作，並第一次正式提出了改變舊的國際經濟關係的要求。在萬隆會議原則下，1961年，舉行了第一屆不結盟國家首腦會議，呼籲發展中國家針對「國際經濟舊秩序」採取聯合行動，廢除國際貿易中的不等價交換原則，要求發展中國家加強經濟合作。

1961年8月，不結盟國家首腦第二屆首腦會議，首次提出要建立「國際經濟新秩序」的口號。1973年，第四屆會議上通過了《經濟宣言》和《經濟合作行動綱領》，擬訂了發展中國家對國際經濟貿易問題的一系列指導原則，要求加強經濟合作，爭取建立新型的國際經濟和貿易關係。

不結盟國家首腦會議共同制定了一系列關於建立國際經濟新秩序的綱領和宣言。在不結盟國家積極倡導下，「77國集團」、聯大特別會議等也制定和簽訂了各種文件來推動國際經濟新秩序的建立。這些綱領性文件確定了建立國際經濟新秩序的基本目標和重要的基本原則，即在主權平等、和平共處的基礎上，建立相互合作、平等互利的國際經濟秩序。

3. 國際經濟新秩序的含義

國際經濟新秩序是指所有國家不分大小一律平等，在相互尊重國家主權、互相依賴、共同利益的基礎上建立起來的國家之間的合作關係。

其具體內容有：各國有權選擇符合本國國情的社會製度、經濟模式和發展道路；各國有權參與處理國際經濟事務，發達國家應尊重和照顧發展中國家的利益，提供援助時不應附加任何條件。

國際經濟新秩序具有以下特徵：

（1）主權平等。主權是一個國家擁有的獨立自主處理其內外事物的最高權力。在國際經濟關係中，一國不得干涉其他任何國家的內政，要保證各主權國家在國際經濟關係中的平等地位。

（2）公平互利。國際經濟新秩序是要致力於改變不平等、不合理的舊秩序，改善發展中國家的貿易條件，使國際貿易建立在公平互利的基礎上。

（3）相互依存。國際經濟發展的經驗證明，南北雙方只有共同繁榮、互相支持，才能真正實現經濟增長。世界銀行的分析指出，發展中國家經濟每增加3%，就可以促使發達國家經濟增長0.6%，而發達國家經濟增長一個百分點，也可以帶動發展中國家的經濟增長0.7%。這種經濟的連動效應使南北關係必須相互依存。

第四節　南北經濟關係

南北經濟關係是指代表發達國家的「北方」和代表發展中國家的「南方」在經濟往來中形成的政治經濟關係。南北經濟關係正處於從舊的經濟秩序向新的經濟秩序演進的過程之中。21世紀90年代以來，南北關係出現了引人注目的新變化，雙方處理國際經濟事務的準則和標準有所融合，緊張關係有所緩和，逐漸由對抗走向對話，經濟合作迅速發展。南北經濟關係在國際經濟關係中占據著重要、穩固的地位，南北經濟關係的改善將推動和促進世界經濟的向前發展。

本節將較為詳細地分析國際經濟舊秩序建立和形成的原因和舊的國際經濟秩序的特點，介紹國際經濟組織在處理南北經濟關係中所起的作用，突出南北經濟關係從對抗走向合作的演變進程，展望南北經濟關係改善的前景。

一、國際經濟舊秩序

國際經濟空間在資本主義殖民時代被劃分為一個等級分明的群體空間。被徵服者被融合到世界經濟圈中，使得國際經濟關係一開始就蒙上不平等的特徵，而在後來長期的經濟角逐中，這種不平等的關係愈演愈烈。

1. 國際經濟舊秩序的形成

國際經濟舊秩序是以剝削和掠奪為特徵的不平等的國際經濟關係，是在資本主義發展過程中，殖民地宗主國以及帝國主義控製、掠奪和剝削殖民地以及附屬國的產物，是國際壟斷資本對發展中國家實行剝削、掠奪和控製的經濟秩序。它是廣大發展中國家在國際社會處於無權地位的情況下，按照少數發達國家的需要和意志建立起來的經濟秩序。

現存的國際經濟舊秩序根源於帝國主義殖民時代，是帝國主義殖民體系在經濟上的表現。

早在17世紀，西方殖民主義者就開始了以暴力和詐欺貿易的形式對亞非廣大地

區實行瘋狂的掠奪，並收到了一箭雙雕的效果，為歐洲國家後來的產業革命及其資本主義的發展提供了雄厚的物質基礎。18世紀之後，西方國家更是憑藉技術和軍事實力，強迫殖民地國家淪為他們的原料供應地和商品銷售市場。19世紀末20世紀初，資本主義進入帝國主義階段，資本輸出成為帝國主義的重要特徵，而殖民地又無可選擇地成為西方的資本輸出場所，致使殖民地在經濟上完全依附於宗主國。伴隨西方國家的政治控制，殖民地國家喪失了民族獨立和國家主權，殖民地國家的經濟則進入了難以自拔的惡性循環，成為宗主國經濟利益服務的從屬經濟。

二戰期間，美國和英國都已開始著手籌劃戰後國際經濟秩序，分別提出了「懷特計劃」和「凱恩斯計劃」。「懷特計劃」擬訂出「國際穩定基礎方案」和「國際復興銀行方案」，其主要目的是穩定匯率，解決國際收支不平衡，而「凱恩斯計劃」意在設立一個世界性的中央銀行，負責清算各國相互間的債權債務。由於美國的實力當時大大超過英國，英國被迫放棄了「國際清算聯盟方案」。1944年的布雷頓森林會議通過了以「懷特計劃」為基礎的《國際貨幣基金組織協定》和《國際復興開發銀行協定》，並擬成立一個國際貿易組織。雖其最後未能如願，但也被關貿總協定（GATT）的臨時協定所替代。

二戰後，這三大國際經濟機構的運行，以及由此而形成的各國經濟關係，標誌著國際經濟秩序的形成。這一戰後的國際經濟秩序通常被人們稱為國際經濟舊秩序，以有別於主要由發展中國家呼籲，至今仍在努力爭取建立的國際經濟新秩序。

2. 國際經濟舊秩序的特點

國際經濟舊秩序使整個發展中國家蒙受種種不平等、不公平的待遇。在國際經濟舊秩序下，發達國家憑藉其經濟優勢和在國際經濟活動中的有利地位，通過對外貿易、貨幣金融、技術轉讓等途徑，掠奪和剝削發展中國家，進行國際剝削。國際經濟舊秩序是導致發展中國家經濟嚴重惡化，南北差距進一步拉大的根本原因。

由於國際經濟舊秩序是以不平等分工為基礎，以發達國家的意志和需要建立起來的，因而，國際經濟舊秩序不可避免地帶有殖民體系的特徵。這些特徵具體為：

（1）不合理的國際分工。國際分工是社會分工超越國家界限，通過世界市場而形成的一種國家與國家之間的分工。現存的國際分工是西方發達國家利用其政治、經濟、軍事上的強大勢力建立起來的不平等的分工。它從舊的「工業宗主國——農業、原料殖民地」的分工格局演變為二戰後的「發達國家工業中心——發展中國家原料產地」的分工格局。在不平等的國際分工體系制約下，發展中國家形成了以生產原材料為主的畸形的單一的產業結構。其生產和消費完全服從於發達國家的需要。儘管20世紀80年代以來，發展中國家的經濟有了驚人的增長和變化，但依然不能改變自身對發達國家的依賴。

（2）不平等交換。發達國家依仗其生產優勢，在國際貿易中，操縱國際市場價格，把發展中國家出口的初級產品和農產品價格降至最低水平，同時又以壟斷高價向發展中國家銷售工業品和高技術產品。兩者之間的不等價交換嚴重損害了發展中國家利益，並且隨著爭奪市場份額的競爭日趨激烈，發達國家為保護本國市場的措施越來

越嚴厲，使發展中國家的貿易條件日益惡化，貿易地位更加下降，經濟增長更加舉步維艱。

（3）壟斷。壟斷是帝國主義的本質，也是國際經濟舊秩序的本質特徵。在舊的國際經濟秩序下，形成了發達國家壟斷國際經濟領導權的局面。在國際生產、國際貿易、國際金融等領域，發達國家都居於壟斷地位，而發展中國家由於長期的不合理的經濟結構和落後的生產力水平，導致了經濟貧困而無力改變受剝削、受控製的軟弱地位。以聯合國為中心的國際經濟組織，幾乎都操縱和控製在發達國家手中，他們擁有對一切重大問題的決策權。例如國際貨幣基金組織中，100多個發展中國家僅占投票權的30%，而少數的幾個發達國家卻占50%以上，而在世界貿易組織中，發達國家也依靠他們所擁有的巨大國際貿易額來操縱國際經濟貿易談判。

3. 國際經濟舊秩序與發展中國家的經濟發展

不公平、不合理的國際經濟舊秩序是套在發展中國家脖子上的枷鎖，使發展中國家的經濟發展受到嚴重束縛，無緣置身於現代工業文明的進程之列。大多數發展中國家處於世界經濟進程中的初級階段。

聯合國和世界銀行等機構進行的調查表明，發達國家在世界經濟體系中佔有明顯優勢，發展中國家的經濟儘管有較快增長，但並沒有改變發展中國家的貧困局面；發達國家與發展中國家的貧富差距不僅沒有縮小，反而越來越大。資料顯示，美國、日本、德國、英國、法國、義大利六國的國民生產總值占世界國民生產總值的55%～60%，而發展中國家占世界人口的80%以上，僅占世界國民生產總值的20%。另據世界銀行統計，1980年，在人均國民生產總值上，南北差距為10倍，1988年擴大到20倍，外債規模1982年為8,890億美元，1989年已擴大到12,900億美元，相當於國民生產總值的37%。1971年聯合國確認的最不發達國家有25個，到1994年則增加到48個。目前發展中國家處於絕對貧困狀態的人數是13億，並且每年以2,500萬的速度增長。這個事實表明，發展中國家經濟環境更趨嚴峻。

發展中國家的經濟困境、貧窮問題、債務危機、種族矛盾以及西方國家強迫發展中國家推行「民主化」等問題引起了這些國家的政治危機。政治動盪使經濟發展面臨更艱難的困境。由此可見，以西方國家利益為出發點，在剝削和控製基礎上建立的國際經濟舊秩序使發展中國家的經濟局面更加被動和軟弱，更加缺乏與發達國家抗衡的實力。

二、國際經濟組織與南北經濟關係

1. 國際經濟組織與發達國家

長期以來，發達國家在各類國際經濟組織中行使著領導權和控製權，左右著國際經濟發展的方向，制定了一系列有利於發達國家的協議條約，從中獲取了巨大的經濟利益。例如國際貨幣基金組織的投票權累計機制使發達國家掌握了50%的投票權，美國獨占了20%，而IMF又規定任何一項協議都要有85%以上的投票同意才能通過。這只不過意味著，只要不符合美國利益的協議都不可能在IMF得到通過和執行。同樣，

在世界銀行中，美國擁有 17.37% 的投票權，也等於擁有了對任何決議的否決權。

另外，以前的 GATT 和現在的 WTO 被俗稱為「富人俱樂部」，發達國家因擁有巨大的國際貿易份額，從中獲得了很多好處。而一些有利於發展中國家的條款和協議則受到發達國家的阻撓，使發展中國家利益受到損害。

2. 國際經濟組織與發展中國家

發展中國家在國際經濟組織中一直處於無權或少權的地位。這種現狀使發展中國家蒙受著不公平待遇，為其經濟發展造成了極大的阻礙。

發展中國家與國際經濟組織的關係是被動的接受關係。從表面看，國際經濟組織為發展中國家提供了大量的發展經濟所需的資金，但這些資金的使用都附帶了苛刻的附加條件，使其經濟發展置於發達國家掌握之中。更何況，在這些組織中，發展中國家出讓了較多經濟利益，而國際經濟組織卻不能平等地對待南北雙方，也不能幫助發展中國家發展經濟和擺脫貧困。國際經濟組織制定的對發展中國家的援助和支持原則很多時候都只是「紙上談兵」，並未落實到實際中。

因此，在現有的國際經濟舊秩序下建立起來的國際經濟組織中，發展中國家的根本利益得不到保障和體現。

3. 國際經濟組織與國際經濟關係

國際經濟組織是兩個或兩個以上的國家在彼此之間經濟往來日益密切的基礎上，通過合同式協定建立起來的國際性經濟機構。其宗旨是推動、發展和處理成員國之間的經濟關係和經濟合作。

我們在前面分析了一些主要國際經濟組織的本質與弊端，但隨著國際社會經濟的發展，特別是發展中國家堅持不懈的鬥爭，這些國際經濟組織在客觀上仍然對戰後國際經濟的發展起到了重要的推動作用，這有利於國際經濟關係的改善。

首先，國際經濟組織成為各國就經濟貿易問題進行談判與對話的場所。例如 GATT 的關稅減讓談判，促成了目前各國低關稅和加強非關稅壁壘削減的局面。又如聯合國貿發會議，從 1964 年開始，每四年一次大會，達成了一系列重要的宣言、綱領和決議，其中包括對各國經濟關係影響重大的《各國經濟權利和義務憲章》。此外，國際經濟組織在南北對話中也發揮了重要作用。

其次，促進國家合作與提供發展援助。為糾正戰後國際經濟秩序所產生的不公平現象，國際經濟組織向發展中國家提供了大量的經濟援助，包括大量的優惠貸款、國際收支平衡貸款等，實施了對發展中國家的普遍優惠制等經濟政策，也促進了發達國家與發展中國家的經濟合作。

最後，解決國際經濟貿易爭端，推動國際經濟發展的規範化和法律化。國際經濟組織通過各成員國的平等談判，制定和規範了大量的經濟條約或法律文件，一些國際經濟組織也具有解決國際經濟貿易爭端的職能，像 GATT 下的爭端解決機制，其具有國際法院的特徵，對國際經濟的協調發展發揮了重要的保障作用。

因此，國際經濟組織是國家間經濟關係發展的客觀要求，而國際經濟關係的發展又是國際經濟組織存在的前提。它是國家之間經濟聯繫日益頻繁、經濟生活日趨國際

化和一體化的產物。國際經濟組織的不斷發展和完善促進了國際經濟關係逐漸從國際經濟舊秩序向國際經濟新秩序的進步，有助於國際經濟新秩序的最終實現。

三、南北經濟關係的前景

在南北雙方長期的經濟競爭和經濟磨合下，「相互依賴」已深入到國際經濟事務中，特別是「北方」國家已進一步認識到離開了「南方」國家的經濟合作，「北方」經濟就會受到極大的影響。隨著「南方」國家的逐步壯大和在國際經濟中地位的增強，南北關係正逐漸從矛盾、衝突、對抗走向對話、合作與鬥爭並存的新型格局。日益減少的對抗和日益擴大的合作是目前南北關係較為突出和顯著的特點。

1. 國際經濟關係與國際政治關係

國際關係的內容十分廣泛，它涉及政治、經濟、軍事、社會等方面。其中主體內容是國際經濟關係和國際政治關係。兩者互為條件、互為補充，國際經濟關係是國際政治關係的基礎，建立國際政治新秩序最終離不開建立國際經濟新秩序。

國際政治關係就是國際社會中各國利益全局關係的協調與控製的活動，以及在這種活動中所形成的各種關係，而國際經濟關係則是在國際社會中各國之間的產品、勞務的生產和交換的活動，以及在這種活動中形成的各種關係。

國際政治關係存在著兩種形式：一是權力形成的政治關係，另一種是經濟形成的政治關係，即國際政治關係是由「國際權力政治關係」和「國際經濟政治關係」構成。

國際權力政治是國家對國際政治活動和國際經濟關係的控製和協調，它謀求獲得以軍事實力為基礎的對他國的意志和行為實行控製的權力。這種政治權利的獲得就是國家利益中的政治利益的實現。國際經濟關係是國家之間的經濟方面的相互聯合。這種聯合是以國家之間的生產、交換和分配活動為基礎的。而各國經濟利益的實現主要通過國家對國際經濟活動和國際經濟關係的控製和協調來實現。這種控製和協調關係，就是國際經濟政治關係。由此可見，國際經濟關係呈現政治化趨勢。

國際政治關係和國際經濟關係有著相互依存、相互制約的關係。

一方面國際政治關係影響國際經濟關係。國際經濟關係的形成最終是由國際生產力、國際分工和國際政治決定的。國家作為國際經濟關係中的「國家經紀人」，始終謀求本國經濟利益的最大化，而它同時又是「權力政治」的代表，政治權力是為物質財富活動服務的。在國際經濟活動中，國際的「權力政治」格局直接影響各國的對外經濟政策和經濟協調。可見，國際經濟關係必然帶有「政治烙印」，是一種具有政治屬性的經濟關係。

另一方面，國際經濟關係是國際政治關係的基礎。經濟關係決定政治關係。什麼樣的經濟基礎就會決定什麼樣的政治格局。由經濟基礎決定的政治格局形成了發達國家與發展中國家的長期的控製與被控製的政治關係。在多級格局中，這種控製與被控製的關係已經由「發展道路」之爭轉變為「發展模式」之爭，即將政治問題經濟化，各國的政治關係更多地表現為經濟關係。

2. 南北對話的必要性

由於南北關係具有上述特徵，經濟發展已經成為各國壓倒一切的任務。南北關係只有以互利合作、平等發展的對話為基礎，才能有效地促進雙方的經濟增長和富裕文明。因此，南北對話顯得十分必要。

首先，發展經濟的願望使南北對話成為必要。各國經濟相互依賴日益加深，雙方的發展互為生存條件。平等對話、互利合作才能創造共同繁榮。因此南北雙方都應本著求實精神，徹底從對抗中走出來，採取靈活措施，加強各經濟領域的南北對話與合作。

其次，世界經濟力量對比的變化，也使雙方有必要進行南北對話。進入20世紀90年代後，無論發達國家還是發展中國家，經濟力量都發生了改變。發達國家中，美、日、歐「三足鼎立」的局面使三方為擴大自己的勢力範圍，積極與發展中國家合作。發展中國家經濟水平懸殊巨大，一大批新興的發展中國家經濟發展迅速，經濟實力由此增強，他們強烈要求參加多邊合作，圖謀發展。

最後，國際經濟一體化也有助於南北對話的實現。隨著國際經濟一體化的發展，出現了發達國家與發展中國家的區域合作組織，像北美自由貿易區、亞太經合組織中的發達國家與發展中國家的聯合，因此，更有必要加快推進南北對話。

世界經濟和國際經濟關係發展到今天，鬥爭與合作並存。鬥爭是必要的，但鬥爭是為了更好地合作，更好地發展經濟，為鬥爭而鬥爭必然給雙方造成損失，合作則有利於雙方的發展。世界經濟的發展潮流使得南北雙方加強對話的必要性增加了。

3. 南北對話的艱鉅性

儘管南北雙方就加強合作、共謀發展已經達成共識，但由於雙方的政治、經濟利益差異，南北雙方的矛盾也表現得十分突出。

（1）「價值觀」問題。雙方在「新秩序」的含義上有著嚴重分歧。發展中國家要求的新秩序是建立在國家不分大小、一律平等、和平共處等基本原則上，而發達國家提倡的新秩序卻是主張按照北方國家的製度和價值觀，建立由美國獨霸或美、日、歐共同主宰的國際新秩序。因此，公正、合理的國際經濟新秩序很難在短期內實現。

（2）債務問題。長期以來，南北雙方就債務問題不能達成協議，日積月累的債務負擔成為阻礙發展中國家經濟發展的重要問題，而發達國家堅持不願減免發展中國家的債務，雙方對此產生了深刻的矛盾。

（3）環境保護問題。南方國家認為，北方國家消費全球75%的資源和能源，80%的鋼鐵和鋁，81%的紙張，擁有92%的汽車，二氧化碳的排放量占到70%。因此，發展中國家認為北方國家應對全球環境保護承擔更多的責任，但北方國家卻拒不承擔相應責任，特別是美國不接受「京都協定書」，使南北雙方在此問題上的矛盾越來越尖銳。

（4）知識產權問題。發達國家憑藉其技術知識優勢，要求發展中國家支付技術使用費，並制定了嚴格的保護措施，動輒就以各種國內法律條款對發展中國家實行嚴屬的經濟貿易制裁，發展中國家對此強烈不滿。

南北雙方在上述各方面的矛盾糾紛，使得南北雙方的對話和合作變得十分困難。但是，富國愈富、窮國愈窮的局面又阻礙著包括發達國家在內的整個世界經濟的可持續發展。因此，無論是從短期還是長期來看，改善南北關係、加強南北對話和合作對雙方來說都是必要的也是可能的，但對話的全面開展和合作的有效實施需要南北雙方的誠意與耐心，需要雙方知難而上，做出長期的、堅持不懈的共同努力。

案例　面對國際經濟規則和秩序之爭，中國必須背水一戰

當前世界經濟的複雜性也表現為規則之爭加劇。經過近四年的運作，美國主導的跨太平洋夥伴關係協議（TPP）正在談判。為促成TPP，歐巴馬費盡口舌從國會眾參兩院手裡要來「貿易促進快速授權」（TPA），有關決議案在兩院審議時都是兩次才獲通過。為了贏得國會議員們的理解，歐巴馬甚至說出了「21世紀的貿易規則必須由美國而非中國制定」這樣的偏激話語。

美歐之間的「跨大西洋貿易與投資夥伴協議」（TTIP）和日歐自貿協定談判也在加緊進行，若談成，將意味著發達國家地區將在全球率先進入經濟一體化的實質狀態，這將對中國等大型發展中經濟體造成很大的競爭壓力。中國要想加入TPP面臨非常苛刻的條件，必須全盤接受其十幾個成員國在雙邊渠道已談成的內容，更要面對在勞工標準、知識產權、環保標準、政府採購協議、國有企業規制等方面不符合中國國內體制機制的條款，而在其他軌道上，中國與歐洲的自貿區處於探討階段，中日韓自貿區談判因中日、韓日關係緊張以及日本優先TPP談判而進展緩慢。中國與美國、歐洲的雙邊投資協定談判也很艱難，面臨開列負面清單，給予對方來華投資企業准入前國民待遇的巨大壓力。今後一個時期，世界經濟形勢仍將充滿各種複雜性，國際環境中的競爭甚至鬥爭因素將會變得越來越尖銳。面對新形勢下全球貿易與投資體系變革、國際金融治理結構調整等方面蘊涵的巨大不確定性，中國必須加快新一輪改革開放步伐，加快構築開放型的經濟體系，以贏得主動。

作為由計劃經濟向市場經濟轉軌的國家，中國必須努力深化國內管理體制和模式的改革，為自己的可持續發展掙脫舊規則、舊體制、舊觀念的束縛。中國能否繼續發揮世界經濟增長引擎的作用，歸根究柢取決於我們自身的改革開放進程能否釋放出更多的經濟增長動力和活力。這是中國推行新一輪改革開放，推動經濟發展進入「新常態」的根本意涵。

我們要在國內廣泛建立自由貿易區，更多地依靠市場機制的作用。一段時間以來的實踐表明，國家先後在上海、廣東、天津、福建建立的四個自由貿易試驗區都已取得不同程度的初步效果，能夠向企業提供更多的市場便利，凝聚了更高的市場期望值，政府職能的轉變和負面清單管理模式的確立都比較快，進出口貿易的數據相對較好，利用外資的水平和調動國內民營資本參與積極性的能力也比未建立自貿試驗區的地方高。但長遠來看，光靠這四個試驗區是不夠的，應當建立「1（上海）+3（廣東、天津、福建）+N」模式（「N」可以是十幾、二十幾，多多益善，當然前提是要

符合設立自貿區的基本條件）。還要建立創新驅動型的經濟，為此，既要加強知識產權保護，也要積極探索設立政府引導基金、鼓勵企業跟投的模式，政府引導基金的效果比發放行業補貼好。此外還要完善國內信用體系，一個「假作真時真亦假」的市場體系是不可能取得持久發展的。

2015年8月11日，中國人民銀行要求即日起做市商根據上日銀行間外匯市場收盤匯率，綜合參考外匯供求和國際主要貨幣狀況提供中間價報價。通過這一舉措，人民幣匯率的中間價與上日收盤價直接掛勾，不再單純死盯美元，這能夠使中國的匯率形成機制更好地反應真實的市場供求關係。有關舉措儘管在實施後帶來人民幣一定幅度的貶值，但卻是人民幣匯率形成機制市場化改革向前邁進的重要一步，中長期看有助於推進人民幣國際化的進程，有助於推動人民幣被納入國際貨幣基金組織（IMF）特別提款權（SDR）貨幣籃子，因此也受到IMF的歡迎。當然，宣布這一新的改革舉措的時機稍早一點就更好了。

外界和國內一些人將此次央行推出人民幣中間價形成機制改革的主要目的解讀為促進外貿出口，這是不全面、不客觀的。經濟學定量模型分析顯示，影響中國外貿走勢的最重要因素是外部市場需求，其對中國外貿增長的貢獻率在七成以上，而匯率變動因素只有兩成左右。

與此同時，中國要以更加積極主動、包容理性的態度參與世界經濟事務，影響國際規則的制定和演變。面對西方國家壟斷國際經濟規則制定權的企圖，要推動發展中國家加強聯合與協作，提升發展中國家在世界經濟事務中的發言權，這是一個需要不斷加大投入的基本方向，也是中國提出和推動落實「一帶一路」和亞洲基礎設施投資銀行、金磚國家開發銀行等倡議的重要背景。推進「一帶一路」，重點是落實「五通」（政策溝通、設施聯通、貿易暢通、資金融通、民心相通），同時探索適合發展中經濟體的新的國際貿易與投資規則。尤其要對沿線國家穩步開展大型基礎設施建設投資，廣泛締結雙邊和多邊形式的自貿協定，積極貢獻公共產品，這對內對外都可以產生創造就業、刺激消費、調動市場活力等積極效果，有助於促進中國的供給能力與沿線國家需求對接，對中國、「一帶一路」區域都是重大的利好平臺。

中美作為世界最大的兩個經濟體，彼此之間尤其需要達成共識。在人民幣匯率問題上，美國應當認識到中國政府的負責任態度，客觀評價中國的匯率進展，以實際行動支持人民幣國際化進程。在全球治理層面，美國應當尊重中國不斷增長的作用，落實IMF、世行投票權改革方案，確立世界經濟「一把手」「二把手」相互尊重的氛圍和模式。在中美投資協定（BIT）談判中，美國應當體諒中國制訂負面清單的難度，給予中方一定的靈活性，與中方相向而行，盡快完成談判，這樣兩國相互投資才會有顯著躍升，相互投資不匹配的問題才能得到根本解決。在區域貿易談判問題上，中美對於TPP和區域全面經濟夥伴關係（RCEP）都要顯示尊重和包容，並著眼長遠考慮相互整合的問題。亞太地區的經濟一體化離不開中美合作。中美還要加強在環境產品清單、信息產品協議、信息安全和新能源、環保產品問題上的溝通和協調，維護兩國在經濟領域合作大於分歧的主線，並且不斷拓展合作空間。

「中西醫結合效果好」

世界經濟形勢的「分化」特徵越是明顯，國際社會在全球經濟治理方面的共識越顯得彌足珍貴。要充分利用20國集團、IMF等平臺做求同存異的工作，推動國際社會團結起來，依靠全球供應鏈的完善和發展共渡難關，中國的全球生產網路可以借此得到確立和加強。也要推動發達國家經濟體適當回應新興市場的合理訴求，而不是任憑他們在這個過程中通過強推TPP、負面清單等方式搞「拔苗助長」。要態度鮮明地反對貿易壁壘，一些發達經濟體和新興經濟體都常對中國發起反傾銷訴訟，在經濟形勢不好的時候頻頻搞這些，大家日子更不好過，供給和需求就更難「見面」了。也要推動發達國家和新興市場國家在貨幣、財政政策方面體諒、照顧彼此，而不能為了自己一個國家的利益任意而行。20國集團在政策對話與協調方面的作用將日漸突出。

如果說通過談判消除壁壘和廣泛開展自由貿易是「西藥」，對全球市場的交融與整合可以起到「短、平、快」的促進作用，那麼建設「一帶一路」，促進互聯互通就是「中藥」，對亞歐大陸的發展繁榮可以起到長效、漸進的推動作用。中國不排斥「西藥」，已對外建立起20多對、組的雙邊和小多邊自貿關係，同「歐亞經濟聯盟」和以色列、斯里蘭卡、馬爾代夫等國的自貿協商或談判也在加速進行。中國一直有意與南盟建立自貿關係，但在這方面關鍵要看印度這個南亞主導性國家的態度。長遠看，中國要積極發揮引導作用，推動本地區經濟體探索既符合東方發展模式特點，又體現全球整體利益的區域合作範式。畢竟，「中西醫結合效果好」。

當前部分新興經濟體國家對自己的發展前景過於悲觀了，很多發達國家甚至還存在「唱衰」新興經濟體的論調。另外，他們也很關心中國經濟究竟會下行到何種程度，擔心中國經濟對外部世界喪失拉動作用，使他們今後沒有「順風車」可搭。其實這些國家大可不必過於憂慮。世界經濟就像一個金融市場，人們的普遍期待很容易走悲觀的調子，從而形成「自我實現的預言」。我們要對世界經濟懷有信心，積極尋找新的增長點，以中國為代表的新興國家倡導的基礎設施投資有可能成為全球經濟新的增長動力。

中國有必要按照《烏法宣言》的77點共識當中涉及全球經濟發展的思想主脈，積極發揮領導作用，影響新興市場調整心態，從金磚和發展中國家內部合作當中挖掘合作潛力，在中低速增長過程中尋找增長機遇。當然，經濟增長也並非發展的全部，新興市場國家在中低速增長的「新常態」之下反而有更多時間和空間思考調整產業結構、加強環境保護等方面的問題。中國與印度、南非、巴西以及東盟等國家有待發掘的合作點很多。推進互聯互通是大有可為的工作，可以在不同區域內優化產能配置，減少貿易赤字，抵消勞動力成本上升太快帶來的壓力。

中國對內、對外都要推廣自貿區建設，而且要嘗試搞「自貿區+」，也就是把內部和對外的自貿區建設同「一帶一路」倡議銜接起來，一體化實施。一個好的例子在寧夏。這個中國西部的自治區一面在產業鏈條上與中國東部發達地區對接，一面發揮自身在民族人口、文化風俗等方面的優勢，與西亞、北非國家的穆斯林產業對接，同時打通了東部和西部兩個方向，內部和外部兩個市場，效果不錯。寧夏與海合會的合作

已成為中國與海合會地方合作的重點區域，這從2016年9月銀川舉行的2015中國-阿拉伯國家博覽會及配套舉行的工商峰會、技術轉移暨創新合作大會、農業高端研討會等活動的盛況中可見一斑。而中國與海合會的自貿區談判已完成大部分文本內容，重新啟動以來進展順利，一旦達成勢必極大促進海合會國家作為重要的能源資源供應基地與中國作為製造業大國的優勢互補，極大促進寧夏等西部省份（自治區）的新一輪對外開放與合作。不少國內外專家也建議配合「一帶一路」和自貿戰略的實施，在東南亞多點設立「特別經濟區」，大力開展產業鏈合作，在有關國家生產耐用消費品在全球銷售，部分返銷國內。

近些年在全球範圍內不同國家和國家集團之間，有那麼多的自貿談判同時展開，新規則不斷湧現，學術界管這叫「義大利面碗」現象。總體上看這是件好事，不能只有發達國家的聲音，新興市場國家也要有。世界貿易並不缺少製度和規則，而是有關規則太多，「碎片化」了，這能否在五至十年後實現整合是一個值得思考的問題。

長遠來看，世界最終還是要有一套一致的規則。中國領導新興市場國家推動國際貿易規則的改革調整，要求擴大發展中國家的發言權、投票權，不是挑戰現行秩序，也不為在現行世界貿易體系之外創造一個「平行體系」，而是要更深地融入全球貿易體系，使之最大限度符合國際社會的共同利益和共贏目標。

談到創新，不能只看美國的模式，也要參考德國的經驗。德國正大力推動「工業4.0」，探討是否能夠以此作為國家長期經濟增長的根本動力。研究發現，德國的創新比美國更加注重產業化、商業化。從我們的發展階段等現實國情出發，高端創新當然要搞，但真正能夠轉化為生產力、轉化為增長源的創新才是好的創新。新興市場非常關注中國的「萬眾創新」，關心同為發展中國家的自己如何從中國的創新中獲得紅利，而他們在創新方面也有自己的經驗和優勢（例如較多的勞動力），中國的「互聯網+」、物聯網發展戰略以及服務業與製造業的對接戰略不應遺漏發展中市場，不能忽略新興市場國家之間的交流。

協調發揮「三大行」潛力

近年來，中國在國際金融領域奮發有為，除了積極推動IMF、世界銀行等現有國際金融機構進行改革，以及努力開拓人民幣國際化的空間之外，還倡導並推動或積極參與組建新的全球和區域多邊開發金融機構，主要有金磚國家新開發銀行、亞洲基礎設施投資銀行和上海合作組織開發銀行「三大行」；提出並推動落實金磚國家應急儲備安排和絲路基金等金融合作與對外投資倡議。

「三大行」倡議是中國著眼於改革現行國際金融體系，促進新興市場互利合作，構建發展中國家「命運共同體」，會同相關國家提出的重要金融倡議。從更廣視角分析，中國正在通過執行積極主動而全面靈活的金融外交，織造多邊開發金融網路，在全球治理中承擔更大責任。

在「三大行」裡，上合組織開發行起步最早，由時任國務院總理溫家寶在2010年10月參加上合組織成員國第九次總理會晤期間提議，旨在通過探討共同出資、共同受益的方式，深化組織內部的財經合作。它聚焦中亞和歐亞大陸結合部，定位為次

區域範圍的多邊開發金融機構。但由於俄羅斯對此存在一定的擔憂，上合組織開發行推進速度落後於金磚國家新開發行和亞投行，目前仍停留在政策倡議與概念階段。中俄是上合組織的主要推動者，事實上承擔著「雙核心」的角色。歐亞開發行由俄羅斯會同哈薩克斯坦在 2006 年成立，主要活動範圍在俄羅斯、哈薩克斯坦和中亞及周邊地區國家等歐亞地區，旨在通過向這些國家在電力、能源、運輸、高科技及創新科技等領域的業務提供資金支持，服務於俄在本地區的總體戰略安排。中俄就「一帶一路」倡議與歐亞經濟聯盟實現對接，有助於化解俄方疑慮，推動上合組織開發行與歐亞開發行形成合作互補關係。

亞投行倡議由習近平主席在 2013 年 10 月訪問印度尼西亞期間正式提出。亞投行的關注範圍相比上合組織開發行進一步擴大，其是以支持亞洲區域範圍內基礎設施建設建設融資為主要目標的區域性多邊開發金融機構，雖然成員國來自各大洲，呈現出全球性的特點，但業務範圍聚焦亞洲，優先在亞洲地區內開展業務。當然，隨著內部治理架構的逐步完善，亞投行摸索出足夠的經驗之後，可能會在非洲等地區也開展業務，但重心仍將放在亞洲。在亞投行初始階段，中國出資額將近 300 億美元，持有股本占比達 30.34%，投票權占總投票權的 26.06%，也就擁有事實上的否決權。並且，中國提名的金立群擔任首任行長。因此，無論從哪個角度看，中國都將在亞投行發揮「主導性引領」作用。

成立金磚國家新開發行（簡稱金磚行）的倡議是 2012 年 3 月金磚國家德里峰會期間由主席國印度提出的。德班峰會認為成立金磚行具有可行性，並且其是推動國際金融體系變革的重要舉措。根據 2014 年 7 月金磚國家福塔萊薩峰會通過的章程協議，金磚行是一家全球性的多邊開發金融機構，將來對全體聯合國成員國開放。金磚行擯棄了按照經濟規模出資的方案，由五個成員國各自出資 200 億美元，擁有相同的出資份額，均享決策權和投票權。這符合金磚國家合作追求的平等原則，也是中國等新興大國探尋多邊治理新模式的重要實踐。金磚行向金磚國家、新興經濟體和其他發展中國家的基礎設施建設和可持續發展項目提供融資支持，初期將會把業務重點聚焦於金磚國家自身和非洲、拉美等發展中國家集中的地區。投資於基礎設施建設項目也是金磚行的核心業務之一，但該行亦更關注可持續發展項目，對環境保護、應對氣候變化等可持續發展領域的投資體現了金磚行的更高定位和追求。

總體看，「三大行」在覆蓋地區、業務領域等各方面具備互補性，相互之間將進行有效的溝通和分工，積極開展協作性探索，而不是各自單干或相互衝突。同時，「三大行」都具有明顯的區域或全球開發屬性，都選擇基礎設施建設項目作為核心業務，同步帶動中國裝備和優質產能走出去，促進國際產能合作。但「三大行」無意顛覆現行國際金融體系，不對現有的區域和全球多邊開發機構形成衝擊，不會拋開現行國際金融體系另搞一套。相反，「三大行」將在項目選擇標準、投融資模式等方面充分借鑑世界銀行、亞洲開發銀行、歐洲復興銀行等多年來探索的有益經驗，尋求與它們開展合作，實現分工互補，各有側重，齊頭並進。

這「三大行」必將扮演重要的支點作用，助力中國立足於自身不斷壯大的經濟實

力和日益成熟的發展經驗，從發展中國家的實際地位出發，在世界範圍內更好地實施經濟「走出去」戰略和金融外交，建設多邊開發金融網路。當然，針對發展中國家內部廣泛存在的發展瓶頸和積弊，中國在推動「三大行」項目時必須做好前期調研，特別要在對象國的國別和區域研究方面開展深入細緻的田野調查，不能搞「大干快上」，要避免「一頭熱」「一窩蜂」「一刀切」。

基本概念：

國際經濟一體化　區域經濟一體化　貿易創造　貿易轉移　歐洲貨幣一體化　國際經濟秩序　國際經濟舊秩序　國際經濟新秩序　南北經濟關係　南北對話

思考題：

1. 一國為什麼願意加入經濟一體化組織？
2. 用實例佐證自由貿易區和關稅同盟各自的優劣。
3. 為什麼進入 20 世紀 90 年代，關貿總協定會被世界貿易組織取而代之？
4. 貿易創造和貿易轉移的含義是什麼？它們對世界經濟的福利會產生什麼影響？
5. 在成員國之間是如何分配關稅同盟的成本和收益的？
6. 如何理解國際經濟一體化和經濟全球化？
7. 南北矛盾有些什麼樣的轉變？
8. 國際經濟舊秩序的特點是什麼？為什麼會形成這些特點？
9. 國際經濟組織在處理國際經濟關係中占據什麼地位，發揮哪些作用？
10. 為什麼發展中國家要積極建立國際經濟新秩序？

網路資源：

The Internet site addresses for the International Monetary Fund (IMF), World Trade Organization (WTO), Organization for Economic Cooperation and Development (OECD), World Bank and United Nations, which contain a wealth of trade and financial information and data (including the reports listed in the Selected Bibliography) are, respectively:

http://www.imf.org

http://www.wto.org

http://www.oecd.org

http://worldbank.org

http://unstats.un.org/unsd/economic_main.htm

For more information and data on the major commodity exports and imports of the United States and its major trade partners (as well as the reports indicated on the Selected Bibliography), see the Bureau of Census, the Bureau of Economic Analysis, and the Board of Governors of the Federal Reserve System, respectively:

http: census. gov/ftp/pub/foreign-trade/index. html

http: //www. federalreserve. gov

The Economic Report of the President usually includes a chapter on international trade and finance. It is published in February of each year. The 2011 report is available at:

http: //www. gpoaccess. gov/eop/2011/pdf/ERP-2011. pdf

The web site for the Institute for International Economics, which publishes many reports and analyses on international trade and international finance, is:

http: //www. iie. com

For the gravity model, see:

http: //en. wikipedia. org/wiki/Gravity_ model_ of_ trade

For information on the European Union, see:

http: //mkaccdb. eu. int

http: //www. lib. berkeley. edu/GSSI/eugde. html

The complete text of the North American Free Trade

Agreement (NAFTA) is found at:

http: //tech. mit. edu/Bulletins/nafta. html

For NAFTA's impact on the United States, Canada, Mexico, and other nations, see:

http: //lanic. utexas. edu/la/mexico/nafta

http: //www. dfait. gc. ca/nafta-alena/menu-e. asp

http: //www. citizen. org/trade/nafta/index. cfm

Information on Mercosur is found at:

http: //www. cfr. org/publication/12762/mercosur. htm

Information on the Free Trade Area of the Americas (FTAA) is found at:

http: //www. alca-ftaa. org/alca_ e. asp

For the Asia-Pacific Economic Cooperation (APEC), a regional organization that promotes free trade and economic cooperation among 21 countries, see:

http: //www. apec. org

Information on the ten-member Association of Southeast Asian Nations (ASEAN) is found at:

http: //www. aseansec. org/18619. htm

Information on international trade, economic restructuring, and regional trade agreement in formercommunistcountries is found at:

http: //www. ebrd. com/pages/homepage. shtml

參考資料

國際經濟相關網站：

1. http：//www. unctad. org：聯合國貿發會議網站
2. http：//www. wto. org：WTO 網站
3. http：//www. mofcom. gov. cn/：中華人民共和國商務部
4. http：//fec. mofcom. gov. cn：中國對外經濟合作指南
5. http：//www. fdi. gov. cn：中國投資指南，可以瞭解中國對外資的具體利用情況。
6. http：//www. china. com. cn/chinese/EC-c/636108. htm：經濟-中國網，作為中國網的一個板塊，可以瀏覽到中國當前經濟熱點問題與宏觀經濟信息。
7. http：//www. manage9. com：管理學理論研究網，瞭解經典管理學理論以及案例研究。
8. http：//www. mergers-china. com：中國併購交易網，可以瀏覽到許多在線併購信息。
9. http：//www. online-ma. com/chinese/：全球併購研究中心，可以瞭解全球併購動態。
10. http：//finance. sina. com. cn：新浪財經網站
11. http：//finance. yahoo. com：雅虎財經網站，可以查閱到所有世界主要股票交易所的某只股票的動態信息以及影響全球的重大財經事件。
12. http：//finance. tom. com：TOM 財經網站，可以瞭解最新的財經新聞。
13. http：//www. pbc. gov. cn/：中國人民銀行網站，及時瞭解國家貨幣政策。
14. http：//www. bank-of-china. com：中國銀行網站
15. http：//www. chinamoney. com. cn/index. html：中國貨幣網，提供外匯交易方面的專業討論、諮詢和最新信息。
16. http：//www. imf. org：國際貨幣基金組織官方網站
17. http：//www. worldbank. org：世界銀行集團官方網站，可以瞭解世界銀行的部門設置、對各國的貸款政策和方向、有關出版物、貸款項目介紹等有關信息
18. http：//www. adb. org：亞洲開發銀行網站
19. http：//www. afdb. org：非洲開發銀行網站
20. http：//www. sse. com. cn：上海證券交易所
21. http：//www. szse. cn/：深圳證券交易所
22. http：//www. nyse. com：紐約證券交易所

23. http：//www. sgx. com：新加坡證券交易所

24. http：//www. londonstockex. co. uk：倫敦證券交易所

25. http：//www. tse. or. jp：日本證券交易所

26. http：//www. abnnewswire. net/companies/：亞洲財經新聞網

27. http：//www. eurobank. org：歐洲銀行集團官方網站，可以提供有關歐洲貨幣市場以及國際金融市場發展的信息

28. http：//www. iosco. org/library. html：瞭解國際證券監管者組織的詳細情況，特別是公布的126個文件可以瀏覽該網站

29. http：//www. globefinance. net：進入世界匯金網，可以查詢國內外金融市場、金融機構動態、金融市場監管、專業研究報告、證券外匯交易和產業經濟領域的相關資料

30. http：//www. chinca. org：中國對外承包工程商會

31. http：//www. chinabidding. com：中國國際招標網，是中國最大的招標網，是採購信息門戶和中國政府指定的在線招標採購交易與管理平臺

32. http：//www. chinafiw. com：中國外資網

33. http：//www. cbrc. gov. cn/index. html：中國銀行業監督管理委員會網站

34. http：//www. csrc. gov. cn/pub/newsite/：中國證券監督管理委員會網站

35. http：//www. elsevier. com/locate/econbase：愛思唯爾網站，是全球五大出版社之一的愛思唯爾集團發布各種著名期刊文章的網站，可以提供提供各個學科相關文章的全文閱讀

36. http：//www. wtolaw. gov. cn：WTO法律諮詢網，可以瞭解有關WTO的經濟與法律知識，尤其是中國在加入WTO後的開放現狀和趨勢

37. http：//www. cme. com：芝加哥商業匯率網，全球著名的金融服務網站，提供各種外匯買賣組合、諮詢，以及與外匯交易相關的各種服務

38. http：//www. un. org：聯合國網站

39. http：//www. worldbank. org：世界銀行網站

40. http：//www. miga. org：多邊投資擔保機構網站

41. http：//www. chinafdi. org. cn：中國國際投資促進網站（中國國際投資促進會網站http：//www. cciip. org. cn/），瞭解中國最新的投資、貿易數據及世界其他國家的投資環境

42. http：//www. wtoguide. net：WTO經濟導刊網站，瞭解中國與WTO有關的各項數據

43. http：//www. safe. gov. cn：國家外匯管理局，可以查到中國對外借款的歷年信息

44. http：//www. stats. gov. cn：國家統計局

參考書目：

1. 佟家棟. 國際經濟學 [M]. 北京：中國財政經濟出版社，2000.

2. 王志民, 等. 國際經濟學 [M]. 上海: 復旦大學出版社, 2000.

3. 宋宗林, 陳岳. 國際政治經濟學概論 [M]. 北京: 中國人民大學出版社, 1999.

4. 多斯桑托斯. 帝國主義與依附 [M]. 北京: 社會科學文獻出版社, 1999.

5. 陶季侃, 等. 世界經濟概論 [M]. 天津: 天津人民出版社, 1999.

6. Dominick Salvatore. International Economics [M]. 朱寶憲, 等譯. 北京: 清華大學出版社, 1998.

7. Paul R. Krugman, Maurice Obstfeld, Marc J. Melitz. International Economics Theory & Policy [M]. 海聞, 等譯. 北京: 中國人民大學出版社, 2002.

8. 王詢, 等. 當代西方國際貿易學 [M]. 大連: 東北財經大學出版社, 1997.

9. 陳飛翔. 狹義國際經濟學 [M]. 上海: 華東理工大學出版社, 1996.

10. 龔敏. 國際經濟學 [M]. 廈門: 廈門大學出版社, 1996.

11. 陳彪如. 國際金融概論 [M]. 上海: 華東師範大學出版社, 1996.

12. 何澤榮. 國際金融 [M]. 成都: 西南財經大學出版社, 1995.

13. 宋承先. 現代西方經濟學（宏觀經濟學）[M]. 上海: 復旦大學出版社, 1994.

14. 吳念魯. 國際金融學概論 [M]. 成都: 西南財經大學出版社, 1993.

15. 李全亮. 國際經濟學 [M]. 廣州: 暨南大學出版社, 1992.

16. P. T. 埃爾斯沃思, J. 克拉克利斯. 國際經濟學 [M]. 王兆基, 等譯. 北京: 商務印書館, 1992.

17. 林德特. 國際經濟學 [M]. 北京: 經濟科學出版社, 1992.

18. 普雷維什. 外圍資本主義 [M]. 北京: 商務印書館, 1990.

2017年第三版後記

　　呈現在讀者面前的這本《國際經濟學》教材是在2007年第二版的基礎上,進行了第三次修改而成的。本次修改主要根據教材使用過程中同學和讀者的意見進行,在此我們向他們表示誠摯的謝意。除了讀者的建議外,我們在修訂過程中也參考、吸收了其他最新版本國際經濟學教材中有益的做法,對於這些教材的作者,我們也深表謝意。

　　《國際經濟學》教材的這次修訂,涉及各個篇、章,可以說是對第二版的發展和完善,保留了第二版的框架,根據國際經濟的新發展、新實踐進行了補充。其最大的變化就是每章後,我們根據本章的內容提供了相應的網路連結,讀者可以按圖索驥地進行進一步的閱讀,也方便了一些數據的查詢,為讀者迅速進入國際經濟學的學習和研究提供了方便。

　　本書將國際經濟學劃分為三大部分:貿易理論、匯率和國際收支以及國際經濟關係。本書在內容上將理論描述、數學推理、圖形解釋等結合起來,語言論述輔助圖形說明的方式比較適合國內的學生閱讀和理解。在本書修訂過程中,我們注意結合當前國際經濟發展狀況,對國際經濟事件進行詳細介紹分析,具有一定的時新性。

　　本書可以作為高等院校經濟管理類專業本科學生的教材,也可以作為研究生以及企事業單位人員學習、培訓的參考用書,對於從事對外經貿領域的實際工作者也不失為一本有益的專業讀物。

　　最後,我們要特別感謝西南財經大學出版社編輯部的魏玉蘭和其他老師,他們在編輯過程中字斟句酌、一絲不苟,不辭辛勞、認真負責,這種精神與作風令人欽佩。

編　者

國家圖書館出版品預行編目(CIP)資料

國際經濟學 / 任治君、吳曉東 主編. -- 第三版.
-- 臺北市：崧燁文化，2018.08
　　面；　　公分
ISBN 978-957-681-388-7(平裝)
1.國際經濟
552.1　　　　107011662

書　　名：國際經濟學
作　　者：任治君、吳曉東 主編
發 行 人：黃振庭
出 版 者：崧燁文化事業有限公司
發 行 者：崧燁文化事業有限公司
E-mail：sonbookservice@gmail.com
粉絲頁　　　　　　　網　址：
地　　址：台北市中正區重慶南路一段六十一號八樓 815 室
8F.-815, No.61, Sec. 1, Chongqing S. Rd., Zhongzheng Dist., Taipei City 100, Taiwan (R.O.C.)
電　　話：(02)2370-3310　傳　真：(02) 2370-3210
總 經 銷：紅螞蟻圖書有限公司
地　　址：台北市內湖區舊宗路二段 121 巷 19 號
電　　話：02-2795-3656　傳真：02-2795-4100　網址：
印　　刷：京峯彩色印刷有限公司（京峰數位）

　　本書版權為西南財經大學出版社所有授權崧博出版事業股份有限公司獨家發行電子書繁體字版。若有其他相關權利需授權請與西南財經大學出版社聯繫，經本公司授權後方得行使相關權利。

定價：550 元
發行日期：2018 年 8 月第三版
◎ 本書以POD印製發行